Verwendete Symbole

Symbol	**Titel**	**Ziel**
	Arbeitsauftrag	Eigenverantwortliches Finden von individuellen Lösungen
	Methodik	Vertraut werden mit grundlegenden Arbeitstechniken Förderung der Kommunikationsfähigkeit
	Aufgaben	Wiederholung und Vertiefung Verknüpfung mit anderen Unterrichtsfächern
	Zusammenfassung	Wesentliches systematisch zusammenfassen
	Information	Zusatzinformationen
	Internet	Informationsgewinnung mit Hilfe von Adressen im WWW

I Das Unternehmen

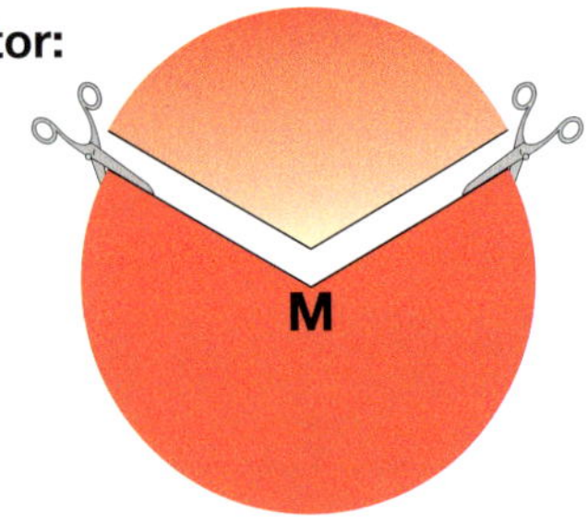

1 Wirtschaftsbereiche

Durch technischen Fortschritt vollzog sich ein Strukturwandel von der Agrargesellschaft über die Industrie- und Dienstleistungsgesellschaft zur Informationsgesellschaft. Hierdurch hat sich in den letzten 200 Jahren die Verteilung der Erwerbstätigen auf die einzelnen Wirtschaftsbereiche (Wirtschaftssektoren) gravierend verändert.

In welchen Wirtschaftsbereichen arbeiten die Menschen?

Die Wirtschaftsbereiche	
Produktionsbereich (primärer und sekundärer Bereich)	**Dienstleistungsbereich (tertiärer Bereich)**
Güter- und Rohstoffgewinnung (Urproduktion) (primärer Bereich) • Bergbau • Öl- und Gasgewinnung • Land- und Forstwirtschaft • Fischerei **Güterbearbeitung/ Güterverarbeitung** (sekundärer Bereich) • Industrie • Handwerk	• Handel (Groß- und Einzelhandel) • Gastgewerbe • Verkehrsbetriebe • Transportbetriebe **Sonstige Dienstleistungen** • Forschung und Entwicklung • Banken • Versicherungen • Vermietung • Gesundheitswesen • Schulen • Entsorgungsbetriebe • Informationsdienste, Telekommunikation • Beratungsdienste (Rechts- und Steuerberatung, Unternehmensberatung) • Werbung • Gebäudereinigung

Wie hat sich die Beschäftigung entwickelt?

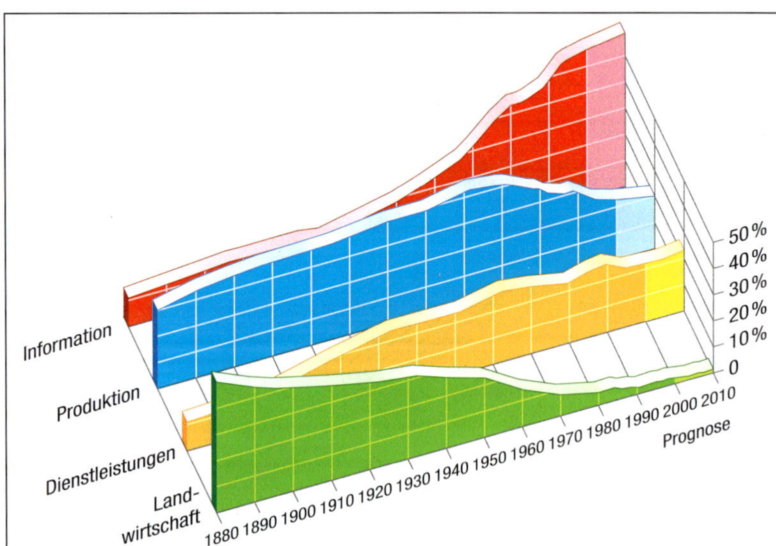

A

1. Beschreibe für die letzten 120 Jahre die Entwicklung der Beschäftigungslage innerhalb der einzelnen Wirtschaftsbereiche.
2. Finde Beispiele für Berufsgruppen, die ihre Arbeit im Wirtschaftsbereich „Information“ leisten.
3. Warum gewinnt der tertiäre Bereich in der Arbeitswelt immer mehr an Bedeutung?

Wandel in der Landwirtschaft

Die Darstellung auf der vorhergehenden Seite zeigt dir, dass vor 120 Jahren fast die Hälfte aller Erwerbstätigen in der Landwirtschaft arbeitete. Vor 50 Jahren war nur noch jeder Vierte in diesem Wirtschaftssektor tätig und heute sind es sogar nur noch 2% (Stand 2005).
Was war die Ursache für diesen Wandel? Durch technischen Fortschritt kann heute eine größere Gütermenge mit immer weniger Arbeitskräften produziert werden. Düngemittel und besseres Saatgut haben einerseits die Produktion erhöht; Maschineneinsatz hat andererseits den Arbeitskräftebedarf erheblich verringert.

Wandel in der Industrie

Vor fünf Jahrzehnten arbeitete fast jeder zweite Erwerbstätige im produzierenden Gewerbe wie z.B. Handwerk oder Industrie. Auch in diesen Bereichen hat der technische Fortschritt, beispielsweise der Einsatz von Robotern, zahlreiche Arbeitsplätze vernichtet: So ist heute nur noch ein Drittel der Erwerbstätigen in diesem Sektor tätig.

A

Was sagt die Zeichnung über die Problematik des deutschen Arbeitsmarktes aus?

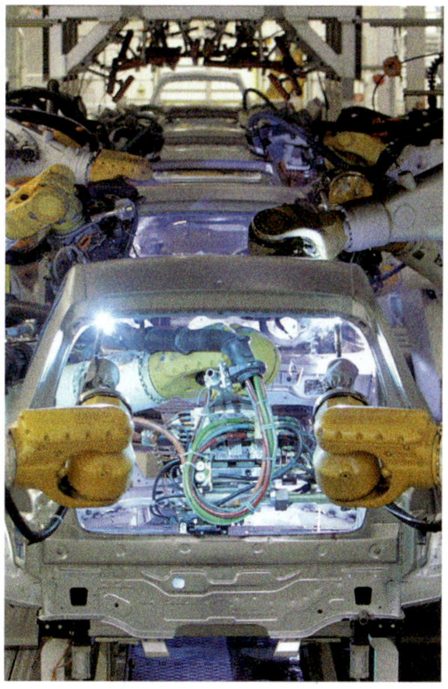

Wandel zur Dienstleistungsgesellschaft

Als die industrielle Entwicklung eine bestimmte Entwicklungsstufe erreicht hatte, nahm der Anteil der in der Industrie beschäftigten Arbeitskräfte nicht mehr zu. Eine Steigerung der Güterproduktion war durch den technischen Fortschritt auch so möglich. Im Dienstleistungsbereich dagegen führten die wachsende Nachfrage und die Erweiterung des Leistungsangebots (z. B. bessere gesundheitliche Versorgung der Bevölkerung, großer Rechts- und Finanzberatungsbedarf von Unternehmen, Zunahme des Freizeitkonsums) zu einem größeren Arbeitskräftebedarf. Rationalisierungsmöglichkeiten sind im Gegensatz zum Industriesektor im Dienstleistungsbereich nur begrenzt möglich; denken wir dabei nur an die Tätigkeiten einer Krankenschwester, eines Lehrers, eines Steuerberaters, einer Verkäuferin, einer Friseurin, eines LKW-Fahrers, eines Finanzberaters usw.

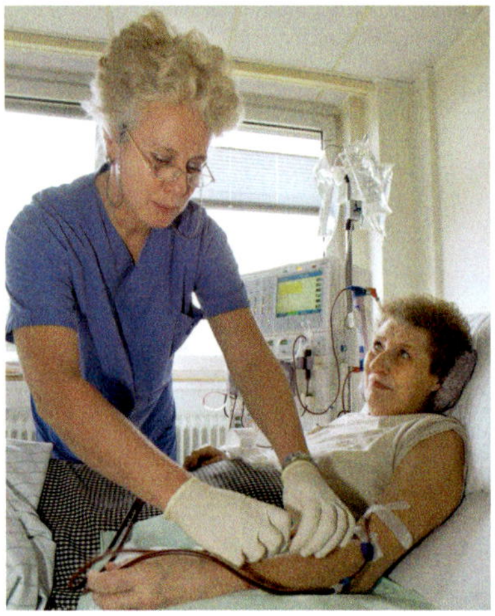

ITK:
Informations- und Telekommunikationstechnologie
Beispiele für Kommunikationstechnik: Digitalisierung der Fernsprechnetze, Teletext, Bildschirmtext
Beispiele für Informationstechnik: Groß- und Bürorechner (z. B. PC)

Wandel zur Informationsgesellschaft

Sowohl die Industrie- als auch die Dienstleistungsgesellschaft hat durch die Informations- und Kommunikationstechniken ein völlig neues Gesicht erhalten. Weltumspannende Information wird heute verarbeitet, gespeichert und in Sekundenschnelle in die ganze Welt transportiert.

Die Urzelle der IT-Techniken stellt die Mikroelektronik dar. Sie ist die Basis aller Schlüsseltechniken und damit die Grundlage unserer durch diese Techniken geprägten Informationsgesellschaft.

Schlüsseltechniken sind diejenigen Techniken, die die wirtschaftliche Entwicklung (Wachstum und Arbeitsplätze) und den sozialen Wandel entscheidend beeinflussen wie z. B.
- Biotechnik
- Lasertechnik
- Sensortechnik
- Mikroelektronik

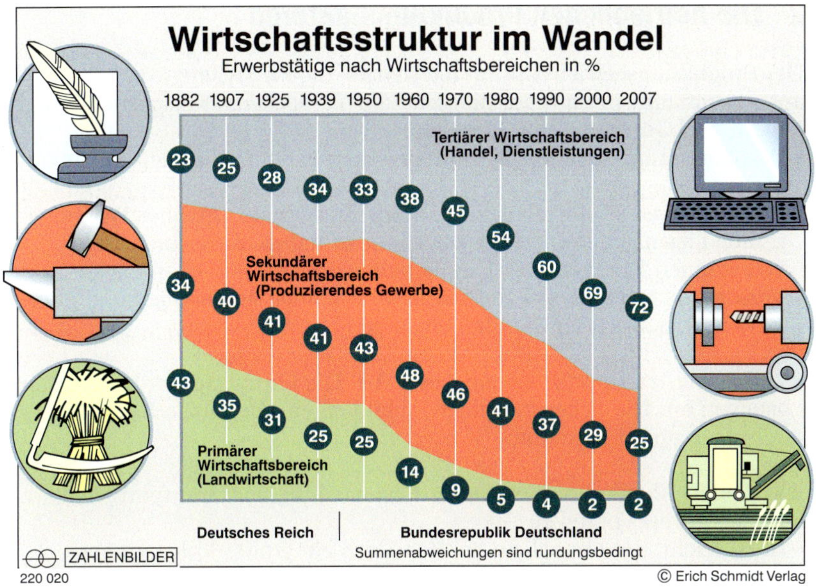

1. a) Erkläre mit jeweils zwei Beispielen die einzelnen Wirtschaftsbereiche.
   b) Erläutere anhand der Infografik die Aussage „Wir sind auf dem Weg vom Maschinenzeitalter zum Informationszeitalter".
   c) Nenne einige Berufe aus dem Dienstleistungsbereich.
   d) Errechne die prozentuale Abnahme der in der Landwirtschaft Beschäftigten von 1882 bis heute und finde eine Erklärung dafür.

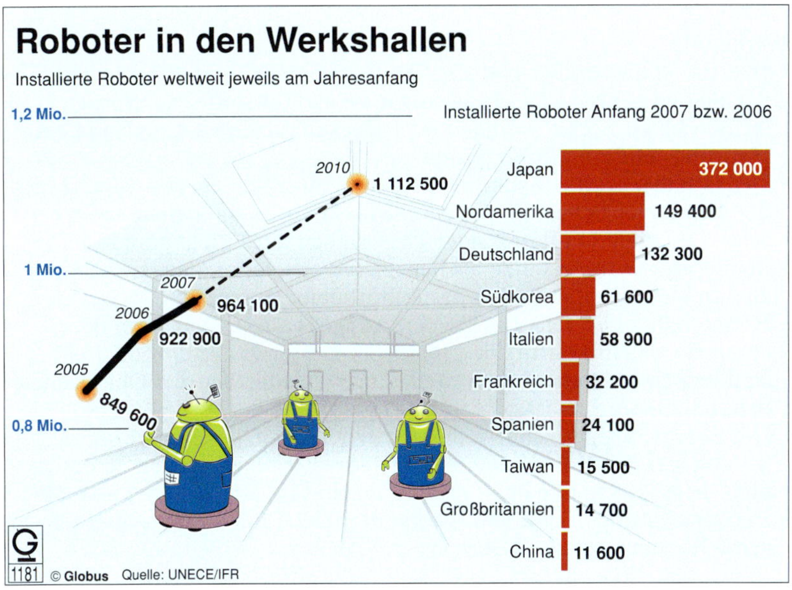

2. a) Während 1997 in der deutschen Industrie 66.800 Roboter im Einsatz waren, betrug ihre Zahl 2006 136.400.
   Finde einen Zusammenhang zur oben stehenden Grafik „Wirtschaftsstruktur im Wandel".
   b) Berechne die prozentuale Steigerung des weltweiten Robotereinsatzes von 2005 bis 2007.
   c) In welchem Land werden die meisten Roboter eingesetzt? Um wie viel Prozent werden sie dort mehr verwendet als in Deutschland?

Aluminiumkasten

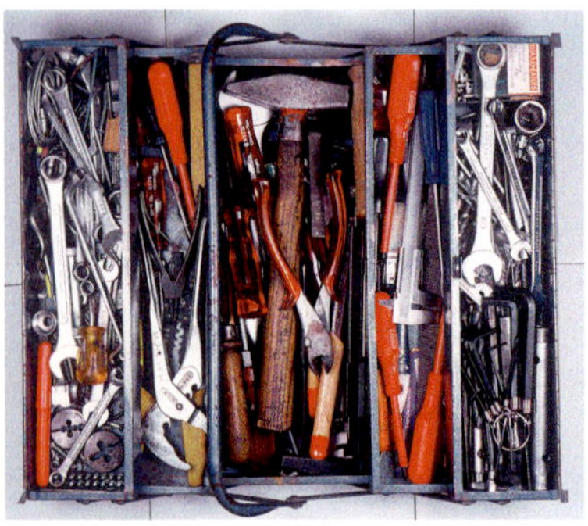

Werkzeugkasten

Transportbehälter

2 Die betrieblichen Produktionsfaktoren

Der Produktionsbetrieb Alu-Zar hat sich auf die Herstellung von Behältern aus Aluminium spezialisiert, die sich zum Verpacken, Transportieren und Lagern von Gütern eignen. Beispiele:

- Wie kommt im Supermarkt die Wurst vom Kühlhaus in die Verkaufstheke?
- Wie schafft es der Installateur bei Reparaturarbeiten in einer Wohnung gerade diejenigen Werkzeuge zur Hand zu haben, die er braucht?
- Wie können Krankenhäuser, Altenheime oder Großküchen die zur Versorgung benötigten Güter sauber und schnell herbeischaffen und die Abfälle hygienisch einwandfrei entsorgen?

Es gibt viele Transportprobleme dieser Art. Die Firma Alu-Zar bietet dafür Lösungen an. Die nebenstehenden Abbildungen sind einige Beispiele aus ihrem Fertigungsprogramm:

Das Metall Aluminium bietet für die Herstellung von Transportbehältern eine Reihe von Vorzügen:

- Es ist leicht; das ermöglicht bei Behältern ein großes Volumen bei geringem Eigengewicht.
- Es rostet nicht.
- Es ist leicht zu reinigen.
- Es ist unempfindlich gegen Temperaturschwankungen.
- Alt-Aluminium oder Abfälle, die bei der Herstellung entstehen, können fast vollständig eingeschmolzen und wiederverwertet werden.

Welche Ausgangsstoffe benötigt die Firma Alu-Zar zur Herstellung dieser Behälter?

Werkstoffe

- Was wir in diesem Beispiel als Wände erkennen, wird in Form großer Platten geliefert. Wir bezeichnen sie als **Rohstoffe**. Sie werden im Betrieb zu Böden, Wänden oder Deckeln verarbeitet und sind ein **Hauptbestandteil** des Endprodukts.
- Der Behälter läuft auf gummibereiften Schwenkrollen. Sie werden von der Firma nicht selbst hergestellt, sondern nur in die Behälter eingesetzt. Der Lieferant fertigt sie nach Angaben der Firma. Man bezeichnet derartige Gegenstände als **bezogene Fertigteile**. Auch sie gehören zu den **Hauptbestandteilen** des Endprodukts.
- Nieten halten die Teile des Transportwagens zusammen. Man bezeichent sie als **Hilfsstoffe**. Sie gehen ebenfalls in das Endprodukt ein, sind jedoch ein **Nebenbestandteil**. Auch Chemikalien zur Oberflächenbehandlung sind Hilfsstoffe.
- Die Bearbeitungsmaschinen müssen angetrieben, geschmiert und geputzt werden. Bohrer müssen mit Wasser gekühlt werden, damit sie nicht heiß laufen. Die dafür erforderlichen Stoffe bezeichnet man als **Betriebsstoffe**. Sie sind **kein Bestandteil** des Endprodukts, aber für seine Herstellung unentbehrlich.

Alle Ausgangsmaterialien zusammen bezeichnet man als Werkstoffe.

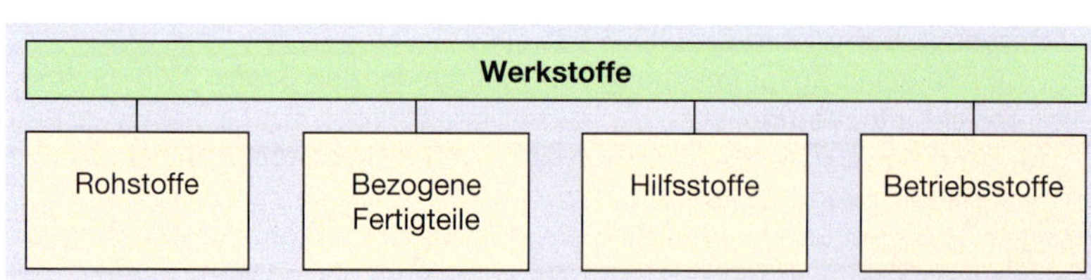

Werkstoffe sind für die Firma Alu-Zar zwar wichtig, für die Herstellung der Behälter jedoch nicht ausreichend.

Betriebsmittel
Dazu gehören Grundstücke und Gebäude, Maschinen und Transportbänder, Zeichentische für die Konstruktionen, aber auch die gesamte kaufmännische Büroausstattung und die Einrichtung der Kommunikation. Sie stehen dem Betrieb auf Dauer oder zumindest für längere Zeit zu Verfügung.

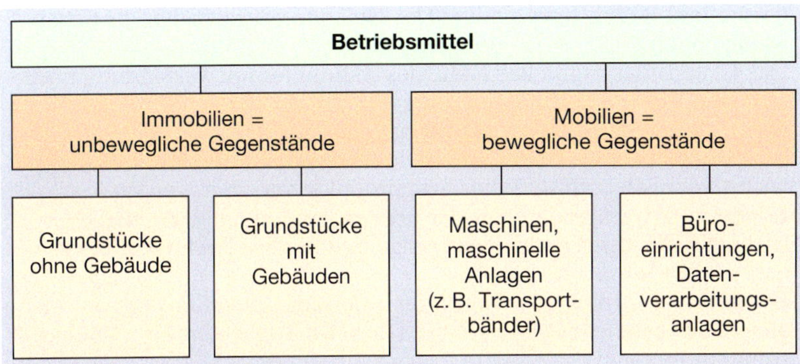

Menschliche Arbeitskraft
Wir verstehen darunter den Einsatz aller geistigen und körperlichen Fähigkeiten der Mitarbeiter des Betriebes.

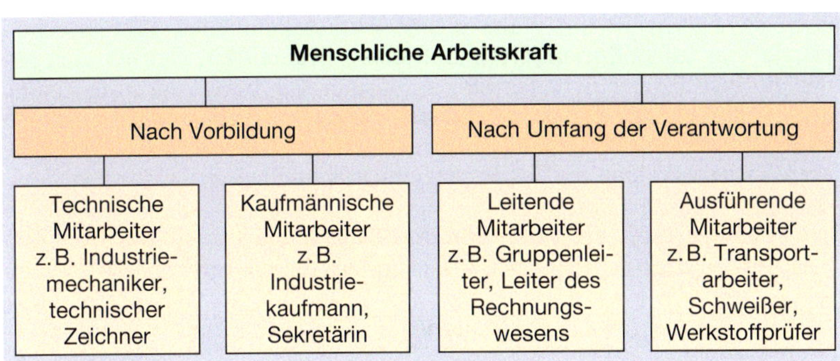

Betriebsleitung
Ihre Aufgaben sind:
- dem Betrieb Ziele vorzugeben (z. B. wir wollen im laufenden Jahr unseren Umsatz um fünf Prozent steigern);
- zu entscheiden, was, mit welchen Mitteln und auf welche Weise produziert werden soll;
- dafür Sorge zu tragen, dass die Mitarbeiter gern im Betrieb arbeiten (Mitarbeitermotivation).

In kleinen Betrieben (Handwerk) nimmt der Betriebsinhaber selbst noch alle Aufgaben der Betriebsleitung wahr. In größeren Betrieben sind es qualifizierte leitende Angestellte, in Aktiengesellschaften die Mitglieder des Vorstandes.

Werkstoffe, Betriebsmittel, menschliche Arbeitskraft und Betriebsleitung bilden zusammen die **betrieblichen Einsatzfaktoren**. Auf wirtschaftliche Sachverhalte übertragen, bedeutet das: Werden Bestandteile, die für sich allein nichts vermögen, **sinnvoll** miteinander verbunden, dann entstehen neue Güter.

i

Du kennst das Wort Faktor aus der Mathematik: Mindestens zwei Rechenglieder (Faktoren) ergeben ein Produkt (Lateinisch: producere = hervorbringen).

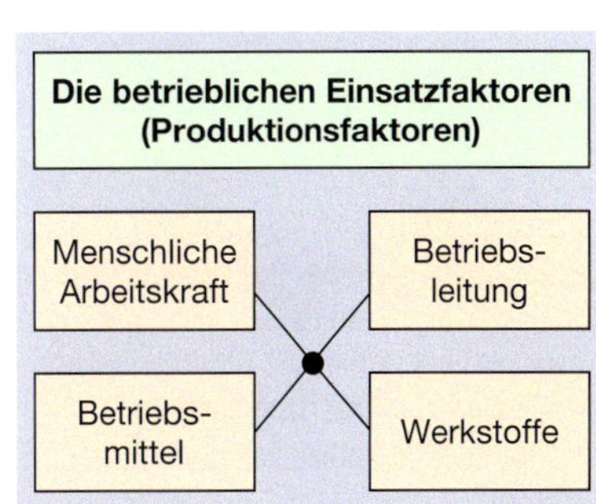

3 Standortfaktoren

Betrachten wir die nebenstehende Luftaufnahme der Firma Alu-Zar. Aus der Geschichte des Unternehmens erfahren wir: Das Unternehmen wurde 1949 von dem damals noch jungen Diplomingenieur Wolfgang Zar gegründet. Er hatte bereits während des Zweiten Weltkrieges beim Bau von Flugzeugen Erfahrungen in der Herstellung und Verarbeitung von Aluminium gesammelt und wollte sich selbstständig machen. Bei der Suche nach einem geeigneten Platz entschied er sich für eine Kleinstadt. Welche Gründe waren dafür maßgebend?

- Grund und Boden waren billig. Das Gelände wurde bisher als Schafweide benutzt.
- Das Grundstück lag in der Nähe des Bahnhofes mit Verbindung nach Jena und Erfurt. Am Gelände führt ein Gleisanschluss vorbei, der während des Krieges zu einem in der Nähe befindlichen Rüstungsbetrieb gebaut worden war. Über diesen Gleisanschluss konnten die Rohstoffe leicht herangeschafft und die Fertigprodukte versandt werden.
- Es war zu erwarten, dass aus der überwiegend kleinbäuerlichen Bevölkerung in der Umgebung zuverlässige und fleißige Arbeitskräfte gewonnen werden konnten.
- Die Stadtverwaltung war wegen der zu erwartenden Steuereinnahmen an einer Industrieansiedlung interessiert. Sie stellte eine Erschließungsstraße in Aussicht.

Wir bezeichnen den Ort der Niederlassung eines Betriebes als Standort.

Die Wahl des (richtigen) Standorts ist eine der wichtigsten Entscheidungen bei der Gründung eines Betriebes. Im Grunde geht es immer um die Frage: Wo kann man mit den niedrigsten Kosten produzieren? Betriebe, für die die Beschaffung der Werkstoffe erhebliche Kosten verursacht, lassen sich gerne in der Nähe dieser Werkstoffe nieder. Wir sprechen deshalb von rohstofforientierten Betrieben. Braucht ein Betrieb dagegen viele gut qualifizierte Arbeitskräfte, so wird er sich bevorzugt in der Nähe eines Hochschulstandortes niederlassen. In diesem Falle spricht man von arbeitsorientierten Betrieben. Absatzorientierte Betriebe sind diejenigen, deren Vertriebskosten für das Fertigerzeugnis hoch sind.

Eine wichtige Rolle bei der Standortwahl spielen auch die von den Gemeinden verlangten Steuern, insbesondere die Gewerbesteuer.

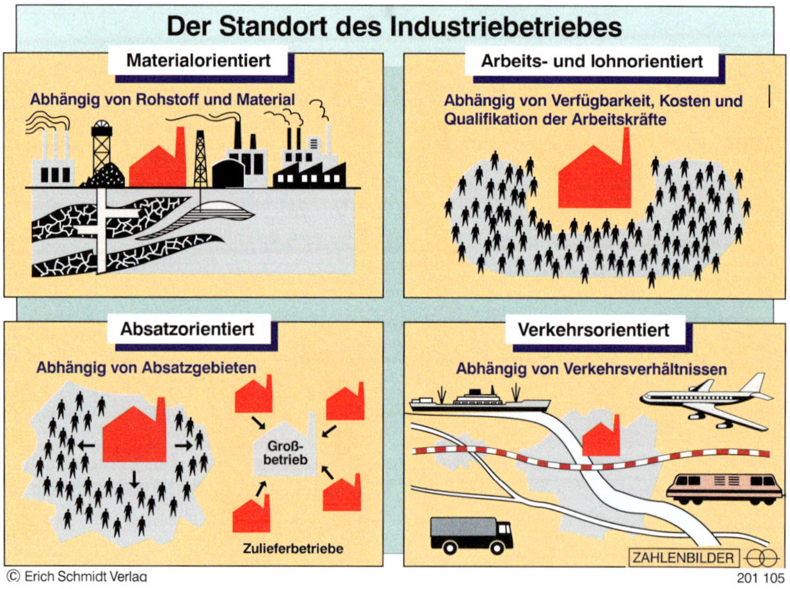

© Erich Schmidt Verlag 201 105

A

Bestimme mit Hilfe des Stadtplanes wichtige Gewerbegebiete deines Schulorts. Warum hat vermutlich die Stadtverwaltung gerade dieses Gebiet dazu bestimmt? Welche Betriebe haben sich dort niedergelassen?

1. Was gehört zu den Werkstoffen eines Industriebetriebes?
2. Gib Beispiele für Werkstoffe aus den Bereichen Fahrradherstellung, Herstellung von Jeans.
3. Welche Werkstoffe verarbeitet ein Betrieb deines Heimatraumes? Bei einer Betriebserkundung könnt ihr darüber viel erfahren.
4. Was würdest du alles zu den Betriebsmitteln eines Sägewerks zählen?
5. Wir haben gelernt, dass man die Mitarbeiter in einem Betrieb nach zwei Gesichtspunkten einteilen kann. Nenne sie.
6. Wie würdest du folgende Mitarbeiter eines Fertigungsbetriebes nach dem Umfang ihrer Verantwortung einteilen: Angestellter, der im Fertigwarenlager das Material ausgibt, Leiter des Konstruktionsbüros, Kraftfahrer, Gruppenleiter in der Fertigung, Verpackerin, gelernte Industriekauffrau, welche die Ausgangsrechnungen zu schreiben hat.
7. Angenommen, du bist dafür ausersehen, den Standort für folgende Betriebsgründungen zu wählen: Butter- und Käsewerk, Sägewerk, Fabrik zur Herstellung von Marmelade und Obstkonserven, Herstellung von Mobilfunkgeräten, Brauerei, Hotel. Wo würdest du diese Unternehmen gründen und warum gerade dort? Ihr könnt als Hilfsmittel für eure Entscheidung auch einen Atlas zuhilfe nehmen. Diese Aufgabe könnt ihr auch in der Gruppe lösen.
8. Überlege bei einem Supermarkt deines Schul- oder Wohnortes: Warum wurde der Betrieb gerade an diesem Platz errichtet? Suche Argumente dafür, ob sich der Standort seit der Gründung des Betriebes verbessert oder verschlechtert haben könnte. (Mögliche Hilfsmittel: Stadtplan, Ortsbegehung, Befragen der Geschäftsleitung.)
   Lösungshilfe: Ein Supermarkt ist ein Handelsbetrieb. Seine Hauptüberlegung lautet: Welcher Standort garantiert mir den größtmöglichen Umsatz?

Fahrradproduktion

Jeansproduktion

9. Welche Aufgaben hat die Betriebsleitung?
10. Man sagt: Die Betriebsleitung muss den Mitarbeitern ein WIR-Gefühl vermitteln. Warum ist dieses Gefühl notwendig? Nenne Maßnahmen, mit denen dieses Gefühl vermittelt werden kann.
11. Warum ist die optimale Faktorkombination zugleich ein technisches, ein wirtschaftliches und menschliches Problem?
12. Nimm zu der Aussage Stellung: Auch die Schulung der Mitarbeiter ist eine bedeutende und am Ende sich lohnende Investition für den Betrieb.
13. Gerade in den so genannten Neuen Bundesländern wurden seit der „Wende“ nicht nur Betriebe stillgelegt, sondern auch neue gegründet.
    a) Welche Betriebsgründungen gab es in deinem Schul- oder Wohnort?
    b) Warum wurden diese Betriebe gerade dort gegründet?
    c) Spielte bei der Betriebsgründung die Förderung durch die öffentliche Hand eine Rolle (evtl. bei der Gemeinde- oder Stadtverwaltung erkundigen!)?
14. In Bezug auf die Mitarbeiter eines Unternehmens wird oft von „Humankapital“ gesprochen. Erkläre den Begriff.

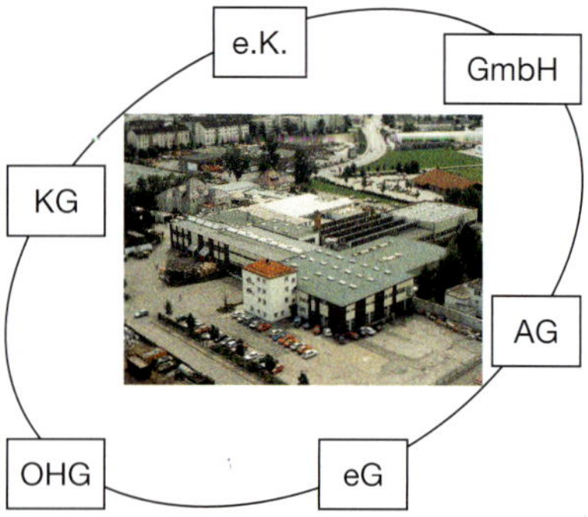

4 Rechtsformen

Sicher hast du schon von Abkürzungen wie AG oder GmbH als Zusätze zu den Firmennamen gehört. Diese Zusätze geben die Rechtsform eines Unternehmens an. Der Gründer eines Unternehmens hat die freie Wahl der Rechtsform, wobei er sich zwischen mehreren gesetzlich vorgeschriebenen Unternehmensrechtsformen entscheiden kann. Damit wird festgelegt, wem das Unternehmen gehört, wer die Entscheidungen trifft, wem der Gewinn zusteht und wer für die Verbindlichkeiten haftet, wenn das Unternehmen Insolvenz (Zahlungsunfähigkeit) anmelden muss.

Für jeden Geschäftspartner des Unternehmens, also für Kunden und Lieferer ist es interessant und wichtig, bereits über den Zusatz zum Firmennamen Auskunft über die Rechtsform zu erhalten.

4.1 Übersicht

Hier die Einteilung der wichtigsten Rechtsformen:

Einzelunternehmung	Personengesellschaft	Kapitalgesellschaft	Genossenschaft
• Handelsgewerbe z.B. eingetragener Kaufmann (e.K.) • sonstiges Gewerbe z.B. Kioskbesitzer	• Gesellschaft des Bürgerlichen Rechts (GbR) • Offene Handelsgesellschaft (OHG) • Kommanditgesellschaft (KG)	• Gesellschaft mit beschränkter Haftung (GmbH) • Aktiengesellschaft (AG)	• eingetragene Genossenschaft (eG)

Das Handelsregister ist ein öffentliches Verzeichnis, das Eintragungen über sämtliche Kaufleute im Bezirk des zuständigen Registergerichts führt.

Die Einzelunternehmen sind die am häufigsten verwendeten Rechtsformen von Unternehmen in Deutschland. Ungefähr 70 % aller Unternehmen sind Einzelunternehmen.

Die Begriffe Firma und Unternehmen werden umgangssprachlich oft gleich verwendet, sie dürfen jedoch nicht verwechselt werden.
Eine Firma ist der ins Handelsregister eingetragene Name eines Unternehmens.

4.2 Einzelunternehmen

Eingetragener Kaufmann
Jedem Firmennamen muss ein Kürzel (Abkürzung der Rechtsform) angehängt werden. So muss z.B. ein Einzelunternehmen den Zusatz e.K. (eingetragener Kaufmann) führen. Erlaubt sind auch sie eindeutigen Unterscheidungen in „e. Kfm.“ oder „e. Kfr.“ (eingetragene Kauffrau).

Diese Unternehmensform ist vorwiegend für kleinere und mittlere Unternehmen gedacht. Sobald die Firma gegründet wird, erfolgt eine Eintragung in das Handelsregister A und die Firma muss einen Namen wie zum Beispiel Michelle Morgan Modedesign e.K. oder Michelle Morgan e.K. verzeichnen lassen.
Die Inhaberin trägt das komplette finanzielle Risiko, die Gewinne fließen ihr zu, sie haftet allerdings auch mit ihrem gesamten privaten und geschäftlichen Vermögen.

Sonstiges Gewerbe
Hier handelt es sich um eine Unternehmensform, bei der sich der Gründer nicht für eine bestimmte Rechtsform entscheidet.

Dies ist die einfachste Unternehmensform, für die nur ein Gewerbeschein (wird bei der Gemeinde beantragt) benötigt wird. Meist werden so kleine Geschäfte, z.B. Modeboutiquen, Zeitschriftenläden usw. betrieben. Dabei trägt der Inhaber das komplette finanzielle Risiko, er haftet also mit seinem gesamten Vermögen, wenn seine Einnahmen nicht mehr ausreichen, um die Ausgaben zu decken.

4.3 Personengesellschaften

Gesellschaft bürgerlichen Rechts - GbR
Die GbR ist eine Unternehmensform, zu deren Gründung mindestens zwei Personen benötigt werden. Beide Gründer schließen einen Gesellschaftervertrag, in dem die Rechte und Pflichten beider Seiten beschrieben sind.

Je nach Gesellschaftervertrag kann jeder der Gründer ein Kapital auf das Konto des Unternehmens einzahlen oder zum Beispiel einen Computer zur Verfügung stellen (Sachgründung).

Die Gründung einer GbR ist besonders bei Freiberuflern und Studenten beliebt, die sich gemeinsam mit einem Arbeitskollegen, Freund oder Bekannten selbstständig machen möchten.

Offene Handelsgesellschaft - OHG
Die OHG ist eine Rechtsform, die vor allen von kleineren und mittleren Betrieben gewählt wird (oft Familienunternehmen). Die vertragliche Vereinbarung erfolgt von zwei oder mehr Personen, z.B. zum Betrieb eines Handelsgewerbes, wobei die Namen mehrerer Gesellschafter oder die Namen mit einem Zusatz (Gebrüder, & Sohn, & Co.) angegeben werden.

Die Haftung ist persönlich und unbeschränkt, d.h. alle Gesellschafter haften für die gesamten Schulden der Gesellschaft mit ihrem Kapitalanteil und dem Privatvermögen.

Die Gewinnverteilung ist im HGB gesetzlich geregelt, danach hat jeder Gesellschafter Anspruch auf 4% seines Kapitalanteils. Reicht der Gewinn für 4% nicht aus, gibt es weniger. Der Rest ist nach Köpfen (Anzahl der Gesellschafter) verteilt. Im Gesellschaftsvertrag kann eine abweichende Regelung vereinbart werden. Jeder Gesellschafter ist allein zur Geschäftsführung berechtigt, allerdings sind vertragliche Abweichungen möglich.

Kommanditgesellschaft - KG
Die KG ist eine vertragliche Vereinbarung von zwei oder mehr Personen zum Betrieb eines Handelsgewerbes unter gemeinschaftlicher Firma. Auch hier handelt es sich häufig um Familienunternehmen.

Im Unterschied zur OHG haftet den Gläubigern gegenüber mindestens ein Gesellschafter unbeschränkt und mindestens einer beschränkt. Man unterscheidet deshalb zwischen Vollhaftern (Komplementären) und Teilhaftern (Kommanditisten). Der Teilhafter haftet nur bis zur Höhe seiner ins Handelsregister eingetragenen Einlage.

Da die Vollhafter zum großen Teil das Risiko des Unternehmenserfolges tragen, leiten sie im Allgemeinen die KG und üben den Haupteinfluss aus, während sich die Teilhafter dann nur kapitalmäßig, ohne persönliche Mitarbeit, bei nur beschränkter Haftung beteiligen.

4.4 Kapitalgesellschaften

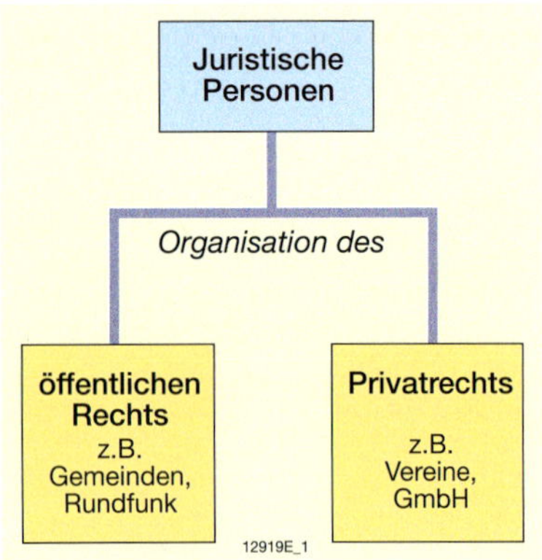

Gesellschaft mit beschränkter Haftung - GmbH
Die GmbH ist eine Handelsgesellschaft mit eigener Rechtspersönlichkeit (juristische Person), deren Gesellschafter mit ihrer Einlage am Stammkapital der Gesellschaft beteiligt sind. Das Stammkapital muss mindestens 25.000 € betragen. Für Verbindlichkeiten der Gesellschaft haftet den Gläubigern nur das Gesellschaftsvermögen, daher die Bezeichnung: „beschränkte Haftung". Der Firmenname der GmbH kann eine Personen-, Sach-, Fantasie- oder gemischte Firma sein. Sie muss allerdings die Bezeichnung GmbH enthalten.

Die Geschäftsführungsbefugnis und Vertretungsmacht wird von einem oder mehreren Geschäftsführern ausgeübt. Der Gewinn, den die GmbH erwirtschaftet, wird im Verhältnis der Geschäftsanteile der Gesellschafter verteilt.

Firmenname:
- Personenfirma: z. B. Johann Meier GmbH
- Sachfirma: z. B. Süßwaren GmbH
- Fantasiefirma: z. B. SCHOKO GmbH
- gemischte Firma: z. B. Meier-Süßwaren GmbH

Bedeutung der GmbH
Die Rechtsform der GmbH wird aus folgenden Gründen häufig gewählt:
- kann mit wenig Kapital gegründet werden,
- Risiko der Gesellschafter ist auf Stammeinlage beschränkt,
- kann auch für nichtgewerbliche (wissenschaftliche, etc.) Zwecke gegründet werden,
- Gesellschafter haben weitgehendes Mitverwaltungsrecht,
- Gründungs- und Verwaltungskosten niedriger als bei AG,
- sichert als juristische Person die Fortführung des Unternehmens beim Tode eines Gesellschafters.

Die Aktiengesellschaft - AG
Die Aktiengesellschaft ist ebenso eine Handelsgesellschaft mit eigener Rechtspersönlichkeit, also eine juristische Person. Für die Gründung einer AG ist ein Grundkapital von mindestens 50.000 € nötig. Die Gesellschafter (Aktionäre) sind mit ihren Einlagen auf das in den Aktien (Anteilscheine) zerlegte Grundkapital beteiligt.

Die Geschäftsführung und Vertretung der AG wird vom Vorstand ausgeübt, der die Unternehmung leitet. Er ist eines von drei Organen der AG. Daneben gibt es noch den Aufsichtsrat, der die Geschäftsführung des Vorstandes überwacht und die Hauptversammlung, in der die Aktionäre ihre Interessen vertreten.

Vom Jahresüberschuss muss ein Teil in die gesetzliche Rücklage eingestellt werden. Der andere Teil kann in Form von Gewinnanteilen (Dividenden) an die Aktionäre ausgeschüttet werden. Wie der Gewinn zu verwenden ist, entscheidet die Hauptversammlung.

4.5 Die eingetragene Genossenschaft (e.G.)

Zur Gründung einer Genossenschaft bedarf es mindestens sieben Personen. Der Geschäftszweck ist die wirtschaftliche Förderung der Mitglieder durch einen gemeinsamen Geschäftsbetrieb. Diese Rechtsform trifft man vorwiegend im Bereich der Landwirtschaft z. B. Winzergenossenschaften oder im Bau- und Wohnungsbereich.

Wie bei der AG verfügt die eingetragene Genossenschaft über drei Organe:
- den Vorstand mit mindestens zwei Mitgliedern
- den Aufsichtsrat mit mindestens drei Mitgliedern
- die Generalversammlung bzw. Vertreterversammlung

4.6 Das Handelsregister

Das Handelsregister ist ein öffentliches Verzeichnis, das beim Amtsgericht (auch Registergericht) geführt wird und auch online verfügbar ist.

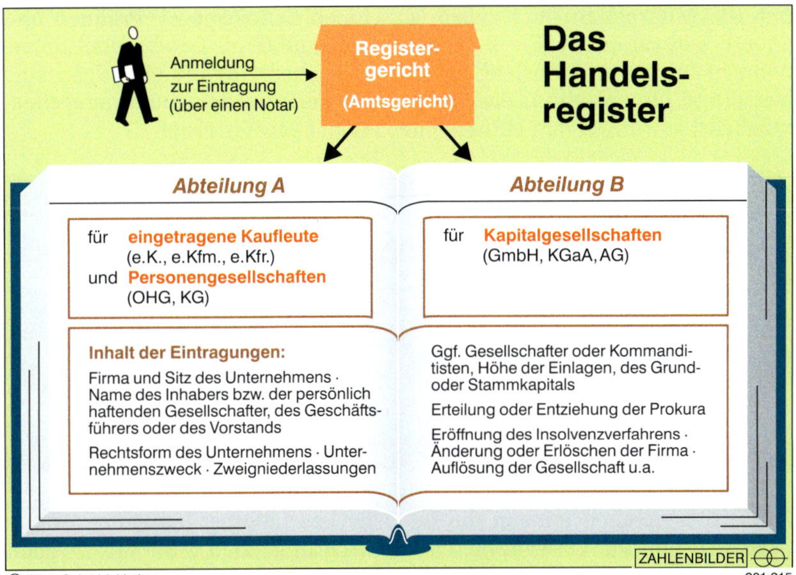

 201 315

www.handelsregister.de

Überblick über die wichtigsten Unterschiede

Gesichtspunkt	Einzelunternehmen	OHG	KG	GmbH	AG	e.G.
Gründung	Eintrag ins Handelsregister	Eintrag ins Handelsregister	Eintrag ins Handelsregister	Eintrag ins Handelsregister Mindestkapital: 25.000 €	Eintrag ins Handelsregister Mindestkapital: 50.000 €	Eintrag ins Genossenschaftsregister
Geschäftsführung	Einzelunternehmer	alle Gesellschafter	Komplementär	Geschäftsführer	Vorstand Aufsichtsrat Hauptversammlung	Vorstand Aufsichtsrat Generalversammlung
Gewinn	Einzelunternehmer	z. B. 4% des Kapitals, Rest nach Köpfen	4% des Kapitals, Rest je nach Anteilen	je nach Geschäftsanteilen	Rücklage, Dividende	Rücklage, Verteilung auf die Mitglieder
Verlust	Einzelunternehmer	je nach Vertrag, nach Köpfen	je nach angemessenen Anteilen	keine Gewinnausschüttung in den nächsten Jahren	keine Gewinnausschüttung in den nächsten Jahren	Verteilung auf die Mitglieder
Haftung	Privat- und Betriebsvermögen	Privat- und Betriebsvermögen	Komplemetär: Privat- und Betriebsvermögen Kommanditist: nur mit der Einlage	Gesellschaftsvermögen	Gesellschaftsvermögen	Gesellschaftsvermögen

5 Betriebliche Grundfunktionen

Das Unternehmen mit der Firmenbezeichnung SCHOKO GmbH stellt Süßwaren aller Art her. Die Firma bezieht ihre Rohstoffe (z.B. Kakao, Zucker) aus Südamerika. In ihrem Werk in der Nähe von Gera stellt sie mit 100 Mitarbeitern und vielen Maschinen Schokoriegel, Pralinen und andere Süßwaren her. Sie verkauft ihre Produkte an Großhandelsunternehmen im In- und Ausland. Alle betrieblichen Abläufe benötigen eine bestimmte Organisation, das heißt einen Aufbau, der einen geregelten, möglichst störungsfreien betrieblichen Ablauf gewährleistet.

① Beschaffung
② Fertigung
③ Absatz (Vertrieb)
④ Verwaltung

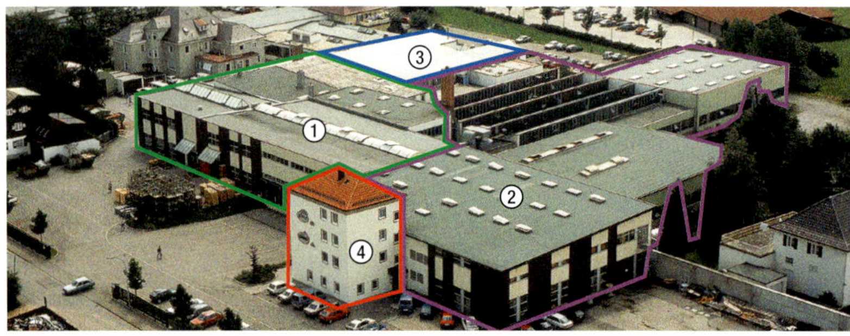

Auf dem nebenstehenden Luftbild kannst du sicher vom Gebäudetyp her die einzelnen Unternehmensbereiche erkennen.

Jedes Unternehmen umfasst die Bereiche Beschaffung, Fertigung, Absatz (Vertrieb) und die Verwaltung. Die **Beschaffung**, auch Materialwirtschaft genannt, kümmert sich um die Materialbestellung, prüft dessen Qualität und überwacht die Lagerung. In der **Fertigung** werden die Arbeitsabläufe vorbereitet, es wird produziert und am Ende die Qualität des Produktes kontrolliert. Der **Vertrieb** muss neue Aufträge hereinholen, die Endprodukte prüfen, ausliefern und sich der Werbung für die Produkte annehmen. Die **Verwaltung** umfasst die Leitung des Unternehmens. Man kann sie in eine technische und eine kaufmännische Leitung unterteilen. Die technische Leitung forscht und entwickelt neue Produkte, plant die einzelnen Fertigungsschritte und ist für die EDV (Elektronische Datenverarbeitung) zuständig. Die kaufmännische Leitung organisiert den gesamten Betrieb, sie beinhaltet das betriebliche Rechnungswesen, die Personalverwaltung und die Finanzierung der betrieblichen Vorhaben.

i

Fakturierung = Rechnungsstellung

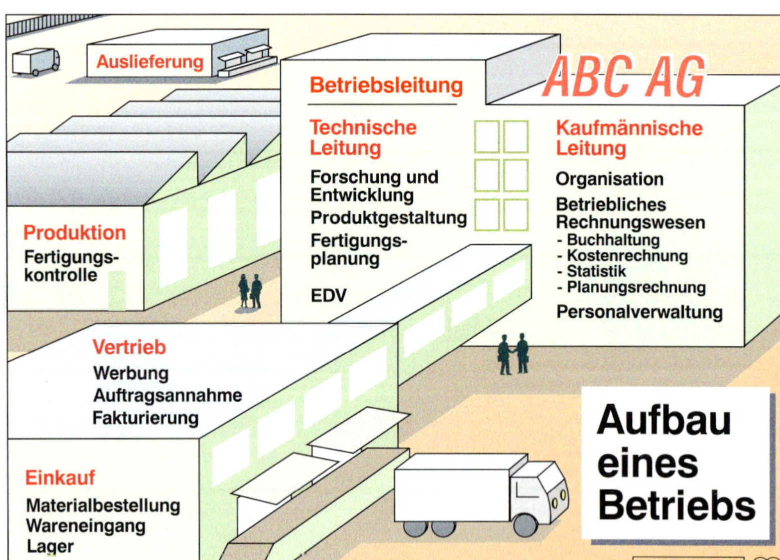

© Erich Schmidt Verlag 201 110

A

1. In welche vier Bereiche kann man jedes Unternehmen einteilen?
2. Warum sind organisatorische Regelungen in einem Betrieb unbedingt notwendig?
3. Betrachte das Schaubild zum Aufbau eines Betriebes.
   In welche vier Teilbereiche kann man das betriebliche Rechnungswesen einteilen?

Die Hauptaufgabe der Unternehmen ist die Herstellung von Sachgütern oder Dienstleistungen für den Bedarf Dritter, also anderer Personen, so stellt Firma SCHOKO aus bezogenem Material Süßwaren aller Art her:

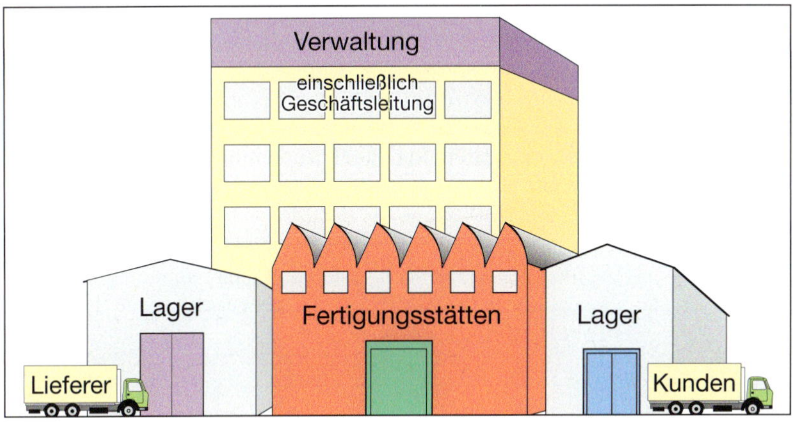

Das Unternehmen SCHOKO steht neben den Lieferern und den Kunden noch mit vielen anderen Personen und Behörden im Kontakt.
Nenne mindestens fünf weitere Personen oder Behörden, mit denen das Unternehmen in Verbindung steht.

Ziel des Unternehmens ist es, Einnahmen (durch den Verkauf der Süßwaren) zu erzielen, die größer sind als die Ausgaben (z. B. für Material, Maschinen, Arbeitskräfte). Ständig sind die Vorgänge der Beschaffung, der Fertigung und des Absatzes zu **kontrollieren, Entscheidungen zu treffen** und **Planungen** für die Zukunft nötig.

Die Unternehmensleitung (Herr Meier) hat auch gegenüber den Mitarbeitern eine hohe **Verantwortung**, denn als Arbeitgeber trifft er täglich Entscheidungen im Unternehmen und diese wirken sich auch auf die Familien jedes einzelnen Beschäftigten aus.

Herr Meier hat als Unternehmer eine Reihe von Aufgaben zu bewältigen

Sehen wir uns die Hauptaufgabe der Firma SCHOKO, das Produzieren von Süßwaren, nochmals im Schema an:

Rohstoffe (Kakao, Zucker etc.) werden von Lieferern eingekauft, | daraus wird Schokolade produziert | und diese anschließend an Kunden verkauft.

Fertigungsunternehmen

kauft ein | fertigt (= produziert) | verkauft

Lieferer

Kakao, Zucker →

→ Schokolade

Kunde

Beschaffung (Außenbeziehung) | **Fertigung** (innerbetrieblicher Vorgang) | **Absatz** (Außenbeziehung)

6 Grundlagen des betrieblichen Rechnungswesens

Ähnlich wie im privaten Bereich eine Familie alle Einnahmen und Ausgaben im sogenannten Haushaltsbuch aufschreibt (wir sprechen dann von Haushaltsbuchführung), zeichnet auch ein Unternehmer alle Ausgaben und Einnahmen (Vorgänge mit Außenbeziehungen) und die innerbetrieblichen Vorgänge genau auf. So kann er stets einen Überblick über sein Unternehmen behalten und wird seiner hohen Verantwortung gerecht. Er führt Buch (**Buchführung**) und stellt Berechnungen an zu den Preisen, die er fordern muss, um seine Kosten zu decken und einen Gewinn zu erzielen (**Rechnen, Kalkulation**).

Summa de
Arithmetica geo
metria. Proportioni: et proportionalita:

Continentia de tutta lopera.

„Summa de Arithmetica, Geometria, Proportioni et Proportionalità", das Buch von Luca Pacioli, der 1494 die Doppelte Buchführung als erster schriftlich festhielt.

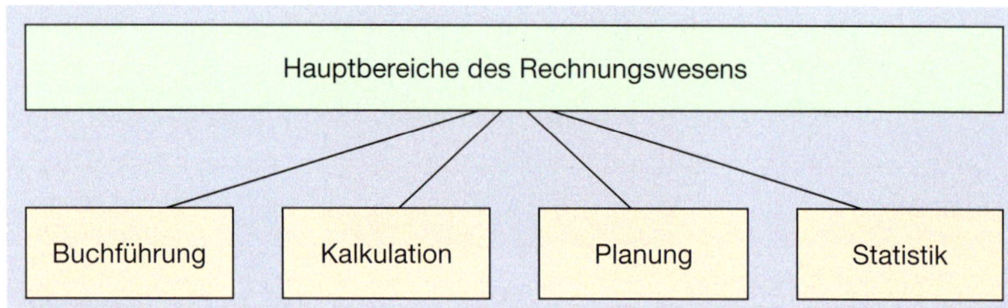

Die **Buchführung** erfüllt in erster Linie eine Dokumentationsaufgabe. Alle betrieblichen Vorgänge werden lückenlos und chronologisch aufgezeichnet. Sie ist gesetzlich vorgeschrieben (im HGB).

Die **Kalkulation** (Kosten-Leistungs-Rechnung) dient der Kontrolle der innerbetrieblichen Vorgänge und der Wirtschaftlichkeit des Unternehmens.

Die **Planung** der zukünftigen Entwicklung des Unternehmens ist eine wichtige Aufgabe des Rechnungswesens. Prognosen über voraussichtliche Marktchancen oder die Zielsetzung des Betriebes bedürfen einer genauen Auswertung der vorhandenen Daten.

Die **Statistik** bereitet die vorhandenen Daten auf, ordnet sie und wertet diese aus. Sie entwickelt Tabellen, Schaubilder und Diagramme und berechnet Zahlen für den Vergleich mit anderen Unternehmen oder den Zahlen aus dem Vorjahr.

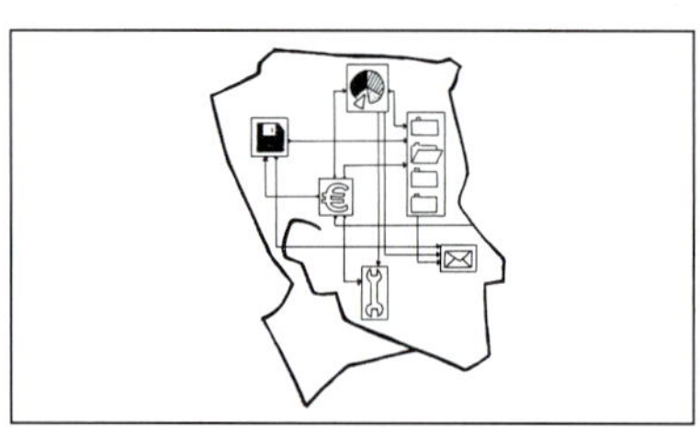

1. Sieh im Fremdwörterbuch nach, woher das Wort Kalkulation stammt und was es übersetzt bedeutet.
2. Ordne den vier Abbildungen rechts die Hauptbereiche des Rechnungswesens zu.

Das Rechnungswesen ist ein wichtiges **Führungs- und Kontrollinstrument der Unternehmensleitung**. Buchführung und Kalkulation sind die grundlegenden Voraussetzungen für jedes Unternehmen, um erfolgreich, d.h. mit Gewinn, wirtschaften zu können.

Inhalte von Inventur, Inventar und Bilanz
Nehmen wir an, Herr Johann Meier, Gesellschafter und Gründer der Firma SCHOKO GmbH, will aus Altersgründen aus dem Unternehmen ausscheiden und überträgt seiner Tochter Lisa Meier die Geschäftsführung. Die Eintragung der neuen Gesellschafterin im Handelsregister wird beantragt. Lisa Meier übernimmt durch die Gesamtleitung die Gesamtverantwortung über alle Bereiche im Unternehmen.

Bei der Besprechung der Firmenübergabe wird vereinbart, dass
- der **Firmenname** beibehalten werden soll und
- **Versicherungen** übertragen bzw. neu abgeschlossen werden: z.B. Berufsgenossenschaft (Unfallversicherung), Feuer, Haftpflicht.
- Weiterhin sind **Behördengänge** zu erledigen: z.B. Gemeinde, Industrie- und Handelskammer, Finanzamt.

Das Handelsgesetzbuch (HGB)
enthält rechtliche Regelungen für Kaufleute und wird auf Rechtsgeschäfte angewandt, bei denen mindestens ein Vertragspartner ein Kaufmann ist.

Daneben muss Lisa Meier sich einen genauen **Überblick über das Unternehmen** verschaffen. Besonders zwei Fragen sind für sie von großer Bedeutung:

1. **Welche Vermögenswerte werden ihr übertragen?**
2. **Wem gehören diese Vermögenswerte beziehungsweise mit welchen Mitteln sind sie finanziert (Eigen- oder Fremdmittel)?**

6.1 Die Inventur

Um die oben stehenden Fragen beantworten zu können, muss Lisa Meier alle Vermögenswerte und Vermögensquellen mengen- und wertmäßig erfassen; sie macht Inventur. Dies schreibt ihr auch der Gesetzgeber im Handelsgesetzbuch (HGB) vor.

§ 240 HGB Inventar.
(1) Jeder Kaufmann hat zu Beginn seines Handelsgewerbes seine Grundstücke, seine Forderungen und Schulden, den Betrag seines baren Geldes sowie seine sonstigen Vermögensgegenstände genau zu verzeichnen und dabei den Wert der einzelnen Vermögensgegenstände und Schulden anzugeben.

Die Inventur nimmt beim Unternehmen SCHOKO einige Tage in Anspruch. Dabei sind alle Mitarbeiter beschäftigt, um Inventurlisten zu erstellen. Dazu werden in vorbereiteten Listen die verschiedenen Vermögensgegenstände genau erfasst (zählen, messen, wiegen).

SCHOKO GmbH **Süßwaren aller Art** **Inventurliste**		Stichtag: Seite: aufgenommen durch:		
Artikel		Menge (Stück, kg, m, m^2, m^3, l)	Wert	
Nr.	genaue Bezeichnung		€/Einheit	€/gesamt

Die **Inventur** ist die mengen- und wertmäßige Bestandsaufnahme aller Vermögens- und Schuldenteile eines Unternehmens.

Eine ordnungsgemäße Inventur ist grundsätzlich am Geschäftsjahresende (meistens der 31. Dezember) oder innerhalb von zehn Tagen vor oder nach diesem Termin durchzuführen.

6.2 Die Inventur führt zum Inventar

> Das **Inventar** ist ein ausführliches Bestandsverzeichnis aller Vermögenswerte, der Schulden und des Reinvermögens.

Die Inventurlisten werden in mehreren DIN-A4-Ordnern zusammengestellt und ergeben zusammen das Inventar.
Das ausführliche Verzeichnis aller Vermögens- und Schuldenwerte und des Reinvermögens ist nach bestimmten Gesichtspunkten in Staffelform gegliedert. Dabei werden die einzelnen Vermögenswerte, Schuldenteile und das Reinvermögen untereinander aufgelistet, sodass sie zu Summen zusammengefasst werden können.

Gliederung des Inventars		**Ordnung der einzelnen Posten nach …**
A. Vermögen		
I. Anlagevermögen 1. Grundstücke 2. Gebäude 3. Maschinen und Anlagen 4. Fuhrpark (Fahrzeuge) Lastkraftwagen J-M … Lastkraftwagen J-M … Firmen-PKW J-M … 5. Büromaschinen 6. Büroausstattung	Zum Anlagevermögen (AV) gehören alle Vermögensteile, die langfristig im Betrieb genutzt werden.	… der Anlagedauer (= Dauer der Benutzbarkeit)
II. Umlaufvermögen 1. Vorräte 2. Forderungen an Kunden 3. Bankguthaben 4. Kassenbestand	Zum Umlaufvermögen (UV) gehören alle Vermögensteile, die nur kurze Zeit im Betrieb verbleiben oder rasch umgesetzt werden, d.h. ständigen Änderungen unterworfen sind.	… der Liquidität (= Grad der Flüssigkeit, Zahlungsfähigkeit)
B. Schulden **I. Langfristige Schulden** 1. Langfristige Bankverbindlichkeiten **II. Kurzfristige Schulden** 1. Verbindlichkeiten an Lieferer 2. Kurzfristige Bankverbindlichkeiten	Zu Schulden sagt man auch Fremdkapital oder Verbindlichkeiten. Schulden, die innerhalb eines Jahres zurückgezahlt werden müssen, sind kurzfristig. Ist die Fälligkeit später (z.B. in 5 Jahren), sprechen wir von langfristigen Schulden.	… der Fälligkeit (= wann müssen die Schulden zurückgezahlt werden?)
C. Ermittlung des Reinvermögens Summe des Vermögens – Summe der Schulden = Reinvermögen (Eigenkapital)	Das Reinvermögen wird auch als Eigenkapital (oder kurz Kapital) bezeichnet.	Hier ist keine besondere Ordnung nötig, da es sich nur um einen Posten handelt.

Die Beträge der einzelnen Posten werden zu den jeweiligen Größen addiert:

Anlagevermögen
\+ = **Vermögen**
Umlaufvermögen

langfristige Schulden
\+ = **Schulden**
kurzfristige Schulden

Aus der Differenz von Vermögen und Schulden ergibt sich das Reinvermögen (Eigenkapital).

6.3 Die Bilanz des Unternehmens

Mit der Aufstellung des Inventars (siehe Seite 24) ist es Lisa Meier nicht zu ihrer Zufriedenheit gelungen, einen guten Überblick über das Unternehmen zu gewinnen. Insbesondere die zweite der beiden folgenden Fragen ist für sie noch nicht zufriedenstellend beantwortet:

1. **Welche Vermögenswerte werden ihr übertragen?**
2. **Wem gehören diese Vermögenswerte beziehungsweise mit welchen Mitteln sind sie finanziert (Eigen- oder Fremdmittel)?**

Ferner schreibt der Gesetzgeber im Handelsgesetz vor, dass bei der Geschäftsübernahme auch eine **Bilanz** zu erstellen ist.

§ 242 HGB Pflicht zur Aufstellung.
(1) Der Kaufmann hat zu Beginn seines Handelsgewerbes und für den Schluss eines jeden Geschäftsjahrs einen das Verhältnis seines Vermögens und seiner Schulden darstellenden Abschluss (Eröffnungsbilanz, Bilanz) aufzustellen. ...

§ 243 HGB Aufstellungsgrundsatz.
(1) Der Jahresabschluss ist nach den Grundsätzen ordnungsmäßiger Buchführung aufzustellen.
(2) Er muss klar und übersichtlich sein.
(3) Der Jahresabschluss ist innerhalb der einem ordnungsmäßigen Geschäftsgang entsprechenden Zeit aufzustellen.

i Die **Bilanz** ist die kurzgefasste Gegenüberstellung von Vermögenswerten und Vermögensquellen und vermittelt wie das Inventar ein Bild des augenblicklichen Vermögensstandes.

Anlässlich der Geschäftsübernahme zum 1. Januar 20.., die mit dem Beginn eines Handelsgewerbes durch Lisa Meier gleichzusetzen ist, muss eine Bilanz erstellt werden.

Zum besseren Überblick in einer **Bilanz** werden deshalb:
- alle gleichartigen Posten (z. B. die verschiedenen Maschinen) zusammengefasst,
- die Mengenangaben weggelassen sowie
- die Bestände nur in zusammengefassten €-Beträgen aufgenommen.

In der Bilanz werden die Vermögenswerte den Vermögensquellen (Schulden und Reinvermögen) in der einfacheren und kürzeren **T-Konto-Form** in zwei Spalten gegenübergestellt:
- Die Vermögenswerte (Aktiva) werden auf die linke Seite der Bilanz (**Aktivseite**) übernommen und
- die Vermögensquellen (Passiva) auf die rechte Seite der Bilanz (**Passivseite**) geschrieben.

i **Die T-Konto-Form** hat den Vorteil, dass bestimmte Größen nicht untereinander aufgelistet, sondern wie in einem **T** gegenübergestellt werden können. Dies erhöht die Übersichtlichkeit und die Aussagekraft entscheidend.

A	Bilanz	P
AV UV		EK FK

Der Aufbau der Bilanz und die Reihenfolge der einzelnen Bestände sind wie im Inventar genau festgelegt und müssen stets beachtet werden:
- Gliederung der Aktivseite in Anlagevermögen und Umlaufvermögen,
- Gliederung der Passivseite in Eigenkapital und Fremdkapital,
- Die Aktivseite stellt die Vermögenswerte, die Passivseite die Vermögensquelle dar.

Aus der Gegenüberstellung von Vermögen und Kapital lassen sich z. B. folgende Gleichungen ableiten:
- Vermögen = Kapital
- Anlagevermögen + Umlaufvermögen = Eigenkapital + Fremdkapital
- Eigenkapital = (Anlagevermögen + Umlaufvermögen) – Fremdkapital

Die **Bilanz** zeigt, dass die Summe der Vermögenswerte genauso groß ist wie die Summe des zur Verfügung stehenden Kapitals (Vermögensquellen). Bei den Vermögenswerten und Vermögensquellen handelt es sich um gleiche Rechnungsgrößen, die nur von verschiedenen Standpunkten aus betrachtet werden.

Weil die Endsummen auf beiden Seiten gleich sind, nennt man diese Gegenüberstellung „Bilanz" (italienisch „bilancia" = zwei Schalen oder Waage).

Die Bilanz zeigt auf der	
Aktivseite (Aktiva)	**Passivseite (Passiva)**
die **Verwendung** der Mittel, also die Form des Vermögens, die Art des Mitteleinsatzes: Kapitalverwendungsseite	die **Herkunft** der Mittel, also die Quelle des Kapitals, die Art der Finanzierung: Kapitalbeschaffungsseite
Anlagevermögen **+ Umlaufvermögen** **= Vermögen**	**Eigenkapital** **+ Fremdkapital** **= Kapital**
Bilanzgleichung: Vermögen (V) =	Eigenkapital (EK) + Fremdkapital (FK)
V =	EK + FK
Aktiva =	Passiva

Aus dem Inventar des Unternehmens SCHOKO erstellt Lisa Meier folgende Bilanz:

Bilanz
Schoko GmbH, Jena
zum 1. Januar 20..
(als Eröffnungsbilanz bei Übernahme des Unternehmens)

Aktiva			**Passiva**
Anlagevermögen		**Eigenkapital**	2.100.000,00 €
Bebaute Grundstücke	400.000,00 €	**Fremdkapital**	
Betriebs- und Verwaltungsgebäude	800.000,00 €	Langfristige Schulden	
Maschinen und Anlagen	2.150.000,00 €	Langfristige Bankverbindlichkeiten	1.800.000,00 €
Fuhrpark	345.000,00 €	Kurzfristige Schulden	
Büromaschinen	265.000,00 €	Kurzfristige Bankverbindlichkeiten	803.000,00 €
Büroausstattung	460.000,00 €	Verbindlichkeiten an Lieferer	527.000,00 €
Umlaufvermögen			
Vorräte	150.000,00 €		
Forderungen an Kunden	425.000,00 €		
Bankguthaben	230.000,00 €		
Kassenbestand	5.000,00 €		
	5.230.000,00 €		5.230.000,00 €

Jena, 1. Januar 20..
Lisa Meier

Mit der Geschäftsübernahme schließt Herr Meier das alte Geschäftsjahr ab (Jahresabschluss) und gleichzeitig beginnt Lisa Meier zum 1. Januar 20.. ihre unternehmerische Tätigkeit. Für diesen Zweck werden die Inventur durchgeführt, das Inventar erstellt und daraus die Bilanz entwickelt.

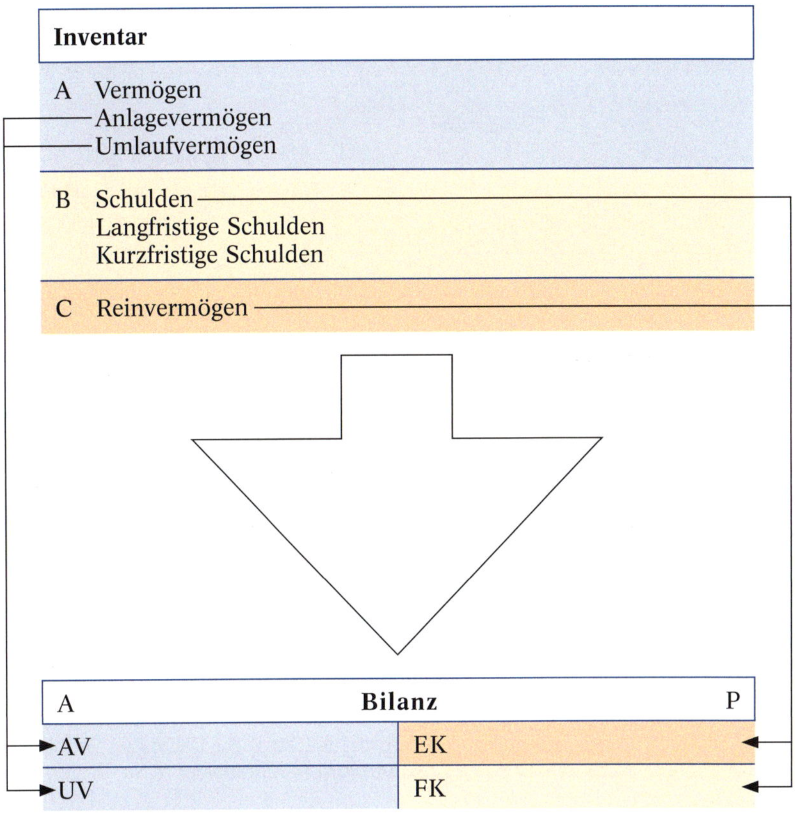

Jahresabschluss
Wenn in diesem Zusammenhang vom Jahresabschluss gesprochen wird, so ist festzuhalten, dass der Jahresabschluss zum Ende eines Geschäftsjahres erstellt wird.
Im Fall der Firma Meier ist dies zuletzt zum 31. Dezember 20.. gewesen. Bei der Übernahme des Unternehmens durch Lisa Meier zum 1. Januar 20.. können wir davon ausgehen, dass die Vermögenswerte und Schulden des alten Jahres (31. Dezember 20.., 24:00 Uhr) mit jenen des neuen Jahres (1. Januar 20.., 0:00 Uhr) vollkommen übereinstimmen.
Somit treffen die Bestimmungen des Handelsrechts (siehe §§ 242, 243 HGB) nicht nur auf das Ende des alten Geschäftsjahres, sondern auch auf den Beginn des neuen Geschäftsjahres zu.

Inventar und Bilanz
Inventar und Bilanz zeigen beide den Stand des Vermögens und der Schulden einer Unternehmung. Sie sind beide Bestandsverzeichnisse, nur die Art der Darstellung ist unterschiedlich.
Das Führen von Büchern (z.B. Inventar, Bilanz) hat sehr viel mit **Wahrheit**, **Klarheit** und **Übersichtlichkeit** zu tun. Alle Aufzeichnungen werden so zusammengestellt, dass sie jederzeit eindeutig nachvollzogen werden können. Das erfordert auch ein hohes Maß an **Gewissenhaftigkeit**.

Die Grundsätze ordnungsmäßiger Buchführung lassen sich in folgenden Aussagen zusammenfassen:
- Die Buchführung muss klar und übersichtlich sein.
- Die Buchführung muss in einer lebenden Sprache abgefasst sein.
- Die Buchführung muss mit urkundensicheren Schreibmaterialien verfasst werden.
- Die Geschäftsfälle müssen fortlaufend, vollständig, richtig, zeitgerecht und sachlich geordnet erfasst werden.
- Die Aufzeichnungen dürfen nicht unleserlich sein.

Die GoB sorgen für Klarheit, Wahrheit und Übersichtlichkeit in der Buchführung und sind von jedem Kaufmann zu beachten. Sie ermöglichen es, dass sich ein sachverständiger Dritter (z.B. ein Finanzbeamter) innerhalb angemessener Zeit einen Überblick über die wirtschaftliche Lage des Unternehmens verschaffen kann.

Inventar
- **ausführliche** Darstellung der einzelnen Vermögens- und Schuldwerte nach Menge, Art und Einzelwerten
- Aufstellung des Vermögens, der Schulden und des Reinvermögens in **Staffelform**

Bilanz
- **kurzgefasste** Darstellung des Vermögens und der Schulden nur mit den jeweiligen Gesamtwerten und ohne Mengenangabe
- Aufstellung des Vermögens und des Kapitals in einer Kurzfassung, der **T-Kontoform**

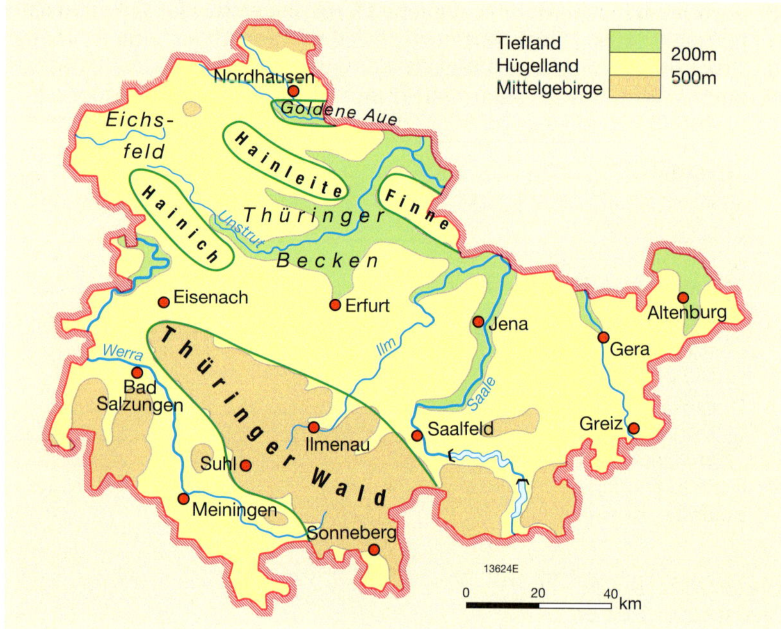

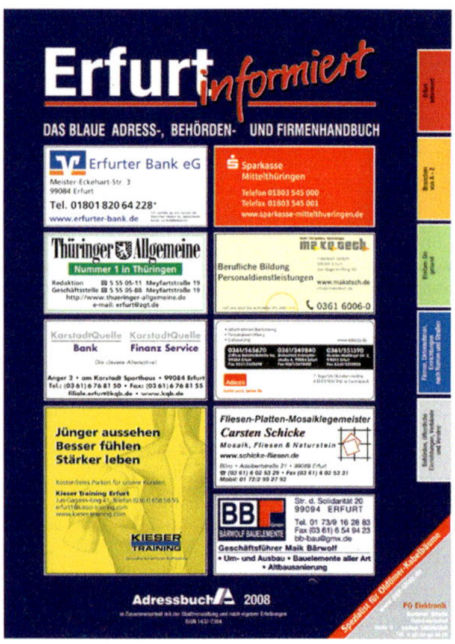

1. Worüber gibt die Rechtsform eines Unternehmens Auskunft?
2. Beschreibe vier wesentliche Unterscheidungsmerkmale zwischen einer Einzelunternehmung und einer Aktiengesellschaft.
3. Schlage in einem Branchenadressbuch deiner Gemeinde die Rubrik „Malerbetriebe" auf. Stelle bei den ersten 20 Unternehmen die Rechtsform fest.
4. a) Wozu dient der Firmenname?
   b) Was bedeuten folgende Rechtsformzusätze: e. K.; OHG; AG; GmbH?
   c) Welche Angaben müssen Geschäftsbriefe enthalten?
5. a) Was ist ein Handelsregister?
   b) Welche Inhalte muss ein Eintrag im Handelsregister haben?
   c) Welche Bedeutung haben die beiden Abteilungen A und B des Handelsregisters?
6. In welche vier Bereiche lassen sich Fertigungsunternehmen einteilen?
7. Nenne die vier Unternehmensbereiche.
8. Nenne die vier Hauptbereiche des Rechnungswesens.
9. a) Was versteht man unter Inventur, was unter Inventar?
   b) Erkläre den Unterschied zwischen Inventur und Inventar.
   c) Nenne je drei Vermögensgegenstände, die zum Anlage- bzw. zum Umlaufvermögen gehören.
   d) Welche Formvorschriften gelten für das Inventar?
   e) Welche Aufgabe haben Vor- und Hauptspalte des Inventars?
10. Stelle die folgenden Posten in der richtigen Gliederung zu einem Inventarschema zusammen:
    Maschinen, Fahrzeuge, Vorräte, Gebäude, Bankguthaben, Langfristige Bankverbindlichkeiten, Kurzfristige Bankverbindlichkeiten, Forderungen an Kunden, Verbindlichkeiten bei Lieferern, Bargeld.
11. Das Inventar ist in Staffelform aufgebaut und umfasst zahlreiche Fachbegriffe.
    a) Erkläre den Aufbau des Inventars.
    b) Gib jeweils eine kurze Erklärung für folgende Fachbegriffe:
       - Maschinen und Anlagen
       - Fuhrpark
       - Bankguthaben
       - Bankverbindlichkeiten

§ 240 HGB Inventar.
(1) Jeder Kaufmann hat zu Beginn seines Handelsgewerbes seine Grundstücke, seine Forderungen und Schulden, den Betrag seines baren Geldes sowie seine sonstigen Vermögensgegenstände genau zu verzeichnen und dabei den Wert der einzelnen Vermögensgegenstände und Schulden anzugeben.

12. a) Inwieweit erfüllt ein Inventar die Anforderungen des § 243 HGB nicht?
    b) Wann ist von jedem Kaufmann nach § 242 eine Bilanz aufzustellen?
13. Stelle fest, ob die folgenden Aussagen richtig oder falsch sind, begründe deine Entscheidung und schlage gegebenenfalls Verbesserungen vor:
    a) Auf der Passivseite der Bilanz wird die Form des Vermögens dargestellt.
    b) Die Bilanz ist mit dem Inventar „verwandt".
    c) Für Kaufleute besteht eine gesetzliche Pflicht zur Aufstellung einer Bilanz.
    d) Die Gleichung Aktiva = Passiva kann auch so dargestellt werden:
       Anlagevermögen
       + Umlaufvermögen
       = Eigenkapital.
    e) Die Bilanz ist ähnlich wie das Inventar gegliedert.
    f) Bilanz und Inventar unterscheiden sich nur in der Form.
    g) Die Staffelform der Bilanz ist gekennzeichnet durch die Gegenüberstellung von Vermögen und Kapital.
14. Erstelle anhand des unten abgebildeten Inventars der Firma Maier Möbelbau e. K. eine Bilanz.

Maier Möbelbau e. K.
Neustädter Straße 16
99087 Erfurt

Inventar

(Bestandsverzeichnis zum 1. Januar 20.. in € – verkürzte Übersicht)

	(Vorspalte)	(Hauptspalte)
A. Vermögen		
I. Anlagevermögen		
1. Bebaute Grundstücke	300.000,00	
2. Betriebs- u. Verwaltungsgebäude	900.000,00	
3. Maschinen und Anlagen laut Verzeichnis	2.000.000,00	
4. Fuhrpark		
Lastkraftwagen EF-MM-102	75.000,00	
Lastkraftwagen EF-MM-104	245.000,00	
Personenkraftwagen EF-MM-301	25.000,00	
5. Büromaschinen laut Verzeichnis	415.000,00	
6. Büroausstattung laut Verzeichnis	460.000,00	4.420.000,00
II. Umlaufvermögen		
1. Vorräte laut Verzeichnis	300.000,00	
2. Forderungen an Kunden	275.000,00	
3. Bankguthaben	210.000,00	
4. Kassenbestand	25.000,00	810.000,00
Summe des Vermögens		5.230.000,00
B. Schulden		
I. Langfristige Schulden		
1. Langfristige Bankverbindlichkeiten	1.600.000,00	1.600.000,00
II. Kurzfristige Schulden		
1. Kurzfristige Bankverbindlichkeiten	903.000,00	
2. Verbindlichkeiten an Lieferer	627.000,00	1.530.000,00
Summe der Schulden		3.130.000,00
C. Ermittlung des Reinvermögens		
Summe des Vermögens		5.230.000,00
-Summe der Schulden		-3.130.000,00
= Eigenkapital (Reinvermögen)		2.100.000,00

15. a) Wie lautet die Bilanzgleichung?
    b) Gib zwei weitere Möglichkeiten für die Bilanzgleichung an, indem du folgende Begriffe bzw. Abkürzungen verwendest: Vermögen (V), Anlagevermögen (AV), Umlaufvermögen (UV), Kapital (K), Fremdkapital (FK), Eigenkapital (EK).
    c) Was zeigt die Passivseite der Bilanz? Wie ist diese gegliedert?
    d) Was zeigt die Aktivseite der Bilanz? Wie ist diese gegliedert?
16. Erstelle nach den unten aufgeführten Inventurbeständen der Firma Egon Haizmann e. K., Eisenach, das Inventar und die Bilanz.

Vorräte laut besonderem Verzeichnis	89.000,00 €
Geschäftsausstattung laut Anlagekartei	72.000,00 €
Lastkraftwagen	88.000,00 €
Maschinen	42.000,00 €
Langfristige Bankverbindlichkeiten	210.000,00 €
Verbindlichkeiten aus Lieferungen:	
Lieferer Weiß	17.000,00 €
Lieferer Schwarz	5.000,00 €
Gebäude	360.000,00 €
Grundstücke	210.000,00 €
Bares Geld	5.000,00 €
Guthaben bei:	
Sparbank	9.000,00 €
Gewerbebank	8.000,00 €
Forderungen an Kunden	11.000,00 €
Kurzfristige Schulden bei:	
Kreditbank	16.000,00 €
Handelsbank	6.000,00 €

II Pflichtabgaben aus dem Arbeitnehmereinkommen

b maler BERGER **Lohnabrechnung**

Name:				
Lohnwoche: vom	bis			
Stunden-Zahl		Stunden-Lohn	€	Ct.
	Normalstunden			
	Überstunden			
	Zulage			
Abzüge:	Bruttolohn:			
Sozialversicherung				
Lohnsteuer				
Kirchensteuer kath.				
Kirchensteuer kath.				
Vorschuss				
Vermögenswirksame Leistung				
zuzüglich:	Zwischensumme			
Sparzulage				
Sonstiges				
auszuzahlender Betrag		€		
Sofort nachzählen				

A

1. Nenne Berufsgruppen, für die eine der nebenstehenden Einkommensarten zutrifft.
2. Neben dem Erwerbseinkommen gibt es auch andere Einkommensarten. Nenne Beispiele.
3. Erkundige dich bei deinen Großeltern, ob sie sich noch an die Form der Lohnzahlung mit der Lohntüte erinnern.

i

Solidaritätszuschlag
Ergänzungsabgabe zur Lohn- bzw. Einkommensteuer in Höhe von 5,5% der Lohn- bzw. Einkommensteuer.

Sozialversicherungen
Pflichtversicherungen für jeden Arbeitnehmer (Kranken-, Renten-, Arbeitslosen- und Pflegeversicherung).

Vermögenswirksame Leistungen
z.B. Bausparvertrag, Lebensversicherung, Sparvertrag über einen Aktienfond.

1 Die Lohnsteuer

Alle Geldbeträge, die jemand erhält, weil er Arbeit im wirtschaftlichen Sinne geleistet hat, bezeichnen wir als Erwerbseinkommen. Wir unterscheiden zwei Gruppen von Erwerbseinkommen:

- *Einkommen aus unselbstständiger Tätigkeit*
  z.B. Löhne, Gehälter, Pensionen.
  Etwa 90% aller Erwerbstätigen in der Bundesrepublik Deutschland üben eine unselbstständige Tätigkeit aus.
- *Einkommen aus selbstständiger Arbeit*
  Hierzu zählt man z.B. Gewinn, Honorar, Gage, Provision.

Abhängig Beschäftigte stellen einem Arbeitgeber ihre Arbeitskraft zur Verfügung und erhalten dafür ein regelmäßiges Entgelt. Fließt dieses Entgelt Arbeitern zu, so sprechen wir von **Lohn**. Lohneinkommen in diesem engeren Sinne liegt überall dort vor, wo für eine Arbeitsstunde ein bestimmter Lohnsatz gezahlt wird (*Beispiel:* Stundenlohn 11,00 €). Der Arbeitnehmer hat zwar eine wöchentlich gleiche Arbeitszeit, z.B. 40 Stunden, sein Monatseinkommen kann jedoch nach Anzahl der Arbeitstage schwanken (*Beispiel:* Der Februar hat nur 28 bzw. 29 Tage).
Angestellte und Beamte beziehen ein **Gehalt**. Sie haben zwar auch eine festgesetzte wöchentliche Arbeitszeit, z.B. 40 Stunden. Ihr Gehalt bleibt jedoch jeden Monat gleich, unabhängig davon, wie viele Arbeitstage ein Monat hat. Es wird entweder am 1. oder am 15. eines Monats ausbezahlt.
In den Tarifverhandlungen zwischen den Vertretern der Arbeitgeber und der Arbeitnehmer (Arbeitgeberverbände und Gewerkschaften) wurden immer mehr Arbeitnehmer vom Arbeiter- in das Angestelltenverhältnis übergeführt. Dies ist ein Grund, weshalb die Zahl der Lohnempfänger immer mehr zurückgeht und die Zahl der Gehaltsempfänger steigt. Vom Standpunkt des Betriebes ist es im Grundsatz unerheblich, ob das Entgelt in Form von Lohn oder Gehalt entrichtet wird. Wir wollen daher ganz allgemein das Einkommen der Arbeitnehmer als Lohn bezeichnen.
Früher erfolgte die Lohnzahlung wöchentlich. Für die Bezahlung, die in bar vorgenommen wurde, verwendete man Lohntüten, welche den Nettolohn des Arbeiters enthielten. Wie die nebenstehende Abbildung zeigt, unterscheiden sich die Informationen auf der Lohntüte nicht wesentlich von einer heutigen Lohn- bzw. Gehaltsabrechnung.

Das einfache Abrechnungsschema für Arbeitnehmereinkommen sieht immer folgendermaßen aus:

Bruttoverdienst (Lohn / Gehalt)	
– Gesetzliche Pflichtabgaben (Lohn-, Kirchensteuer, Solidaritätszuschlag, Sozialversicherungen)	→ werden vom Unternehmen an das Finanzamt und an die Träger der Sozialversicherungen abgeführt
= Nettolohn – freiwillige Leistungen (Vermögensbildung)	→ werden vom Unternehmen an die Bank oder an die Versicherung abgeführt
= gezahlter Lohn / gezahltes Gehalt	

Lohnsteuerkarte

Lohnsteuerkarten werden kostenlos von den Gemeinden nach amtlich vorgeschriebenem Muster ausgestellt und den Arbeitnehmern ab Ende September zugesandt. Die Lohnsteuerkarte enthält Angaben zur Gemeinde, dem zuständigen Finanzamt und Meldedaten der beantragenden Person. Das sind neben Namen, Anschrift und Geburtsdatum die Angabe der **Steuerklasse** (siehe unten), die Zahl der Kinder und die **Religionszugehörigkeit**. Die Karte muss dem Arbeitgeber ausgehändigt werden.

Beim Lohnsteuerabzug ist der Arbeitgeber an die Eintragungen in der Lohnsteuerkarte gebunden. Der Lohnsteuerabzug richtet sich nach der Höhe des Einkommens und der Steuerklasse. Zum Jahresende bescheinigt der Arbeitgeber auf der Lohnsteuerkarte sämtliche Leistungen aus dem Dienstverhältnis, auch so genannte „Lohnersatzleistungen“ (z.B. Arbeitslosen- oder Mutterschaftsgeld).

Auch Schüler und Studenten, welche Ferienarbeit leisten müssen eine Steuerkarte besorgen (warum wohl?).

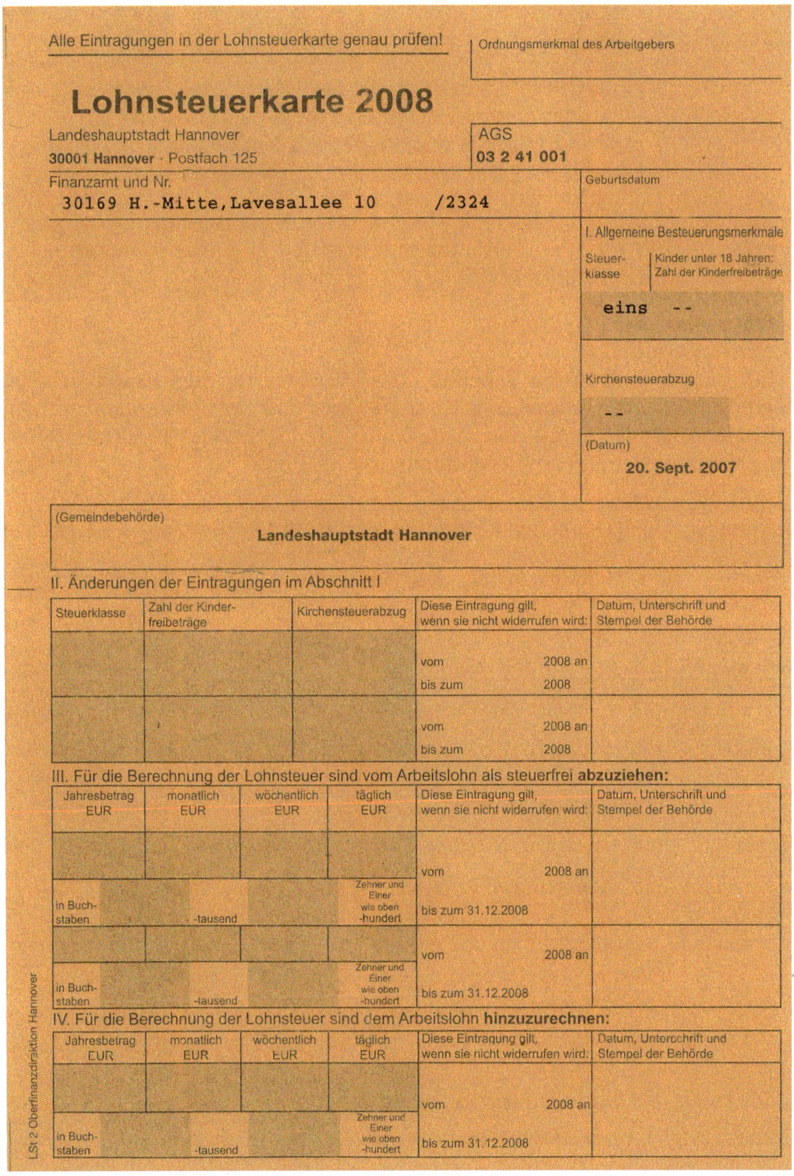
Alle Eintragungen in der Lohnsteuerkarte genau prüfen!

Ordnungsmerkmal des Arbeitgebers

Lohnsteuerkarte 2008

Landeshauptstadt Hannover
30001 Hannover · Postfach 125

AGS
03 2 41 001

Finanzamt und Nr.
30169 H.-Mitte,Lavesallee 10 /2324

Geburtsdatum

I. Allgemeine Besteuerungsmerkmale

Steuerklasse	Kinder unter 18 Jahren: Zahl der Kinderfreibeträge
eins	--

Kirchensteuerabzug
--

(Datum)
20. Sept. 2007

(Gemeindebehörde)
Landeshauptstadt Hannover

II. Änderungen der Eintragungen im Abschnitt I

Steuerklasse	Zahl der Kinderfreibeträge	Kirchensteuerabzug	Diese Eintragung gilt, wenn sie nicht widerrufen wird:	Datum, Unterschrift und Stempel der Behörde
			vom 2008 an bis zum 2008	
			vom 2008 an bis zum 2008	

III. Für die Berechnung der Lohnsteuer sind vom Arbeitslohn als steuerfrei **abzuziehen:**

Jahresbetrag EUR	monatlich EUR	wöchentlich EUR	täglich EUR	Diese Eintragung gilt, wenn sie nicht widerrufen wird:	Datum, Unterschrift und Stempel der Behörde
				vom 2008 an	
in Buchstaben	-tausend		Zehner und Einer wie oben -hundert	bis zum 31.12.2008	
				vom 2008 an	
in Buchstaben	-tausend		Zehner und Einer wie oben -hundert	bis zum 31.12.2008	

IV. Für die Berechnung der Lohnsteuer sind dem Arbeitslohn **hinzuzurechnen:**

Jahresbetrag EUR	monatlich EUR	wöchentlich EUR	täglich EUR	Diese Eintragung gilt, wenn sie nicht widerrufen wird:	Datum, Unterschrift und Stempel der Behörde
				vom 2008 an	
in Buchstaben	-tausend		Zehner und Einer wie oben -hundert	bis zum 31.12.2008	

LSt 2 Oberfinanzdirektion Hannover

Lohnsteuerkarte

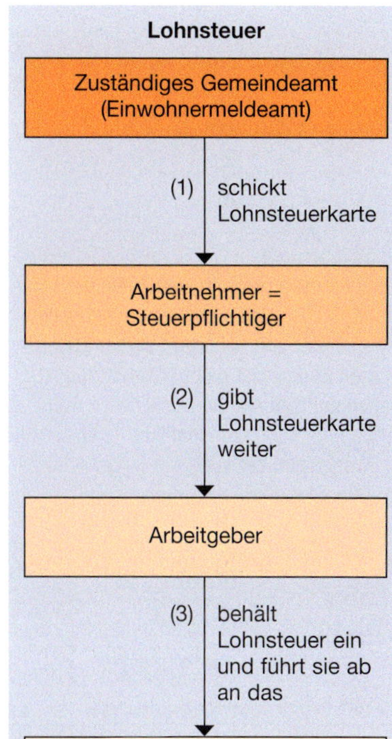

Sieh dir die nebenstehende Lohnsteuerkarte genau an: Welche für den Arbeitgeber wichtigen Informationen enthält sie?

Rufe im Internet die URL

www.bundesfinanzministerium.de

auf und lies im „Lexikon Steuern A – Z" nach, was zur Lohnsteuer vermerkt ist.

Berechne den prozentualen Anteil der Lohnsteuer am Bruttolohn bei einem Ledigen ohne Kinder und bei einem Verheirateten, dessen Ehepartner nicht erwerbstätig ist, bei einem Einkommen von 1.500, 2.000, 2.500 und 3.000 € monatlich.

a) Was stellst du fest?
b) Wie erklärst du die Unterschiede?

Lohnsteuerklassen (vereinfacht)

Steuerklasse I	ledige, geschiedene und verwitwete Arbeitnehmer, sofern sie nicht in die Steuerklasse II oder III fallen
Steuerklasse II	ledige, geschiedene und verwitwete Arbeitnehmer, denen der Haushaltsfreibetrag zusteht Der Haushaltsfreibetrag steht einem Arbeitnehmer zu, in dessen Wohnung mindestens ein Kind gemeldet ist und für das er Kindergeld erhält.
Steuerklasse III	verheiratete Arbeitnehmer, deren Ehegatte • nicht erwerbstätig ist; • auch erwerbstätig ist, aber in der Steuerklasse V eingereiht ist, außerdem verwitwete Arbeitnehmer
Steuerklasse IV	verheiratete Arbeitnehmer, wenn beide Ehegatten Arbeitslohn in etwa gleicher Höhe beziehen
Steuerklasse V	einer der Ehegatten (an die Stelle der Steuerklasse IV), wenn der andere Ehegatte in die Steuerklasse III eingereiht wird, häufig wenn einer der beiden teilzeitbeschäftigt ist oder aber der andere erheblich mehr verdient
Steuerklasse VI	Arbeitnehmer, die gleichzeitig von mehreren Arbeitgebern Arbeitslohn erhalten, mit ihren zweiten und weiteren Lohnsteuerkarten

Lohnsteuertabelle

Mithilfe von gedruckten Tabellen oder PC-Steuertabellen lassen sich die jeweils anfallende Lohnsteuer, Kirchensteuer und der Solidaritätszuschlag gemäß der Angaben aus der Lohnsteuerkarte (Steuerklasse, Kinderfreibetrag, Kirchensteuerabzug) ermitteln.

Lohn/ Gehalt bis €*	Abzüge an Lohnsteuer, Solidaritätszuschlag (SolZ) und Kirchensteuer (8%, 9%) in den Steuerklassen																								
	I – VI					I, II, III, IV																			
			ohne Kinderfreibeträge					mit Zahl der Kinderfreibeträge . . . 0,5			1			1,5			2			2,5			3**		
		LSt	SolZ	8%	9%		LSt	SolZ	8%	9%	SolZ	8%	9%	SolZ	8%	9%	SolZ	8%	9%	SolZ	8%	9%	SolZ	8%	9%
2 207,99	I,IV	314,58	17,30	25,16	28,31	I	314,58	13,55	19,72	22,18	9,98	14,52	16,34	6,60	9,60	10,80	—	4,96	5,58	—	1,18	1,33	—	—	—
	II	283,50	15,59	22,68	25,51	II	283,50	11,93	17,35	19,52	8,43	12,27	13,80	2,45	7,46	8,39	—	3,14	3,53	—	—	—	—	—	—
	III	75,66	—	6,05	6,80	III	75,66	—	2,49	2,80	—	—	—	—	—	—	—	—	—	—	—	—	—	—	—
	V	636,—	34,98	50,88	57,24	IV	314,58	15,40	22,41	25,21	13,55	19,72	22,18	11,75	17,09	19,22	9,98	14,52	16,34	8,27	12,03	13,53	6,60	9,60	10,80
	VI	668,—	36,74	53,44	60,12																				
2 210,99	I,IV	315,41	17,34	25,23	28,38	I	315,41	13,60	19,78	22,25	10,03	14,59	16,41	6,63	9,65	10,85	—	5,02	5,64	—	1,22	1,37	—	—	—
	II	284,33	15,63	22,74	25,58	II	284,33	11,97	17,41	19,58	8,47	12,33	13,87	2,58	7,51	8,45	—	3,18	3,58	—	—	—	—	—	—
	III	76,16	—	6,09	6,85	III	76,16	—	2,53	2,84	—	—	—	—	—	—	—	—	—	—	—	—	—	—	—
	V	637,16	35,04	50,97	57,34	IV	315,41	15,45	22,48	25,29	13,60	19,78	22,25	11,79	17,15	19,29	10,03	14,59	16,41	8,31	12,09	13,60	6,63	9,65	10,85
	VI	669,25	36,80	53,54	60,23																				
2 213,99	I,IV	316,25	17,39	25,30	28,46	I	316,25	13,64	19,84	22,32	10,07	14,65	16,48	6,67	9,71	10,92	—	5,07	5,70	—	1,26	1,42	—	—	—
	II	285,16	15,68	22,81	25,66	II	285,16	12,01	17,47	19,65	8,52	12,39	13,94	2,73	7,57	8,51	—	3,23	3,63	—	—	—	—	—	—
	III	76,66	—	6,13	6,89	III	76,66	—	2,57	2,89	—	—	—	—	—	—	—	—	—	—	—	—	—	—	—
	V	638,50	35,11	51,08	57,46	IV	316,25	15,49	22,54	25,35	13,64	19,84	22,32	11,83	17,22	19,37	10,07	14,65	16,48	8,35	12,15	13,67	6,67	9,71	10,92
	VI	670,58	36,88	53,64	60,35																				
2 216,99	I,IV	317,08	17,43	25,36	28,53	I	317,08	13,69	19,91	22,40	10,11	14,71	16,55	6,71	9,77	10,99	—	5,12	5,76	—	1,30	1,46	—	—	—
	II	286,—	15,73	22,88	25,74	II	286,—	12,05	17,54	19,73	8,56	12,45	14,—	2,86	7,62	8,57	—	3,28	3,69	—	—	—	—	—	—
	III	77,33	—	6,18	6,95	III	77,33	—	2,61	2,93	—	—	—	—	—	—	—	—	—	—	—	—	—	—	—
	V	639,83	35,19	51,18	57,58	IV	317,08	15,54	22,60	25,43	13,69	19,91	22,40	11,88	17,28	19,44	10,11	14,71	16,55	8,39	12,20	13,73	6,71	9,77	10,99
	VI	671,83	36,95	53,74	60,46																				
2 219,99	I,IV	317,91	17,48	25,43	28,61	I	317,91	13,73	19,97	22,46	10,15	14,77	16,61	6,75	9,82	11,05	—	5,17	5,81	—	1,34	1,51	—	—	—
	II	286,83	15,77	22,94	25,81	II	286,83	12,10	17,60	19,80	8,60	12,51	14,07	3,01	7,68	8,64	—	3,32	3,74	—	—	—	—	—	—
	III	77,83	—	6,22	7,—	III	77,83	—	2,65	2,98	—	—	—	—	—	—	—	—	—	—	—	—	—	—	—
	V	641,—	35,25	51,28	57,69	IV	317,91	15,58	22,67	25,50	13,73	19,97	22,46	11,92	17,34	19,50	10,15	14,77	16,61	8,43	12,26	13,79	6,75	9,82	11,05
	VI	673,08	37,01	53,84	60,57																				

Allgemeine Monatslohnsteuertabelle 2007: Ausgewählte Werte

2 Das Sozialversicherungssystem

2.1 Individuelle oder kollektive Daseinsvorsorge?

Alterssicherung auf dem Lande vor etwa 120 Jahren; aus einer Übernahmeurkunde aus dem Jahre 1880: Der Wagner und Landwirt Johann Karl Fischer übernimmt nach dem Tode seines Vaters das elterliche Anwesen und die Wagnerei. Im Übernahmevertrag wird geregelt, was er seiner Mutter, der Witwe Anna Fischer, zur Bestreitung ihres Lebensunterhalts zu geben hat.

A

1. Auf welche Weise und durch welche Maßnahmen wird der Lebensunterhalt der Witwe Anna Fischer gesichert?
2. Warum können wir hier von einer individuellen Daseinsvorsorge sprechen?

„... Derselbe hat der Mutter lebenslänglich unentgeltlich Wohnrecht in diesem Hause, und zwar ein Zimmer I. Stockwerks links von der aufwärts führenden Treppe und ebenso die Benutzung des darüberliegenden Dachbodens zu gewähren. Er gibt ihr weiter wöchentlich ein Laib Brot gewöhnlicher Größe, durch 6 Monate täglich eine ganze Maß warmer Milch, durch die übrigen 6 Monate des Jahres täglich eine halbe Maß Milch, jährlich 12 Maßl Erdäpfeln (Kartoffeln), wöchentlich 3 Körbe Abfallholz von der Wagnerei. Für den Fall, als die Witwe wegen Unverträglichkeit aufziehen müsste, hat der Sohn Johann Karl Fischer jährlich 20 Gulden österr. Währung Quartiergeld in 1/4-jährigen Vorausraten zu bezahlen."

Auf dem Lande war bei der bäuerlichen Bevölkerung diese Art der Daseinsvorsorge, bei der die junge Generation die alte mit zu unterhalten hatte, bis in die Mitte des 20. Jahrhunderts üblich. Andererseits hat die alte Generation je nach Kräften und Gesundheit bis zum Lebensende im Anwesen oder Geschäft mitgearbeitet.

Arbeiterinnen in einer Textilfabrik

Mit dem Aufkommen der Industrie im 19. Jahrhundert entstand als neue gesellschaftliche Schicht die Lohnarbeiterschaft. Die Arbeiter kamen vom Lande in die Stadt. Dadurch löste sich der bisherige Schutzverband der Verwandtschaft und der Nachbarschaft auf, wie er auf dem Lande trotz aller Armut noch bestanden hatte.

Durch das Überangebot an Arbeitern in den Städten brauchten die Unternehmer nur geringe Löhne zu bezahlen. Die Arbeitskraft war praktisch wie eine Ware handelbar. Die neue Schicht der Lohnarbeiter traf dies besonders hart.

- Krankheit und Unfälle führten zum Verlust des Arbeitsplatzes und damit zum Verlust des ohnehin kargen Lohnes.
- Erwerbsunfähigkeit im Alter war gleichbedeutend mit Armut, zumal auch die Kinder nicht mehr für die Eltern sorgen konnten.
- An eine individuelle Vorsorge durch Sparen war bei dem niedrigen Einkommen nicht zu denken.

Die Risiken in Form von Krankheit, Unsicherheit, Armut und Not für eine immer größer werdende Zahl von Arbeitern bilden den Kern der sozialen Frage im 19. Jahrhundert.

Da eine individuelle Lösung der Probleme nicht möglich schien, ging man bereits im Deutschen Kaiserreich den Weg einer kollektiven Vorsorge durch die Schaffung der **Sozialversicherung als Pflichtversicherung für alle Arbeitnehmer**.

Der erste Schritt auf diesem Wege war die Kaiserliche Botschaft vom 17. November 1881, die Kaiser Friedrich Wilhelm I. durch seinen Reichskanzler Otto von Bismarck im Reichstag verkünden ließ.

i

Auszug aus einer Arbeitsordnung aus dem Jahre 1875:

Arbeitsordnung

Die regelmäßige Arbeitszeit beträgt 12 Stunden.

Urlaub wird nur in dringenden Fällen gewährt.
Lohn wird für diese Zeit nicht gezahlt.

Kranke Mitarbeiter erhalten keinen Lohn.

Lies im Geschichtsbuch, was dort über die Einführung der Sozialgesetze steht.

Sozialversicherungen sind Pflichtversicherungen, denen grundsätzlich alle Arbeitnehmer beitreten müssen.
Der Arbeitgeber muss jeden neuen Mitarbeiter bei der Sozialversicherung anmelden.

Ende des 19. und im Verlauf des 20. Jahrhunderts wurde die Sozialversicherung immer weiter ausgebaut:

- 1883 Krankenversicherung
- 1884 Unfallversicherung
- 1889 Rentenversicherung der Arbeiter
- 1911 Rentenversicherung der Angestellten
- 1927 Arbeitslosenversicherung
- 1994 Pflegeversicherung

2.2 Beiträge und Leistungen in der Sozialversicherung

Im Lauf der Geschichte wurden nicht nur neue Zweige der Sozialversicherung geschaffen, wie z. B. 1927 die Arbeitslosenversicherung und 1994 die Pflegeversicherung. Auch der versicherte Personenkreis und die Arten der Leistungen wurden immer mehr ausgebaut. Betrachte dazu die folgende Übersicht:

Versicherungsart	Versicherter Personenkreis	Beiträge	Leistungen (Beispiele)
Krankenversicherung	alle Arbeitnehmer und ihre Familienangehörigen 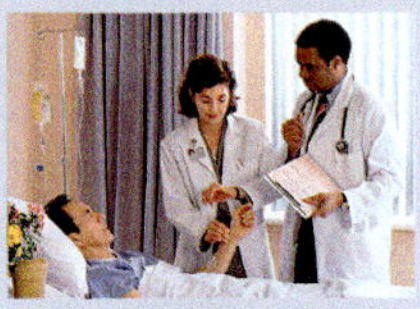	Zahlung durch Arbeitgeber (AG) und Arbeitnehmer (AN)	ärztliche und zahnärztliche Behandlung, Arzneien, Heilmittel, Entbindung, Krankenhausbehandlung, Krankengeld, Vorsorgeuntersuchung, Kuren
Rentenversicherung	alle Arbeitnehmer 	Zahlung durch AG und AN je zur Hälfte	Altersrente, Hinterbliebenenrente, Erwerbsunfähigkeitsrente, Vorbeugungsmaßnahmen
Arbeitslosenversicherung	alle Arbeitnehmer 	Zahlung durch AG und AN je zur Hälfte	Arbeitslosengeld, Arbeitslosengeld II, Arbeitsvermittlung, Berufsberatung, Umschulung
Pflegeversicherung	alle Mitglieder der gesetzlichen Krankenversicherung 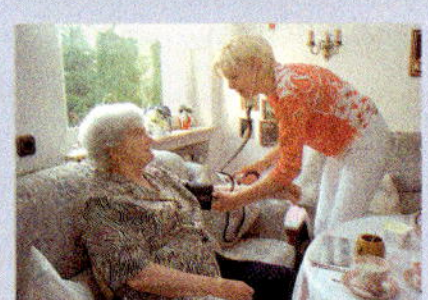	Zahlung durch AG und AN je zur Hälfte	häusliche Pflege, Pflegeheim, Pflegehilfsmittel (z. B. Krankenbett), Pflegegeld
Unfallversicherung	alle Arbeitnehmer 	AG allein, Höhe abhängig vom Unfallrisiko	Unfallverhütung, Verletztengeld, Rente bei Betriebsunfällen

2.3 Das Solidarprinzip in der Sozialversicherung

Im Gegensatz zur Privatversicherung, die nach dem Grundsatz arbeitet, dass jedes Risiko versichert werden kann, wenn nur der entsprechende Beitrag geleistet wird, arbeiten die Zweige der Sozialversicherung nach dem **Solidarprinzip**. Es kommt sowohl im Beitragsaufkommen als auch in der Leistung zum Ausdruck.

Die zwei Seiten des Solidarprinzips

Solidarisch sein bedeutet: füreinander einstehen, zusammengehören, sich gegenseitig helfen. Eine Schulklasse würde z.B. in folgendem Fall solidarisch handeln: Ein Schüler erleidet einen Verkehrsunfall, der ihn voraussichtlich vier Wochen lang daran hindert, am Unterricht teilzunehmen. Die Klassenkameraden besuchen ihn abwechselnd und helfen ihm auch, die entstehenden Wissenslücken so gut wie möglich zu schließen. Das Gegenteil von Solidarität wäre Egoismus.

Übertragen auf die Gesamtgesellschaft können wir alle Einwohner unseres Staates als eine Solidargemeinschaft auffassen. Die Arbeitnehmer, das sind etwa 90 % aller Erwerbstätigen, brauchen einen besonderen Schutz, weil sie im Wesentlichen allein von ihrer körperlichen und geistigen Arbeitskraft leben. Was jedoch in einer Schulklasse noch durch Absprache möglich sein sollte, braucht in einem Staat eine gesetzliche Regelung.

solidus (lat.) = auf fester Grundlage stehend. Die Bedeutung des Wortes Solidarität hat sich gegenüber der des lateinischen Ursprungs geändert.
Solidarität = auf die Gemeinschaft bezogen

1. Welcher Zusammenhang besteht zwischen der Zahl der beschäftigten Arbeitnehmer und den Einnahmen der Sozialversicherungsträger?
2. Warum ist es auch aus Sicht der Sozialversicherungsträger wünschenswert, dass die Arbeitslosigkeit abgebaut wird?

2.4 Grenzen der Belastbarkeit

Das System der Sozialversicherung kann weiterhin nur funktionieren, wenn Beiträge und Leistungen, also Einnahmen und Ausgaben, einigermaßen übereinstimmen.

Die Einnahmenseite

Die Höhe der Einnahmen aller Sozialversicherungsarten hängt ab von

- der Höhe der Beitragssätze,
- von der Zahl der versicherungspflichtig beschäftigten Arbeitnehmer.

Beiträge zur Sozialversicherung (Stand Anfang 2008)

Versicherungsart	Beitragssatz insgesamt	Anteil des Arbeitgebers	Anteil des Arbeitnehmers
Krankenversicherung[1]	ca. 14,50 %	6,80 %	7,75 %
Arbeitslosenversicherung	3,30 %	1,65 %	1,65 %
Rentenversicherung	19,90 %	9,95 %	9,95 %
Pflegeversicherung[2]	1,70 %	0,85 %	0,85 %
gesamt	40,30 %	19,70 %	20,60 %

Finde mithilfe des Internets die aktuelle Zahl der sozialversicherungspflichtigen Beschäftigten heraus.

[1] Etwas unterschiedlich je nach Krankenkasse. Arbeitnehmer zahlen seit 01.07.2005 einen zusätzlichen Beitrag zur Krankenversicherung von 0,9 %.

[2] Arbeitnehmer, die älter sind als 22 Jahre und keine Kinder haben, zahlen seit 01.01.2005 einen um 0,25 % höheren Beitrag an die Pflegeversicherung, also 1,25 %.

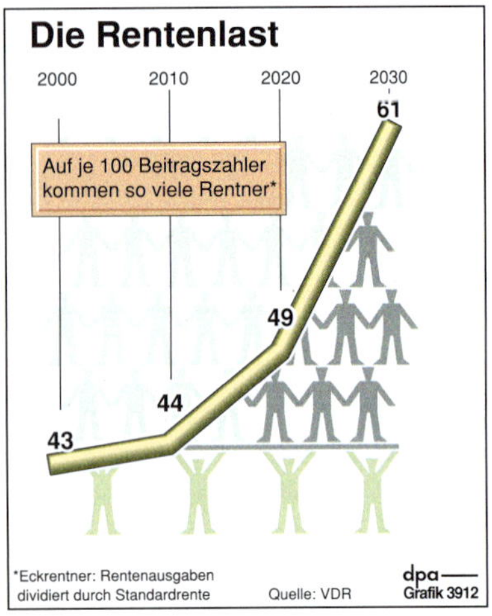

Die Ausgabenseite
Auf der Ausgabenseite sind immer höhere Belastungen zu verzeichnen.

Beispiel Arbeitslosigkeit
Für die Arbeitslosenversicherung bedeutet eine hohe Arbeitslosigkeit eine starke Inanspruchnahme von Leistungen.

Beispiel Renten
Die Zahl der Rentner steigt schneller als die Zahl der Beschäftigten, und zwar aus folgenden Gründen:

- Die Zahl der Erwerbstätigen, die erstmals Rente beziehen, steigt, weil immer mehr geburtenstarke Jahrgänge in das Rentenalter kommen.
- Die Menschen werden immer älter, die Dauer des Rentenbezugs steigt. In Jahre 1960 bezogen die Deutschen nach dem Ausscheiden aus dem Erwerbsleben noch knapp zehn Jahre Rente, heute sind es 17 Jahre.
- Das Renteneintrittsalter, also das Alter, mit dem die Arbeitnehmer aus dem Erwerbsleben ausscheiden, wird immer niedriger. Es lag 1960 bei 64,7, im Jahre 2006 bei 63,2 Jahren.
- Durch den Geburtenrückgang nimmt die Zahl derjenigen ab, die in das Erwerbsleben eintreten.

Beispiel Krankenversicherung
Die Ausgaben für das Gesundheitswesen sind von 1992 bis zum Jahr 2006 von 108 auf 148 Mrd. € gestiegen. Im Durchschnitt gaben die Krankenkassen für jeden Bundesbürger im Jahr 2000 rund 1.800 € für Gesundheit aus.

Die Suche nach Auswegen
Um die steigenden Ausgaben für Sozialleistungen weiterhin finanzieren zu können, sucht der Staat nach Wegen, höhere Einnahmen zu erzielen.

Die Ökosteuer
Mit dem Jahr 1999 wurde die so genannte Ökosteuer eingeführt. Seitdem wurde zu Beginn eines jeden Jahres bis einschließlich 2003 die Mineralölsteuer stufenweise um je drei Cent erhöht. Hinzu kommt noch ein halber Cent für die Erhöhung der Mehrwertsteuer. Diese Einnahmen fließen größtenteils in das Rentenversicherungssystem. Im Gegenzug wurden die Beiträge zur Rentenversicherung schrittweise von 20,3 % (1998) auf 19,1 % (2002) gesenkt. Mit dieser Maßnahme sollte erreicht werden, dass der Faktor Arbeitskraft billiger und der Energieverbrauch teurer werden.

Private Vorsorge neben der gesetzlichen Rentenversicherung
Mit der 2001 beschlossenen Rentenreform soll der sich öffnenden Schere zwischen Beitragszahlern und Rentnern begegnet werden:

- Die Renten sollen langsamer steigen. Wer bisher 45 Versicherungsjahre nachweisen konnte, bekam eine Rente, die 70 % seines durchschnittlichen Nettoeinkommens entsprach. Bis zum Jahr 2030 soll dieses Niveau auf 64 % gesenkt werden.
- Die dadurch entstehende Versorgungslücke sollen die Erwerbstätigen durch mehr private Vorsorge ausgleichen.

Die Eigenvorsorge kann entweder über eine private Rentenversicherung, über einen Fondssparplan oder über eine betriebliche Pensionskasse erfolgen. Der Staat fördert diese Vorsorge durch Steuererleichterungen.

Anhebung des Rentenalters
Bis zum Jahre 2029 soll das Renteneintrittsalter stufenweise bis auf 67 Jahre ansteigen. (Siehe Schaubild auf der folgenden Seite.)
Das gesetzliche Renteneintrittsalter lag bisher bei 65 Jahren.

A

1. Überlege die Konsequenzen der Arbeitslosigkeit für die Einnahmen- und Ausgabenseite.
2. Welche ökologische Nebenwirkung sollte die Ökosteuer noch haben?

i

Beachte: Die Absenkung des Rentenniveaus bedeutet nicht Kürzung der Renten.

Die folgende Grafik enthält einen Sachverhalt, der sowohl deine Eltern als auch dich betrifft. Studiere ihn genau mit Hilfe des folgenden Textes.

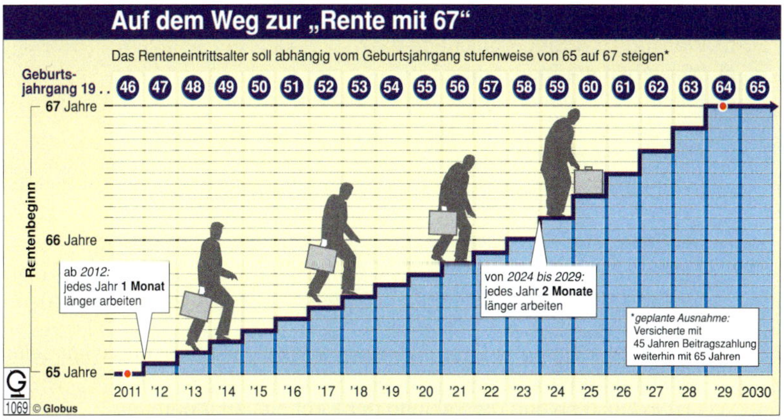

Die Grafik stellt auf der unteren waagerechten Leiste die Stufen dar, um die sich der Rentenbeginn über das 65. Lebensjahr hinaus verschiebt. *Beispiel:* Wer im Jahre 2020 in Rente gehen will, kann dies erst mit 65 Jahren und neun Monaten, wenn er keine Rentenabschläge hinnehmen will. Wer 2023 in Rente gehen will, kann dies erst mit 66 Jahren.

Die obere waagerechte Leiste enthält die Geburtsjahrgänge, für welche dies zutrifft, also im ersten Beispiel Geburtsjahrgang 1955, im zweiten Beispiel Geburtsjahrgang 1958.

Im Kalenderjahr 2029 und später können alle Geburtsjahrgänge ab 1965 erst mit 67 in Rente gehen, wenn sie nicht Abschläge hinnehmen wollen.

Der Abschlag beträgt je Monat eines früheren Rentenbeginns 0,3 Prozent pro Monat, also 3,6 (0,3 x 12) pro Jahr. Wer also 2030 in Rente gehen will und erst 65 Jahre alt ist, muss einen Abschlag von 7,2 Prozent auf seine Monatsrente hinnehmen.

A

1. Nenne die Gründe, die zu der neuen gesetzlichen Regelung geführt haben.
2. Wann kann jemand ohne Abschläge in Rente gehen, der
   a) im Jahr 1958,
   b) im Jahr 1962
   geboren wurde?
3. Welche Ausnahmeregelung ist vorgesehen?
4. Stimmt die Aussage: Ein verbummeltes Jahr in jungen Jahren wirkt sich auch im Alter noch aus. Aussage begründen!

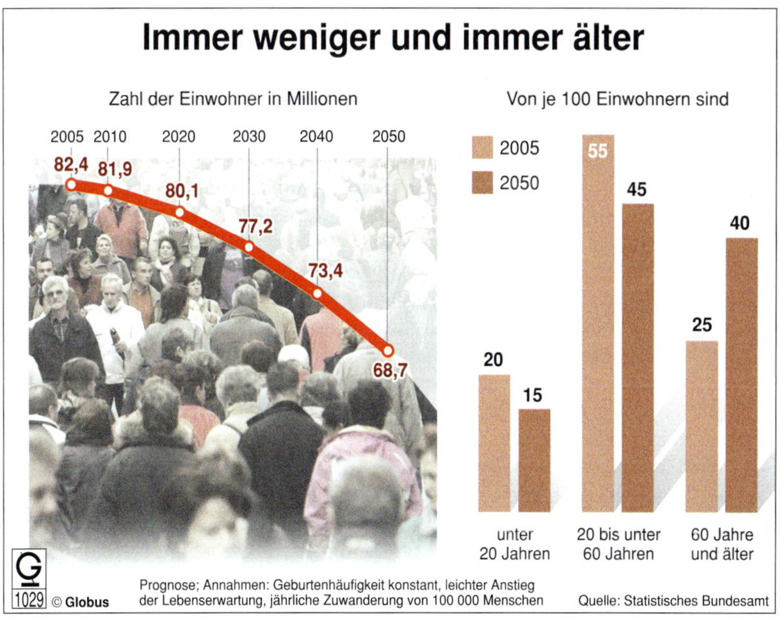

1. Stelle den Unterschied zwischen Bruttolohn, Nettolohn und gezahltem Lohn schematisch dar.
2. Die Lohnsteuerkarte:
   a) Wer stellt sie aus und warum?
   b) Was muß der Steuerpflichtige tun?
   c) Wer erhält die Steuerkarte?
3. a) Erkläre Lohnsteuertabelle und Lohnsteuerklassen.
   b) In welche Steuerklassen sind eingestuft:
      - Schüler, der Ferienarbeit leistet,
      - verheiratete Reinigungsfrau, die an mehreren Arbeitsstellen beschäftigt ist,
      - verheirateter Arbeitnehmer, dessen Ehepartner nicht erwerbstätig ist,
      - geschiedener Arbeitnehmer mit einem Kind in häuslicher Gemeinschaft,
      - teilzeitbeschäftigter Ehepartner eines Arbeitnehmers, der seinerseits vollbeschäftigt ist.
4. Wie ist in Deutschland die Zahlung der Kirchensteuer geregelt?
5. Nimm zu folgender Aussage begründet Stellung: „Wer sich einer Konfession zugehörig fühlt, soll auch zum Unterhalt seiner Kirche beitragen und diese Beträge von der Steuer absetzen dürfen. Dafür könnte man die Kirchensteuer abschaffen."
6. a) Was bedeutet „Solidaritätszuschlag" und zu welchem Zweck wird er erhoben?
   b) Berechne den Solidaritätszuschlag in folgenden Fällen:
      - Einkommensteuer 3.000 €
      - Einkommensteuer 6.000 €
      - Einkommensteuer 12.000 €
   c) Nimm zu folgenden Aussagen Stellung:
      - Der Solidaritätszuschlag sollte ganz abgeschafft werden.
      - Der Solidaritätszuschlag sollte für Bezieher niedriger Einkommen gesenkt oder ganz abgeschafft werden, dafür aber für Bezieher höherer Einkommen erhöht werden.
7. a) Erkläre den Begriff Sozialversicherung.
   b) Grenze sie gegenüber der Individualversicherung ab.
   c) Nenne Beispiele für Individualversicherungen, die wahrscheinlich auch deine Eltern abgeschlossen haben.
8. Nenne die Zweige der Sozialversicherung.
9. Wie ist im Grundsatz die Beitragszahlung geregelt?
10. Erkläre das Solidarprinzip in der Sozialversicherung.
11. Nenne für jeden Zweig der Sozialversicherung mindestens ein Problem.
12. Nenne die Ursachen, weshalb die Rentenversicherung in den vergangenen Jahren in Schwierigkeiten gekommen ist.
13. Wie versucht der Gesetzgeber diesen Schwierigkeiten zu begegnen?
14. Nimm zu der oft gehörten Aussage Stellung: Solange die Arbeitslosigkeit nicht beseitigt ist, macht es keinen Sinn, dass das Renteneintrittsalter heraufgesetzt wird.
15. Betrachte das Schaubild auf S. 39 unten.
    a) Welche Probleme werden in diesem Schaubild dargestellt?
    b) Das Schaubild geht von bestimmten Annahmen aus. Nenne sie!
16. Im Zusammenhang mit den Problemen der Sozialversicherung ist oft von den Grenzen der Belastbarkeit die Rede. Was ist damit gemeint?
17. Nimm zu folgender Aussage Stellung:
    Stirbt jemand z. B. innerhalb von zwei Jahren, nachdem er in Rente gegangen ist, so sollten seine Erben einen erheblichen Teil der von ihm gezahlten Rentenversicherungsbeiträge ausbezahlt bekommen.
18. Nimm in Form einer Pro- und Contra-Auseinandersetzung zu folgender Aussage Stellung: Zur Entlastung der Krankenkasse sollten Kosten für Entbindungen aus dem allgemeinen Steueraufkommen bezahlt werden.

MACH'S RICHTIG
Berufswahl-Ordner
Interessen erkennen – Berufe erkunden
Meine Interessen
Meinen Fähigkeiten auf der Spur
Blick in die Zukunft
Bewerbung um eine Ausbildungsstelle
Bundesagentur für Arbeit
fit durch Ausbildung
Berufswahlmagazin für Jugendliche ausländischer Herkunft
Bewerbung um eine Ausbildungsstelle
Auf CD-ROM und im Internet
Aktualisierte und erweiterte Ausgabe
WAS WERDEN
Im Profil
BERUF AKTUELL
Alles Klar ?
Beruf Regional
Das Magazin der Berufsberatung
WAS WERDEN
Im Profil
Neue Berufe
Ausbildung im Handwerk
Bundesagentur für Arbeit
Berufskunde live
Im Spannungsfeld von Mensch und Technik
Gesundheits- und Pflegeberufe
Bundesagentur für Arbeit

1 Phasen der Berufswahlvorbereitung

Wie du bereits aus den Jahrgangsstufen 7 und 8 weißt, ist die gesamte Berufswahl in drei Phasen eingeteilt:

Information ⟶ Entscheidung ⟶ Verwirklichung

1.1 Information

Diese erste Phase der Berufswahl beinhaltet im Wesentlichen folgende Schritte:

- Überprüfung eigener Interessen und Fähigkeiten
- Überblick über verschiedene Berufe verschaffen
- Die persönliche Eignung für einzelne Berufe überprüfen
- Berufe in der Praxis erfahren (**Betriebspraktikum**)

Hilfen und Informationsmöglichkeiten für deine Berufswahl:

Betriebe/Unternehmen
- informieren über Anforderungen
- stellen Praktikumsplätze zur Verfügung
- bieten Ausbildungsplätze an

Schule
- unterstützt dich dabei, Kenntnisse über die Berufs- und Arbeitswelt zu erlangen
- fördert dich bei der Entwicklung deiner Fähigkeiten und Ziele
- berät dich im Praktikum
- setzt die Medien und Materialien der Berufsberatung ein
- unterstützt dich bei der Planung des Übergangs

Du selbst
- nutzt die Angebote der Schule und der anderen Partner
- erwirbst Kenntnisse über die Berufs- und Arbeitswelt
- entwickelst deine Ziele
- machst ein oder mehrere Praktika
- vergleichst Anforderungen im Beruf mit deinen Fähigkeiten
- holst dir Beratung und Unterstützung bei der Lernplanung – entscheidest dich für eine Ausbildung
- planst die Schritte und setzt sie rechtzeitig um

Berufsberatung
- informiert dich über Ausbildung und Berufe
- stellt dir Medien zur Berufswahlvorbereitung zur Verfügung
- bietet Möglichkeit zur Information im BIZ und im Internet
- hilft bei der Entscheidung für einen Ausbildungsgang
- vermittelt Ausbildungsstellen
- hilft bei der Finanzierung deiner Ausbildung

Eltern
- informieren dich über die Berufs- und Arbeitswelt
- berichten über ihre eigenen Berufserfahrungen
- unterstützen und fördern dich bei deiner Entscheidung

Quelle: Bundesagentur für Arbeit

In der Jahrgangsstufe 8 hast du schon einiges über das Betriebspraktikum gelesen und gehört. Vielleicht hast du auch schon eines oder mehrere gemacht. In deinem Berufswahlpass kannst du über das Betriebspraktikum Folgendes finden:

Meine Lernplanung
Ermitteln und kennenlernen von beruflichen Anforderungsprofilen: Praktika planen, realisieren, auswerten.
Ein wichtiger Meilenstein deiner Berufsorientierung sind Betriebspraktika.
Was dir das Praktikum bringen wird, hängt auch davon ab, ob du
- dein Praktikum rechtzeitig und richtig vorbereitest,
- während des Praktikums auf die richtigen Dinge achtest und genau beobachtest und
- die Ergebnisse in deinem Praktikumsbericht auswertest und dokumentierst.

Vorbereitung
- Entscheide dich früh, welchen Beruf du während des Praktikums erkunden willst.
- Erkundige dich, was du vor Beginn des Praktikums organisieren musst (z.B. Arbeitskleidung, Hinfahrt/Rückfahrt, Bescheinigungen usw.).
- Entscheide dich und halte schriftlich fest:
  - deine Erwartungen an das Praktikum,
  - ob und ggf. welche besondere Lernaufgabe du in Absprache mit dem Betrieb und deinen Lehrerinnen und Lehrern bearbeiten möchtest.
- Vereinbare mit deinem Betrieb vor Beginn des Praktikums den Ablauf.

Durchführung
- Schreibe während des Praktikums auf:
  - die Aufgaben, Zielsetzung und Marktbedingungen des Betriebes,
  - welche Tätigkeiten (Arbeitsschritte und Arbeitsabläufe) du übernimmst und welche Arbeitsmittel du dabei verwendest,
  - welche Anforderungen an dich gestellt werden und welche deiner Fähigkeiten du bei der Ausübung dieser Tätigkeiten anwenden kannst.
- Arbeite an deiner besonderen Lernaufgabe.
- Befrage die Auszubildenden nach ihren Erfahrungen mit der Berufsausbildung.
- Bitte den Betrieb um eine qualifizierte Bescheinigung.
- Bitte die Mitarbeiterinnen und Mitarbeiter des Betriebes um Rückmeldungen über deine Arbeit.

Auswertung
- Erstelle deinen Praktikumsbericht. Untersuche dabei folgende Aspekte:
  - inwieweit deine Erwartungen an das Praktikum (nicht) erfüllt wurden,
  - welche Kenntnisse, Fähigkeiten und Fertigkeiten du während des Betriebspraktikums erworben hast,
  - ob dein persönliches Profil zu den Anforderungen im Betriebspraktikum passt,
  - welche Konsequenzen du für deinen weiteren Bildungsweg aus den Erfahrungen im Betriebspraktikum ziehst.
- Berichte über die von dir angefertigte besondere Lernaufgabe und überprüfe, ob und inwieweit du die von dir selbst gesetzten Ziele erreicht hast.

nach: Bundesagentur für Arbeit

Je mehr Praktika du machst, umso leichter fällt dir die Entscheidung für einen bestimmten Beruf.

1.2 Entscheidung

Diese zweite Phase der Berufswahl beinhaltet folgende Aktionen:

- Erkundung von Aussichten und Chancen in den einzelnen Berufen
- Überprüfung der persönlichen Voraussetzungen
- Wunschberuf festlegen und Alternativen überlegen
  Für jeden Berufswähler gibt es nicht nur einen, sondern stets mehrere Berufe, die mit den vorhandenen Interessen und Fähigkeiten weitgehend im Einklang stehen.
- Überprüfung der gefällten Entscheidung in Beratungsgesprächen (Lehrer, Berufsberater, Fachleute aus Unternehmen) und Gewinnung einer Entscheidungssicherheit
- Beratung mit den Eltern und Freunden
- **Planung der nächsten Phase: Verwirklichung (Bewerbung)**

Für die zukünftige Bewerbungsphase ist ein Arbeits- und Zeitplan sehr nützlich. So kannst du sicher gehen, dass keine Bewerbungsfristen versäumt oder evtl. Zulassungsbeschränkungen usw. übersehen werden. Vielleicht nutzt du auch noch die verbleibende Zeit, um deine schulischen Leistungen deinem Berufsziel anzupassen, einzelne Lernrückstände zu beheben und deine Zeugnisnoten auf diese Weise zu verbessern.

1.3 Verwirklichung: Das Bewerbungsverfahren

Kathrin Steiner hat ihre Entscheidung getroffen: Sie möchte Bankkauffrau werden. Sie bewirbt sich bei zwei Banken. Zuerst schreibt sie an die Erfurter Sparkasse, von der sie in der Tageszeitung folgende Anzeige gefunden hat:

Chancen für Aufgeweckte!

Wir suchen engagierte Schulabgänger, die mit Kopf und Gespür bei der Sache sind, für die

Ausbildung zur/zum Bankkauffrau/-mann

Unser Angebot

moderne Umsetzung der Ausbildungsinhalte – aktive Unterstützung durch junge, dynamische Teams – kontinuierliche Förderung durch unser spezifisches Ausbildungsprogramm – großer Spielraum für eigenverantwortliche Projekte – überdurchschnittliche Sozialleistungen – vielfältige Karrierechancen nach der Ausbildung – sehr gute Weiterbildungsmöglichkeiten in unserer Akademie

Ihr Profil

Realschulabschluss oder höherer Abschluss – gute Noten – erste Praktikumserfahrungen – teamfähig – Verkaufstalent – gutes Ausdrucksvermögen (auch in englischer Sprache) – Begeisterungsfähigkeit – überdurchschnittliche Einsatzbereitschaft – engagiert für Kunden – in Argumenten und in Zahlen denken können – geübt im Umgang mit dem PC

Bitte senden Sie Ihre vollständigen Bewerbungsunterlagen an den Leiter unserer Personalabteilung Herrn Herbert Koch.

Erfurter Sparkasse, Webergasse 1, 94567 Erfurt

Einen zweiten Brief verfasst sie an die Saalebank, bei der sie ihr Betriebspraktikum gemacht hat. Inhaltlich muss das Bewerbungsschreiben natürlich etwas anders formuliert werden, da die Saalebank nicht annonciert hat, sodass Kathrin nicht auf eine Anzeige Bezug nehmen kann.

„Bewerbung“ heißt, für die eigene Person „Werbung“ machen, d. h. jemanden für sich gewinnen. Der Ausbildungsbetrieb erhält durch die Bewerbungsunterlagen einen ersten Eindruck von Kathrin, ohne dass er sie persönlich kennengelernt hat. Je positiver die Unterlagen beurteilt werden, desto größer sind ihre Chancen auf einen Ausbildungsplatz.

Grundsätzlich, so weiß Kathrin, gehören zu den Bewerbungsunterlagen:
- das Bewerbungsschreiben
- ein Lebenslauf
- ein aktuelles Passbild
- das letzte Zeugnis

Dass die Unterlagen sauber geschrieben, ohne Knicke und „Eselsohren“ beim Adressaten ankommen müssen, versteht sich von selbst. Kathrin entscheidet sich daher, eine Bewerbungsmappe anzulegen.
Normalerweise wird die Bewerbungsmappe per Post geschickt. Aber auch eine andere Zustellungsform ist denkbar:

Die Online-Bewerbung
Unter dem Begriff Online-Bewerbung werden heute einige Sachen zusammengefasst. Es gibt im Wesentlichen drei Formen:
- **Die E-Mail-Bewerbung**
  Die E-Mail-Bewerbung ist die einfachste und kostengünstigste Variante über das Internet. Es gelten hier die gleichen Standards wie bei einer schriftlichen Version mit Bewerbungsmappe (Bewerbungsschreiben und Lebenslauf mit Foto). Wenn diese Unterlagen vom Unternehmen gewünscht werden, können hier die Zeugnisunterlagen digitalisiert angehängt werden.
- **Die Bewerbungshomepage des Unternehmens**
- **Das Bewerbungsformular**
  Große Konzerne haben in der Regel eigene Bewerbungsformulare, die der Bewerber im Internet ausfüllen muss.

Alle Formen haben den entscheidenden Vorteil, dass eine Online-Bewerbung zeitlich unabhängig ist. Vor allem bei Auslandsbewerbungen ist das von Vorteil.

1. Erkläre nachfolgende Aussage und stelle einen Zusammenhang zur Bewerbung her:
   „You never get a second chance to make a first impression.“ (Sparkasse)
2. Besorge dir Musterunterlagen für deine Bewerbungsmappe. Gute Vorlagen stellen dir z. B. die Krankenkassen oder die Agentur für Arbeit zur Verfügung.

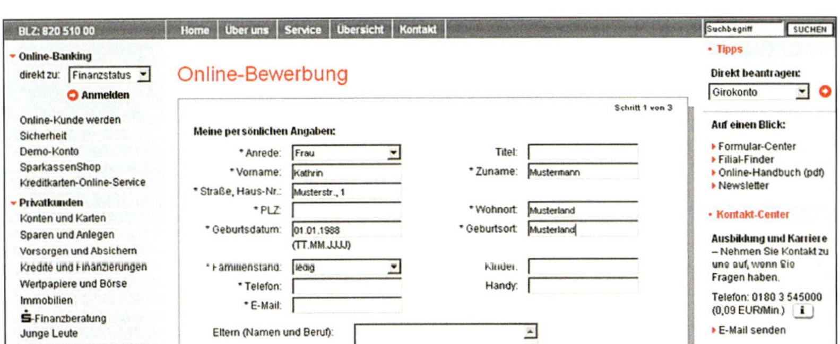

Manche Unternehmen bevorzugen eine Online-Bewerbung. Die Anbieter halten eigens dafür vorgefertigte Formulare bereit, mit denen man sich dann per Mausklick bewerben kann.

Das Bewerbungsschreiben
Was muss Kathrin alles beachten, damit das Bewerbungsschreiben, das Kernstück der Bewerbung, zur gut gestalteten Visitenkarte ihrer eigenen Persönlichkeit wird?

Formale Kriterien
Kathrin orientiert sich in der Form an dem Muster auf der gegenüberliegenden Seite. Sie schreibt ihre Bewerbung auf dem PC und achtet sorgfältig auf korrekte Rechtschreibung und Zeichensetzung.

Inhaltliche Kriterien
Auf jeden Fall möchte Katrin ihrem Schreiben durch individuelle Formulierung eine persönliche Note verleihen und nicht einfach einen Musterbrief abschreiben. Ihre Bewerbung als Bankkauffrau soll sachlich, sinnvoll aufgebaut, auf das Wesentliche beschränkt sein und doch alle nötigen Informationen enthalten.

Bei ihrem Schreiben an die Erfurter Sparkasse nimmt sie Bezug auf die Anzeige in der Tageszeitung und auf die darin geforderten Merkmale. Anders natürlich bei ihrer Bewerbung an die Saalebank. Da es sich hierbei um eine „Blind-Bewerbung", also um eine unaufgeforderte Bewerbung handelt, wählt sie als Anknüpfungspunkt ihr Betriebspraktikum und bezieht sich auf die während dieser Zeit gemachten Erfahrungen vor Ort.

Die Art des Anschreibens hängt auch von der Art der Ausbildung ab. Kathrins Mitschüler Daniel möchte Werbegrafiker werden und wird seine Bewerbung in einem anderen Stil schreiben als Kathrin.
So kann er z. B.
- ohne Weiteres von der o. a. DIN-Form abweichen,
- und auch sonst mehr Kreativität in das Schreiben legen.

Die Form des auf der nächsten Seite abgebildeten Musterbriefes berücksichtigt die DIN-Norm. Auf nachfolgende Bestandteile ist bei einem Bewerbungsschreiben unbedingt zu achten:

Abstand vom oberen Rand: ca. 2 cm, Abstand vom linken Rand: 3 cm

① Absender
② Ort und Datum
③ Anschrift des Empfängers (korrekte Firmenbezeichnung, Personalabteilung und/oder konkreter Ansprechpartner)
④ Betreff (Inhalt des Schreibens: Bewerbung um .../Ihre Anzeige in den Erfurter Neuesten Nachrichten vom ...)
⑤ Anrede (Sehr geehrte Frau ..., Sehr geehrter Herr ..., oder, falls kein Ansprechpartner genannt ist: Sehr geehrte Damen und Herren,)
⑥ Einleitung und Anknüpfungspunkt (hier: Hinweis auf die Anzeige)
⑦ Derzeitige Situation (mit Namen und Sitz der Schule, Art und Zeitpunkt des Abschlusses)
⑧ Ausbildungsberuf und Begründung des Berufswunsches (z. B. eigene Neigung und Fähigkeiten, Gespräche mit Lehrern, Freunden, Eltern, Berufsberater ...)
⑨ Begründung für die Wahl des Unternehmens (z. B. guter Ruf, Bekanntheitsgrad, Sicherheit des Unternehmens, Entwicklungsmöglichkeiten nach der Ausbildung ...)
⑩ Hervorheben der eigenen Fähigkeiten und Neigungen (z. B. EDV-Kenntnisse in Textverarbeitung, Tabellenkalkulation usw., Fremdsprachen, Auslandsaufenthalte, Betriebspraktikum, berufsbezogene, ehrenamtlliche Tätigkeiten in Vereinen ...)
⑪ Schlussformel
⑫ Gruß
⑬ handschriftliche Unterschrift
⑭ Anlagenvermerk

① Kathrin Steiner ② 25. April 20..
Berliner Straße 2
94567 Erfurt
Tel.: 0361 123456
E-Mail: Kathrin.Steiner@aox.de
*
*
*
*

③ Erfurter Sparkasse
Personalabteilung
Herrn Herbert Koch
Webergasse 1
94567 Erfurt
*
*
*
*

④ **Bewerbung um einen Ausbildungsplatz als Bankkauffrau zum 1. September 20..**
Ihre Anzeige in den Erfurter Neuesten Nachichten vom …
*
*

⑤ Sehr geehrter Herr Koch,
*

⑥ mit sehr großem Interesse habe ich Ihre Anzeige gelesen und bewerbe mich um einen Ausbildungsplatz zum 1. September 20..
*

⑦ Derzeit besuche ich die 9. Klasse der Staatlichen Regelschule Am Schlossberg in Erfurt, die ich im Juli 20.. mit dem Realschulabschluss verlassen werde.
*

⑧ In einem einwöchigen freiwilligen Betriebspraktikum bei der Saalebank konnte ich bereits erste Eindrücke über das Berufsfeld und die Arbeitsanforderungen sammeln. Zusätzlich habe ich mich im Berufsinformationszentrum und bei der Berufsberatung ausführlich über die Ausbildung zur Bankkauffrau informiert.
*

⑨ Da ich sehr aufgeschlossen und kontaktfreudig bin, freue ich mich auf die Kundenberatung und -betreuung. Im Team zu arbeiten macht mir sehr viel Spaß. So habe ich mich zum Beispiel im vorigen Jahr in einem Juniorprojekt der Schule engagiert, bei dem wir für den Landkreis Erfurt einen Jugendfreizeitkalender erstellt und verkauft haben. Außerdem beteiligte ich mich am Börsenspiel der Sparkasse.

⑩ Seit zwei Jahren arbeite ich im Schulhomepage-Team mit. Die Berufsberaterin ist ebenso wie ich überzeugt, dass ich den für mich richtigen Beruf gewählt habe und die dafür erforderlichen Anforderungen mitbringe.
*

⑪ Ich kann mir gut vorstellen, dass ich in Ihr junges, ehrgeiziges Team passe. Zu einem persönlichen Gespräch stehe ich gerne zur Verfügung und freue mich über Ihre Einladung.
*

⑫ Mit freundlichen Grüßen
*

⑬ *Kathrin Steiner*
*

⑭ **Anlagen**
Lebenslauf
Lichtbild
Zeugniskopie

Was versprechen sich Ausbilder von einem handgeschriebenen Lebenslauf?

Der Lebenslauf

Der Lebenslauf kann ausführlich oder tabellarisch abgefasst werden. Von den meisten Ausbildungsbetrieben wird ein tabellarischer Lebenslauf gewünscht, weil er in dieser Form übersichtlicher ist. Früher wurde er handschriftlich verlangt, aber dies wird heute nur noch in Ausnahmefällen gefordert.

Zum Bestandteil dieses Dokuments gehört ein aktuelles Passfoto, das aufgeklebt wird und auf der Rückseite mit Datum und Namen versehen werden sollte.

Es empfiehlt sich, das Passfoto bei einem guten Fotografen machen zu lassen. Billigautomaten und auch selbst geschossene Fotos sind meistens nicht dazu geeignet.

Da in der Anzeige der Erfurter Sparkasse keine Vorgaben für die Form des Lebenslaufs genannt werden, entscheidet sich Kathrin für eine Tabelle, die sie auf dem PC schreibt.

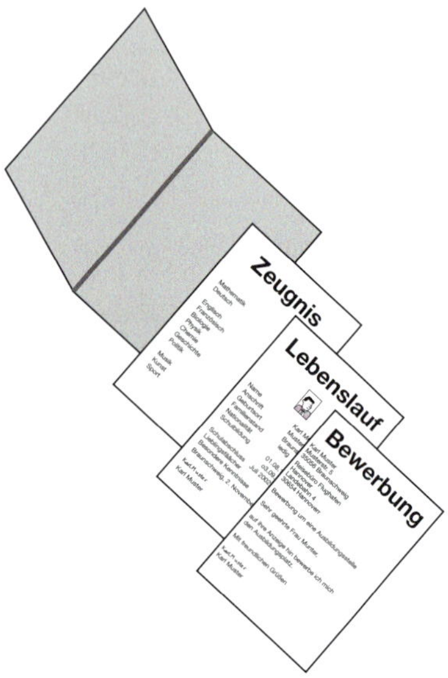

Wie in dem nebenstehenden Muster von Kathrin sollte der Lebenslauf folgende Angaben enthalten:

① Überschrift: „Lebenslauf“
② vollständiger Name
③ Anschrift (mit Telefon und Mailadresse)
④ Geburtsdatum
⑤ Geburtsort
⑥ Staatsangehörigkeit
⑦ Konfession
⑧ Eltern (einschl. Berufsangaben)
⑨ Geschwister
⑩ Schulbildung (mit Schwerpunktfächern) und Schulabschluss
⑪ besondere Kenntnisse (z.B. Textverarbeitung, Tabellenkalkulation)
⑫ besondere Neigungen, Interessen, Hobbys
⑬ Ort
⑭ Datum
⑮ Unterschrift

Zeugnisse, Bescheinigungen, Bestätigungen

Letztendlich gehören zu den vollständigen Bewerbungsunterlagen das letzte Schulzeugnis und, wenn vorhanden, Bescheinigungen über die Teilnahme an Kursen (z.B. an der Volkshochschule etc.) und Bestätigungen über absolvierte Praktika.

Kathrin wird nun keine Zeugnisoriginale mitschicken. Gegebenenfalls wird sie welche bei der persönlichen Vorstellung vorlegen, ansonsten wird sie (beglaubigte) Kopien beifügen.

Versand der Bewerbungsunterlagen

Kathrin steckt die Unterlagen in einen Klarsichtordner, aus dem die einzelnen Blätter leicht zu entnehmen sind, und verschickt diesen in einem Kuvert mit festem Rücken, damit die Unterlagen nicht geknickt werden können.

Kathrins Bewerbungsunterlagen haben dem Personalleiter der Erfurter Sparkasse Herrn Koch gefallen und sie wird zum Einstellungstest eingeladen. Das erste Etappenziel ist erreicht.

Die Bewerbungsmappe enthält
- Bewerbungsschreiben
- Lebenslauf
- Passbild
- Zeugnisse

① **Lebenslauf**

② Name:	Kathrin Steiner
③ Anschrift:	Berliner Straße 2 94567 Erfurt Tel.: 0361 123456 E-Mail: Kathrin.Steiner@aox.de
④ Geburtsdatum:	28. Januar 19..
⑤ Geburtsort:	Erfurt
⑥ Staatsangehörigkeit:	deutsch
⑦ Konfession:	röm.-kath.
⑧ Eltern:	Dieter Steiner, Polizeikommissar Anne Steiner, Bürokauffrau (Teilzeit)
⑨ Geschwister:	Bruder Maximilian, Student
⑩ Schulausbildung:	Sept. 19.. – Juli 19.. Grundschule Am Bach, Erfurt Sept. 19.. – zurzeit Staatliche Regelschule Am Schlossberg, Erfurt Juli 20.. – voraussichtlich Realschulabschluss
Praktikumserfahrung:	Betriebspraktikum bei der Saalebank
⑪ Besondere Kenntnisse:	Textverarbeitung EDV-Grundkenntnisse (Word, Excel, Power Point) Praktische Erfahrung bei der Homepage-Erstellung
⑫ Hobbys:	Volleyball beim TSV Erfurt Kino und Fernsehen

⑬ + ⑭ Erfurt, den 25. April 20..

⑮ *Kathrin Steiner*

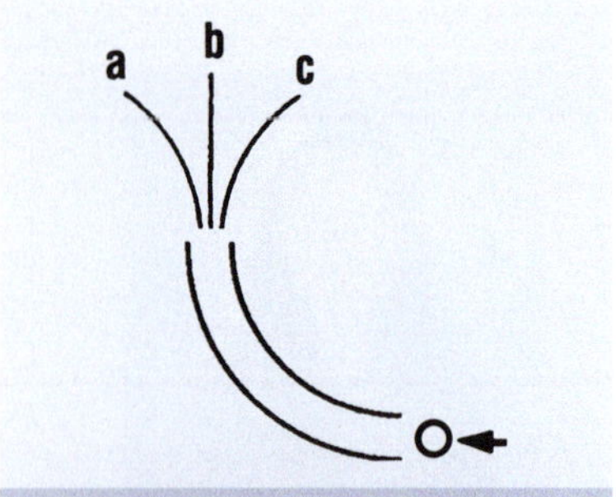

Eine Kugel wird durch ein flach auf dem Boden liegendes Rohr gestoßen. Welchen Weg (a, b oder c) nimmt die Kugel nach Verlassen des Rohres?

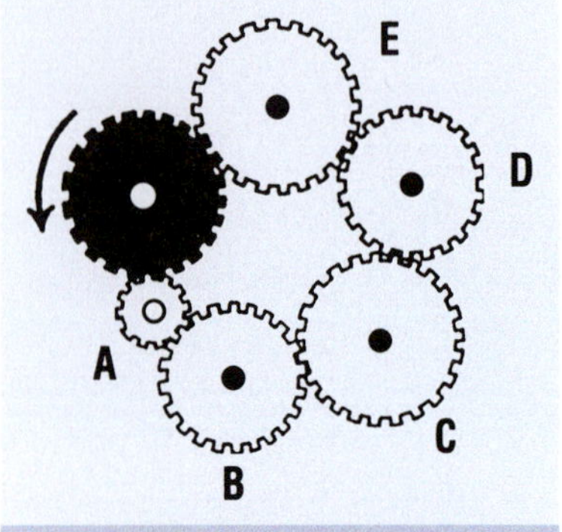

Welche Räder drehen sich in derselben Richtung wie das schwarze Zahnrad?

- ❑ C und E
- ❑ A und D
- ☒ B und D
- ❑ B und E
- ❑ Die Zahnräder können sich nicht drehen.

Der Einstellungstest
In vielen Betrieben ist es üblich, die Bewerber einem Test zu unterziehen. Hier wird nicht nur schulisches Wissen abgefragt, sondern noch andere Fähigkeiten.

Häufig werden folgende Bereiche getestet:
- Grundrechenarten
- weitere mathematische Aufgaben (z.B. Dreisatz, Zinsrechnung, Geometrie)
- logisches Denken und räumliches Vorstellungsvermögen
- Fragen zum Zeitgeschehen (Politik und Wirtschaft)
- Fragen zur Allgemeinbildung (z.B. Geografie und Allgemeines)
- Entscheidungsfragen zu bestimmten Situationen
- Konzentrations- und Ausdaueraufgaben
- Kenntnisse in Rechtschreibung und Zeichensetzung
- schriftliche Ausdrucksfähigkeit und Wortschatz

Die Schwerpunkte werden je nach den beruflichen Anforderungen unterschiedlich gesetzt. Alle Tests haben gemeinsam, dass die Bewerber unter großem Zeitdruck stehen, und sind so angelegt, dass nicht alle Aufgaben gelöst werden können. Wichtig ist vor allem, bei der Lösung Ruhe zu bewahren und zu beweisen, auch in Stresssituationen gut und konzentriert arbeiten zu können.

Diese Testverfahren unterstützen die Entscheidungen über die Einstellung. Zum Üben kannst du an einem Eignungstest bei der Agentur für Arbeit teilnehmen oder du besorgst dir die Broschüre „Orientierungshilfe zu Auswahltests“, die du ebenfalls bei der Agentur für Arbeit erhalten kannst.
Auch für die Verwaltungslaufbahn im mittleren nicht technischen Dienst muss eine Einstellungsprüfung durchgeführt werden. Im Buchhandel erhältliche Prüfungssammlungen dienen hierfür als gute Vorbereitung.

Das Vorstellungsgespräch
Kathrins Testergebnis war sehr gut und so wurde sie kurz danach von der Sparkasse zum Vorstellungsgespräch eingeladen. Dort möchte man sich ein Bild von ihrer Person machen. Ein weiteres Etappenziel ist erreicht.

Kathrin macht sich nun Gedanken darüber, wie ein solches Gespräch ablaufen kann, welche Fragen ihr möglicherweise gestellt werden und welche Fragen sie an ihren Gesprächspartner richten will.

So wie Kathrin solltest auch du dich gründlich informieren über:
- den gewählten Beruf, Aufgaben und Tätigkeiten (Informationsmöglichkeiten: Internet, BIZ, Broschüren der Agentur für Arbeit usw.),
- den Betrieb, z.B. über Firmenhauptsitz, ggf. Zweigniederlassungen, Produktpalette, Betriebsgröße, Zahl der Mitarbeiter (Informationsmöglichkeiten: Infomaterial vom Betrieb selbst beschaffen, IHK).

Besuche die Homepage des Betriebes, dort erhältst du wichtige Informationen.

Für einen guten Ablauf sind noch weitere Kriterien wichtig:
- passende Kleidung und gepflegtes Äußeres (also: weder schlampig, noch übertrieben schick),
- gut ausgeschlafen sein,
- Vorkehrungen für ein pünktliches Erscheinen treffen (z.B. Fahrtstrecke erkunden),
- Regeln einer guten Gesprächsführung in Erinnerung rufen (z.B. auf Blickkontakt, Haltung und Körpersprache, Höflichkeit achten),
- Vorbereitung einer Liste von Fragen, die du an den Personalchef richten möchtest.

Welche Kleidung für ein Vorstellungsgespräch findest du bei einem zukünftigen
a) Versicherungskaufmann,
b) Kfz-Mechatroniker
angemessen?

Im Vorstellungsgespräch möchte sich der Gesprächspartner des Betriebes ein möglichst objektives Bild vom Bewerber verschaffen. Personalchefs sind erfahrene Leute und wissen, dass die Bewerber in solchen Gesprächen nicht ganz locker sein können. Die meisten Menschen leiden in derartigen Situationen unter Lampenfieber. Trotzdem: Kathrin nimmt sich vor, möglichst gelassen zu bleiben und die Fragen, die ihr gestellt werden, offen und ehrlich zu beantworten.
Auch wenn Vorstellungsgespräche im Einzelnen recht unterschiedlich ablaufen, so gibt es doch bestimmte Themen, die fast immer zur Sprache kommen.

Häufige Fragen an dich	Das will der Betrieb damit erfahren
• Warum haben Sie gerade diesen Beruf gewählt? • Welche anderen Berufe hatten Sie noch im Auge?	• Ob du deine berufliche Entscheidung gründlich getroffen hast und gut überlegt hast, welche Berufe zu dir passen.
• Warum bewerben Sie sich gerade bei uns?	• Ob du dich über das Unternehmen informiert hast.
• Welche Schulfächer liegen Ihnen, welche nicht besonders? • Warum haben Sie im Fach ... keine gute Note?	• Ob du deine Stärken und Schwächen richtig einschätzen kannst.
• Was haben Sie nach Ihrer Ausbildung beruflich vor?	• Ob du dir Gedanken um deine berufliche Zukunft machst.
• Was machen Sie in Ihrer Freizeit am liebsten?	• Wofür du dich interessierst und ob du dich für etwas engagierst.
• Treiben Sie Sport? Welchen?	• Ob du Wert auf deine Gesundheit legst bzw. ob du gesund bist.

Habe den Mut nachzufragen, wenn du etwas nicht verstehst!
Bekunde dein Interesse am Beruf und am Unternehmen, indem auch du Fragen an den Personalchef stellst: zum Unternehmen, zur Aus- und Weiterbildung, zu den Mitarbeitern, zum Ausbildungsvertrag.

Das solltet ihr im Bewerbungsgespräch fragen:

Ladet einen „echten" Personalchef in eure Klasse ein oder nehmt das Angebot von Firmen, Banken und Sparkassen zum Thema „Bewerben und Vorstellen" in Anspruch. Ihr werdet dann meistens in die Geschäftsräume des Personalchefs eingeladen.

Das Vorstellungsgespräch läuft in der Regel in folgenden Phasen ab:

- Eröffnung: Begrüßung, gegenseitige Vorstellung
- Eigentliches Gespräch: Fragen zur persönlichen und schulischen Situation des Bewerbers, Ausübung berufsnaher Tätigkeiten, Fragen zur Vorstellung des Bewerbers über seine Berufswahl, Information über das Unternehmen, Fragen des Bewerbers
- Abschluss: Inhalte des Ausbildungsvertrages, Verabschiedung

Wie kann das Gespräch durch die persönliche Ausstrahlung des Bewerbers beeinflusst werden?

So nicht!

... und auch nicht so!

Kathrins Auftreten wirkt natürlich: nicht zu lässig und nicht verkrampft.

> **i**
> Das solltest du berücksichtigen:
> - eigene Standpunkte nachdrücklich vertreten
> - natürlich bleiben
> - Argumente mit Überzeugung vortragen
> - Gefühle zeigen
> - sympathisch wirken

Für die Auswahl der Auszubildenden führen schriftliche Bewerbung, Testverfahren und Vorstellungsgespräch zu einem Gesamtbild des Bewerbers. Wenn es trotz aller Vorbereitung mit dem Ausbildungsplatz nicht auf Anhieb klappt, darfst du dich auf keinen Fall entmutigen lassen. Lerne aus dem Gespräch und überlege in aller Ruhe:

- Wie empfand ich den Gesprächsverlauf?
- Konnte ich alle konkret gestellten Fragen beantworten?
- Muss ich mich noch besser auf diese Fragen vorbereiten?
- Soll ich beim nächsten Mal noch etwas mehr Sorgfalt auf meine äußere Erscheinung verwenden?
- Was möchte ich künftig besser machen?

> **i**
> Bewerbe dich bei mehreren Unternehmen. Wenn es aber bei einer Firma geklappt hat, sage den anderen rechtzeitig ab, damit du keine Ausbildungsplätze blockierst.

Zusammengefasst noch einmal die Schritte des Bewerbungsverfahrens:

Bewerbungsmappe
(Bewerbungsschreiben, Lebenslauf, Zeugnisse, Bescheinigungen)

→ **Absage** (Die Bewerbung entspricht nicht den Erwartungen.)

1. Vorentscheidung

↓

Testverfahren

→ **Absage** (Das Testergebnis ist schlecht ausgefallen.)

2. Vorentscheidung

↓

Vorstellungsgespräch

→ **Absage** (Andere Bewerber haben einen besseren persönlichen Eindruck gemacht.)

Endgültige Entscheidung

↓

Einstellung
= Abschluss eines Berufsausbildungsvertrags

Manchmal fallen die Entscheidungen an einem Tag (sog. Bewerbertag).

Rollenspiele

Rollenspiel 1: Vorstellungsgespräch
(Training für ein Einzelgespräch)
Spielt in zwei Rollen (Bewerber und Personalchef) das Gespräch durch. Gut wäre es, wenn ihr von diesem Gespräch eine Videoaufnahme machen könntet.

Wählt unter folgenden Berufsbildern ein Beispiel aus:
- Industriekaufmann/-frau (1)
- Reiseverkehrskaufmann/-frau (2)
- Schreiner/-in (3)
- Kfz-Mechatroniker/-in (4)
- IT-Systemelektroniker/-in (5)

Vorbereitung

1. Vorbereitung
Bereitet euch zu Hause entweder als Bewerber oder als Personalchef auf dieses Gespräch vor:
- Findet einen Betrieb, der diesen Beruf ausbildet, und informiert euch über diesen Betrieb und das gewählte Berufsbild.
- Sammelt Fragen, die
  a) der Personalchef (siehe Seite 51),
  b) der Bewerber (siehe Seite 51)
  stellen könnte und notiert sie euch.

Durchführung

2. Durchführung
Wählt für jedes Rollenspiel (1–5) zwei Personen (Bewerber und Personalchef) aus.

Alle anderen Schüler sind Beobachter.

Für jedes Berufsbild (1–5) wird ein neues Rollenspiel mit anderen Akteuren durchgeführt.

Auswertung

3. Auswertung
Diskutiert miteinander, wie ihr die Vorstellung empfunden habt.

Stellt sowohl positive als auch negative Punkte heraus:
- Wie ist der sprachliche Ausdruck des Bewerbers zu bewerten?
- Wie wirkte seine Haltung, Mimik, Gestik?
- Wirkte er aufgeschlossen?
- War er sicher und voller Selbstvertrauen?
- Gab er sich zu lässig oder zu verkrampft?
- Hat er sich um Blickkontakt bemüht?
- Konnten seine Argumente, Fragen und Antworten überzeugen?
- Wirkte er verantwortungsbewusst und zuverlässig?
- Macht er einen aufrichtigen und ehrlichen Eindruck?
- Lässt er sein Gegenüber ausreden?
- Wirkt er interessiert?
- Ist er höflich? (natürlich?)

- Fällt ein Gesamturteil unter Berücksichtigung des jeweils angestrebten Ausbildungsberufes: Würdet ihr den Bewerber einstellen?
- Falls ihr einen Videofilm aufgenommen habt, schaut ihn euch noch einmal zusammen an und diskutiert die von euch positiv oder negativ empfundenen Situationen noch einmal.
- Macht Verbesserungsvorschläge.

Rollenspiel 2: Auswahlverfahren im Assessmentcenter
(Training für ein Gruppengespräch)

Diese Aufgabe sollt ihr im Rahmen eines Assessmentcenters spielen. Die Klasse beobachtet, wie sich der Bewerber bei der Lösung gestellter Aufgaben in der Gruppe bewährt.
Schüler A ist Auszubildender in einer Kfz-Werkstatt. Schüler B ist ein Kunde. Dieser beschwert sich am Telefon, dass sein Auto auch nach der Reparatur nicht richtig anspringt. Er bittet darum, sofort zurückgerufen zu werden. A notiert dies auf einem Zettel, den er dem Meister geben will. Er steckt ihn in seine Hosentasche und vergisst ihn.
Spieler C ist der Meister der Autowerkstatt. Der Kunde ruft am nächsten Tag erbost wieder an und beschwert sich darüber, dass zum einen sein Auto auch nach der Reparatur immer noch nicht anspringt. Zum anderen ist er ärgerlich, weil er bereits gestern um Rückruf gebeten hat, aber nichts passiert ist. Der Auszubildende hat nichts von dem Anruf gesagt. Der Meister holt ihn zu einem Gespräch.

Gespräch 1: Gespräch zwischen dem Kunden (Schüler B) und dem Meister (Schüler C)
Gespräch 2: Gespräch zwischen dem Meister (Schüler C) und dem Auszubildenden (Schüler A)

Assessmentcenter
Heute vor allem von größeren Betrieben eingesetztes Auswahlverfahren, bei dem die Bewerber simulierten Bewährungssituationen gegenüberstehen und im Wesentlichen psychologisch begutachtet werden.

assessment (engl.) = Einschätzung, Beurteilung

Vorbereitung

1. Vorbereitung
a) Lest die Beschreibungen durch und entscheidet euch, welche der drei Personen (A, B, C) ihr spielen wollt.
b) Bildet sechs Gruppen (Rollenspieler A, B und C und jeweils eine Beobachtungsgruppe A, B und C).
c) Überlegt, wie sich die Person, für die ihr euch entschieden habt, im Rollenspiel verhalten soll:
   - Welche Argumente, Fragen und Vorschläge können vorgebracht werden?
   - Welche Gegenargumente sind von den anderen Spielern wohl zu erwarten?
   - Überlegt euch schon im Vorfeld gute Reaktionsmöglichkeiten. Macht euch ggf. Notizen.
d) Erstellt einen Beobachtungsbogen, der z. B. folgende Fragen beinhaltet:

- Wie ist die Kommunikation (sprachlicher Ausdruck, Redefluss)?
- Wie ist der Aufbau des Gesprächs und die Argumentation?
- Werden die speziellen Regeln für ein Gruppengespräch beachtet? (höflich bleiben; anderen nicht ins Wort fallen; laut und deutlich sprechen; durch Argumente überzeugen; abweichende Meinungen nicht als störend, sondern als hilfreich empfinden; nicht nachgeben, um mögliche Konflikte zu vermeiden, sondern nur, wenn sachlich überzeugt worden ist; andere auch zu Wort kommen lassen; den Einstieg ins Gespräch nicht verpassen)
- Wie ist das Auftreten (Sicherheit, Selbstvertrauen, Aufgeschlossenheit, Haltung, Stimme, Blickkontakt)?

Durchführung

2. Durchführung
Spielt die Gespräche 1 und 2 nacheinander durch.

Auswertung

3. Auswertung
Die Klasse stellt die Geschäftsleitung dar, die mit Hilfe des Beobachtungsbogens die Situationen verfolgt und über die Bewerbung entscheidet. Würdet ihr den Rollenspieler A, B oder C für eine Ausbildung ins Auge fassen? Begründet eure Entscheidung.

1. Kernstück des Bewerbungsschreibens ist der „Betreff". Welche wesentlichen Punkte muss dieser Teil des Anschreibens enthalten?
2. Wie kannst du dich auf ein Vorstellungsgespräch vorbereiten?
3. Was hältst du von folgenden Aussagen:
   a) „Ich mach mich doch nicht verrückt. Wenn ich ihnen nicht gefalle, gehe ich eben zum nächsten Betrieb. Hauptsache, ich gehe locker ins Gespräch. Vorbereiten nutzt doch nichts!"
   Warum kannst du dem nicht zustimmen?
   b) „Also, das mit dem Vorstellungsgespräch ist ja gut und schön. Aber wie ich tatsächlich bin, das kann der Betrieb nicht wirklich feststellen!" Welche Eigenschaften eines Auszubildenden können von einem erfahrenen Ausbilder im Einstellungsgespräch erkannt werden und welche nicht?
4. Warum dürfen Mädchen/Frauen beim Vorstellungsgespräch nicht nach einer ggf. bestehenden Schwangerschaft gefragt werden?
5. Was möchten die Ausbildungsleiter in einem Assessmentcenter im Wesentlichen überprüfen?
6. Welchen Vorteil kann es für dich in einem Vorstellungsgespräch bedeuten, wenn du
   a) im gewählten Ausbildungsberuf,
   b) im gewählten Ausbildungsbetrieb,
   bereits ein Betriebspraktikum gemacht hast?
7. 

   a) Welches Zeugnis wird der junge Mann vermutlich haben?
   b) Erläutere die Aussage eines Ausbilders: „Noten sind wichtig, aber nicht alles!"
8. Löse nebenstehende Musteraufgaben aus einem Einstellungstest.
9. Übe mit deinem Banknachbarn ruhiges und entspanntes Telefonieren. Mach dir eine Vorgehensliste, die so ähnlich wie die nachfolgende aussehen könnte, und lege dir Papier und Stift bereit:
   - Melde dich verständlich und mit Vor- und Zunamen.
   - Nenne den Grund für deinen Anruf. (Vorschläge: Interesse an einem Betriebspraktikum; Interesse an einer Ausbildung; Information, wie die Bewerbungsunterlagen auszusehen haben.)
   - Bitte um Verbindung mit Herrn … aus der … Abteilung.
   - Nach der Verbindung musst du noch einmal deinen Namen nennen. Sprich deinen Gesprächspartner immer mit seinem Namen an. Schildere dort dein Anliegen so ruhig wie möglich. Bemühe dich um kurze und klare Formulierungen. Sprich langsam und deutlich.
   - Lass deinen Gesprächspartner ausreden.
   - Wähle einen höflichen und freundlichen Gesprächsschluss und bedanke dich für das Gespräch.
   - Vereinbarte Termine sofort notieren.

   Warum ist folgender Tipp für alle Telefonate hilfreich?
   „Notiere bei jedem Telefonat deine Gesprächspartner, das Datum und kurz das Ergebnis des Gesprächs."

8. a) Welcher Begriff passt nicht in die Reihe?

Ente – Maus – Krähe – Meise – Huhn

Dame – Ass – König – Herz – Bube

Gold – Erz – Silber – Blei – Kupfer

8. b) Das richtige Ergebnis schätzen

Bei dieser Aufgabe soll die Lösung nicht ausgerechnet, sondern durch Überlegen gefunden werden.

7.616 + 8.328 + 3.719 = ?

a) 18.811 b) 19.663
c) 17.525 d) 19.213

8. c) Welches Sprichwort hat den gleichen Sinn?

„Gut Ding will Weile haben."

a) Man soll den Tag nicht vor dem Abend loben.
b) Alle Wege führen nach Rom.
c) Rom ist nicht an einem Tag erbaut worden.
d) Wer lange liegt, muss rosten.

8. d) Textaufgaben:

11 kg Äpfel kosten 22,00 €.
Wie viel kosten dann 3 kg?

4 Arbeiter benötigen zum Ausheben eines Grabens 2 Tage.
Wie lange bräuchten 2 Arbeiter?

Florian ist größer als Heike. Heike ist größer als Daniel, aber kleiner als Paula. Paula ist größer als Florian.
Wer ist der oder die Größte?

IV Der erweiterte Wirtschaftskreislauf

Bankenviertel in Frankfurt

1 Erweiterung des Wirtschaftskreislaufs um den Sektor Banken

Die Banken nehmen in unserem Wirtschaftssystem eine wichtige Stellung ein. Neben vielen anderen Geldgeschäften verleihen die Banken Geld, d. h. sie geben Kredite aus. Als „Leihgebühren“ erheben die Banken Zinsen, die zusammen mit dem geliehenen Geld meist in Raten zurückgezahlt werden müssen. Woher hat die Bank das Geld?
Betrachten wir zunächst einen einfachen Wirtschaftskreislauf:

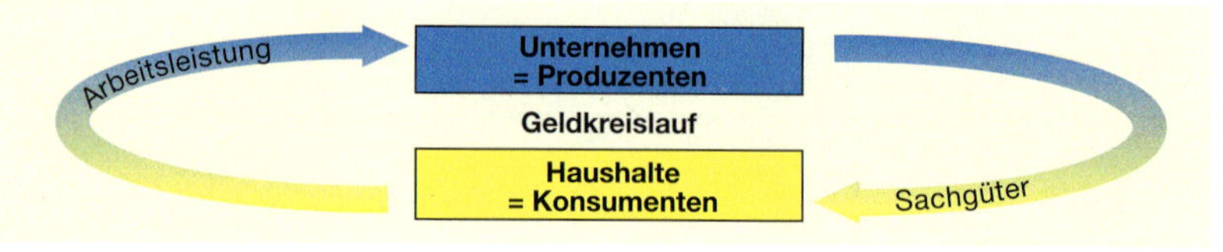

Konsument = lat. consumere: verbrauchen
Produzent = lat. producere: hervorbringen

Wir leben aber nicht mehr in Zeiten des Naturaltausches, also erweitern wir das Modell des Wirtschaftskreislaufs um die Komponente **Geld**.

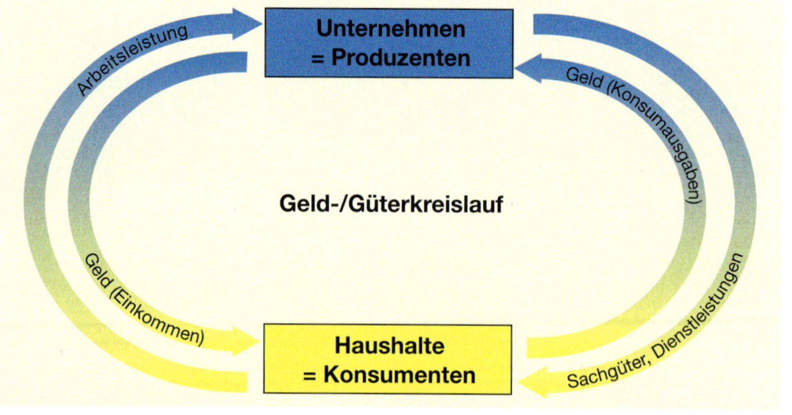

Geld ist
- gesetzliches Zahlungsmittel
- Wertübertragungsmittel
- allgemeinesTauschmittel
- Wertaufbewahrungsmittel

1.1 Banken als Vermittler

Nur in den seltensten Fällen zahlen die Unternehmen Lohn direkt, also bar, an ihre Mitarbeiter aus. Genauso nimmt die Häufigkeit der Barzahlung von Kunden bei ihren Konsumausgaben immer mehr ab. Die Banken treten als Vermittler zwischen Konsument und Produzent.

Erkläre den Satz:
Banken kaufen und verkaufen Geld.

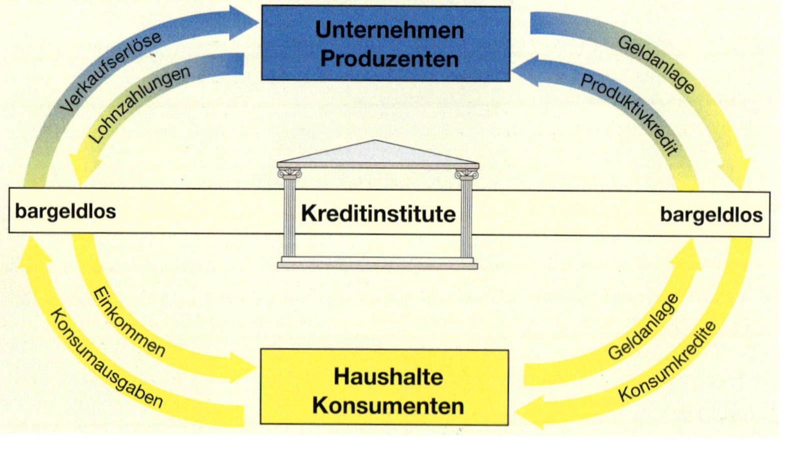

Nutze die Informationsmöglichkeit des Bundesverbandes deutscher Banken:

www.bdb.de

Jedes Unternehmen, das seine produzierten Güter verkauft, gibt sie natürlich zu einem Preis ab, der höher ist als die Summe der Kosten, die zur Produktion angefallen sind. Ein zu erwartender Gewinn wird ebenfalls in den Verkaufspreis einbezogen. Banken handeln ähnlich. Sie „verkaufen" (verleihen) Geld teurer als sie es „einkaufen" (z.B. Spargelder). Diese Differenz nennt man die Zinsspanne. Für die Gewährung eines Kredites verlangen die Banken einen so genannten Sollzinssatz. Für die ihnen anvertrauten Einlagen (Spargelder) gewähren sie den Habenzinssatz.

Erkundige dich bei deiner Bank nach den aktuellen Soll- und Habenzinsen. Sie müssen im Schaufenster sichtbar aushängen.

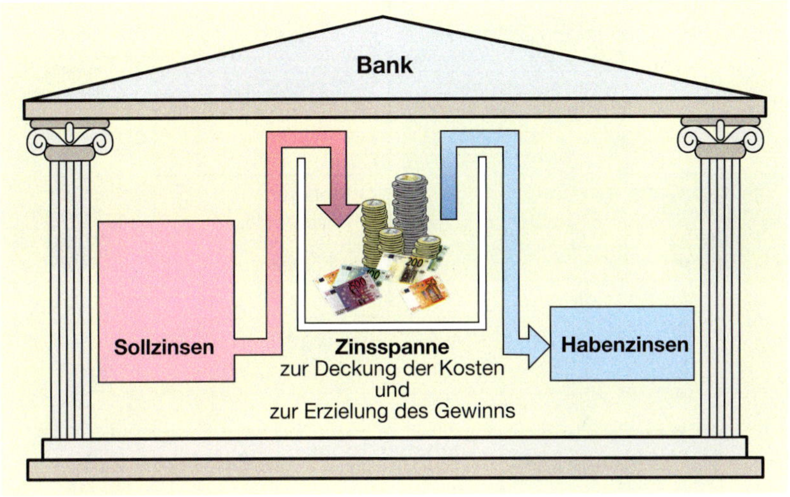

i

Das Wort „Bank" kommt aus dem italienischen banco = Ladentisch.

Die „Ware", mit der Banken „handeln", ist fremdes Geld. Diese setzt eine besondere Vertrauenswürdigkeit voraus. Deshalb wurde ein eigenes Gesetz, das Gesetz über das Kreditwesen (KWG), geschaffen.
Es regelt
- welche Unternehmen sich als Banken bezeichnen dürfen und
- welche Art von Geschäften Banken tätigen dürfen.

Dadurch sollen die Einlagen gesichert werden.
Das Bundesamt für Finanzdienstleistungen wacht über die Einhaltung des Gesetzes.

1.2 Arten von Banken

Deutschland verfügt über ein vielgestaltiges Bankensystem.

Gliederung des Bankensystems:

Universalbanken			**Spezialbanken**
Privatbanken (Kreditbanken)	Öffentlich-rechtliche Sparkassen mit ihren Landesbanken	Genossenschaftsbanken	z.B. • reine Hypothekenbanken • Bausparkassen

i

universal:
Angebot von Bankgeschäften aller Art

spezial:
Angebot nur bestimmter Geschäftsbereiche

Zwischen den großen drei Gruppen herrscht heftiger Wettbewerb, denn alle arbeiten nach dem gleichen Grundprinzip: Sie sind Universalbanken. Das heißt, sie bieten alle Bankdienstleistungen an. Neben diesen Universalbanken gibt es noch Spezialbanken, die sich auf einzelne Geschäftszweige oder auf bestimmte Kundenkreise beziehen, z.B. die Bank für Haus- und Grundbesitz oder die Apotheker- und Ärztebank.

2 Die Bankgeschäfte

Du hast nun die Vermittlerfunktion der Kreditinstitute kennengelernt. Jetzt wollen wir deren wichtigste Aufgaben und Geschäftstätigkeiten noch näher betrachten. Wie alle Unternehmen stellen auch die Kreditinstitute Bilanzen auf, die **Aktiva** und **Passiva** unterscheiden.

Erkläre den Satz:
Banken kaufen und verkaufen Geld.

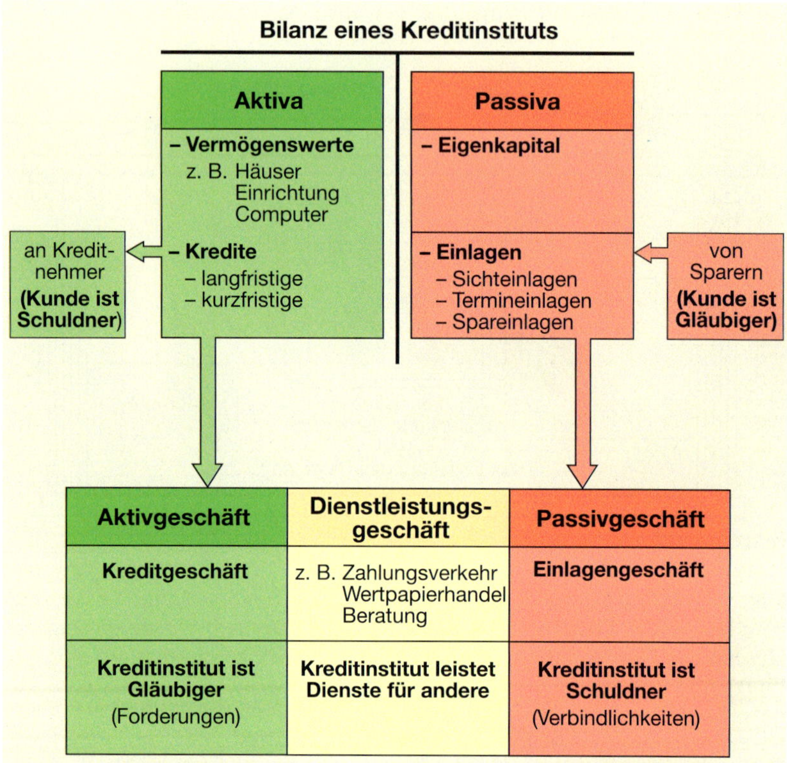

2.1 Passivgeschäfte – Einlagengeschäfte

Alle Formen der einer Bank leihweise übertragenen Gelder nennt man **Einlagen**. Die Gelder werden entgegengenommen, verwaltet und verzinst. Die Bank ist gewissermaßen Schuldner des Bankkunden, deshalb stehen diese Gelder in der Bankbilanz auf der Passivaseite. Die Unterscheidungsmerkmale der Einlagen liegen darin, wie lange der Kunde seiner Bank das augenblicklich nicht benötigte Geld überlässt.

Sichteinlagen
Man nennt sie auch **täglich fällige Gelder**. Das heißt, über sie kann jederzeit und in uneingeschränkter Höhe verfügt werden: Durch Barabhebung am Geldautomaten oder durch Überweisung. Für diese Einlagen zahlen viele Banken keinen oder nur einen sehr geringen Zins, denn sie wissen nicht, wie lange ihnen das Geld zur Verfügung steht. So gut wie alle Privatpersonen verfügen mittlerweile über diese sogenannten laufenden Konten oder Girokonten. Sie sind für die Unternehmen und für die Privatpersonen die „Arbeitskonten", über die der laufende Zahlungsverkehr abgewickelt wird.

Sicht- und Termineinlagen bilden die sogenannten Depositen (= hinterlegte Beträge).

Termineinlagen
Sie stehen der Bank für einen **bestimmten Zeitraum** (bis zu einem bestimmten Termin) zur Verfügung. Sie können ohne Zinsverlust nur mit

einer festgelegten Frist gekündigt werden. Bis zum Ablauf des vereinbarten Zeitraums bleiben diese Fest- oder Kündigungsgelder auf dem Konto stehen und dienen nicht dem Zahlungsverkehr.
Festgelder, deren Termin abgelaufen ist und nicht weiter verlängert wurde, stehen dann als Sichteinlagen auf dem Konto. Sie sind also an einem im voraus bestimmten Tag zur Rückzahlung fällig. Über Kündigungsgelder kann erst nach Kündigung und Ablauf einer bestimmten vereinbarten Frist wieder verfügt werden.

Beispiel für Kündigungsgelder:

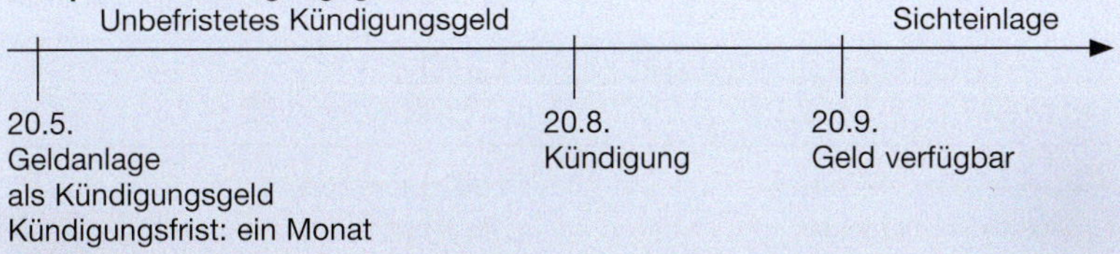

Beispiel für Festgelder:

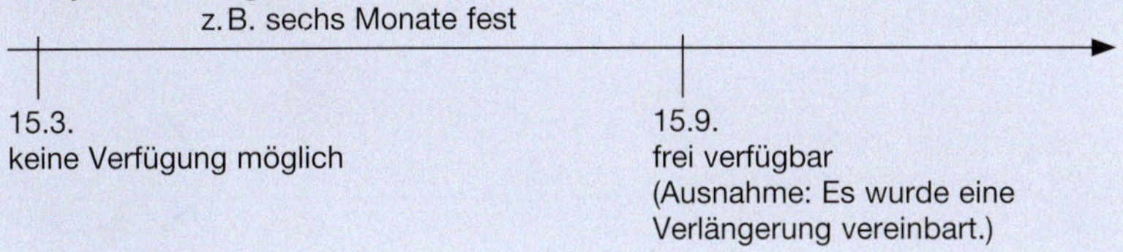

Zahlenbeispiel:

- Spareinlage 11.000,00 €
- Festzinssatz 3,0 % p. a.
- Zeitraum 6 Monate
- Kündigungsfrist ein Monat
- Beginn 30.06. . .
- Ende 31.12. . .
- Kündigungstermin 30.09. . .
- Zinsen pro Monat Ø 27,50 €
- Zinsen als Sichteinlage z. B. bei 0,25 % 2,30 €

Spareinlagen

Sparguthaben werden in ein Sparbuch eingetragen und haben entweder eine vereinbarte Kündigungsfrist von drei Monaten, wobei der Sparer innerhalb von dreißig Tagen 1.500 € ohne Kündigung abheben kann, oder eine längerfristig vereinbarte Kündigungsfrist. Ohne Zinsverlust kann der Sparer sein Geld erst nach Ablauf dieser Frist abheben.
Das Sparbuch ist nur eine „Beweisurkunde" für das Bestehen eines Sparguthabens. Obwohl das Sparbuch auf den Namen des Inhabers ausgestellt wird, ist die Bank berechtigt, aber nicht verpflichtet, an jeden Vorleger dieses Dokuments Zahlung zu leisten und ihn als zur Kündigung berechtigt anzusehen.
Sparen heißt: für die Zukunft vorsorgen. Der Sparer sichert dadurch nicht nur seine eigene wirtschaftliche Lage, sondern er erfüllt – ohne vielleicht darüber nachgedacht zu haben – eine wichtige volkswirtschaftliche Aufgabe. Denn nur dadurch, dass er über die Banken der Wirtschaft sein Sparkapital zur Verfügung stellt, ermöglicht er den Kreditinstituten, diese gesammelten Gelder für Investitionskredite zu vergeben.
Für Termin- wie für Spareinlagen gilt: Je länger diese Gelder der Bank überlassen werden, d. h., je längerfristig das Kreditinstitut über das Geld verfügen kann (mit ihm „arbeiten" kann), umso höher sind die Zinsen, die der Kunde bekommt. In den letzten Jahrzehnten nahm die Bedeutung der Sparbücher immer mehr ab

1. Informiere dich über die derzeit geltenden Zinssätze für die verschiedenen Einlagearten.
2. Überprüfe die Aussage: „Je länger die Dauer der Geldanlage, desto höher der Zinssatz!"
3. Erläutere die verschiedenen Motive von Unternehmen und Privatleuten für die Wahl bestimmter Einlagearten.

Zusammenfassung:

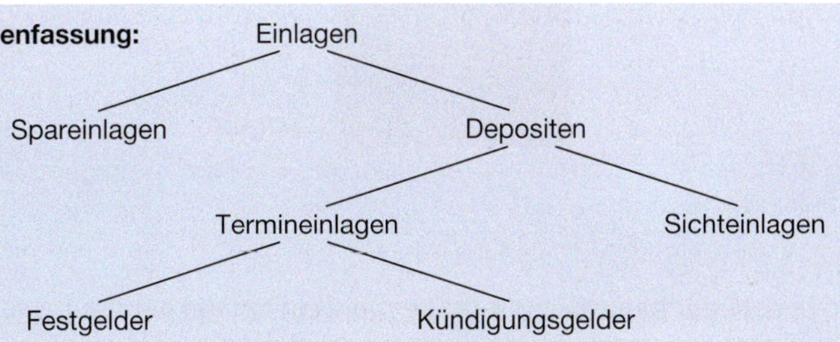

2.2 Aktivgeschäfte - Kreditgeschäfte

Die Kreditgeschäfte umfassen alle Bankgeschäfte, die die Positionen der Aktivseite einer Bankbilanz betreffen. Die Banken geben dabei die im Einlagengeschäft hereingekommenen Gelder leihweise an ihre Kunden aus. Neben der Vereinbarung, dass der Kredit in voller Höhe nach einer festgelegten Zeit wieder zurückbezahlt werden muss, verpflichtet sich der Kreditnehmer zur Zinszahlung. Das heißt, das Kreditinstitut erhält für die Überlassung des Nutzungsrechts an seinem Geld Zinsen. Daneben werden oft auch noch Bearbeitungsgebühren erhoben.

Diskutiert in der Klasse die Frage: „Vor welchen Problemen stünde ein Unternehmer/ein Privathaushalt ohne die Möglichkeit der Kreditbeschaffung?"

Die Kredite können eingeteilt werden nach:

Laufzeit	Verwendungszweck
• **kurzfristige Kredite** (bis sechs Monate) z. B. Kontokorrentkredite, Wechselkredite • **mittelfristige Kredite** (bis zu vier Jahren) z. B. persönliche Kleinkredite • **langfristige Kredite** (länger als vier Jahre) z. B. Hypothekenkredite	• **Produktivkredite** z. B. Betriebsmittelkredite, Investitionskredite • **Konsumentenkredit** z. B. Anschaffungsdarlehen, persönliche Kleinkredite

Aus der Fülle der Kreditarten sollen hier nur einige typische und wichtige vorgestellt werden:

Kontokorrentkredit (für Geschäftskunden)
Die Bank stellt dem Kreditnehmer Geld auf seinem Girokonto zur Verfügung. Ein solcher Kredit, dessen Sicherheit im Geschäftsvermögen (Anlage- oder Umlaufvermögen) liegt, kann dem Kunden einmalig für einen bestimmten Zweck oder auch laufend bis auf Widerruf eingeräumt werden.
Die Höhe des Kreditbetrages ist innerhalb eines vereinbarten Rahmens (Kreditlimit) flexibel. Der Kredit wird nur bei Bedarf und ohne weitere Formalitäten in Anspruch genommen. Die Zinszahlung fällt nur für den tatsächlich beanspruchten Kreditbetrag an.

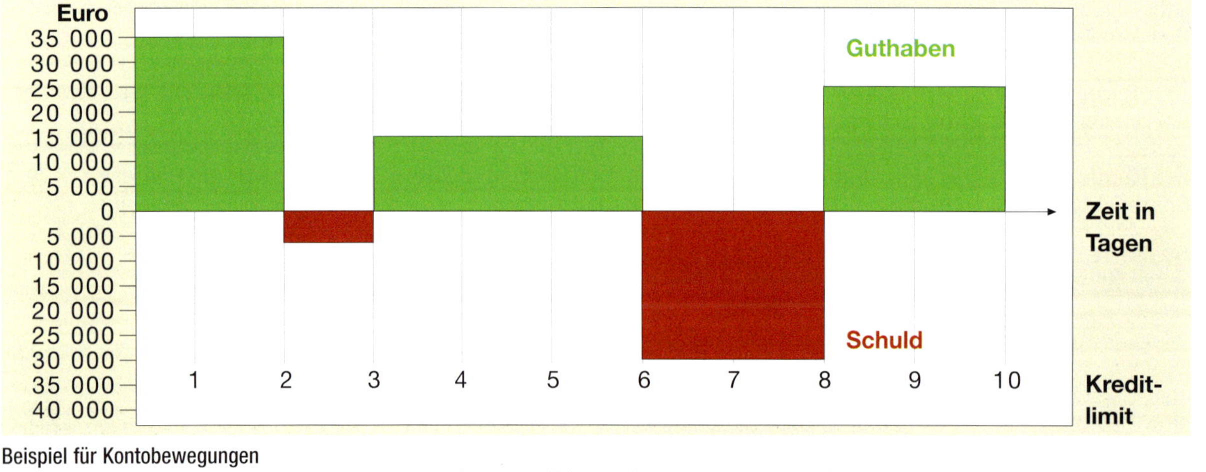

Beispiel für Kontobewegungen

Für den Kreditbedarf von 5.000 € werden nur für einen Tag und für die 30.000 € nur für zwei Tage Sollzinsen berechnet.

Dispositionskredit (Konsumentenkredit)
Er wird auch kurz **Dispokredit** genannt und dient dem kurzfristigen Geldbedarf der Girokonteninhaber (der Kunde kann seine Einkäufe disponieren, d.h. einteilen, verfügen). Wie beim Kontokorrentkredit kann das Konto bis zu einer bestimmten Grenze (Limit) ohne weitere Formalitäten und vorherige Rücksprache überzogen werden.
Als Grenze dient im Allgemeinen das zwei- bis dreifache Nettoeinkommen. Darin liegt auch die Sicherung für die Bank. Da die Kreditinstitute die Gelder laufend zur Verfügung stellen, sind die Zinsen relativ hoch. Der Kunde zahlt diese Zinsen jedoch stets nur für den Betrag, mit dem er auf dem Konto im Soll ist.
Die Rückzahlung erfolgt durch die folgenden Lohn- oder Gehaltseingänge. Dadurch wird dem Kunden eine einfache und bequeme Überbrückungshilfe geboten.

Die große Bequemlichkeit verleitet allerdings dazu, das Konto regelmäßig zu überziehen. Schwerwiegende finanzielle Probleme können entstehen, wenn sich das Einkommen plötzlich mindert (z.B. durch Arbeitslosigkeit oder Scheidung) oder wenn auf Dauer zu wenig Geld für den notwendigen Bedarf vorhanden ist. Nicht selten kommt dann eine „Abwärtsspirale“ in Gang, die immer tiefer in die Verschuldung führt. Untersuchungen des Bundesfamilienministeriums zeigen, dass im Jahre 2006 mehr als 2 Millionen Haushalte überschuldet waren, d.h. das Einkommen reicht nach Abzug des notwendigen Lebensbedarfs nicht mehr aus, die laufenden Zahlungsverpflichtungen zu erfüllen.

A

1. Warum dürfen Jugendliche ihr Konto nicht überziehen?
2. Wie viel Euro sind auf einem Konto verfügbar, wenn ein Dispokredit von 5.000 € eingeräumt wurde und das Konto bereits mit 1.200 € im Soll steht?

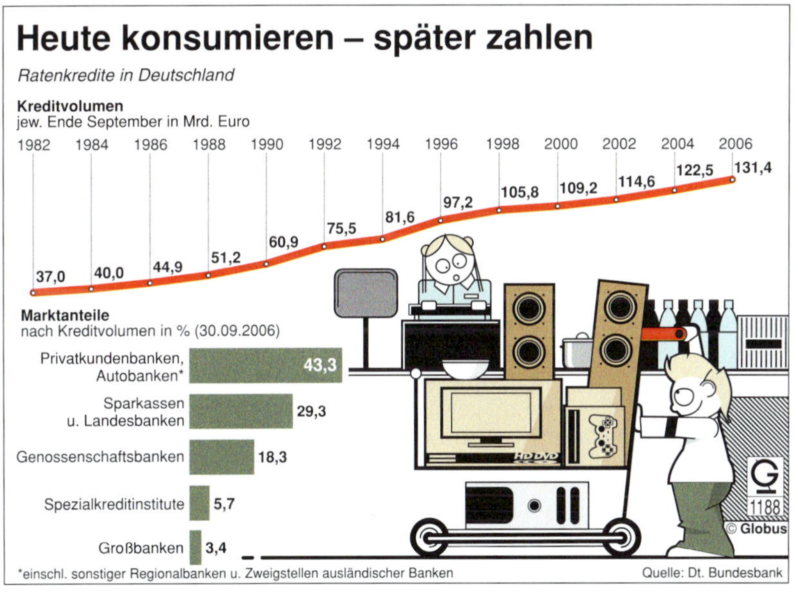

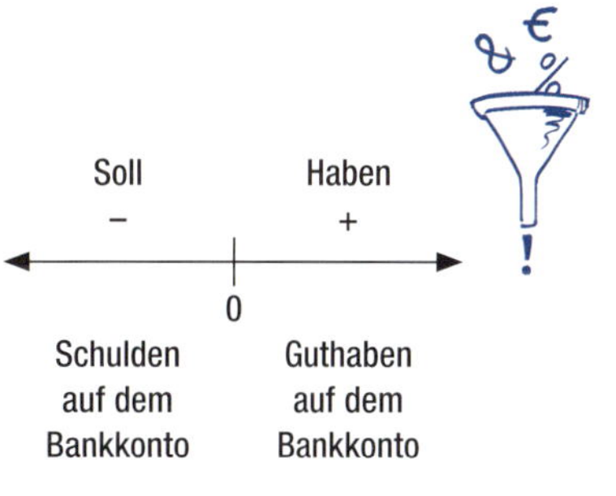

Anschaffungsdarlehen
Das sind Kredite, die Privatpersonen ohne besondere Sicherheiten für persönliche Zwecke – vor allem für größere Anschaffungen – eingeräumt werden. Höhe, Laufzeit und Rückzahlung (Tilgung) werden bei diesen Krediten den speziellen wirtschaftlichen Verhältnissen der Kreditnehmer angepasst. Diese Kredite, deren Höchstbetrag bei ca. 25.000 bis 30.000 € liegt, werden meist in vereinbarten Rückzahlungsraten in einem festgelegten Zeitraum getilgt. Als häufigste Verwendungszwecke stehen neben dem Kauf von Pkws größere Anschaffungen für den Haushalt (z.B. Wohnungseinrichtungen) im Vordergrund.
Auf der folgenden Seite siehst du einen Tilgungsplan.

Tilgungsplan
Kreditbetrag 20.000,00 €
Zinssatz 8,00 %
jährl. Zahlung 2.400,00 €

Jahr	Restschuld	Zinsen	Tilgung	Gesamtzinsen	Gesamte Zahlung
1	20.000,00 €	1.600,00 €	800,00 €	1.600,00 €	2.400,00 €
2	19.200,00 €	1.536,00 €	864,00 €	3.136,00 €	4.800,00 €
3	18.336,00 €	1.466,88 €	933,12 €	4.602,88 €	7.200,00 €
4	17.402,88 €	1.392,23 €	1.007,77 €	5.995,11 €	9.600,00 €
5	16.395,11 €	1.311,61 €	1.088,39 €	7.306,72 €	12.000,00 €
6	15.306,72 €	1.224,54 €	1.175,46 €	8.531,26 €	14.400,00 €
7	14.131,26 €	1.130,50 €	1.269,50 €	9.661,76 €	16.800,00 €
8	12.861,76 €	1.028,94 €	1.371,06 €	10.690,70 €	19.200,00 €
9	11.490,70 €	919,26 €	1.480,74 €	11.609,95 €	21.600,00 €
10	10.009,95 €	800,80 €	1.599,20 €	12.410,75 €	24.000,00 €
11	8.410,75 €	672,86 €	1.727,14 €	13.083,61 €	26.400,00 €
12	6.683,61 €	534,69 €	1.865,31 €	13.618,30 €	28.800,00 €
13	4.818,30 €	385,46 €	2.014,54 €	14.003,76 €	31.200,00 €
14	2.803,76 €	224,30 €	2.175,70 €	14.228,06 €	33.600,00 €
15	628,06 €	50,25 €	628,06 €	14.278,31 €	34.278,31 €
16	0,00 €				

Hypothekarkredit
Ein Hypothekarkredit ist ein **langfristiger Kredit**, der vor allem zur Finanzierung besonders langlebiger Güter, z.B. einer Eigentumswohnung oder eines Eigenheims dient. Für die meist hohen Kreditsummen werden Grund und Boden als Sicherheit verpfändet.

Die Hypothek ist die Belastung eines Grundstücks als Sicherung der Geldforderung. Sie wird durch einen notariellen Vertrag in das bei den Amtsgerichten geführte Grundbuch eingetragen. Wenn das Darlehen nicht fristgerecht zurückgezahlt wird oder die Rückzahlungsraten nicht mehr bezahlt werden können, haftet der Kreditnehmer zunächst persönlich. Der Kreditgeber hat außerdem das Recht, das Grundstück versteigern zu lassen. Der Erlös dient dann zur Begleichung der Schuld.

Die Frage der **Kreditsicherung** spielt für die Banken eine große Rolle. Bevor die Bank einen Kredit gewährt, muss sie gewissenhaft prüfen, ob der Kreditnehmer nach seinen persönlichen Eigenschaften und materiellen Verhältnissen auch in der Lage ist, den Kredit zurückzuzahlen.

Ein Beispiel für Kreditsicherung ist die **Bürgschaft**. Durch sie verpflichtet sich der Bürge, für die Begleichung des Kredits einzustehen, falls der Schuldner seine Schulden nicht bezahlen kann.

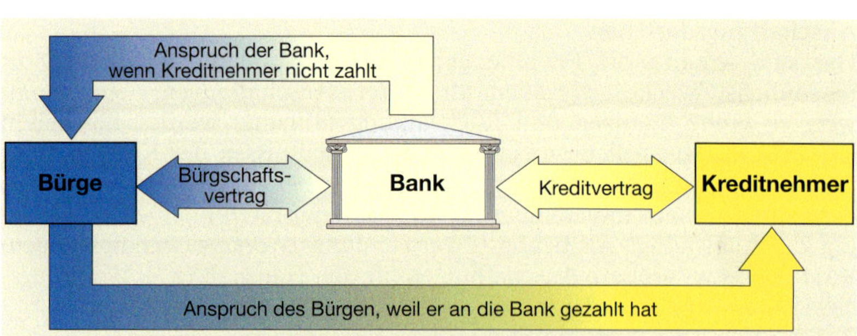

A

1. Verfolge in oben stehendem Beispiel den Verlauf der Tilgungsbeträge und vergleiche ihn mit den zu zahlenden Zinsen.
2. Versuche mit Hilfe eines Tabellenkalkulationsprogramms einen Tilgungsplan zu erstellen.
3. Erläutere, warum die Finanzierung eines Eigenheims durch einen Dispositionskredit (siehe S. 63) nicht möglich ist.

Vorsicht bei Bürgschaften!
Grundregel: Verbürge dich niemals leichtfertig für einen anderen, auch wenn er ein noch so guter Freund ist!

2.3 Dienstleistungsgeschäfte

Die Kreditinstitute übernehmen für ihre Kunden die Abwicklung des bargeldlosen Zahlungsverkehrs, sie vermitteln Wertpapierkäufe und -verkäufe und beraten in allen Geldanlage- und Finanzierungsfragen. Immer mehr zählen auch Vermittlungen von Immobiliengeschäften sowie von Versicherungen aller Art zu den Leistungen. Einige dieser Geschäfte sind kostenfrei, für andere berechnen die Banken Gebühren, bzw. verlangen Provisionen.

Bankgeschäfte

Aktivgeschäfte | Dienstleistungsgeschäfte | Passivgeschäfte

Bargeldloser Zahlungsverkehr

Auf diese Weise werden Zahlungen durch Buchungsvorgänge von Konto zu Konto oder von Bank zu Bank erledigt, ohne dass Bargeld in Umlauf gebracht wird. Dem Kunden erwachsen daraus verschiedene Vorteile:

- Die Verwendung von Bargeld wird reduziert, Geld ist dadurch vor Verlust, Diebstahl, Brand oder ähnlichen Schäden sicher.
- Der Zahlungsverkehr kann bequem von zu Hause oder vom Schreibtisch aus – z. B. per PC oder Telefon – erledigt werden.
- Der Kontenstand ist jederzeit abrufbar, d.h., der Überblick und die Kontrolle über die Ein- und Ausgänge sind gegeben.

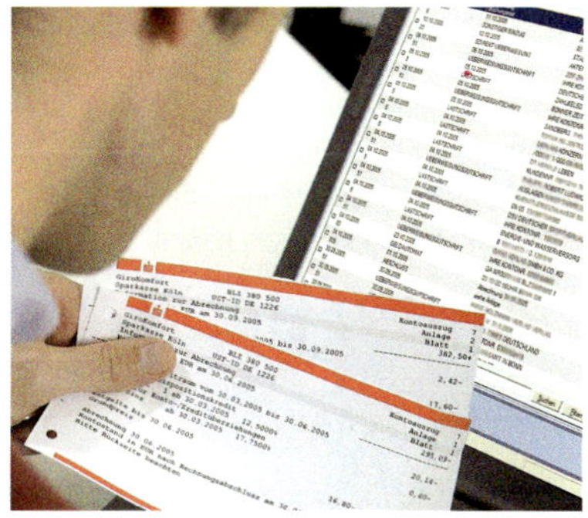

Homebanking per PC

Der Ablauf eines Überweisungsauftrages sieht folgendermaßen aus:

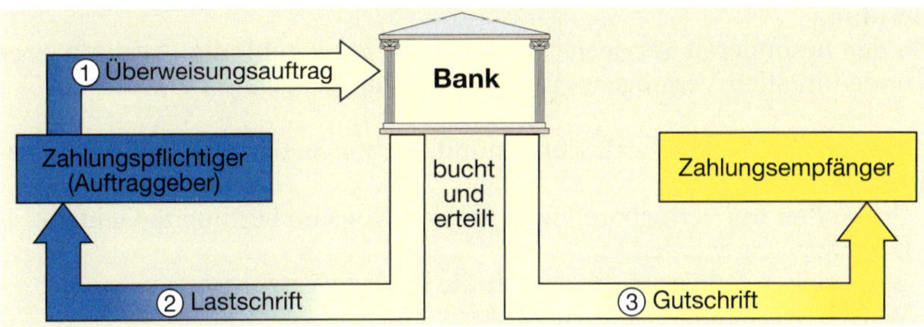

Wenn Auftraggeber- und Empfängerkonto bei verschiedenen Kreditinstituten geführt werden, erfolgt die Verrechnung des Überweisungsbetrages über die Landeszentralbank bzw. über die Girozentrale bei den Sparkassen.

ec-Karte

Neben der Bargeldbeschaffung am Geldautomaten können ec-Karteninhaber an den POS-Kassen (Point-of-sale) nach Eingabe der vierstelligen Geheimnummer (PIN = **p**ersonal **i**dentify **n**umber) Einkäufe oder Rechnungen bezahlen. Dieses kleine Plastikkärtchen macht Karriere: Rechnerisch hat jeder Bürger Deutschlands eine ec-Karte: 87 Mio. (Stand: 1. Quartal 2002) Karten öffnen den Weg zum Bargeld oder zum bargeldlosen Kauf. Insgesamt stehen den Karteninhabern fast 6 Mio. Kassenterminals und 700.000 Geldautomaten zur Verfügung; und das nicht nur in Deutschland, sondern weltweit in mehr als 110 Ländern.

Geht die ec-Karte verloren oder wird sie gestohlen, ist eine unkomplizierte Sperrung unter der Telefonnummer 01 80/021 021 möglich. Sie bewahrt den Karteninhaber vor Missbrauch und Schaden.

Kreditkarten

Die weltweit am verbreitetsten Karten sind die MasterCard (früher EUROCARD) und VisaCard. Sie werden für die Bezahlung von Waren oder Dienstleistungen bei ausgewählten Vertragsunternehmen genutzt. Dies sind vor allem Fluggesellschaften, Hotels, Restaurants, Autovermietungen und Einzelhandelsgeschäfte. Kreditkartennutzer sind unabhängig von Bargeld, verfügen im Ausland über die richtige Währung und nutzen ein modernes, sicheres Zahlungsmittel.

Dauerauftrag

Durch einen einmal erteilten Dauerauftrag erhält die Bank die Anweisung, regelmäßig zu vorgeschriebenen festen Terminen einen Betrag in bestimmter Höhe auf ein anderes Konto zu überweisen (z. B. Mietzahlung, Versicherungsbeiträge).

In den letzten 30 Jahren hat der bargeldlose Zahlungsverkehr enorm zugenommen.

1. Für welche Art der Zahlung würdest du dich entscheiden?
   a) beim Einkauf im Supermarkt
   b) bei der Begleichung der Telefonrechnung
   c) bei der Zahlung einer Versandhausrechnung
   d) bei Mietzahlungen
2. Diskutiert in der Klasse, welche Vor- oder auch Nachteile die unterschiedlichen Zahlungsweisen haben.

Lastschriftverfahren

Im Gegensatz zum Überweisungsverkehr wird die Zahlung durch den Empfänger veranlasst.

Der Zahlungspflichtige erteilt dem Zahlungsempfänger schriftlich die Ermächtigung, zu Lasten seines Kontos Forderungen einzuziehen. Dieses Verfahren eignet sich insbesondere für den Einzug regelmäßig wiederkehrender Beträge, z. B. Zeitschriftenabonnement, Mitgliedsbeiträge.

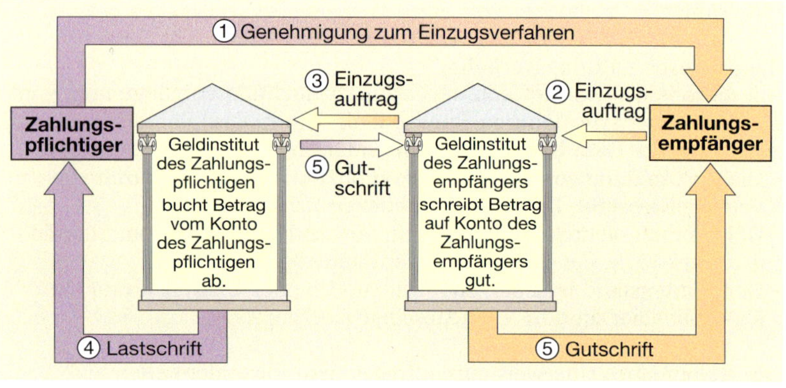

Beratung

Zu den besonderen Serviceleistungen einer Bank zählt die Beratung ihrer Kunden in allen Vermögens- und Versicherungsangelegenheiten.

Zum Beispiel wenden sich Kunden mit nachfolgenden Fragen an ihr Kreditinstitut:

- Wie sollen frei verfügbare, nicht für den Konsum bestimmte Geldbeträge angelegt werden?
- Bei welcher Anlageart erhalte ich die höchste Verzinsung?
- Welche Wertpapiere soll ich kaufen?
- Ist die Geldanlage in Edelmetallen (Gold, Silber oder Platin) ertragreich?
- Wie finanziere ich am günstigsten das neue Auto, die Eigentumswohnung oder ähnliche größere Anschaffungen?
- Welche Möglichkeiten bietet die Bank an, eine Unternehmensgründung zu finanzieren?
- Soll ich das Geld in einer Kapital-Lebensversicherung anlegen?

Informiere dich über die Angebote z. B. unter

www.comdirect.de
www.cortalconsors.de
www.ing-diba.de

Wertpapiergeschäft

Wer Wertpapiere kaufen oder verkaufen will, muss seiner Bank einen entsprechenden Auftrag erteilen. In der Regel wird der Kunde die Wertpapiere nicht zu Hause aufbewahren, sondern übergibt sie zur Verwahrung und Verwaltung seiner Bank in ein Depot.

Veränderungen im Bankgeschäft

Zwei Gründe haben in den letzten Jahren grundlegend die „klassischen" Geschäfte der Banken beinflusst. Zum einen ist dies die technische Entwicklung und zum anderen die fortschreitende Globalisierung.

Die Technik führte zu einer Umwälzung in der Abwicklung der Bankgeschäfte. Die Auszahlung von Bargeld verlagerte sich weitgehend von den Schaltern auf Automaten. Die Kommunikationstechnik führte in erheblichem Umfang zur Elektronisierung der Bankdienstleistungen.

Im **Electronic Banking** kann der Kunde Überweisungen tätigen, Kontostände und Umsätze abrufen, sich über sein Wertpapierdepot informieren und darüber verfügen. Er kann einen großen Teil seiner Bankgeschäfte von zu Hause aus tätigen (Homebanking).

1. Woher kommt die Bezeichnung „Bank“ für die Kreditinstitute?
2. Was ist unter dem Begriff „Kapitalausgleich“ als Aufgabe der Banken zu verstehen?
3. Woraus decken die Banken ihre Kosten, z. B. die Gehaltszahlungen an ihre Mitarbeiter?
4. Beschreibe, was man unter der „Zinsspanne“ versteht.
5. Erkläre den Unterschied zwischen Sollzinssatz und Habenzinssatz.
6. Stelle einen Wirtschaftskreislauf unter Einbeziehung der Banken dar.
7. Welche Arten von Banken kannst du in deiner Gemeinde oder der nächstgelegenen Stadt finden? Ordne nach dem Schema von Seite 59.
8. Erkläre den Unterschied zwischen Sicht- und Termineinlagen.
9. Worin unerscheiden sich Fest- und Kündigungsgelder?
10. Warum geht die Bedeutung der Sparbücher immer mehr zurück?
11. Beschreibe die Vorteile der Inanspruchnahme eines Kontokorrentkredits gegenüber einem Anschaffungsdarlehen?
12. Begründe rechnerisch, ob es sich lohnt beim Begleichen einer Rechnung über 9.860 € den Kontokorrentkredit mit einem Zinssatz von 11 % in Anspruch zu nehmen, um den Skontoabzug ausnutzen zu können; Zahlungsbedingungen: Ziel 30 Tage oder 3 % Skonto bei Zahlung innerhalb von 14 Tagen.
13. Warum ist es z. B. für einen Schreinermeister nicht sinnvoll, Holzbearbeitungsmaschinen, die er mit einem Bankkredit gekauft hat, an die Bank zu verpfänden?
14. Welche Kredite eignen sich
    a) für die Finanzierung von Umlaufvermögen und
    b) welche zur Finanzierung des Anlagevermögens eines Unternehmens?
15. Wie kann ein Arbeitnehmer seine Kreditwürdigkeit gegenüber der Bank nachweisen?
16. Wie heißt der Kontokorrentkredit für Privatleute?
17. Bei welcher Kreditart verlangen die Banken die höchsten/die geringsten Zinsen?
18. Beschreibe die Dienstleistungsgeschäfte der Banken im Bereich des bargeldlosen Zahlungsverkehrs.
19. Beschreibe folgende Zeichen:

Dieses Zeichen an Geldautomaten zeigt …

Das POZ-Zeichen zeigt an, dass bei …

Mit diesem Zeichen kann …

Überall, wo wir das GeldKarte-Logo sehen …

Dieses Symbol ist ein …

Das Maestro-Zeichen steht für …

3 Die Rolle des Staates im Wirtschaftskreislauf

3.1 Die staatlichen Ebenen

Wenn von „Staat" gesprochen wird, denkt man in der Regel zunächst an den Bund. Tatsächlich tritt uns „der Staat" jedoch auf drei Ebenen gegenüber, von denen jede für bestimmte Aufgaben zuständig ist. Das sind
- der Bund
- die Bundesländer (auch die sogenannten Stadtstaaten wie Hamburg oder Bremen)
- die Gemeinden, zu denen wir der Einfachheit halber auch die Landkreise zählen. Wir sprechen hier oft von der „kommunalen Ebene".

Bund, Länder, Gemeinden: die öffentliche Hand

Bund, Länder und Gemeinden umfassen jeweils ein bestimmtes Gebiet. Wir bezeichnen Sie deshalb auch als Gebietskörperschaften. Jede von ihnen stellt jährlich einen eigenen Haushalt auf, in dem die geplanten Einnahmen und Ausgaben gegenübergestellt werden. Neben den Gebietskörperschaften gehören auch die Träger der Sozialversicherung zum Staat. Für beide zusammen, Gebietskörperschaften und Träger der Sozialversicherung, ist auch der Sammelbegriff „öffentliche Hand" üblich.

Beispiele für Zuständigkeiten:
- Um den Straßenverkehr zu verbessern, wurde das Netz der Autobahnen immer mehr verdichtet. Zuständig ist der Bund.
- Die Lehrkräfte an den Schulen werden von den Bundesländern bezahlt. Andere Schulträger, wie z.B. die Kirchen, erhalten erhebliche Zuschüsse zu den Personalkosten.
- Für den Sachbedarf an Ihrer Schule, vom Computer über die Schulbänke bis zum Schreibmaterial im Sekretariat, ist der Landkreis zuständig (bei kreisfreien Städten die Stadt).
- In deiner Heimatgemeinde wird ein neues Wohngebiet erschlossen. Straßenbau und Kanalisation sind Aufgaben der Gemeinde.

3.2 Die Aufgaben des Staates unter volkswirtschaftlichen Gesichtspunkten (Staatsausgaben)

Der Staat erstellt **Leistungen**. Dazu gehören zum Beispiel die Aufrechterhaltung von Sicherheit und Ordnung, angefangen von der Regelung des Straßenverkehrs bis zum Justizwesen. Auch der Unterhalt der Schulen und Hochschulen gehört dazu. Für diese Leistungen ist der etwas irreführende Begriff Staatskonsum üblich. In Wirklichkeit handelt es sich um Leistungen, für die der Bürger keine unmittelbare Gegenleistung erbringen muss.

Der Staat **verteilt um**. Einkommen, das jemand erzielt hat, wird ihm genommen, um es anderen zukommen zu lassen, die es nicht oder nicht mehr erzielen können. Dazu gehören Kindergeld, Sozialhilfe, Zahlungen von Renten und Pensionen, Arbeitslosengeld. Auch Subventionen an bestimmte Wirtschaftszweige gehören dazu.

Der Staat **investiert**, z. B. beim Bau von Autobahnen, Straßen, Kanälen, Schulen, Krankenhäusern. Wir bezeichnen diese vom Staat zur Verfügung gestellten Einrichtungen, die für uns das Leben wesentlich erleichtern, als Infrastruktur.
Die zur Verfügung gestellten Gemeinschaftsgüter verursachen dem Staat Kosten. Er kauft von den Privatunternehmen Röntgenapparate, Verkehrsampeln, Schulcomputer. Zur Deckung dieser Ausgaben erhebt er Steuern.

Die beim Staat Beschäftigten erhalten Löhne und Gehälter (Einkommen) für ihre Arbeitsleistung.

Im Jahre 2005 gab der Staat pro Bürger etwa 12.500 € aus. Im Jahre 1980 waren es umgerechnet 3.850 €.

3.3 Staatseinnahmen

Steuern
Zur Erfüllung seiner Aufgaben braucht der Staat **Mittel**, die er sich auf verschiedene Weise beschaffen kann.

Steuern sind der weitaus wichtigste Teil der Staatseinnahmen. Wir verstehen darunter Abgaben an den Bund, die Länder oder die Gemeinden, ohne dass wir dafür einen direkten Anspruch auf eine Gegenleistung erwerben. Auch Zölle zählen zu den Steuern.

Nach Art der Steuererhebung kann man Steuern einteilen in
- direkte Steuern: Sie werden durch die Finanzbehörden bei demjenigen erhoben, der auch die Steuern zu tragen hat, z. B. Lohn- und Einkommensteuer, Grundsteuer, Gewerbesteuer.
- indirekte Steuern: Sie werden bei einer bestimmten Stufe der Güterproduktion erhoben, z. B. Mineralölsteuer bei den Raffinerien, Biersteuer bei den Brauereien, Kaffeesteuer bei den Röstereien.
  Der Steuerpflichtige trägt sie jedoch nicht selbst, sondern kann sie auf die Endverbraucher abwälzen.
  Auch die Umsatzsteuer ist eine indirekte Steuer.

Die Einnahmen von Bund, Ländern und Gemeinden betrugen im Jahre 2002 rund 920 Mrd. €.
Ihnen standen Ausgaben von 987 Mrd. € gegenüber.
Die Differenz wurde mit Krediten finanziert.
Im Jahre 2007 nahm der Bund „nur" 19,6 Mrd. € Kredit auf.

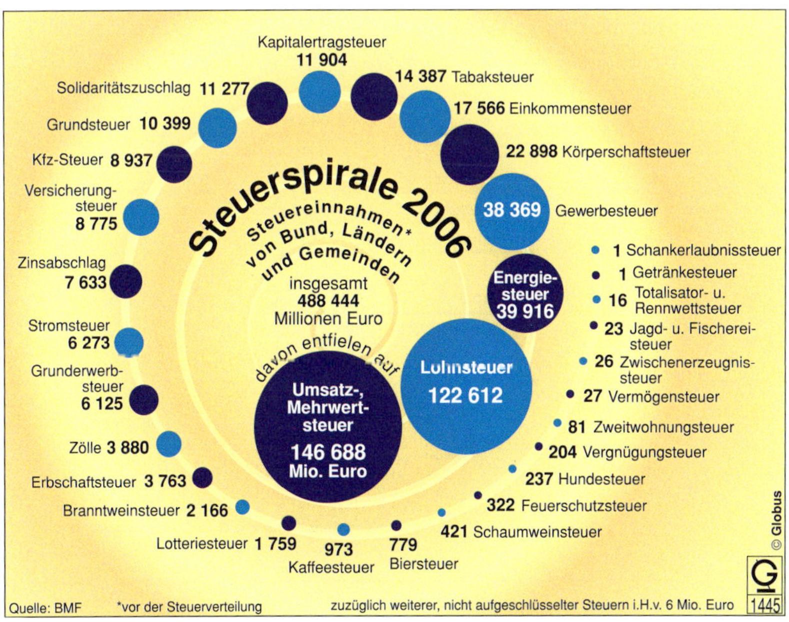

A

1. Stelle bei den zehn wichtigsten Steuerarten fest, ob es sich um direkte oder um indirekte Steuern handelt.
2. Lohnsteuer und Umsatzsteuer sind die beiden ergiebigsten Steuerarten. Welche Schichten treffen sie in erster Linie? Errechne auch ihren Anteil am Gesamtsteueraufkommen.
3. Wer zahlt Einkommensteuer? Suche Gründe, weshalb die Einkommensteuer, gemessen an der Lohnsteuer, recht niedrig ist.

Gebühren

Wir verstehen darunter Einnahmen für Verwaltungsleistungen.
Einige dieser Leistungen muss der Staatsbürger in Anspruch nehmen, bei anderen steht es ihm frei. Die von uns gezahlten Gebühren sind nur selten kostendeckend.
Beispiele: Gebühr für einen Reisepass oder für die Ausstellung eines Führerscheins, Eintrittsgebühr für den Besuch eines Museums oder eines öffentlichen Schwimmbades.

Beiträge

Das sind Abgaben, mit denen wir einen unmittelbaren Anspruch auf eine Gegenleistung erwerben.
Beispiele: Jeder Hausbesitzer ist daran interessiert, dass die Gemeinde eine Zufahrtsstraße zu seinem Grundstück anlegt und unterhält. Er zahlt dafür einen Anliegerbeitrag.
Auch Sozialversicherungsbeiträge fallen hierunter. Mit der Zahlung erwerben wir einen Anspruch, z.B. auf Rente oder auf Arbeitslosengeld.

In den neunziger Jahren des vorigen Jahrhunderts und in den ersten Jahren des 21. Jahrhunderts wurde wegen der Wiedervereinigung und wegen der schlechten Wirtschaftslage ein erheblicher Teil der Staatsausgaben über Kredite finanziert. Seit 2005 wird die staatliche Kreditaufnahme verringert. Bis zum Jahre 2012 soll ein ausgeglichener Haushalt vorgelegt werden.

Geldbußen

Sogenannte Ordnungswidrigkeiten können mit Geldbußen geahndet werden. Sie fließen derjenigen Verwaltungsbehörde zu, die sie verhängt hat.
Beispiel: Das Landratsamt verhängt eine Geldbuße wegen einer nicht genehmigten Baumaßnahme, einem so genannten „Schwarzbau“.

Kredite

Bund, Länder und Gemeinden können zur Erfüllung ihrer Aufgaben auch Kredite aufnehmen. Dies erfolgt vor allem für die Durchführung von Investitionen. Die Kreditaufnahme wird damit begründet, dass die Maßnahmen, die mit den Krediten finanziert werden, wie z.B. Schulen, Stadthallen, Krankenhäuser, den Bürgern auch in späteren Jahren zur Verfügung stehen. Durch die Rückzahlung der Kredite aus den Steuereinnahmen in den folgenden Jahren werden die Lasten auf mehrere Jahre verteilt. Die Gemeinde verhält sich hier nicht anders als jeder private Bauherr.
Das folgende Kreislaufmodell enthält alle Träger der wirtschaftlichen Entscheidungen und die zwischen ihnen fließenden Ströme. Es bezieht neben den Haushalten, den Unternehmen, den Banken und dem Staat auch das Ausland mit ein (siehe dazu auch Kapitel IV.4). Aus Gründen der Vereinfachung wurde der Güterstrom weggelassen und nur der Geldstrom dargestellt.

Verfolge in der Presse die Diskussion über die Aufstellung des Staatshaushalts.

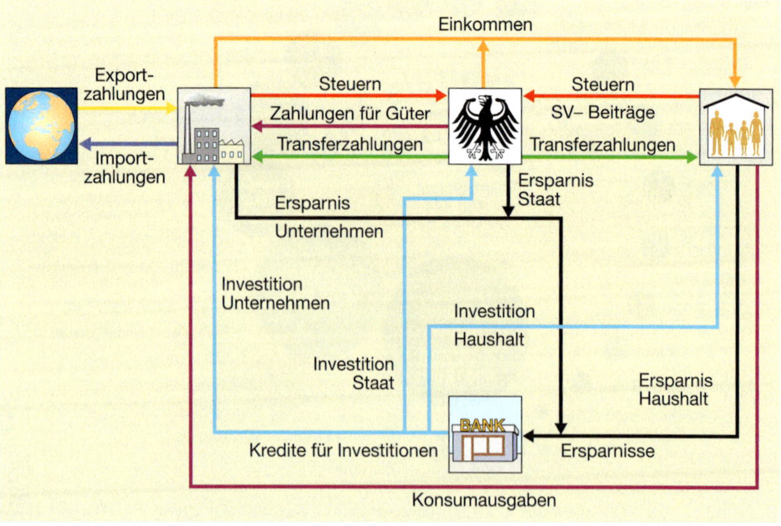

Das Arbeiten mit Modellen kennst du bereits aus anderen Fächern, z.B. das Atommodell und den Schaltkreis in der Physik, die Strukturformel für eine chemische Verbindung, den Globus aus der Erdkunde. Modelle dienen dazu, dass man sich die oft komplexe Wirklichkeit besser vorstellen kann.

1. Finde unter den folgenden Begriffen diejenigen heraus, die nicht in das Schema passen. Setze über die übrigen den richtigen Oberbegriff: Thüringen, Bundesrepublik Deutschland, Gera, Bayern, Sonneberg, Saale, Kyffhäuser, München, Hamburg.
2. Beschreibe die Aufgaben des Staates unter volkswirtschaftlichen Gesichtspunkten.
3. Ordne die folgenden Steuern nach direkten und indirekten Steuern: Lohnsteuer, Erbschaftssteuer, Tabaksteuer, Branntweinsteuer, Hundesteuer, Mehrwertsteuer, Biersteuer, Kfz-Steuer. Begründe deine Einteilung.
4. Gebühren und Beiträge sind zwei weitere Quellen staatlicher Einnahmen.
   • Wodurch unterscheiden sie sich?
   • Grenze sie gegenüber den Steuern ab.
   • Nenne je zwei Beispiele für Gebühren und Beiträge.
5. Führt zu folgenden Aussagen ein Streitgespräch innerhalb der Klasse:
   • Der Staat sollte keine Kredite aufnehmen dürfen, sondern mit den Einnahmen eines Jahres auskommen müssen.
   • Staatliche Kreditaufnahmen sind vertretbar, weil die damit getätigten Investitionen auch künftigen Generationen zugute kommen.
6. Nenne zwei staatliche Einrichtungen, für deren Benutzung wir Gebühren zahlen müssen. Warum sind diese Gebühren selten kostendeckend?
7. a) Erkläre den Begriff Infrastruktur und gib dazu drei Beispiele an.
   b) Welche Infrastrukturmaßnahmen werden in deiner Gemeinde zurzeit durchgeführt oder wurden vor kurzem abgeschlossen?
8. Verfolge in der Presse eine Debatte über Steuersenkungen oder über Steuererhöhungen. Wie wird die Maßnahme begründet?
9. Betrachtet den nebenstehenden Bundeshaushalt:
   a) Wie viel Prozent der Staatseinnahmen betrug im Jahre 2007 die Neuverschuldung des Bundes?
   b) Welcher Prozentsatz der Gesamteinnahmen entfällt auf die Umsatzsteuer?
   c) Was stellst du dir unter dem Ausgabeposten „Arbeit und Soziales" vor? Bilde Beispiele.
10. Betrachte die unten stehende Grafik. Die deutsche Schuldenkurve weist ab einem bestimmten Jahr besonders steil nach oben.
   a) Um welches Jahr handelt es sich?
   b) Welches politische Ereignis ist dafür in erster Linie verantwortlich?

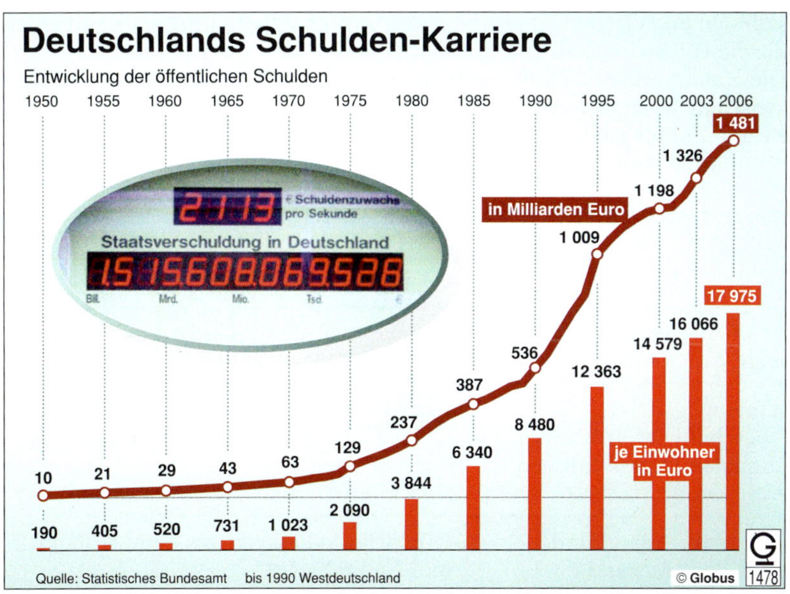

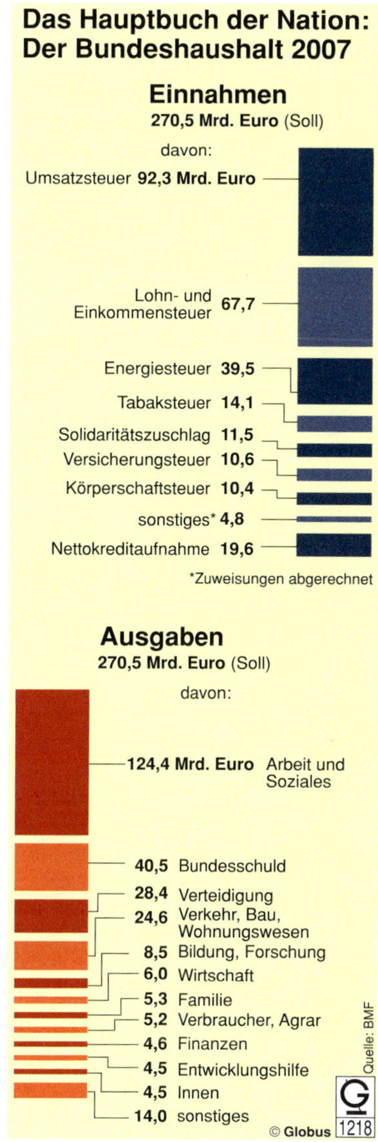

4 Außenwirtschaftliche Verflechtungen

In keinem anderen Land vergleichbarer Größe sind die Unternehmen so in die internationale Arbeitsteilung eingebunden. Sie verdienen fast ein Drittel im Export von Waren und Dienstleistungen und fast jeder vierte Arbeitsplatz in unserem Land hängt vom Außenhandel ab. Ohne Einbindung in die Weltwirtschaft wären die Einkommen und der Lebensstandard niedriger. Leistungs- und Wettbewerbsfähigkeit unserer Wirtschaft wiederum sind wesentliche Grundlage unserer außenpolitischen Beziehungen.

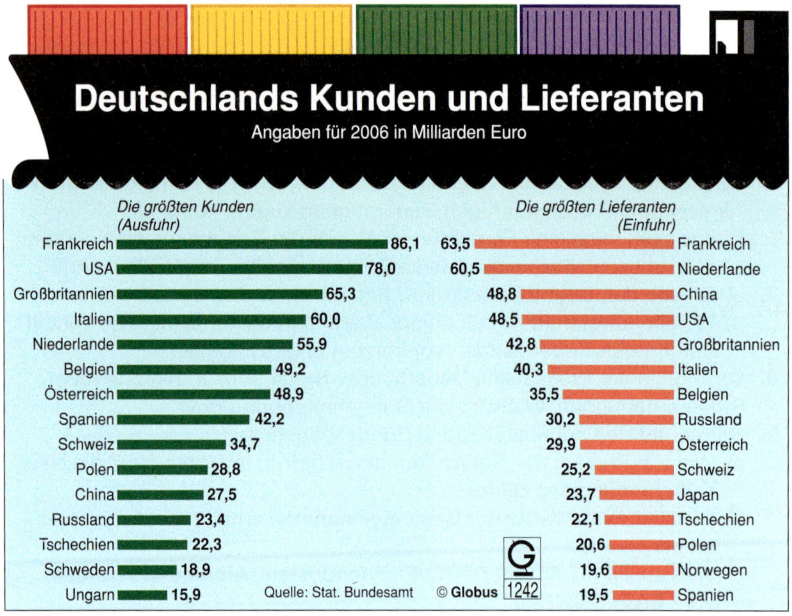

Werte nebenstehende Infografik aus. Nenne jeweils die fünf wichtigsten Handelspartner Deutschlands
1. gegliedert nach Import und Export.
2. geordnet nach Ländern der EU und außerhalb der EU.

4.1 Außenhandelsstatistiken

Außenhandelsstatistiken ermöglichen nationalen und internationalen Behörden die Vorbereitung von Verhandlungen in verschiedenen Organisationen und Gremien und sind damit unverzichtbare Informationsquellen für die volkswirtschaftliche Gesamtrechnung oder die Konjunkturanalyse. Die Zahlungsbilanz ist die systematische Darstellung aller Transaktionen zwischen Inländern und Ausländern innerhalb einer Wirtschaftsperiode. In der Zahlungsbilanz sind mehrere Teilbilanzen zusammengefasst: Die wichtigsten sind (verkürzte und vereinfachte Darstellung):

Bilanzart	**Posten**	**Posten**
Handelsbilanz	Warenausfuhr	Wareneinfuhr
Dienstleistungsbilanz	Reiseverkehr von Ausländern im Inland, Frachtleistungen	Reiseverkehr von Inländern im Ausland, Frachtleistungen
Übertragungsbilanz	Überweisungen von • im Ausland beschäftigten Inländern • von internationalen Organisationen	Überweisungen • von ausländischen Arbeitnehmern ins Ausland • an internationale Organisationen
Kapitalbilanz	Kreditaufnahmen im Ausland und Kapitalstrom aus dem Ausland	Kreditrückzahlungen aus dem Ausland und Kapitalflucht

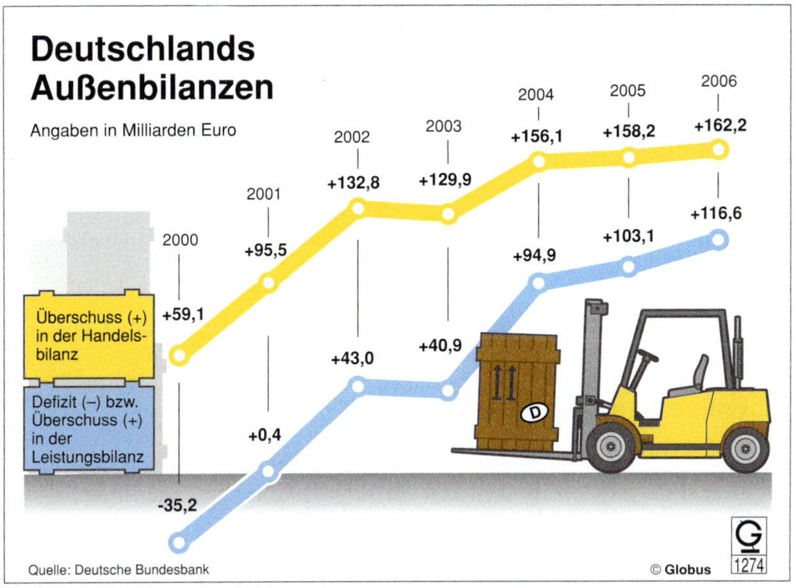

Betrachte das Schaubild „Deutschlands Außenbilanzen“.

1. Wann spricht man von einem Handelsbilanzüberschuss?
2. Wie ist der enorme Anstieg in den Jahren 2001 und 2002 zu erklären?
3. Berechne: Wie groß ist in etwa der Anteil der ersten drei Warengruppen am Gesamtexport?

4.2 Standort Deutschland

Mit zunehmendem Welthandel steige der Konkurrenzdruck, außerdem sei Deutschland mit seinen hohen Arbeitskosten, den kurzen Arbeitszeiten, dem teuren Sozialsystem kein attraktiver Produktionsstandort, hört man Unternehmer jammern. Die Zahlen der Handelsbilanz beweisen das Gegenteil. Anscheinend haftet deutschen Produkten immer noch ein einzigartiges Qualitätsmerkmal an. Die gute und in aller Welt geschätzte Qualität reicht von der weitgehenden Fehlerlosigkeit bis zum hohen Sicherheitsstandard. Auch ökologische Gründe (z.B. Gütesiegel oder Recycling-Fähigkeit), die bei Verbrauchern eine große Rolle spielen, sind Argumente, die für deutsche Produkte sprechen.

Wer außerdem gutes Design für langlebige Produkte bietet, hat gegen die große Konkurrenz auf den Weltmärkten Erfolg. Die in aller Welt geschätzte Qualitätsbezeichnung „Made in Germany“ wird weiterhin für Produkte stehen, die sich durch sparsamen Ressourceneinsatz und geringst mögliche Umweltbelastung auszeichnen. Die deutsche Industrie darf auf Grund der Abhängigkeit von Rohstoff- und Energiepreisen nicht auf die Massenproduktion billiger Wegwerfgüter setzen. Deutsche Produkte müssen eindeutig zu identifizieren sein, innovative Merkmale aufweisen und so über ein Gütezeichen verfügen, damit die Verbraucher in aller Welt bereit sind, einen entsprechenden Preis dafür zu bezahlen.

Ressource:
(französische Schreibweise) z.B.: Rohstoffquellen, Hilfsmittel wie Luft, Wasser, Boden

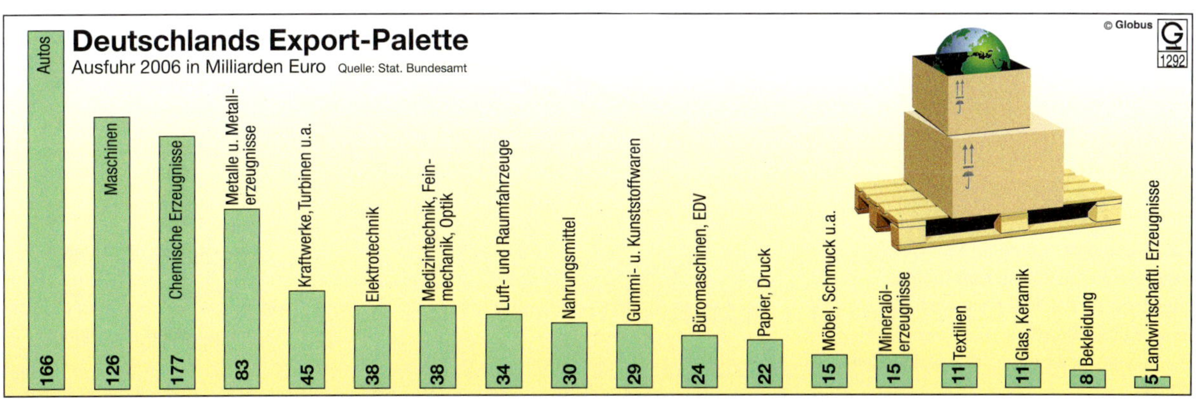

4.3 Globalisierung

Der Begriff Globalisierung gehört zu den Schlagwörtern des letzten Jahrzehnts. Redewendungen, wie „den Globus beherrschende Weltkonzerne", „freier Welthandel", „schrankenloser Wettbewerb" beschreiben dieses Modewort und verbinden damit unterschiedliche Vorstellungen, Erwartungen und Ängste. Zunehmend wird für uns wichtig, was in anderen Teilen unseres Globus geschieht. Beachtenswert sind vor allem das Ausmaß und die rasante Zunahme dieser globalen Beziehungen, insbesondere durch:

- wachsende Konkurrenz auf den Weltmärkten, z.B. Autos aus Japan, Textilien aus China, Wein aus Südafrika,
- zunehmende weltweite Finanzmärkte, z.B. Geldanlagen und andere Investitionen in den Ländern, wo die größeren Gewinne zu erwarten sind,
- immer größer werdende Bedeutung übernationaler Unternehmen („Global Players"), z.B. weltweit vertriebene Software, Zusammenschlüsse ehemals konkurrierender Autounternehmen,
- vermehrte weltweite Kommunikation durch Internet, aber auch durch immer preisgünstigeren Ferntourismus.

Globalisierung
(Globus = lat.: Kugel, übertragen auf die Erde, die ganze Erdoberfläche) meint die Intensivierung (Verstärkung) internationaler Beziehungen in unterschiedlichen Bereichen (Ökonomie, Ökologie, Politik, Kultur, Kommunikation u.a.).

Die Globalisierung betrifft und verändert das Leben fast aller Menschen. Allerdings sind Nutzen und Kosten sehr unterschiedlich verteilt. Unternehmen vorwiegend in der Informations- und Kommunikationsbranche begrüßen den weltweiten Wettbewerb als Chance und Produktivitätsschub. Andererseits empfinden viele Arbeitnehmer diesen Prozess als Gefährdung ihrer Arbeitsplätze und sozialer Errungenschaften, ja sogar als Existenzbedrohung.

Diese Ängste, aber auch das Bewusstsein um die Chancen der Globalisierung sind nicht nur in Deutschland zu finden. Allerdings spielt sich der größte Teil dieser Dynamik in dem Bereich der „Industrieländer" ab. Der Welthandel mit Industriegütern, modernen Dienstleistungen, Auslandsinvestitionen, die Nutzung der modernen Kommunikationsmittel konzentriert sich auf das Dreieck: USA, Japan (und einzelne Länder Asiens), Europa. Der Anteil der „Entwicklungsländer" ist demgegenüber gering.

Diese Länder sind zwar ausgesprochen exportorientiert, jedoch besteht der Export vorwiegend aus agrarischen (landwirtschaftlichen) und mineralischen (Bodenschätze) Rohstoffen. So liegt z.B. der Anteil Schwarzafrikas am Welthandel bei ca. 2%.

A
Diskutiert in der Klasse zum Thema:
„Keine Hälfte der Welt kann ohne die andere überleben."
Denkt dabei nicht nur an den weltweiten Handel.

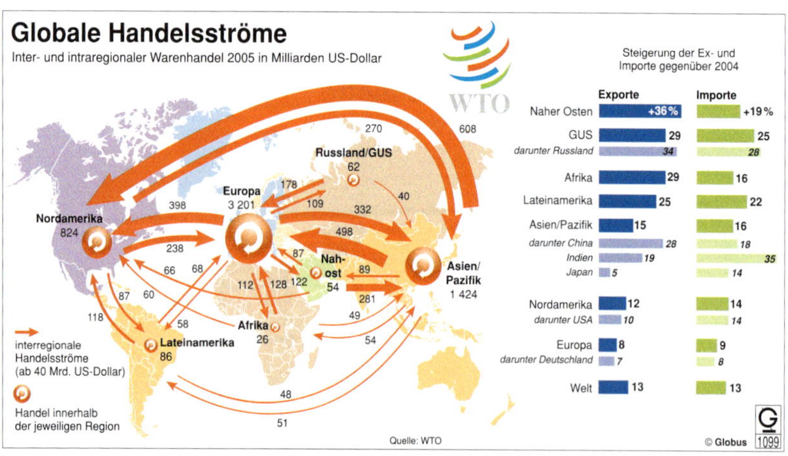

Referat zum Thema: „Globalisierung - Unheil oder Segen?“

Erarbeitet ein Referat zum vorhergegangenen Kapitel. Die nachfolgenden Stichworte sollen euch bei der Planung, Aufbereitung und Durchführung helfen.

Planung

1. Planung
- Team von drei Schülern
- Klärung, wer welches Teilthema übernimmt, z. B.:
  Schüler A: Einführung, Begriffsdefinition, Statistik, Zusammenfassung
  Schüler B: Segen der Globalisierung (positive Auswirkungen)
  Schüler C: Unheil der Globalisierung (negative Auswirkungen)
- Zeitumfang: insgesamt ca. 10 bis 15 Minuten
- Kenntnisstand der übrigen Mitschüler ermitteln

Aufbereitung

2. Aufbereitung
- Material sammeln in Büchereien (Schüler-, Lehrer-, Gemeinde-, Jugend-, Pfarrbüchereien), eigenen „Unterlagen“ (Lexika, CD-ROM), im Internet. (Nehmt die Suchmaschinen in Anspruch!)
- Auswertung des Materials,
- Zusammenfassen, stichpunktartige Gliederung des Materials,
- Besprechung im Team, um Wiederholungen zu vermeiden,
- Beachtung des logischen, für den Zuhörer nachvollziehbaren Aufbaues,
- Einstieg: Eyecatcher! (Interessen wecken evtl. durch exotische Produkte),
- keine wortwörtliche Ausformulierung des Vortragstextes, Notizen mit Kernsätzen auf DIN-A5-Blätter (Querformat),
- Veranschaulichung mit Folien (Overheadprojektor), evtl. Power-Point-Präsentation mit PC und Beamer,
- Informationsblatt für jeden Schüler (und für den Lehrer!) mit der Gliederung, evtl. mit Zahlenmaterial, Quellenangaben.

Durchführung

3. Durchführung
- Sprache: laut, deutlich und langsam
- Blickkontakt mit den Mitschülern
- gerade Körperhaltung, Hände nicht in Hosentaschen, keinen Kaugummi!
- Veranschaulichungen zeitlich wirken lassen!
- Zusammenfassung nicht vergessen!
- am Ende eigene Meinung vertreten
- Aufforderung an die Mitschüler, Fragen zu stellen
- Dank für die Aufmerksamkeit aussprechen!

> **i** Protektionismus aus dem Lateinischen: protegere = beschützen

1. Inwiefern wird die Globalisierung oft als Gefahr dargestellt?
2. Die USA betreiben in manchen Bereichen eine protektionistische Handelspolitik. Beschreibe diese Aussage.
3. Dem Globalisierungsprozess steht weltweit auch
   a) ein Regionalisierungsprozess gegenüber. Suche und beschreibe hierfür Beispiele aus dem europäischen Raum.
   b) Siehst du darin einen Widerspruch zum Globalisierungsprozess? Begründe deine Aussage.
4. Inwiefern kann die Globalisierung deine Berufsausübung beeinflussen?
5. „Mitmachen, nicht Abschottung sichert unseren Zukunft.“
   Finde Gründe für die Beurteilung dieser Aussage hinsichtlich der Globalisierung.
6. Welchen Anteil hat die EU an der Weltbevölkerung? Vergleiche den Anteil mit der Wirtschaftsleistung.
7. Nenne andere wirtschaftliche bzw. politische Zusammenschlüsse von Staaten außerhalb Europas.
8. Stimmt folgende Behauptung: Durch die EU wurde das Warenangebot für den Verbraucher vielfältiger? Begründe deine Aussage.
9. Beschreibt den Welthandel am Beispiel folgender Karikatur. Achtet auf alle Einzelheiten, die in der Zeichnung dargestellt sind.

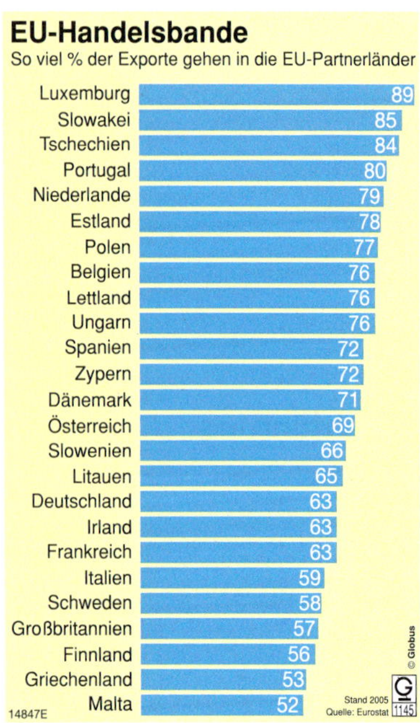

10. Betrachte die Grafik „EU-Handelsbande“.
    a) Erläutere, was die einzelnen Prozentsätze bedeuten.
    b) Versuche zu erklären, warum gerade die wirtschaftlich stärksten Länder wie Deutschland, Frankreich, Italien und Großbritannien eher am Schluss der Liste stehen.
11. Berichte, was man unter dem Begriff „global player“ versteht.
    a) Finde konkrete Beispiele dafür.
12. Organisiert in der Klasse ein Streitgespräch über das Thema „Ausweitung der EU – Pro und Contra“. Ihr könnt es auch als Rollenspiel durchführen.
13. Nenne Beispiele, wie sich die Globalisierung auf zunehmende Umweltschäden auswirkt.
14. Erkundige dich, welchen Sachverhalt der Begriff „global sourcing“ beschreibt.
15. Finde heraus, welche fünf Staaten
    • die größten Importeure
    • die größten Exporteure
    der Welt sind.

V Grundlagen Vertragsrecht

Erkläre anhand des Kassenzettels:

1. Wer ist der Verkäufer?
2. Wer ist der Käufer?
3. Wie hoch ist der Kaufpreis?
4. Wie wurde der Nettobetrag in Höhe von 7,90 € errechnet?
5. Wie wurde die Mehrwertsteuer errechnet?

Boutique Petra
Inh. Petra Maier
Baumstr. 4
98527 Suhl
Tel.: 03681/1234

Artikel	Menge	Summe
012345**		
Leuchter Ciao	1	3,45
012345**		
Leuchter Ciao	1	3,45
033421**		
Kerzen	2	2,50
	Gesamt Euro	9,40*
	Betrag, netto	7,90
	MwSt. 19 %	1,50
	Bar	10,00
	Rückgeld	0,60

Vielen Dank für Ihren Besuch!
Umtausch nur mit Kassenbon
Es bediente Sie Frau Hafner
Bon Nr.: 00000212304

* Bruttobetrag (einschließlich Mehrwertsteuer)
** Artikelnummer

1 Die Kaufhandlung

1.1 Das Erfüllungsgeschäft

Monika sucht in der Geschenke-Boutique nach einem Mitbringsel für die Geburtstagsfeier bei ihrer Freundin. Sie kauft zwei Kerzenleuchter und Kerzen und zahlt an der Kasse. Dort erhält sie den nebenstehenden Kassenzettel.

Bei diesem Kauf handelt es sich offensichtlich um einen mündlichen Kaufvertrag. Der Verkäufer und der Käufer müssen die bei Vertragsabschluss versprochenen Leistungen erfüllen:

- Der Verkäufer erfüllt seine Verpflichtungen, indem er die Ware dem Käufer übergibt und ihm das Eigentum an der Sache überträgt.
- Der Käufer erfüllt seine Pflicht, indem er den Kaufpreis begleicht und die gekaufte Sache übernimmt.

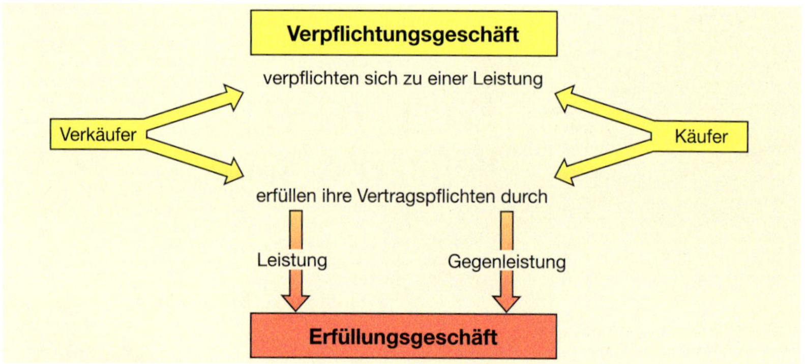

Hinsichtlich des Zeitpunktes der Erfüllung gilt:

- falls kein Liefertermin vereinbart wurde – sofortige Lieferung
- falls kein Zahlungstermin vereinbart wurde – sofortige Zahlung

Der Zeitpunkt der Erfüllung ist vor allem wichtig beim Zielkauf und beim Ratenkauf, weil sich daraus rechtliche Folgen ergeben können.

Bei den meisten Käufen des täglichen Bedarfs im privaten Bereich fallen Verpflichtung und Erfüllung zeitlich zusammen. Der sofortigen Lieferung (Übergabe der Ware) folgt in der Regel die sofortige Zahlung (Übergabe des Geldes).

Erfüllung und Verpflichtung fallen nicht zusammen, wenn bspw. Folgendes der Fall ist:
Unsere Schule hat bei dem Büroartikelhändler Riesig & Sohn eine Lieferung Kopierpapier bestellt. Das Paket wurde laut Rechnung und Lieferschein am 25.04.20.. geliefert. Die Rechnung muss innerhalb von 30 Tagen bezahlt werden. Auf der Rechnung steht außerdem der Vermerk: „Die Ware bleibt bis zur vollständigen Bezahlung unser Eigentum."

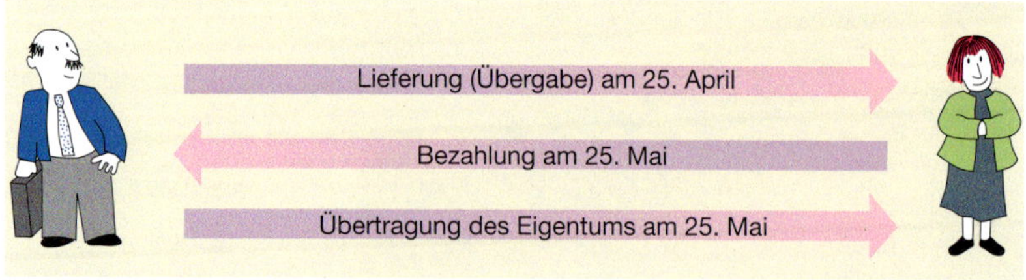

1.2 Eigentumsvorbehalt

In den allgemeinen Geschäftsbedingungen (auch auf der Rechnung) steht der Satz:
„Die Ware bleibt bis zur vollständigen Bezahlung unser Eigentum."
Mit anderen Worten nennt man dies den Eigentumsvorbehalt des Verkäufers. Das bedeutet aber auch, dass der Verkäufer die Ware zurückholen kann, wenn der Käufer nicht bezahlt.

1.3 Erfüllungs- und Zahlungsort

Neben der Frage „zu welchem Zeitpunkt" (wann?) muss auch geklärt werden „an welchem Ort" (wo?) ein Kaufvertrag erfüllt werden muss.
Wir bezeichnen diesen Ort als **Erfüllungsort**.

Der Erfüllungsort legt fest, wo die beiden Schuldner aus einem Kaufvertrag (Warenschuldner, Geldschuldner) ihre Leistung erbringen müssen.
Grundsätzlich können beide Parteien den Erfüllungsort frei vereinbaren. Wurde im Kaufvertrag nichts anderes vereinbart, so gilt die gesetzliche Regelung.
Der Erfüllungsort für Warenlieferungen ist in der Regel der Geschäftssitz des Verkäufers.

A

Herr Knapp kauft ein Auto und vereinbart mit dem Autohaus eine Ratenzahlung.

1. **Wer ist Besitzer, wer Eigentümer?**
2. **Wie lange dauert dieser „Zustand"?**
3. **Lies den § 269 BGB.**

(Warenschuldner)
Verkäufer/Lieferer

(Geldschuldner)
Käufer/Kunde

§ 269 Leistungsort
(1) Ist der Ort für die Leistung weder bestimmt noch aus den Umständen, insbesondere aus der Natur des Schuldverhältnisses, zu entnehmen, so hat die Leistung an dem Orte zu erfolgen, an welchem der Schuldner zur Zeit der Entstehung des Schuldverhältnisses seinen Wohnsitz hatte.

§ 270 Zahlungsort
(1) Geld hat der Schuldner im Zweifel auf seine Gefahr und seine Kosten dem Gläubiger an dessen Wohnsitz zu übermitteln.

Vertraglich kann folgendes vereinbart werden, z. B. „Der Erfüllungsort für die Zahlung ist der Geschäftssitz des Verkäufers". Der Käufer hat seine Zahlungspflicht erst dann erfüllt, wenn der Verkäufer das Geld in Erfurt erhalten hat.

1. Herr Beck kauft im Fachgeschäft „Vision“ einen Farbfernseher zum Preis von 879 €. Der Verkäufer ist mit einer Anzahlung von 400 € einverstanden, der Rest soll nach vier Wochen gezahlt werden. Herr Beck nimmt den Fernseher mit nach Hause.
   a) Was konnte bezüglich des Eigentumsvorbehaltes zwischen Verkäufer und Käufer vereinbart worden sein?
   b) Welche Pflichten haben Verkäufer und Käufer bisher erfüllt?
   c) Wodurch wird der Kaufvertrag erst vollständig erfüllt?
2. Erkläre:
   a) Warenschulden sind Holschulden.
   b) Geldschulden sind Bringschulden.
3. Käufer und Verkäufer verpflichten sich zur Leistung und Gegenleistung. Worin bestehen sie beim Erfüllungsgeschäft?
4. Frau Beyer kauft im Bit-Shop einen Computer. Sie vereinbart mit dem Verkäufer, dass er den Computer liefert, aufstellt und die Software installiert. Der Mitarbeiter stolpert auf der Treppe vor der Wohnungstür und lässt den Karton mit dem Bildschirm fallen. Das Gerät ist jetzt kaputt. Wer haftet für den Schaden, wenn
   a) Frau Beyer bereits im Geschäft bezahlt hat?
   b) Frau Beyer erst bei Lieferung bezahlen wollte?
5. Der Computershop Byte in Sonneberg kauft Einzelteile (Gehäuse, DVD-Brenner, Motherboards usw.) bei einem Großhändler in Braunschweig.

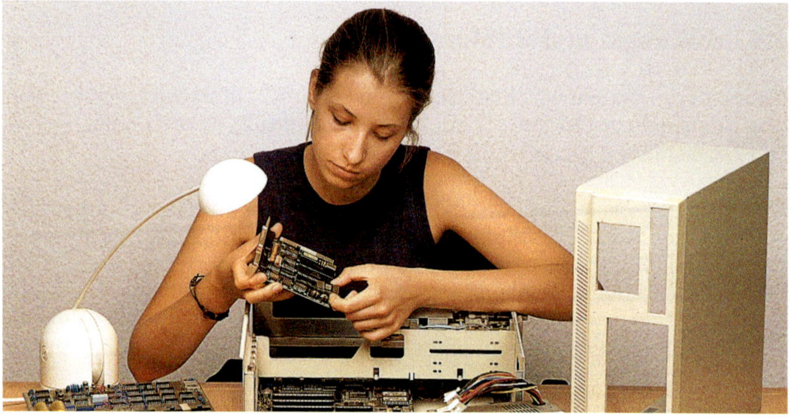

   a) Wo ist der gesetzliche Erfüllungsort für die Warenlieferung, und wo ist er für die Zahlung?
   b) Welcher vertragliche Erfüllungsort könnte bestimmt werden?
6. Bei der Bezahlung einer Rechnung über 12.500 €, ausgestellt am 10. Oktober, dürfen innerhalb von zehn Tagen 3 % Skonto abgezogen werden. Fristgemäß überweist der Käufer am 19. Oktober 12.125 €.
   a) Erkläre den Begriff „Skonto“.
   b) Wie viel Euro wurden überwiesen, wenn am 10. November das Geld eingeht.
   c) Kann er den Skonto wieder zurückverlangen?
7. Schreibe nachfolgenden Text ab und ergänze die Lücken:
   Käufer und Verkäufer schließen einen … . Der Verkäufer … die Ware an den Ort des Käufers. Er benutzt eigene Lkws oder beauftragt eine … . Angenommen, der Käufer hat seinen Unternehmenssitz in Saalfeld, und der Verkäufer produziert in Suhl. Den Ort, an dem die Leistung erbracht werden muss, nennt man … . Wenn nichts anderes vereinbart wurde, ist für die Zahlung die Stadt … , für die Warenlieferung die Stadt … . Während der Verkäufer als Warenschuldner bezeichnet wird, nennt man den Käufer entsprechend den … . Er muss fristgerecht … , der Verkäufer hat die Ware … zu liefern.

2 Pflichtverletzungen bei Kaufverträgen

Abschluss und Erfüllung von Kaufverträgen sind an genaue Vorschriften gebunden. Werden sie eingehalten, sind die Partner in der Regel zufrieden, was häufig die Voraussetzung für weitere Vertragsabschlüsse ist. Es kommt jedoch vor, dass Verträge nicht in der vereinbarten Weise erfüllt werden. Wir sprechen dann von Pflichtverletzungen. Sie können sich beziehen auf:

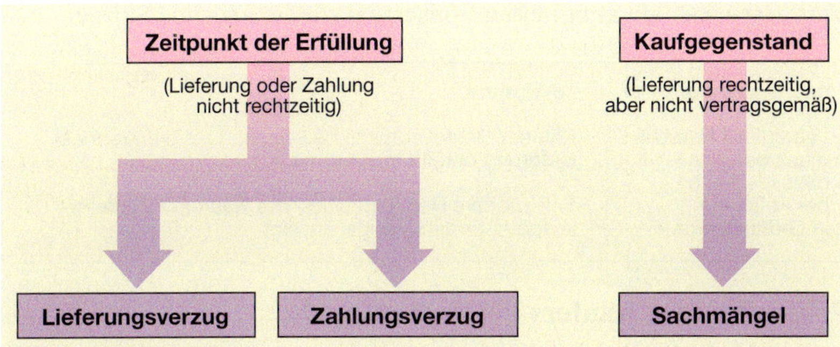

Hat der Verkäufer zum vereinbarten Zeitpunkt nicht geliefert, so sprechen wir von **Lieferungsverzug.**

Hat ein Schuldner seine Schuld zum vereinbarten Termin nicht bezahlt, so sprechen wir von **Zahlungsverzug.**

2.1 Sachmängel

Zu den häufigsten Fehlern gehört der **Sachmangel**. Hier liegt der Fehler in der gelieferten Sache selbst.

Wer eine Ware geliefert bekommt, sollte unverzüglich prüfen:
- Wurde die gleiche Sache geliefert, die bestellt wurde?
- Wurde die bestellte Menge geliefert?
- Ist die gelieferte Ware fehlerfrei?
- Wurde die Montage sachgerecht durchgeführt (wichtig z. B. bei Möbeln und bei Installationen) oder (bei „do it yourself") ist die Montageanleitung eindeutig und fehlerfrei?

Überblick über die Sachmängel			
Andere Sache geliefert als bestellt:	Zu geringe Menge geliefert:	Erwartete Beschaffenheit nicht vorhanden:	Sache nicht ordnungsgemäß montiert oder die Montageanleitung fehlt:
Rotwein statt Weißwein; Größe M statt Größe S; roter statt blauer Pullover	Statt 50 Flaschen Wein nur 30 Flaschen geliefert	Bei einem 3-Stufen-Mixer funktioniert die 3. Stufe nicht. Gebrauchter Pkw lässt sich nicht starten. Haltbarkeitsdatum bei Lebensmitteln ist abgelaufen.	Bei einer neuen Computeranlage ist der Drucker falsch installiert. Bei einem Modellflugzeug ist die Montageanleitung fehlerhaft.

Der Mangel muss genau bezeichnet werden. Allgemeine Angaben, wie „die Ware ist schlecht" genügen nicht. Es stärkt in jedem Fall die Rechtsposition des Kunden, wenn er den Mangel möglichst sofort anzeigt, ihn genau bezeichnet und ihn schriftlich darlegt.

§ 434 Sachmangel (gekürzt)
(1) Die Sache ist frei von Sachmängeln, wenn sie bei Gefahrübergang die vereinbarte Beschaffenheit hat. […]

(2) Ein Sachmangel ist auch dann gegeben, wenn die vereinbarte Montage durch den Verkäufer oder dessen Erfüllungsgehilfen unsachgemäß durchgeführt worden ist. Ein Sachmangel liegt bei einer zur Montage bestimmten Sache ferner vor, wenn die Montageanleitung mangelhaft ist, es sei denn, die Sache ist fehlerfrei montiert worden.

(3) Einem Sachmangel steht es gleich, wenn der Verkäufer eine andere Sache oder eine zu geringe Menge liefert.

A

Lies den § 434 BGB und beantworte folgende Fragen:
1. Warum bezeichnet der Gesetzgeber nicht nur Mängel, die bereits in der gekauften Sache liegen, als Sachmängel, sondern auch Mängel, die sich durch die Montage ergeben? (Hinweis: Gehe bei deinen Überlegungen von der Frage aus: Was erwartet der Kunde?)
2. Suche zu jeder der vier Gruppen von Sachmängeln noch je zwei weitere Beispiele.

Die Mitteilung einer Beanstandung bezeichnen wir als Mängelrüge.

Bei gebrauchten Sachen, z.B. beim Kauf eines Gebrauchtwagens, muss die Gewährleistungsfrist des Händlers seit dem 01.01.2002 mindestens ein Jahr betragen. Eine Vertragsklausel „gekauft wie gesehen" ist nicht mehr zulässig. Allerdings gilt dies bei Verkäufen von privat an privat nicht.

Gewährleistungsfrist
Die Gewährleistungsfrist ist jener Zeitraum, in dem der Hersteller oder Händler für einen Mangel einzustehen hat. Sie beträgt zwei Jahre ab Übergabe der Sache an den Kunden.

Je länger die Auslieferung an den Kunden zurückliegt, desto schwerer ist der Nachweis, ob der Mangel bereits bei der Übergabe bestanden hat oder erst später durch einen Fehler des Kunden verursacht wurde. Im Gesetz ist dies durch die sog. „Beweislast" geregelt, d.h., wer muss wann seinem Vertragspartner etwas beweisen? Beachte dazu die folgende Skizze:

sechs Monate	18 Monate
Verkäufer / Hersteller muss beweisen, dass die Sache bei Ablieferung in Ordnung war.	Käufer / Besteller muss beweisen, dass die Ware bei Lieferung bereits mangelhaft war. Schwächere Rechtsposition des Käufers / Bestellers, je später er den Mangel anzeigt

2.2 Rechte des Käufers bei Sachmängeln

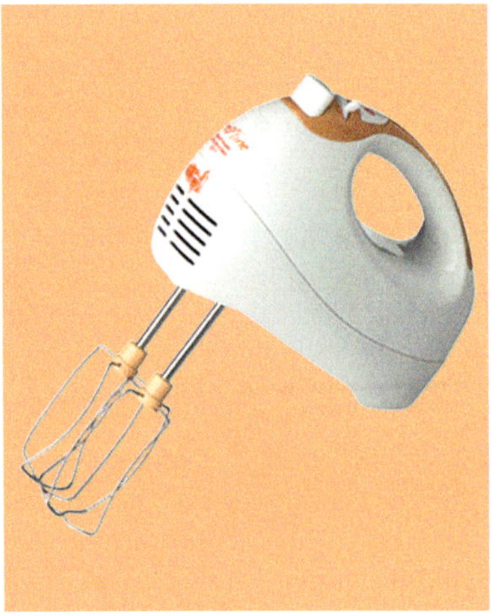

Die Rechte im Überblick	
Recht auf Nacherfüllung	Rücktritt vom Vertrag
Minderung des Kaufpreises	Schadensersatz

Die Rechte im Einzelnen

Recht auf Nacherfüllung
Dies kann zweierlei bedeuten:
- Lieferung einer mangelfreien Sache (Neu- oder Ersatzlieferung)
  Beispiel: Der defekte 3-Stufen-Mixer wird durch ein mangelfreies Gerät derselben Art und Ausführung ersetzt. Das defekte Gerät muss der Käufer zurückgeben.
  (Beachte: Neu- oder Ersatzlieferung ist nur möglich bei Gegenständen, die serienmäßig hergestellt werden.)
- Beseitigung des Mangels (Nachbesserung)
  Beispiele: Der defekte Anlasser beim Auto wird durch einen einwandfreien ersetzt. Der Drucker wird richtig an die Computeranlage angeschlossen.

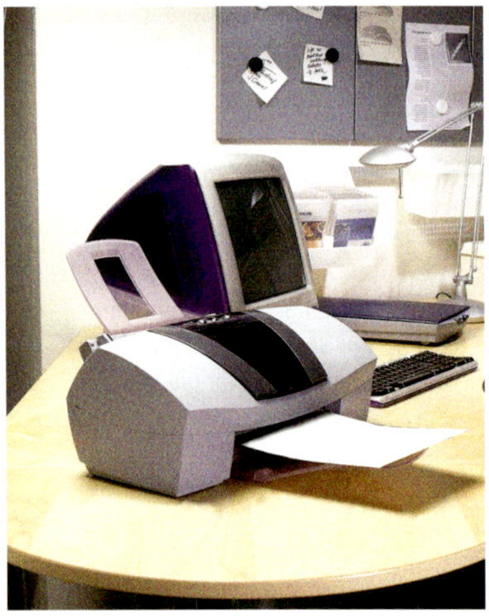

Rücktritt vom Vertrag

Minderung des Kaufpreises
Beide Rechte – Vertragsrücktritt und Kaufpreisminderung – kann der Käufer bzw. Besteller ausüben, wenn die Nacherfüllung zweimal fehlgeschlagen ist, denn auch bei den Rechten aus Sachmängeln gilt der Grundsatz der Vertragstreue: Was haben die Vertragspartner gewollt?

Nacherfüllung hat deshalb Vorrang vor Rücktritt vom Vertrag oder vor Minderung des Kaufpreises.

Schadensersatz
Ist dem Käufer bzw. Besteller durch einen Sachmangel zusätzlich ein Schaden entstanden, hat er das Recht auf Schadensersatz.
Beispiel: Schaden wegen Produktionsausfall aufgrund einer defekt gelieferten Maschine.

1. Du hast vier Gesichtspunkte kennengelernt, nach denen ein Kaufmann und ein Verbraucher eine gelieferte Ware prüfen sollten. Um welche handelt es sich?
2. Zähle die Arten fehlerhafter Lieferung auf und gib für jede Art ein Beispiel an.
3. Was versteht man unter „Mängelrüge"?
4. a) Erkläre den Begriff Gewährleistungs- oder Garantiefrist.
   b) Inwiefern unterscheidet sich im Rahmen der Gewährleistungsfrist die Rechtsposition des Käufers?
5. Wie lange und warum sollte man Garantiescheine aufheben?
6. In manchen Geschäften erklären die Verkäufer: „Unsere Rechnung gilt als Garantieschein." Warum ist dies möglich?
7. Lies den nebenstehenden Garantieschein genau.
   a) Welche Abweichungen von der gesetzlichen Garantiefrist stellst du hierbei fest?
   b) Wofür wird Garantie geleistet?
   c) Was wird von der Garantieleistung ausgeschlossen?
8. Welche Rechte stehen dem Käufer bei einer mangelhaft ausgeführten Lieferung zu?
9. Um welchen Mangel handelt es sich in den folgenden Fällen?
   a) Bei einer „garantiert wasserdichten" Uhr ist nach einem Regenguss das Uhrglas auf der Innenseite beschlagen.
   b) Ein Kleiderstoff weist Webfehler auf.
   c) In einem Buch sind einige Seiten unbedruckt, einige weitere vertauscht.
   d) Der Abwasserschlauch einer vom Verkäufer installierten Waschmaschine hat einen Riss.
   e) Ein neuer Wohnzimmerschrank ist auf der Vorderseite zerkratzt.
   f) Statt zehn Paketen à 500 Blatt Kopierpapier DIN-A4 zu 80 g/m² wird entsprechendes Papier zu 70 g/m² geliefert.
10. Beurteile folgenden Fall: Herr Backhaus stellt fest, dass sein neu gekaufter Anzug Webfehler aufweist. Er geht daraufhin in das Bekleidungshaus, legt den Anzug vor und erklärt, dass er vom Vertrag zurücktreten möchte, weil er sein Vertrauen in das Geschäft als zerstört betrachtet. Der Verkäufer ist damit nicht einverstanden und bietet ihm einen gleichen, aber einwandfreien Anzug an.
11. An dem neu gekauften Auto von Herrn Schneider funktioniert nach vier Wochen der Anlasser nicht mehr. Herr Schneider reklamiert. Der Händler schleppt das Fahrzeug in die Werkstatt und ersetzt den defekten Anlasser durch einen neuen. Für das ausgewechselte Teil berechnet er nichts, das Abschleppen und die Arbeitszeit für das Einsetzen stellt er jedoch in Rechung.
    Prüfe diesen Fall mit Hilfe von §§ 437 und §§ 439 BGB.
12. Du wolltest deiner Mutter zu Weihnachten einen neuen Mixer mit 3-Stufen-Regelung schenken. Beim Ausprobieren des Gerätes musstest du feststellen, dass der schnelle Rührgang nicht funktionierte.
    Spielt die Reklamation im Geschäft durch: Du bist der Kunde und ein Mitschüler ist der Verkäufer, der dir erklärt, dass er dieses Gerät nicht mehr auf Lager habe und dir daher einen Gutschein über den Kaufpreis anbietet.
    Wie argumentierst du? Denke dabei an das, was du über „mangelhafte Lieferung" gelernt hast.
13. Die Bäckerei Rührmüller erhält von der Großhandlung Max Weiß zehn Zentner Mehl geliefert. Bei unverzüglicher Prüfung der Ware stellt sich heraus, dass in dem Mehl Würmer sind.
    a) Was muss Herr Rührmüller tun?
    b) Welche Rechte kann er laut Gesetz geltend machen?
    c) Von welchem der nach dem Gesetz möglichen Rechte wird er wohl Gebrauch machen?

Quarz-Wecker
Quartz alarm clock
Réveil à quartz
Despertador de cuarzo
Sveglia a quarzo

Garantie

36 Monate Gewährleistung nach den gesetzlichen Bestimmungen für die einwandfreie Funktion der heute gekauften Jungwirth-Uhr garantiert das nachstehende Uhren-Fachgeschäft. Diese Garantiekarte ist vorzulegen. Batterie, Glasbruch oder Schäden, die durch unsachgemäße Behandlung entstehen, sind von der Garantieleistung ausgeschlossen.

§ 437
Rechte des Käufers bei Mängeln
Ist die Sache mangelhaft, kann der Käufer, wenn die Voraussetzungen der folgenden Vorschriften vorliegen und soweit nicht ein anderes bestimmt ist,
1. nach § 439 Nacherfüllung verlangen,
2. nach den §§ 440, 323 und 326 Abs. 5 von dem Vertrag zurücktreten oder nach § 441 den Kaufpreis mindern und
3. nach den §§ 440, 280, 281, 283 und 311a Schadensersatz oder nach § 284 Ersatz vergeblicher Aufwendungen verlangen.

§ 439
Nacherfüllung
1) Der Käufer kann als Nacherfüllung nach seiner Wahl die Beseitigung des Mangels oder die Lieferung einer mangelfreien Sache verlangen.
(2) Der Verkäufer hat die zum Zwecke der Nacherfüllung erforderlichen Aufwendungen, insbesondere Transport-, Wege-, Arbeits- und Materialkosten zu tragen.
[...]

3 Das Mahnverfahren

Beispiel: Der Malermeister Streicher hat in der Wohnung des Max Säumig Maler- und Tapeziererarbeiten durchgeführt. Die am 20. Mai zugestellte Rechnung lautet einschließlich 19% Umsatzsteuer über 2.850,00 €. Herr Streicher hat diesen Betrag nach Material und Arbeitsleistung exakt aufgeschlüsselt. Der Betrag war sofort zur Zahlung fällig. Säumig lässt jedoch nichts von sich hören. Auch eine vier Wochen nach Rechnungsdatum zugestellte Zahlungserinnerung bleibt unbeantwortet. Streicher ist wütend, aber was soll er tun?

Persönliche Mahnschreiben, oft auch als „Zahlungserinnerung" bezeichnet, haben keine rechtliche Bedeutung. Gleiches würde für das Mahnschreiben einer Inkassostelle oder eines Rechtsanwalts gelten.

i

Verjährung bedeutet, dass eine Forderung keinen rechtlichen Schutz mehr genießt. Der Schuldner ist nicht mehr zur Zahlung verpflichtet; der Gläubiger kann sie jedoch nicht mehr rechtswirksam geltend machen.

Forderungen von Kaufleuten und Handwerkern gegenüber Privatleuten und untereinander sowie Forderungen aus Vermietung und Verpachtung **verjähren** in drei Jahren. Die Frist beginnt nach dem Ende des Jahres, in dem die Forderung entstanden ist. In unserem Beispiel also mit dem 01. Januar des folgenden Jahres.

Säumige Schuldner, die selbst auf eine Zahlungserinnerung hin nicht reagieren, sind entweder nicht zahlungswillig oder nicht zahlungsfähig. Andererseits ist jeder, der eine Leistung erbracht hat, auf den pünktlichen Eingang seines Geldes angewiesen. In diesen Fällen kann der Gläubiger die Hilfe des Gerichts in Anspruch nehmen, um

- zu seinem Geld zu kommen, falls der Schuldner Vermögenswerte oder ein laufendes Einkommen besitzt; oder
- sich vor einer möglichen **Verjährung** seiner Forderung zu schützen.

Formblätter für einen Mahnbescheid sind in jedem Schreibwarengeschäft erhältlich. Der aus fünf Teilen bestehende Formularsatz ist vom **Antragsteller** – das ist in der Regel der Gläubiger – bei dem für ihn zuständigen Amtsgericht einzureichen. Das Amtsgericht stellt dem **Antragsgegner** – das ist in der Regel der Schuldner – den Mahnbescheid zu. Er kann die Angelegenheit auch einem Rechtsanwalt übergeben. Dies kostet jedoch zusätzliche Gebühren, die der Antragsteller zunächst auslegen muss.

Verlauf eines gerichtlichen Mahnverfahrens
Der Mahnbescheid verleiht Antragsteller und Antragsgegner bestimmte Rechte für weitere Maßnahmen:

i

Als erste Maßnahme kann der Gläubiger bei Gericht einen Mahnbescheid beantragen. Ein Mahnbescheid ist eine gerichtliche Mahnung, mit der der Schuldner aufgefordert wird, seine Schulden zu bezahlen.

Der **Antragsteller** kann

- vor Gericht klagen. Das Gericht stellt fest, ob und in welcher Höhe die Forderung zu Recht besteht, falls der Antragsgegner dies bestreitet.
- den Erlass eines Vollstreckungsbescheides beantragen.
- Der Mahnbescheid unterbricht die Verjährung. Der Gläubiger gewinnt dadurch Zeit, um seine Forderung geltend zu machen, falls der Schuldner zu einem späteren Zeitpunkt zahlungsfähig werden sollte.

Der Sinn der dreijährigen Verjährungsfrist liegt darin, dass Rechtsgeschäfte möglichst bald abgewickelt werden sollen. Der Gesetzgeber gewährt dem Gläubiger nur einen auf drei Jahre begrenzten Rechtsschutz, seine Ansprüche geltend zu machen. Andererseits soll es einem Privatmann nicht zugemutet werden, Beweismittel über viele Jahre aufzubewahren. Die Vorschrift, dass die Frist erst mit dem 1. Januar des Folgejahres beginnt, geht von der Überlegung aus, dass Geschäftsleute und Handwerker spätestens bei der am Jahresende zu machenden Inventur (siehe Seite 24) ihre Außenstände entdecken müssten.

Der **Antragsgegner** kann
- durch Gerichtsurteil feststellen lassen, dass er entweder gar keine oder geringere Schulden gegenüber dem Antragsteller hat.

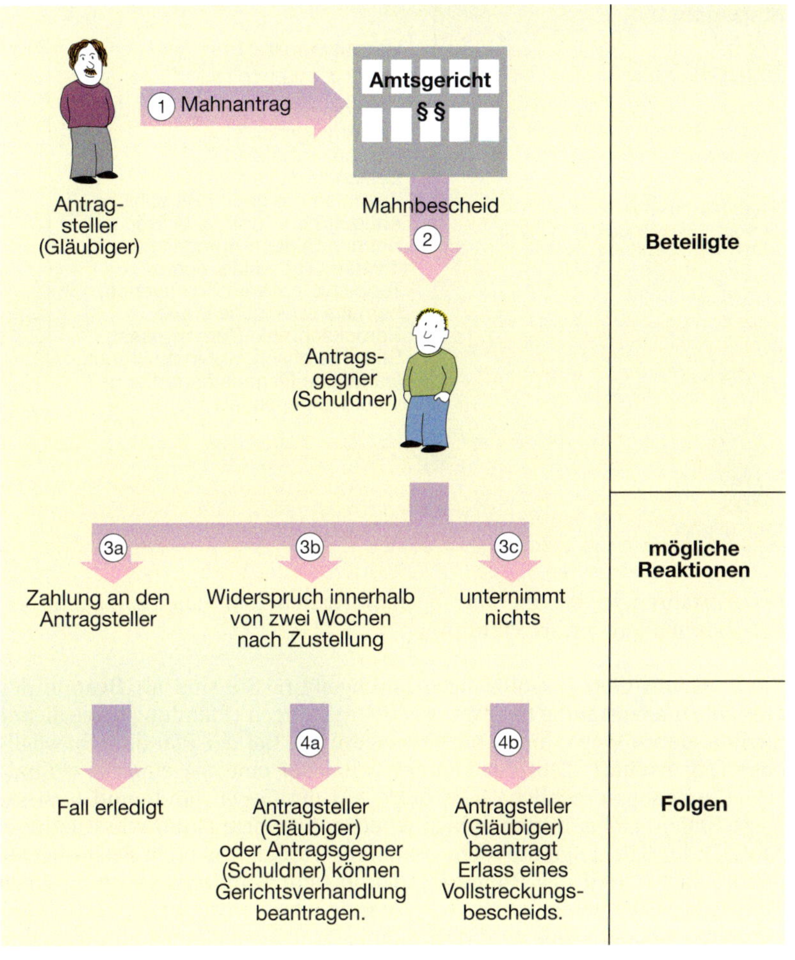

A

1. Sieh dir die nebenstehende Verlaufsskizze und den Mahnbescheid auf Seite 87 genau an.
   a) Was wird vom Antragsteller geltend gemacht?
   b) Welche Belehrungen erhält der Antragsgegner im Formular?
   c) Warum muss die geforderte Summe direkt an den Antragsteller (Gläubiger) und nicht an das Gericht gezahlt werden?
2. Nenne Gründe, die einen Antragsgegner veranlassen können, Widerspruch einzulegen.

Vollstreckungsverfahren
In unserem Beispiel hat Max Säumig auf den Mahnbescheid, den das Gericht auf Antrag des Malermeisters Streicher gegen ihn erlassen hat, nicht reagiert.

Im Mahnverfahren wird dem Schuldner durch den Mahnbescheid gerichtlich mitgeteilt, dass ein bestimmter Betrag gefordert wird. Das **Vollstreckungsverfahren** dient dazu, die Geldsumme mit Hilfe des Gerichts einzutreiben. Da in diesem Verfahren Vermögenswerte des Schuldners gegen dessen Willen, also durch staatlichen Zwang, weggenommen werden, spricht man von **Zwangsvollstreckung**.

Der Vollstreckungbescheid verleiht dem Gläubiger das Recht, sich aus den Vermögenswerten des Schuldners zu bedienen. Er darf dies jedoch nicht selbst tun.

Die Klage vor Gericht und der Antrag auf Erlass eines Vollstreckungsbescheides müssen innerhalb von sechs Monaten erfolgen. Die Frist beginnt ab Zustellung des Mahnbescheids. Danach hat der Mahnbescheid keine rechtliche Wirkung mehr.

i

In zivilrechtlichen Angelegenheiten wird das Gericht nicht von sich aus tätig.
Antragsteller und Antragsgegner müssen jede Maßnahme des Gerichts beantragen.
Die Einhaltung von Fristen und Terminen ist wichtig.

Verlauf eines Vollstreckungsverfahrens

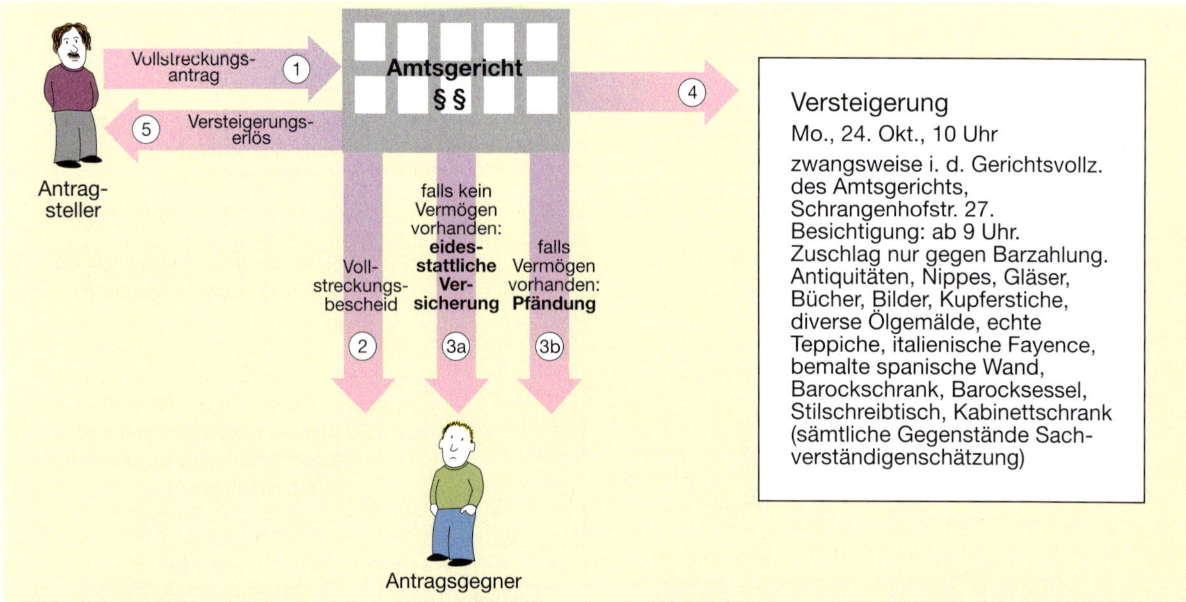

Das Verfahren, in dem die Vermögenswerte dem Schuldner entzogen werden, bezeichnen wir als **Pfändung**.

Sie wird von Gerichtsvollziehern durchgeführt. Sie sind als Beamte des Gerichts u. a. zuständig für Zwangsvollstreckungen (Pfändung beweglicher Sachen, deren Wegnahme und Versteigerung). Bei der Pfändung beweglicher Gegenstände klebt der Gerichtsvollzieher eine Siegelmarke (Pfandsiegel, umgangssprachlich „Kuckuck“) auf die Gegenstände und lässt sie wegschaffen. Dabei dürfen jedoch lebensnotwendige Güter wie Kleidung, Möbel oder Küchengeräte nicht gepfändet werden. Auch ein Fernsehgerät gehört nach Urteil des Bundesfinanzhofes zur Mindestausstattung eines Haushaltes. Die gepfändeten Gegenstände werden **öffentlich versteigert**. Der dabei erzielte Erlös wird dem Gläubiger übergeben, einen eventuellen Mehrerlös erhält der Schuldner.

Häufig reicht das pfändbare Vermögen nicht aus, oder es ist überhaupt kein Vermögen vorhanden. In derartigen Fällen kann der Gläubiger die **eidesstattliche Versicherung** beantragen.

Dabei versichert der Schuldner „an Eides statt“, dass er außer den vorgezeigten Vermögenswerten kein weiteres pfändbares Vermögen besitzt. Sollte später festgestellt werden, dass er die Unwahrheit gesagt hat, so ist dies gleichbedeutend mit einem falschen Eid vor Gericht (darum „an Eides statt“). Der Schuldner müsste in diesem Fall mit mindestens einem Jahr Freiheitsstrafe rechnen.

Besonders wichtig ist neben der Pfändung von vorhandenen Vermögenswerten die **Lohnpfändung**. Der pfändbare Teil des Arbeitseinkommens ist vom Arbeitgeber einzubehalten und an den Gläubiger zu überweisen. Maßgebend für die Pfändung ist das Nettoeinkommen. Nicht jedes Einkommen unterliegt jedoch der Pfändung. Das Gesetz unterscheidet:
- vollständig unpfändbare Beträge,
- teilweise pfändbare Beträge,
- vollständig pfändbare Beträge.

Der Antrag wird gerichtet an das

Amtsgericht

Plz, Ort

① 99101 Erfurt

Geschäftsnummer des Gerichts
Bei Schreiben an das Gericht stets angeben

Raum für Kostenmarken/Freistempler (falls nicht ausreichend, unteres Viertel der Rückseite benutzen)

② **Antragsgegner**/ges. Vertreter

Herrn
Max Säumig
Ledergasse 10

99001 Erfurt

Plz Ort

– Graue Felder bitte nicht beschriften! –

Mahnbescheid

← Datum des Mahnbescheids

③ **Antragsteller,** ges. Vertreter, Prozeßbevollmächtigter; Bankverbindung

Heinrich Streicher, Malermeister, Obere Burgstraße 13
99198 Erfurt

Sparkasse Erfurt, Konto-Nr. 458197, BLZ 82054222

④ **macht gegen Sie** Max Säumig ☐ als Gesamtschuldner

⑤ **folgenden Anspruch geltend** (genaue Bezeichnung, insbes. mit Zeitangabe): Geschäftszeichen des Antragstellers:

Maler- und Tapeziererarbeiten lt. Rechnung Nr. 1247
vom 20. Mai 20..
Rechnungsbetrag einschl. Umsatzsteuer 1.740,00 Euro

⑥ Hauptforderung Euro 1.740,00	Zinsen, Bezeichnung der Nebenforderung
⑦ Nebenforderung Euro 10,00	Zinsen 9,75% vom 20.06.–15.07. = 25 Tage; 11,62 Euro Bearbeitungsgebühr 10,00 Euro

⑧ Kosten dieses Verfahrens (Summe 1 bis 5)	1 Gerichtskosten	2 Auslagen d. Antragst.	3 Gebühr d. Prozeßbev.	4 Auslagen d. Prozeßbev.	5 MwSt. d. Prozeßbev.
Euro 36,25	Euro	Euro	Euro	Euro	Euro

⑨ Gesamtbetrag Euro 1.786,25 — **zuzüglich der laufenden Zinsen**

Der Antragsteller hat erklärt, daß der Anspruch von einer Gegenleistung ☐ nicht abhänge. ☐ abhänge, diese aber erbracht sei.

Das Gericht hat nicht geprüft, ob dem Antragsteller der Anspruch zusteht.
Es fordert Sie hiermit auf, innerhalb von zwei Wochen seit der Zustellung dieses Bescheids entweder die vorstehend bezeichneten Beträge, soweit Sie den geltend gemachten Anspruch als begründet ansehen, zu begleichen oder dem Gericht auf dem beigefügten Vordruck mitzuteilen, ob und in welchem Umfang Sie dem Anspruch widersprechen.

Wenn Sie die geforderten Beträge nicht begleichen und wenn Sie auch nicht Widerspruch erheben, kann der Antragsteller nach Ablauf der Frist einen **Vollstreckungsbescheid** erwirken und aus diesem die Zwangsvollstreckung betreiben.
Der Antragsteller hat angegeben, ein streitiges Verfahren sei durchzuführen vor dem

⑩ Amtsgericht Erfurt

An dieses Gericht, dem eine Prüfung seiner Zuständigkeit vorbehalten bleibt, wird die Sache im Falle Ihres Widerspruchs abgegeben.

Braun
Rechtspfleger

Antrag

Ort, Datum Erfurt, 15.07.20..

Anschrift des Antragstellers/Vertreters/Prozeßbevollmächtigten

⑪ Heinrich Streicher
Malermeister
Obere Burgstraße 13

99198 Erfurt

Plz Ort

Eingangsstempel des Gerichts

Ich beantrage, aufgrund der vorstehenden Angaben einen Mahnbescheid zu erlassen.

⑫ ☒ Im Falle des Widerspruchs beantrage ich die Durchführung des streitigen Verfahrens.

⑬ ☐ Ordnungsgemäße Bevollmächtigung versichere ich. ☐ Antragsteller ist nicht zum Vorsteuerabzug berechtigt.

⑭ ☐ Hier die Zahl der ausgefüllten Vordrucke angeben, falls sich der Antrag gegen mehrere Antragsgegner richtet.

H. Streicher
Unterschrift des Antragstellers/Vertreters/Prozeßbevollmächtigten

Blatt 1: Antrag und Urschrift

1. Gib mindestens zwei Gründe an, weshalb es für einen Kaufmann wichtig ist, seine Forderungen ständig zu kontrollieren.
2. Überprüfe folgende Behauptung:
„Eine Forderung ist verjährt, bedeutet, dass die Forderung nicht mehr besteht."
3. Welche Frist für die Verjährung von Forderungen kennst du?
4. Begründe ihren Sinn.
5. Wann verjährt eine Mietforderung, die in den Monaten Juni bis September 2007 entstanden ist?
6. Aus welchen Gründen ist eine Verjährungsfrist im Gesetz überhaupt vorgesehen?
7. Aus welchen Gründen beginnt für viele Forderungen die Verjährung erst mit Beginn des folgenden Jahres und nicht mit dem Tag der Entstehung des Anspruchs?
(Lösungshinweis: Denke z. B. an den Jahresabschluss im Rechnungswesen!)

8. Der Küchengerätehersteller Zehntner lieferte an das Haushaltsgeschäft Schwalbe am 14. März 2007 Kochgeschirr im Wert von 400 € zuzüglich 19% USt.
Wann ist diese Forderung verjährt?
Begründe deine Aussage mit Hilfe des BGB. (Lies die §§ 194 ff. und zitiere den betreffenden Paragrafen.)
9. Welcher Unterschied besteht zwischen Mahnbescheid und Vollstreckungsbescheid?
10. Wie kann ein Antragsgegner auf einen gegen ihn erlassenen Mahnbescheid reagieren?
Erkläre auch die jeweiligen Rechtsfolgen.
11. Welche Fristen sind beim gerichtlichen Mahnverfahren einzuhalten?
12. Kaufmann Schulz entdeckt am 15.12., dass seine Forderung an den Privatmann Fritz Klein am 31.12. verjährt.
Was kann er noch bis zum Ende der Verjährungsfrist unternehmen, um seine Rechte zu wahren?
13. Suche in einer Tageszeitung Ankündigungen von Versteigerungen.
14. Erkläre das Sprichwort: „Wo nichts ist, hat auch der Kaiser sein Recht verloren."
15. Wer einen Mahnbescheid erlassen möchte, muss zunächst die Gerichtsgebühren bei Gericht vorstrecken. Er kann sie allerdings dem Schuldner in Rechnung stellen. Diese Gebühren richten sich nach dem Wert der Hauptforderung, also ohne Zinsen und Kosten.
Warum verlangt das Gericht die Vorauszahlung der Kosten vom Antragsteller?
16. Erkläre den im Mahnbescheid stehenden Satz:
„Das Gericht hat nicht geprüft, ob dem Antragsteller der Anspruch zusteht."
17. Gib ein Urteil zu dem Werbespruch: „Erst kaufen, dann zahlen."
18. Begründe das Urteil des Bundesgerichtshofes, wonach ein Fernsehgerät zur Mindestausstattung eines Haushaltes gehört und daher nicht gepfändet werden darf.
19. Wer erhält den Erlös der in öffentlicher Versteigerung gepfändeten Gegenstände?
20. a) Erkläre den Begriff der „eidesstattlichen Versicherung".
    b) Wie wird eine falsche Aussage bei der eidestattlichen Versicherung strafrechtlich geahndet?
21. a) Was geschieht bei einer Lohnpfändung?
    b) Welches Einkommen ist bei der Lohnpfändung maßgebend?
    c) Welche Ursachen können deiner Meinung nach dazu führen, dass Teile des Arbeitseinkommens gepfändet werden?
    d) Begründe die Aussage: Lohnpfändungen sind ein Schritt in den sozialen Abstieg.

VI Arbeitsrecht

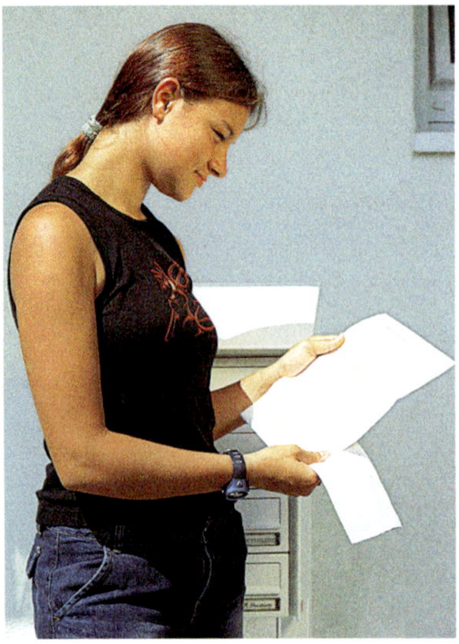

1 Der Berufsausbildungsvertrag

Kathrin Steiner hat es geschafft! Ihre Bewerbung bei der Erfurter Sparkasse war erfolgreich. Ihr zukünftiger Ausbildungsbetrieb schickt ihr den **Berufsausbildungsvertrag** zur Unterzeichnung.
Nachdem sie unterschrieben hat, gibt Kathrin bei der Saalebank Bescheid, dass sie bereits einen Ausbildungsvertrag unterzeichnet hat. Sie möchte auf keinen Fall einen Platz bei der Saalebank blockieren.
In vielen Ländern, auch in den Staaten der Europäischen Union, erfolgt die Berufsausbildung als „Training on the Job“: Jugendliche erlernen ihren Beruf in der Praxis.
Die betriebliche Ausbildung wird in Deutschland durch das Berufsbildungsgesetz (BBiG) geregelt und basiert auf dem Abschluss eines Berufsausbildungsvertrages zwischen Betrieb und Auszubildenden. Die Ausbildungsbetriebe übernehmen die praktische Ausbildung und werden von den jeweils zuständigen Organisationen wie z. B. Industrie- und Handelskammer, Handwerkskammer usw. beaufsichtigt und beraten.

Das Berufsbildungsgesetz (BBiG) regelt seit 1969 die berufliche Ausbildung in Deutschland.

Lehrvertrag anno 1868

Lehrvertrag

Heinrich Klein in Gründburg einerſeitſ und Hr. Wilhelm Abel in Weidenheim andererſeitſ haben folgende Übereinkunft getroffen:

1. Klein nimmt den Sohn deſ Hr. Wilhelm Abel mit Namen Gustav auf vier Jahre, und zwar von 15. Oktober 1868 biſ dahin 1872 alſ Lehrling in sein Geschäft auf.
2. Klein macht sich verbindlich, seinem Lehrling in Allen dem, waſ in seinem Geschäft vorkommt, gewissenhaft zu unterrichten, ein wachsameſ Auge auf sein sittlicheſ Betragen zu haben und ihm Kost und Logiſ in seinem Hause frei zu geben.
3. Klein gibt seinem Lehrling alle 14 Tage deſ Sonntagſ von 12 biſ 5 Uhr frei; dabei ist gestattet, daß er auch an dem Sonntage, wo er Ausgangstag nicht hat, einmal den Gotteſdienst besuchen kann.
4. Klein verzichtet auf ein Lehrgeld, hat aber dagegen die Lehrzeit auf vier Jahre ausgedehnt.
5. Hr. W. Abel hat während der Lehrzeit seineſ Sohneſ denselben in anständiger Kleidung zu erhalten und für dessen Wäsche besorgt zu sein.
6. Hr. Abel hat für die Treue seineſ Sohneſ einzustehen und alle Schäden, den derselbe durch bösen Willen, Unachtsamkeit und Nachlässigkeit seinem Lehrherrn verursachen sollte, ohne Einrede zu ersetzen.
7. Der junge Abel darf während der Dauer seiner Lehrzeit kein eigeneſ Geld führen, sondern die Ausgaben, welche nicht von seinem Vater direct bestritten werden, gehen durch die Hände deſ Lehrherrn, und der Lehrling hat solche zu verzeichnen.
8. Hat der junge Abel seine Kleidungsstücke und sonstige Effecten auf seinem Zimmer zu verschließen, aber so, daß sein Lehrherr davon Kenntniſ hat und dieser solche von Zeit zu Zeit nachsehen kann, so oft eſ diesem gewahrt ist, um ihn gehörig zu überwachen.
9. Darf der Lehrling während seiner Lehrzeit kein Wirtshauſ oder Tanzbelustigung besuchen, er müßte dann ausdrücklich die Erlaubniſ hierzu von seinem Vater oder Lehrherrn erhalten haben, und dann besonderſ darf er nicht rauchen im Geschäft oder außer demselben, eſ bleibt ganz untersagt.
10. Wenn der junge Abel daſ Geschäft deſ Klein verläßt, so darf dieser in kein Geschäft in Gründburg eintreten, ohne daß Klein seine Erlaubniſ dazu gibt.

Zur Sicherstellung, daß beide Theile diese Obereinkunft treulich halten und erfüllen wollen, ist dieser Contract doppelt ausgefertigt, jedem ein Exemplar eingehändigt und unterschrieben worden.

Gründburg, am 28. September 1868

1. Warum sind die Kammern beauftragt, die abgeschlossenen Berufsausbildungsverträge zu kontrollieren und zu registrieren?
2. Lies den Ausbildungsvertrag von 1868 und vergleiche mit heute.

Antrag auf Eintragung

in das Verzeichnis der Berufsausbildungsverhältnisse zum nachfolgenden

Berufsausbildungsvertrag

IHK Industrie- und Handelskammer

Zwischen dem Ausbildenden (Ausbildungsbetrieb)

Firmenident-Nr.	5683334
Tel.-Nr.	0123/45678
Anschrift des Ausbildenden	Erfurter Sparkasse
Straße, Hausnummer	Webergasse 1
PLZ	94567
Ort	Erfurt
E-Mail-Adresse des Ausbildenden	koch-herbert@erfurter.de
Verantwortliche/-r Ausbilder/-in Herr/Frau	Herbert Koch
geboren am	15.01.19..

und der / dem Auszubildenden **männlich** ☐ **weiblich** ☒

Name	Steiner
Vorname	Kathrin
Straße, Hausnummer	Berliner Str. 2
PLZ	94567
Ort	Erfurt
Geburtsdatum	28.01.19..
Geburtsort	München
Staatsangehörigkeit	deutsch
Eltern ☒ Elternteil ☐ Vormund ☐	
Namen, Vornamen der gesetzlichen Vertreter [1]	Dieter und Anne Steiner
Straße, Hausnummer	Berliner Str. 2
PLZ	94567
Ort	Erfurt

① Wird nachstehender Vertrag zur Ausbildung im Ausbildungsberuf **Bankkauffrau**
mit der Fachrichtung/dem Schwerpunkt
nach Maßgabe der Ausbildungsverordnung [2] geschlossen.

Vom Auszubildenden zuletzt besuchte Schule [5]: Regelschule am Schlossberg, Erfurt

Abgangsklasse: 10 — abgeschlossen mit: Realschulabschluss — davor: Grundschule

Zuständige Berufsschule: Erfurt Nord

② **A** Die Ausbildungszeit beträgt nach der Ausbildungsverordnung 36 Monate.

Die vorausgegangene Berufsausbildung/Vorbildung: Mittlere Reife, Realschule

wird mit 6 Monaten angerechnet, bzw. es wird eine entsprechende Verkürzung beantragt.

Das Berufsausbildungsverhältnis beginnt am 01.09.20.. endet am 28.02.20..

③ **B** Die Probezeit (§ 1 Nr. 2 beträgt 4 Monate. [3])

④ **C** Die Ausbildung findet vorbehaltlich der Regelungen nach D (§ 3 Nr. 12) in

der Hauptstelle der Erfurter Sparkasse

und den mit dem Betriebssitz für die Ausbildung üblicherweise zusammenhängenden Bau-, Montage- und sonstigen Arbeitsstellen statt.

⑤ **D** Ausbildungsmaßnahmen außerhalb der Ausbildungsstätte – Lernorte – (§ 3 Nr. 12) (mit Zeitraumangabe)

nach Maßgabe
(Lehrgänge, Seminare und dergleichen)

⑥ **E** Der Ausbildende zahlt dem Auszubildenden eine angemessene Vergütung (§ 5); diese beträgt zur Zeit monatlich brutto

EUR	646	689	749	---
im	ersten	zweiten	dritten	vierten

Ausbildungsjahr.

⑦ **F** Die regelmäßige tägliche Ausbildungszeit (§ 6 Nr. 1) beträgt 7:42 Stunden.[4]

⑧ **G** Der Ausbildende gewährt dem Auszubildenden Urlaub nach den geltenden Bestimmungen (§ 6 Nr. 2). Es besteht ein Urlaubsanspruch

Im Jahr	20..	20..	20..	20..	--
Werktage	--	--	--	--	--
Arbeitstage	09	26	26	05	--

H Sonstige Hinweise auf anzuwendende Tarifverträge oder Dienst-/Betriebsvereinbarungen

es gilt der Manteltarifvertrag für Auszubildende

Kathrin Steiner

Dieter Steiner Anne Steiner

H. Koch M. Lechner

1) Vertretungsberechtigt sind beide Eltern gemeinsam, soweit nicht die Vertretungsberechtigung nur einem Elternteil zusteht. Ist ein Vormund bestellt, so bedarf dieser zum Abschluss des Ausbildungsvertrages der Genehmigung des Vormundschaftsgerichtes.
2) Solange die Ausbildungsordnung nicht erlassen ist, sind gem. § 104 Abs. 1 BBiG die bisherigen Ordnungsmittel anzuwenden.
3) Die Probezeit muss mindestens einen Monat und darf höchstens vier Monate betragen.
4) Das Jugendarbeitsschutzgesetz, Arbeitszeitgesetz sowie die für das Ausbildungsverhältnis geltenden tarifvertraglichen Regelungen oder Dienst-/Betriebsvereinbarungen sind zu beachten.
5) Bei Berufsgrundschuljahr bzw. Berufsfachschule bitte besuchtes Berufsfeld eintragen.

Ergänzende Anmerkungen zum Berufsausbildungsvertrag

§ 1 - Ausbildungszeit

1. **Dauer** (siehe A*)
2. **Probezeit** (siehe B*)
   Das Berufsausbildungsverhältnis beginnt mit der Probezeit. Sie muss mindestens einen Monat und darf höchstens vier Monate betragen.
3. **Vorzeitige Beendigung des Berufsausbildungsverhältnisses**
   Besteht der/die Auszubildende vor Ablauf der unter Nr. 1 vereinbarten Ausbildungszeit die Abschlussprüfung, so endet das Berufsausbildungsverhältnis mit dem Tag der Bekanntgabe des Gesamtergebnisses der Prüfung.
4. **Verlängerung des Berufsausbildungsverhältnisses**
   Besteht der/die Auszubildende die Abschlussprüfung nicht, so endet das Berufsausbildungsverhältnis zur vertraglich vereinbarten Ausbildungszeit. Auf Verlangen des/der Auszubildenden verlängert sich das Berufsausbildungsverhältnis bis zur nächstmöglichen Wiederholungsprüfung, höchstens um ein Jahr.
   Bei Inanspruchnahme der Elternzeit verlängert sich die Ausbildungszeit um die Zeit der Elternzeit (§ 20 BerzGG).

§ 2 - Ausbildungsstätte(n)

(siehe C *)

§ 3 - Pflichten des Ausbildenden

Der Ausbildende verpflichtet sich,

1. **Ausbildungsziel**
   dafür zu sorgen, dass dem/der Auszubildenden die berufliche Handlungsfähigkeit vermittelt wird, die zum Erreichen des Ausbildungszieles nach der Ausbildungsordnung erforderlich ist, und die Berufsausbildung nach den beigefügten Angaben zur sachlichen und zeitlichen Gliederung des Ausbildungsablaufs so durchzuführen, dass das Ausbildungsziel in der vorgesehenen Ausbildungszeit erreicht werden kann;
2. **Ausbilder**
   selbst auszubilden oder eine/-n persönlich und fachlich geeignete/-n Ausbilder/-in ausdrücklich damit zu beauftragen und diesen dem/der Auszubildenden jeweils schriftlich bekannt zu geben;
3. **Ausbildungsordnung**
   dem/der Auszubildenden vor Beginn der Ausbildung die Ausbildungsordnung kostenlos auszuhändigen;
4. **Ausbildungsmittel**
   dem/der Auszubildenden kostenlos die Ausbildungsmittel, insbesondere Werkzeuge, Werkstoffe und Fachliteratur zur Verfügung zu stellen, die für die Ausbildung in den betrieblichen und überbetrieblichen Ausbildungsstätten und zum Ablegen von Zwischen- und Abschlussprüfungen, auch soweit solche nach Beendigung des Berufsausbildungsverhältnisses und in zeitlichem Zusammenhang damit stattfinden, erforderlich sind;
5. **Besuch der Berufsschule und Ausbildungsmaßnahmen außerhalb der Ausbildungsstätte**
   den/die Auszubildende/-n zum Besuch der Berufsschule anzuhalten und freizustellen. Das gleiche gilt, wenn Ausbildungsmaßnahmen außerhalb der Ausbildungsstätte – Lernorte - vorgeschrieben oder nach Nr. 12 durchzuführen sind;
6. **Führen eines schriftlichen Ausbildungsnachweises**
   dem/der Auszubildenden vor Ausbildungsbeginn und später die schriftlichen Ausbildungsnachweise für die Berufsausbildung kostenfrei auszuhändigen sowie die ordnungsgemäße Führung durch regelmäßige Abzeichnung zu überwachen, soweit schriftliche Ausbildungsnachweise im Rahmen der Berufsausbildung verlangt werden;
7. **Ausbildungsbezogene Tätigkeiten**
   dem/der Auszubildenden nur Aufgaben zu übertragen, die dem Ausbildungszweck dienen und seinen/ihren körperlichen Kräften angemessen sind;
8. **Sorgepflicht**
   dafür zu sorgen, dass der/die Auszubildende charakterlich gefördert sowie sittlich und körperlich nicht gefährdet wird;
9. **Ärztliche Untersuchungen**
   von dem/der jugendlichen Auszubildenden sich Bescheinigungen gemäß §§ 32, 33 Jugendarbeitsschutzgesetz darüber vorlegen zu lassen, dass diese/-r
   a) vor der Aufnahme der Berufsausbildung untersucht und
   b) vor Ablauf des ersten Ausbildungsjahres nachuntersucht worden ist;
10. **Eintragungsantrag**
    unverzüglich nach Abschluss des Berufsausbildungsvertrages die Eintragung in das Verzeichnis der Berufsausbildungsverhältnisse bei der zuständigen Stelle zu beantragen. Bei Auszubildenden unter 18 Jahren ist eine Kopie oder Mehrfertigung der ärztlichen Bescheinigung über die Erstuntersuchung gemäß § 32 Jugendarbeitsschutzgesetz beizufügen. Entsprechendes gilt bei späteren Änderungen des wesentlichen Vertragsinhaltes;
11. **Anmeldung zu Prüfungen**
    den/die Auszubildende/-n rechtzeitig zu den angesetzten Zwischen- und Abschlussprüfungen anzumelden und für die Teilnahme freizustellen sowie der Anmeldung zur Zwischenprüfung bei Auszubildenden unter 18 Jahren eine Kopie oder Mehrfertigung der ärztlichen Bescheinigung über die erste Nachuntersuchung gemäß § 33 Jugendarbeitsschutzgesetz beizufügen;
12. **Ausbildungsmaßnahmen außerhalb der Ausbildungsstätte – Lernorte (§ 2 BBiG)** - (siehe D *)

§ 4 - Pflichten des/der Auszubildenden

Der/Die Auszubildende hat sich zu bemühen, die berufliche Handlungsfähigkeit zu erwerben, die erforderlich ist, um das Ausbildungsziel zu erreichen. Er/Sie verpflichtet sich insbesondere

1. **Lernpflicht**
   die ihm/Ihr im Rahmen seiner/ihrer Berufsausbildung übertragenen Aufgaben sorgfältig auszuführen;
2. **Berufsschulunterricht, Prüfungen und sonstige Lernorte**
   am Berufsschulunterricht und an Prüfungen sowie an Lernorten außerhalb der Ausbildungsstätte teilzunehmen, für die er/sie nach § 3 Nr. 5, 11 und 12 freigestellt wird; sein/ihr Berufsschulzeugnis unverzüglich dem Ausbildenden zur Kenntnisnahme vorzulegen und ist damit einverstanden, dass sich Berufsschule und Ausbildungsbetrieb über seine/ihre Leistungen unterrichten;
3. **Weisungsgebundenheit**
   den Weisungen zu folgen, die ihm/ihr im Rahmen der Berufsausbildung vom Ausbildenden, von Ausbildern oder Ausbilderinnen oder von anderen weisungsberechtigten Personen erteilt werden;
4. **Betriebliche Ordnung**
   die für die Ausbildungsstätte geltende Ordnung zu beachten;
5. **Sorgfaltspflicht**
   Werkzeug, Maschinen und sonstige Einrichtungen pfleglich zu behandeln und sie nur zu den ihm/ihr übertragenen Arbeiten zu verwenden;
6. **Betriebsgeheimnisse**
   über Betriebs-, Dienst- und Geschäftsgeheimnisse Stillschweigen zu wahren;
7. **Führen eines schriftlichen Ausbildungsnachweises**
   einen vorgeschriebenen schriftlichen Ausbildungsnachweis ordnungsgemäß zu führen und regelmäßig dem Ausbilder oder der Ausbilderin vorzulegen;
8. **Benachrichtigung**
   bei Fernbleiben von der betrieblichen Ausbildung, vom Berufsschulunterricht oder von sonstigen Lernorten außerhalb der Ausbildungsstätte dem Ausbildenden unter Angabe von Gründen unverzüglich Nachricht zu geben und ihm Arbeitsunfähigkeit und deren voraussichtliche Dauer unverzüglich mitzuteilen. Dauert die Arbeitsunfähigkeit länger als 3 Kalendertage, hat der/die Auszubildende eine ärztliche Bescheinigung über die bestehende Arbeitsunfähigkeit sowie deren voraussichtliche Dauer spätestens an dem darauf folgenden Arbeitstag vorzulegen. Der Ausbildende ist berechtigt, die Vorlage der ärztlichen Bescheinigung früher zu verlangen;
9. **Ärztliche Untersuchungen**
   soweit auf ihn/sie die Bestimmungen des Jugendarbeitsschutzgesetzes Anwendung finden, sich gemäß §§ 32 und 33 dieses Gesetzes ärztlich
   a) vor Beginn der Ausbildung untersuchen,
   b) vor Ablauf des ersten Ausbildungsjahres nachuntersuchen zu lassen und die Bescheinigungen hierüber dem Ausbildenden vorzulegen.

§ 5 - Vergütung und sonstige Leistungen

1. **Höhe und Fälligkeit** (siehe E *)
   Eine über die vereinbarte regelmäßige Ausbildungszeit hinausgehende Beschäftigung wird besonders vergütet oder wird durch entsprechende Freizeit ausgeglichen.
   Die Vergütung wird spätestens am letzten Arbeitstag des Monats gezahlt. Das auf die Urlaubszeit entfallende Entgelt (Urlaubsentgelt) wird vor Antritt des Urlaubs ausgezahlt. Die Beiträge für die Sozialversicherung tragen die Vertragsschließenden nach Maßgabe der gesetzlichen Bestimmungen.
2. **Sachleistungen**
   Soweit der Ausbildende dem/der Auszubildenden Kost und/oder Wohnung gewährt, gilt die in der Anlage beigefügte Regelung.
3. **Kosten für Maßnahmen außerhalb der Ausbildungsstätte – Lernorte -**
   Der Ausbildende trägt die Kosten für Maßnahmen außerhalb der Ausbildungsstätte – Lernorte – gemäß § 3 Nr. 5, soweit sie nicht anderweitig gedeckt sind. Ist eine auswärtige Unterbringung erforderlich, so können dem/der Auszubildenden anteilige Kosten für Verpflegung in dem Umfang in Rechnung gestellt werden, in dem dieser Kosten einspart. Die Anrechnung von anteiligen Kosten und Sachbezugswerten nach § 17 (2) BBiG darf 75 % der vereinbarten Bruttovergütung nicht übersteigen.
4. **Berufskleidung**
   Wird vom Ausbildenden eine besondere Berufskleidung vorgeschrieben, so wird sie von ihm zur Verfügung gestellt.
5. **Fortzahlung der Vergütung**
   Dem/Der Auszubildenden wird die Vergütung auch gezahlt
   a) für die Zeit der Freistellung gem. § 3 Nr. 5 dieses Vertrages, für die Teilnahme an Prüfungen sowie gemäß § 10 Abs. 1 Nr. 2 und § 43 Jugendarbeitsschutzgesetz,
   b) bis zur Dauer von 6 Wochen, wenn er/sie
      aa) sich für die Berufsausbildung bereithält, diese aber ausfällt,
      bb) infolge unverschuldeter Krankheit nicht an der Berufsausbildung teilnehmen kann (unter Berücksichtigung der Regelungen des Entgeltfortzahlungsgesetzes) oder
      cc) aus einem sonstigen in seiner/ihrer Person liegenden Grund unverschuldet verhindert ist, seine Pflichten aus dem Berufsausbildungsverhältnis zu erfüllen.

§ 6 - Ausbildungszeit und Urlaub

1. **Tägliche Ausbildungszeit** (siehe F *)
   Die tägliche Ausbildungszeit ist gemäß Jugendarbeitsschutzgesetz, Arbeitszeitgesetz, tarifliche Regelungen, Betriebs- oder Dienstvereinbarungen festgelegt.
2. **Urlaub** (siehe G *)
   Der Urlaub ist nach dem Jugendarbeitsschutzgesetz, Bundesurlaubsgesetz, tarifvertraglicher Regelungen, Dienst-/Betriebsvereinbarungen festzulegen.
3. **Lage des Urlaubs**
   Der Urlaub soll zusammenhängend und in der Zeit der Berufsschulferien erteilt und genommen werden. Während des Urlaubs darf der/die Auszubildende keine dem Urlaubszweck widersprechende Erwerbstätigkeit leisten.

§ 7 - Kündigung

1. **Kündigung während der Probezeit**
   Während der Probezeit kann das Berufsausbildungsverhältnis jederzeit ohne Einhaltung einer Kündigungsfrist und ohne Angabe von Gründen schriftlich gekündigt werden.
2. **Kündigungsgründe**
   Nach der Probezeit kann das Berufsausbildungsverhältnis nur gekündigt werden
   a) aus einem wichtigen Grund ohne Einhalten einer Kündigungsfrist,
   b) von dem/der Auszubildenden mit einer Kündigungsfrist von 4 Wochen, wenn er/sie die Berufsausbildung aufgeben oder sich für eine andere Berufstätigkeit ausbilden lassen will.
3. **Form der Kündigung**
   Die Kündigung muss schriftlich, im Falle der Nr. 2 unter Angabe der Kündigungsgründe erfolgen.
4. **Unwirksamkeit einer Kündigung**
   Eine Kündigung aus einem wichtigen Grund ist unwirksam, wenn die ihr zugrunde liegenden Tatsachen dem zur Kündigung Berechtigten länger als 2 Wochen bekannt sind. Ist ein Schlichtungsverfahren gemäß § 9 eingeleitet, so wird bis zu dessen Beendigung der Lauf dieser Frist gehemmt.
5. **Schadenersatz bei vorzeitiger Beendigung**
   Wird das Berufsausbildungsverhältnis nach Ablauf der Probezeit vorzeitig gelöst, so kann der Ausbildende oder der/die Auszubildende Ersatz des Schadens verlangen, wenn der andere den Grund für die Auslösung zu vertreten hat. Das gilt nicht bei Kündigung wegen Aufgabe oder Wechsels der Berufsausbildung (Nr. 2 b). Der Anspruch erlischt, wenn er nicht innerhalb von 3 Monaten nach Beendigung des Berufsausbildungsverhältnisses geltend gemacht wird.
6. **Aufgabe des Betriebes, Wegfall der Ausbildungseignung**
   Bei Kündigung des Berufsausbildungsverhältnisses wegen Betriebsaufgabe oder wegen Wegfalls der Ausbildungseignung verpflichtet sich der Ausbildende, sich mit Hilfe der Berufsberatung der zuständigen Agentur für Arbeit rechtzeitig um eine weitere Ausbildung im bisherigen Ausbildungsberuf in einer anderen geeigneten Ausbildungsstätte zu bemühen.

§ 8 - Zeugnis

Der Ausbildende stellt dem/der Auszubildenden bei Beendigung des Berufsausbildungsverhältnisses ein Zeugnis aus. Die elektronische Form ist ausgeschlossen. Hat der Ausbildende die Berufsausbildung nicht selbst durchgeführt, so soll auch der Ausbilder oder die Ausbilderin das Zeugnis unterschreiben. Es muss Angaben enthalten über Art, Dauer und Ziel der Berufsausbildung sowie über die erworbenen Fertigkeiten, Kenntnisse und besondere fachliche Fähigkeiten des/der Auszubildenden, auf Verlangen des/der Auszubildenden auch Angaben über Verhalten und Leistung.

§ 9 - Beilegung von Streitigkeiten

Bei Streitigkeiten aus dem bestehenden Berufsausbildungsverhältnis ist vor Inanspruchnahme des Arbeitsgerichts der nach § 111 Abs. 2 des Arbeitsgerichtsgesetzes errichtete Ausschuss anzurufen.

§ 10 - Erfüllungsort

Erfüllungsort für alle Ansprüche aus diesem Vertrag ist der Ort der Ausbildungsstätte.

§ 11 - Sonstige Vereinbarungen (siehe H *)

Rechtswirksame Nebenabreden, die das Berufsausbildungsverhältnis betreffen, können durch schriftliche Ergänzung im Rahmen des § 11 dieses Berufsausbildungsvertrages oder durch Änderungsvereinbarung des Berufsausbildungsvertrages getroffen werden.

*) Die Buchstaben verweisen auf den entsprechenden Text des Vertrages.

Stand: Juni 2005

Wesentliche Merkmale des Ausbildungsvertrages sind:
① Ausbildungsberuf
② Beginn und Dauer der Ausbildung
③ Dauer der Probezeit
④ Ort der Ausbildung
⑤ zusätzliche Ausbildungsmaßnahmen
⑥ Höhe der Ausbildungsvergütung
⑦ Dauer der regelmäßigen täglichen Ausbildungszeit
⑧ Urlaubsanpruch

Auf der Rückseite des Vertrages (siehe S. 94) sind Rechte und Pflichten des Auszubildenden und des Ausbildungsbetriebes aufgeführt.

Pflichten des Ausbildenden = Rechte des Auszubildenden	Pflichten des Auszubildenden = Rechte des Ausbildenden
• Vergütung • Urlaub • Ausbildung • Zeugnis • Bereitstellung von Ausbildungs- und Prüfungsmitteln • Fürsorge • Freistellung zum Besuch der Berufsschule und anderer Ausbildungsmaßnahmen	• Lern- und Dienstleistungspflicht • Führung eines Berichtsheftes • Entschuldigung und Bescheinigung bei Fernbleiben • Schweigepflicht • Ärztliche Untersuchung • Berufsschulbesuch • Teilnahme an Prüfungen • Befolgen von Weisungen • Sorgfaltspflicht

Für den Fall, dass es für Auszubildende finanziell besonders schwierig wird, gibt es soziale Hilfen. So gewährt das Arbeitsamt Berufsausbildungsbeihilfe (BAB), wenn
- die Ausbildungsvergütung zu gering ist,
- die Eltern keine ausreichenden Möglichkeiten haben, den Auszubildenden zu unterstützen und
- der Auszubildende nicht bei den Eltern wohnen kann.

Beendigung des Berufsausbildungsverhältnisses
Das Berufsausbildungsverhältnis endet
- mit Ablauf der Ausbildungszeit,
- mit Bestehen der Abschlussprüfung, wenn diese vor dem Ende der regulären Ausbildungszeit abgelegt wird,
- mit Kündigung innerhalb der vertraglichen Ausbildungszeit.

Kündigung des Ausbildungsvertrages

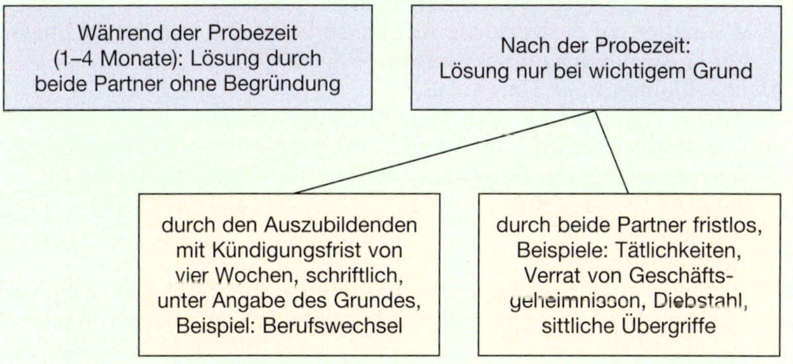

Lies auf der Rückseite des Berufsausbildungsvertrages (siehe S. 92) den Paragraf 7.
Welche Form ist für die Kündigung notwendig?

Nach dem erfolgreichen Ausbildungsabschluss kann das Ausbildungsverhältnis in ein Arbeitsverhältnis überführt werden. Dies geschieht in der Regel durch den Abschluss eines Arbeitsvertrages. Um zu erfahren, ob er übernommen wird, sollte der Auszubildende mindestens drei Monate vor dem Abschluss um eine klare Stellungnahme seines Ausbilders bitten.

Rollenkarte

Informationen über den Auszubildenden Max

Rollenspiel zum Berufsausbildungsvertrag

Max ist seit einem Jahr Auszubildender bei der Speditionsfirma Franz Groß. Bei der Einstellung wurde ihm mitgeteilt, dass Herr Groß persönlich seine Ausbildung zum Speditionskaufmann übernehmen wird. Max erledigt seit einem Jahr folgende Aufgaben: Botengänge (Post, Bank, Essen besorgen für den Chef), Kopieren, Belege sortieren und bei der Verladung von Gütern helfen. Die beiden anderen Auszubildenden Eva und Werner, die ein Jahr vor Max mit der Ausbildung begonnen haben, führten diese Tätigkeiten vorher aus. Seit Max da ist, haben sie andere Aufgaben zu erledigen: Heraussuchen geeigneter Frachtstrecken, Kundenberatung, Schriftverkehr im Zusammenhang mit dem Güterversand. Max möchte auch endlich etwas anderes tun. Da er befürchtet, später die Prüfung aufgrund der bisher einseitigen Ausbildung nicht zu schaffen, entschließt er sich, mit Herrn Groß zu sprechen.

Rollenkarte

Informationen über den Ausbilder Herrn Groß

Herr **Groß** beschäftigt in seiner Firma zwei Speditionskaufleute, zwei Bürokaufleute, sechs Kraftfahrer und mehrere Lagerarbeiter. Er selbst ist ebenfalls Speditionskaufmann und arbeitet in der Firma mit. Seit zwei Jahren bildet er Eva und Werner zu Speditionskaufleuten aus, seit einem Jahr auch Max. Da er kräftig ist, beschäftigt ihn Herr Groß überwiegend auf der Verladerampe. Gelegentlich schickt er ihn auch zum Italiener gegenüber, um das Essen zu besorgen. Was Max sonst noch macht, weiß er nicht so genau, denn Herr Groß hat sehr viel zu tun. Er hat Eva und Werner gebeten, Max bei Schwierigkeiten zu helfen. Nun bittet Max ihn um eine Besprechung.

Vorbereitung

1. Vorbereitung

- Besorgt euch einen Ausbildungsvertrag bei der IHK und füllt die Vorderseite für den Auszubildenden Max aus (Muster siehe Seite 91).
- Bildet in der Klasse vier Gruppen:

  1. Spielergruppe Max
  2. Spielergruppe Herr Groß
  3. Beobachtungsgruppe Max
  4. Beobachtungsgruppe Herr Groß
- Jede Spielergruppe hat eine Kopie des Ausbildungsvertrages und seine Rückseite als fachliche Grundlage. (Welche Paragrafen kommen infrage?)
- Die Beobachtungsgruppen bereiten je einen Beobachtungsbogen vor.

  Beobachtungsgruppe Max:
  1. Mit welchen Argumenten könnte Max arbeiten?
  2. Mit welchen Argumenten hat er versucht, Herrn Groß zu überzeugen, ihm anspruchsvollere Aufgaben zu übertragen?
  3. Wie hat er auf die Versuche von Herrn Groß, ihn von der Richtigkeit seiner Ausbildung zu überzeugen, reagiert?

  Beobachtungsgruppe Herr Groß:
  1. Welche Argumente könnte Herr Groß verwenden?
  2. Wie reagierte er auf Max' Wunsch nach einer besseren Ausbildung?
  3. Wie versuchte Herr Groß, Max von der Richtigkeit seiner Ausbildung zu überzeugen?

Durchführung

2. Durchführung

Das Rollenspiel wird nur von Max und Herrn Groß gespielt. Die Argumentation der Spieler wird vorher mit der Spielergruppe abgesprochen.

Auswertung

3. Auswertung durch die Beobachtungsgruppen

Wie haben sich Max und Herr Groß letztlich verhalten?
Argumentierten beide mit gesetzlichen Grundlagen?

- Gab es Spannungen während der Diskussion, wurden sie abgebaut?
- Wenn ja, wie wurden sie abgebaut? Begründe, ob und warum ihr mit dem Rollenspiel zufrieden seid.
- Seid ihr mit dem Ablauf unzufrieden? Macht Verbesserungsvorschläge.

2 Jugendarbeitschutzgesetz

Bestimmungen, die den Schutz des Menschen am Arbeitsplatz zum Ziel haben, bezeichnen wir als Arbeitsschutzgesetz. Es umfasst drei wesentliche Teilgebicte. In diesem Abschnitt wollen wir den Jugendarbeitsschutz genauer untersuchen. Betrachte zunächst die folgende Übersicht.

Teilgebiete des Arbeitsschutzes

- Kündigungsschutz
- Schutz bestimmter Personengruppen z. B. Mutterschutz, Jugendarbeitsschutz
- Schutz vor Gefahren am Arbeitsplatz

Auszubildende trägt die vorgeschriebene Schutzbrille

2.1 Jugendarbeitsschutz

Für jugendliche Arbeitnehmer gilt das **Jugendarbeitsschutzgesetz** oder, wie seine genaue Bezeichnung ist: „Gesetz zum Schutze der arbeitenden Jugend“. Es ist nicht mit dem Jugendschutzgesetz zu verwechseln, in dem der Schutz der Jugendlichen in der Öffentlichkeit geregelt ist.

Quelle: Deutsche Arbeitsschutzausstellung (DASA)

A

Das nebenstehende Bild zeigt Kinderarbeit in einer Glasbläserei.

a) Welche Ausbildung werden diese Kinder gehabt haben?

b) Welche Schäden haben sie vermutlich davongetragen?

Die Ziele des Jugendarbeitsschutzgesetzes sind:

- Bessere Ausbildung
  Wer schon in früher Kindheit arbeiten muss, kann nicht zur Schule gehen und hat schlechtere Lebenschancen; je besser die Ausbildung ist, desto sicherer ist im Allgemeinen der Arbeitsplatz.
- Gesundheitsschutz
  Körperliche Überbeanspruchung von Kindern und Jungendlichen kann zu späteren gesundheitlichen Schäden führen, die wiederum den Verlust des Arbeitsplatzes bedeuten können.

> **i** Gemäß § 19 (1) des Jugendarbeitsschutzgesetzes erhalten Jugendliche einen längeren Urlaub als Erwachsene.

Maßnahmen zur Verwirklichung der Ziele:
Das Gesetz legt zunächst fest, für welchen Personenkreis es gelten soll. Erinnere dich: Entsprechende Altersregelungen hast du bereits in der 8. Jahrgangsstufe kennengelernt. Ferner regelt das Gesetz, in welchem Umfang Jugendliche beschäftigt werden dürfen.

Die Skizze gibt dir einen Überbilck:

Altersregelung

14 Jahre | 15 Jahre | 18 Jahre

Kinder		**Jugendliche**

Beschäftigung verboten (bis 15 Jahre)

Beschäftigung mit Einschränkung erlaubt
- 40-Stunden-Woche/5-Tage-Woche*
- 8-Stunden-Arbeitstag/Arbeitszeit zwischen 6 und 20 Uhr*
- zwölf Stunden Freizeit nach Ende der Arbeitszeit
- keine Akkordarbeit

* In der Regel gelten inzwischen die tariflich vereinbarten kürzeren Arbeitszeiten

Ausnahmeregelungen
In einigen Branchen geht eine Arbeits- und Beschäftigungsregelung, wie sie die Darstellung in der vorhergehenden Skizze zeigt, an den Erfordernissen der Ausbildung vorbei. Das könnte sogar dazu führen, dass das Ausbildungsziel nicht erreicht werden kann, wie die nachfolgenden Beispiele zeigen. Daher sieht das Jugendarbeitsschutzgesetz eine Reihe von Ausnahmen vor.

Beispiel Bäckerei
Die Kunden erwarten zum Frühstück frische Brötchen, und aus diesem Grund öffnen Bäckereien meistens ihr Geschäft bereits um 6:30 oder 7:00 Uhr. Zu dieser Zeit muss die Ware in den Körben liegen. Das Jugendarbeitsschutzgesetz sieht dafür Ausnahmen für einen früheren Arbeitsbeginn vor, die vom Alter des Jugendlichen abhängen:
- ab dem 15. Lebensjahr: 6:00 Uhr,
- ab dem 16. Lebensjahr: 5:00 Uhr,
- ab dem 17. Lebensjahr: 4:00 Uhr.

Beispiel Gaststätten
Mario macht eine Ausbildung als Koch. Das Restaurant hat bis Mitternacht geöffnet und bis 23 Uhr werden warme Speisen ausgegeben. Montag ist Ruhetag.

Folgende Paragrafen des Jugendarbeitsschutzgesetzes regeln die Beschäftigungszeiten für Jugendliche und die Ausnahmen:

> **§ 14 Nachtruhe**
> (1) Jugendliche dürfen nur in der Zeit von 6 bis 20 Uhr beschäftigt werden.
> (2) Jugendliche über 16 Jahre dürfen
> 1. im Gaststätten- und Schaustellergewerbe bis 22 Uhr ... beschäftigt werden.

§ 16 Samstagsruhe
(1) An Samstagen dürfen Jugendliche nicht beschäftigt werden.
(2) Zulässig ist die Beschäftigung Jugendlicher an Samstagen nur
1. in Krankenanstalten sowie in Alten-, Pflege- und Jugendheimen,
2. in offenen Verkaufsstellen, ... in Bäckereien und Konditoreien, im Friseurhandwerk ...,
...
6. im Gaststätten- und Schaustellergewerbe.
Mindestens zwei Samstage im Monat sollen beschäftigungsfrei bleiben.
(3) Werden Jugendliche am Samstag beschäftigt, ist ihnen die 5-Tage-Woche durch Freistellung an einem anderen berufsschulfreien Arbeitstag derselben Woche sicherzustellen.

A

Wie könnte Marios Arbeitszeitregelung dem Gesetz entsprechend aussehen (der Berufsschultag ist Dienstag)?

Die Sonntagsruhe ist in Paragraf 17 geregelt.

i

Jugendschutz und Jugendarbeitsschutz verfolgen hier die gleichen Ziele.

Beispiel Veranstaltungen
Kinder über sechs Jahre dürfen bei Theaterveranstaltungen in der Zeit von 10 bis 23 Uhr bis zu vier Stunden täglich mitwirken (§ 6 JArbSchG). Das gilt auch für die erforderlichen Proben.

Voraussetzungen:
- Genehmigung des Gewerbeaufsichtsamtes
- Jugendamt muss vor der Genehmigung gehört werden.
- schulisches Fortkommen darf nicht beeinträchtigt werden.
- keine Mitwirkung bei Kabarett, in Vergnügungsparks oder Schaustellergewerbe

Beispiel Arbeit von Kindern
In der Landwirtschaft dürfen Kinder über 13 Jahren im elterlichen Betrieb bis zu drei Stunden täglich beschäftigt werden.
Kinder über 13 Jahren dürfen mit Zustimmung ihrer Eltern bis zu zwei Stunden je Werktag Zeitungen austragen.
Wie steht es mit der Mithilfe im Haushalt, z.B. Geschirrspülen, Wäsche bügeln, Auto waschen?
In § 1619 BGB sind deine Pflichten im Haushalt geregelt:

§ 1619 Dienstleistungspflicht in Haus und Geschäft
Das Kind ist, solange es dem elterlichen Hausstand angehört und von den Eltern erzogen oder unterhalten wird, verpflichtet, in einer seinen Kräften und seiner Lebensstellung entsprechenden Weise den Eltern in ihrem Hauswesen und Geschäft Dienste zu leisten.

Diese Regelung ergibt sich aus dem Charakter der Familie als Wirtschaftsgemeinschaft, hat also mit dem Jugendarbeitsschutzgesetz nichts zu tun.

Zuständigkeit bei Konfliktfällen
Wenn es bei der Einhaltung des Jugendarbeitsschutzgesetzes Probleme gibt, dann sollten sie auch ausgesprochen werden. Dabei gilt der Grundsatz: erst überlegen, dann handeln. Es gibt Einrichtungen zur Konfliktregelung, die der Jugendliche notfalls aufsuchen sollte.
- Innerbetrieblich: Gespräch mit dem Ausbildenden oder Einschaltung des Betriebsrates
- Überbetrieblich: Informieren des Gewerbeaufsichtsamtes, bei Verstößen gegen das Gesetz kann es sogar Bußgelder gegen den Ausbildenden verhängen.

Aufgaben

1. Welches Gesetz enthält Regelungen über Ausbildungsverträge?
2. Welche Formvorschrift gilt für den Abschluss von Ausbildungsverträgen?
3. Worüber hat der Auszubildende Stillschweigen zu bewahren? Begründe dies.
4. a) Wie lange dauert die Probezeit?
   b) Welche Bedeutung hat sie?
5. Welche Nachteile hat eine fristlose Kündigung im Gegensatz zu einer ordentlichen Kündigung für den Auszubildenden?
6. Begründe, warum in den nachfolgend aufgeführten Fällen eine fristlose Kündigung berechtigt ist.
   - Ein Auszubildender zündet in der Lagerabteilung Knallkörper, wodurch ein Fahrzeug in Flammen aufgeht.
   - Ein Auszubildender versäumt wiederholt unentschuldigt den Berufsschulunterricht.
7. Nenne je drei typische Rechte und Pflichten des Auszubildenden.
8. Erkläre folgende Aussage: „Das Ausbildungsverhältnis ist kein Arbeitsverhältnis."
9. Im ersten und letzten Ausbildungsjahr gibt es für Kathrin Steiner im Vergleich zu den anderen Jahren weniger Urlaub. Begründe, warum dies so ist.
10. Warum steigt die Ausbildungsvergütung von Jahr zu Jahr an?
11. Wie würdest du dich als Auszubildender in nebenstehenden Situationen angemessen verhalten?

12. Nenne die Teilgebiete des Arbeitsschutzrechts.
13. a) Erkläre die Ziele des Jugendarbeitsschutzgesetzes.
    b) Warum liegen dessen Ziele nicht nur im Interesse des Einzelnen, sondern auch im Interesse der Gesellschaft als Ganzes?
14. Entscheide in folgenden Fällen, ob die Beschäftigung gemäß Jugendarbeitsschutzgesetz erlaubt oder verboten ist:
    a) Der Landwirt Hans Oberdörfer hält zwölf Milchkühe. Sein Sohn Andreas, 14 Jahre, hat die Aufgabe, die Tiere täglich zu versorgen und zu melken.
    b) Die 13-jährige Andrea hilft morgens vor der Schule ihrer Mutter Zeitungen auszutragen. Samstags erledigt sie das allein.
    c) Die 12-jährige Beate besucht die 7. Klasse der Realschule und möchte später einmal einen Beruf in der Altenpflege erlernen. Für eine gehbehinderte, ältere Nachbarin erledigt sie den Haushalt und erhält von der betreuten Dame in unregelmäßigen Abständen nicht unerhebliche Geldbeträge.
    d) Bei der Aufführung eines Bauerntheaters wirken auch die 10-jährige Michaela und der 12-jährige Robin mit. Die Aufführung beginnt um 20.00 Uhr und endet um 22.30 Uhr.
15. Das erste Kinderschutzgesetz von 1903 war eine Art Vorläufer des Jugendarbeitsschutzgesetzes. Es bestimmte:
    - Kinderarbeit bis 13 Jahre ist verboten.
    - Kinder von 13 und 14 Jahren dürfen nur sechs Stunden täglich, Jugendliche von 14 bis 16 Jahren nur bis zu zehn Stunden täglich arbeiten.
    - An Sonntagen dürfen Kinder und Jugendliche nicht arbeiten.

    Denke darüber nach:
    a) Welches Interesse hatten zu dieser Zeit der Staat, die Eltern und die Arbeitgeber an einer derartigen Regelung?
    b) Aus welchen Gründen wurden die Bedingungen im Jugendarbeitsschutzgesetz von heute erheblich verbessert?
16. Nenne Ausnahmen von der allgemein für Jugendliche festgesetzten Arbeitszeit und begründe sie.
17. Was berichten die Medien über Kinderarbeit in anderen Ländern?
18. Lies im Lexikon nach oder suche im Internet, was die Abkürzung UNICEF bedeutet. Welche Ziele verfolgt die Organisation?

VII Strafrecht

1 Rechtswidrige Handlungen

Vergleiche die folgenden beiden Beispiele.

1. Beispiel

Verfolgungsjagd mit Tempo 100 in der Stadt

Ein 23-jähriger betrunkener Autofahrer hat sich gestern Morgen eine Verfolgungsjagd mit mehreren Streifenwagen quer durch die Stadt geleistet. Am Goetheplatz nahm er beim Linksabbiegen einem entgegenkommenden Pkw die Vorfahrt, dessen 31-jähriger Fahrer erhebliche Kopfverletzungen erlitt, als er bei dem Ausweichmanöver gegen einen Laternenmasten prallte. Nach versuchter Unfallflucht stellten ihn die Beamten auf der Landgrabenstraße. Während der Kontrolle brauste er mit Vollgas davon. Um ihn nicht zu verlieren, mussten auch die Polizisten mit teilweise über 100 Stundenkilometer durch die stark befahrenen Straßen hinter ihm herrasen. Dass es zu keinem weiteren Unfall kam, grenzt an ein Wunder, zumal der Flüchtende auch etliche Male das Rotlicht missachtete. Auf der Regensburger Straße verlor er die Kontrolle über sein Fahrzeug und prallte gegen einen Fahrradständer. Bei seiner Festnahme stellte sich heraus, dass er keinen Führerschein besaß, dafür aber 1,14 Promille Alkohol im Blut sowie 10 Gramm Kokain in der Tasche hatte. Er wurde dem Haftrichter überstellt.

2. Beispiel

Die Parkzeit auf einem Parkplatz in der Innenstadt ist mit „Höchstparkdauer zwei Stunden" gekennzeichnet. Ein Kraftfahrer löst zwar einen Parkschein, der ihm erlaubt, sein Auto für eine Stunde zu parken. Nach drei Stunden steht das Auto noch immer unberührt auf seinem Platz. Die Parküberwachung kontrolliert und stellt die Zeitüberschreitung fest.

Kurzparkzonen sollen einerseits notwendige Besorgungen in der Innenstadt ermöglichen, andererseits verhindern, dass unsere Städte und Gemeinden durch Dauerparker einfach „zugeparkt" werden. Parken über die zulässige Zeit hinaus ist zwar ebenfalls Unrecht, wiegt jedoch nicht so schwer. Es ist deshalb keine Straftat, sondern eine **Ordnungswidrigkeit**. Die Verurteilung zu einer Freiheits- oder Geldstrafe wird in das Strafregister eingetragen. Der Betroffene gilt als vorbestraft. Daraus können für ihn erhebliche wirtschaftliche Nachteile entstehen, er kann in seinem beruflichen Fortkommen behindert werden oder nur sehr schwer einen Arbeitsplatz finden. Andererseits kann es oft verhältnismäßig rasch zu einer Unrechtshandlung kommen, ohne dass gleich ein verbrecherischer Wille vorliegen muss; man denke nur an die kleineren Straßenverkehrsdelikte wie falsches Parken.

§ 1 Ordnungswidrigkeitengesetz
(1) Eine Ordnungswidrigkeit ist eine rechtswidrige und vorwerfbare Handlung, die den Tatbestand eines Gesetzes verwirklicht, das die Ahndung mit einer Geldbuße zulässt.

Der Gesetzgeber stand daher vor einer Konfliktsituation:
- Auch sogenannte „Bagatelldelikte" müssen geahndet werden, wenn die Rechtsordnung allgemein anerkannt werden soll.
- Die Vielzahl möglicher Bagatelldelikte kann in kurzer Zeit zu einer hohen Zahl von Vorbestraften führen.

Einen Ausweg stellt das „Gesetz über Ordnungswidrigkeiten" (OWiG) dar.

Wir unterscheiden zwei Arten rechtswidriger Handlungen:

Straftaten		Ordnungswidrigkeiten
Verfehlungen mit schwererem Unrechtsgehalt		Verfehlungen mit geringerem Unrechtsgehalt
Verbrechen	**Vergehen**	**Beispiele:**
- Mord - Raub	- Diebstahl - Gefährdung des Straßenverkehrs - Gewässerverunreinigung	- Verstöße gegen die Preisauszeichnungspflicht - Parken im eingeschränkten Halteverbot - Verursachen unzulässigen Lärms - Abladen von Müll auf sogenannten „wilden Müllhalden"

- Rücksichtnahme zahlt sich aus.
- Defensives Fahren verhindert Schäden, vermeidet Ärger und schont die Nerven.

Daraus folgt:
- Ordnungswidrigkeiten sind rechtswidrige Handlungen (wie Straftaten).
- Ordnungswidrigkeiten müssen im Gesetz eindeutig als solche bezeichnet sein (wie Straftaten).

Vergleich zwischen Straftat und Ordnungswidrigkeit

	Straftaten	Ordnungswidrigkeiten
wird verfolgt durch	Staatsanwaltschaft	Verwaltungsbehörde
Folge	Freiheitsstrafe und/oder Geldstrafe	Bußgeld
Strafregistereintrag	ja	nein

Welche Delikte begeht dieser Radfahrer?

Häufige Ordnungswidrigkeiten im Straßenverkehr

Neben dem Fahren unter Alkoholeinfluss gehören die Überschreitung der Geschwindigkeit und das Falschparken zu den häufigsten Verkehrsdelikten. Ergibt die Blutalkoholuntersuchung einen Wert von 1,1 Promille oder mehr, so liegt in jedem Fall eine Straftat vor, auch dann, wenn der betreffende Fahrer keinen Unfall verursacht hat. Blutalkoholwerte unterhalb der 1,1-Promille-Grenze gelten als Ordnungswidrigkeit. Auch in diesem Fall ist es unerheblich, ob der Betreffende einen Unfall verursacht hat oder nicht.

Geldbuße	
• bis 35,00 € (sog. Verwarnung) • Bußgeldbescheid erlässt die Polizei. • Keine Eintragung von Punkten im Zentralen Verkehrsregister (ZVR) in Flensburg.	• ab 40,00 € • Polizei erstattet Anzeige bei der Zentralen Bußgeldstelle. Diese erlässt den Bußgeldbescheid. • In der Regel Eintragung von Punkten im ZVR.
Beispiele	
• Auch falsches Verhalten von Radfahrern ist eine Ordnungswidrigkeit. Beispiele: Radfahren in einer Fußgängerzone, nebeneinander fahren, Fehlen von Beleuchtung und/oder Klingel (10 €).	• Geschwindigkeitsüberschreitung außerhalb des Ortes um 21–25 km/h (40,00 €). • Geschwindigkeitsüberschreitung innerhalb des Ortes um 21–25 km/h (50,00 € + 1 Punkt im ZVR).

2 Funktionen des Strafrechts

Denke über den Sinn derartiger Strafen nach.

Beispiele:

1. Das Sprichwort „Jemanden an den Pranger stellen“ kommt aus dem mittelalterlichen Strafvollzug. Wegen geringer Vergehen konnte man für kurze Zeit an einen „Schandpfahl“ angekettet werden und war so dem Gespött der Vorübergehenden preisgegeben.
2. Aus arabischen Ländern wird berichtet, dass dort noch heute Dieben eine Hand abgehackt wird.
3. Bei Morden an Polizisten oder an Taxifahrern oder bei Sexualmorden an Kindern kann man oft die Meinung hören, dass für derartige Gewaltverbrecher in Deutschland die Todesstrafe eingeführt werden sollte.
4. Ebenfalls hört man häufig, dass Ladendiebstähle besonders hart bestraft werden sollten, damit die Menschen wieder den Unterschied von „mein“ und „dein“ lernen.

„Strafvollzug“ im Mittelalter.
Ein Mensch wird dem Gespött der Vorübergehenden preisgegeben.

Die Strafe richtet sich stets gegen den einzelnen Täter. Sie soll bei ihm etwas bewirken. Die gegen den Einzelnen ausgesprochene Strafe bleibt jedoch kein Geheimnis. Gerichtsverhandlungen sind in der Regel öffentlich. Auch in den Zeitungen wird darüber berichtet. Wir bilden uns eine Meinung über das Vorgefallene, über die Persönlichkeit des Täters (z.B. wie er vor Gericht reagiert, ob er Reue zeigt oder nicht) und über die verhängte Strafe. Auf diese Weise wirken die strafbare Handlung und ihre Folgen auf die gesamte Gesellschaft zurück. Wir müssen uns daher fragen: Welche Aufgabe hat die vom Staat für ein bestimmtes Delikt angedrohte oder von einem Richter verhängte Strafe? Wir können zwei Hauptaufgaben der Strafe unterscheiden: **Vergeltung** und **Vorbeugung**.

In unserem Strafrecht kommen alle dargestellten Strafzwecke zum Tragen.
Resozialisierung und Aufrechterhaltung der Rechtsordnung stehen in neuerer Zeit bei der Fortentwicklung des Strafrechts im Vordergrund.

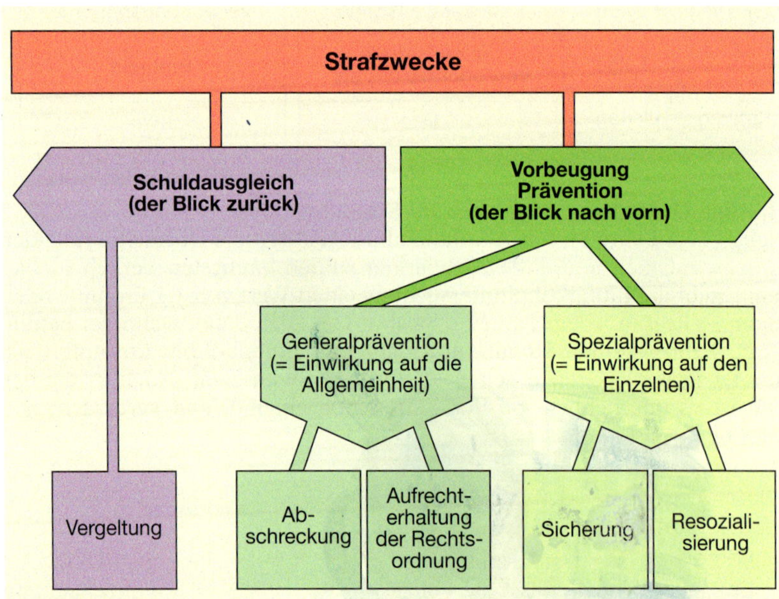

Vergeltung

Der Strafzweck der Vergeltung sieht nur die begangene Tat als solche und verfährt nach dem Grundsatz: „Wie du mir, so ich dir.“ Die Vergeltung will ein begangenes Übel durch ein entsprechendes ausgleichen: Wer einen anderen durch seine Schuld zum Krüppel gefahren hat, soll selbst körperlich verstümmelt werden. Wer auf brutale Weise einen Menschen umbringt, hat selbst sein Leben verwirkt. Die Situation des Täters und die besonderen Umstände zum Zeitpunkt der Tat werden nicht beachtet.

Abschreckung
Auch die Abschreckung beachtet die besondere Situation des Täters nicht. Durch Androhung einer hohen Strafe im Allgemeinen oder durch Verhängung einer besonders schweren Strafe im Einzelfall sollen mögliche andere Straftäter abgehalten werden. Die Strafe als Folge einer Tat kann deshalb für den Täter unverhältnismäßig hart sein.

A

Nimm Stellung zu der Aussage:
„Die Strafe hat keine abschreckende Wirkung, weil jeder Täter glaubt, nicht erwischt zu werden."

Aufrechterhaltung der Rechtsordnung
Dieser Strafzweck sieht nicht nur den einzelnen Täter, sondern das geordnete Zusammenleben der Menschen als Wert an sich. Konsequente Verbrechensbekämpfung und Strafverfolgung dienen dazu, das Vertrauen der Bürger in die bestehende Rechtsordnung zu erhalten. Der einzelne Bürger soll das Bewusstsein haben, dass der Staat seine Rechte schützt und Rechtsbrecher konsequent verfolgt.

Die Anwesenheit der staatlichen Ordnungskräfte soll dem Bürger das Gefühl von Sicherheit vermitteln.

Resozialisierung
Der Täter soll dazu gebracht werden, sich wieder in die Gesellschaft einzugliedern und in Zukunft keine Straftat mehr zu begehen. Im Mittelpunkt der Resozialisierungsbemühungen stehen geeignete Maßnahmen während des Freiheitsentzuges.

Dazu gehören z.B.
- psychologische Betreuung während der Haft, um das eigene Fehlverhalten aufzuarbeiten,
- Erlernen eines Berufes in der Haftanstalt,
- leistungsgerechte Entlohnung, damit der Straffällige seine Familie unterstützen oder einen angerichteten Schaden wiedergutmachen kann,
- Vermittlung einer Arbeitsstelle nach der Haftentlassung.

i

Die Grundgedanken der **Resozialisierung** sind:
Auch der Täter soll seine Würde als Mensch behalten.
Eine anfangs etwas teurere Resozialisierung ist für die Gesellschaft am Ende billiger.

Sicherung
Bei manchen Straftätern hat sich die kriminelle Einstellung derart verfestigt, dass jeder Versuch einer Resozialisierung fehlschlägt. Deshalb muss die Allgemeinheit davor geschützt werden, dass dieser Personenkreis weitere Straftaten begehen kann. Mit Strafen allein ist jedoch der angestrebte Schutz meistens nicht zu verwirklichen. Siehe dazu auch Abschnitt 4 dieses Kapitels.

Aufgaben

1. Erkläre den Begriff Strafe.
2. Erkläre nach deinen bisherigen Kenntnissen den Unterschied zwischen Zivil- und Strafrecht.
3. Warum kann man Ordnungswidrigkeit als „kleine Schwester“ der Straftat bezeichnen?
4. In der Tagespresse kannst du oft Berichte über Änderungen im Strafrecht lesen. Verfolge diese Berichte! Was wird geändert? Wie werden die Änderungen begründet?
5. Stimmst du der folgenden Behauptung zu: „Nicht nur der gesetzestreue Bürger, sondern auch der Rechtsbrecher hat Anspruch auf Schutz durch den Staat vor Übergriffen anderer.“ Begründe deine Meinung.
6. Nenne Maßnahmen, mit denen der Staat den Bürgern das Bewusstsein vermitteln kann, dass Rechtssicherheit besteht.

7. Welcher Unterschied besteht zwischen Vergehen und Verbrechen?
8. Ein Einbruchsdiebstahl in ein Pelzgeschäft, bei dem z. B. Pelze im Wert von 100.000 € gestohlen werden, gilt rechtlich als Vergehen; ein Meineid dagegen als Verbrechen.
   Wie ist diese rechtliche Würdigung zu verstehen?
9. Im Mittelalter und in der beginnenden Neuzeit war es üblich, Schiffsbesatzungen zumindest teilweise aus Strafgefangenen zu bilden. Nach der glücklichen Rückkehr des Schiffes wurden die Sträflinge oft freigelassen. Wie ist diese Art des Strafvollzugs zu erklären?
10. Beurteile die Abschreckung als Strafzweck. Beziehe dabei auch die folgende Aussage mit ein: „Wer einem Mitschüler die Geldbörse klaut, sollte sofort von der Schule verwiesen werden.“
11. Nimm zu der folgender Behauptung Stellung: „Der Mensch hat überhaupt nicht das Recht zu strafen. Es steht allein Gott zu.“
12. In vielen Geschäften hängen Schilder folgender Art. „Ladendiebe werden sofort angezeigt und müssen eine Gebühr von 50 € zahlen.“
    a) Ist diese Gebühr Teil der Strafe? Begründe deine Aussage.
    b) Oft enthalten derartige Schilder den Zusatz: „Ladendiebe erhalten in unseren Filialen Hausverbot.“
       Mit welcher Rechtsgrundlage dürfen Geschäfte dieses anordnen?
    c) Welche Folgen hat ein Ladendiebstahl, den jemand in der Filiale B begeht, wenn er bereits für das gleiche Delikt in der Filiale A verurteilt wurde?

> *i*
> Art. 102 GG:
> Die Todesstrafe ist abgeschafft.

13. Im Zusammenhang mit Schwerstverbrechen, z. B. Terroranschlägen, Geiselnahme, Kindsmord wird gelegentlich der Ruf nach Einführung der Todesstrafe laut. Wie ist deine Meinung? Lies in diesem Zusammenhang auch Artikel 102 GG.
14. Warum hat man in Deutschland die Todesstrafe abgeschafft? Wenn du es nicht weißt, frage deinen Geschichtslehrer.
15. Bei Delikten, die von Jugendlichen begangen werden, hört man gelegentlich: „Der hat eine ordentliche Tracht Prügel verdient!“ Finde Gründe, warum unser Strafrecht die Prügelstrafe nicht vorsieht.
16. Erkläre den Satz: „Unser Strafrecht ist ein sogenanntes Schuldstrafrecht“. Was würde im Gegensatz dazu ein Tatstrafrecht bedeuten? (Berücksichtige bei der Erklärung auch die mittelalterlichen Strafmaßnahmen, wie z. B. Enthaupten, Hand abhacken, Blenden, Verbrennen.)

17. Nenne vorbeugende Maßnahmen, mit denen
    a) der Einzelne
    b) der Staat
    zur Vermeidung von Straftaten beitragen kann.
18. Nimm zu folgender Behauptung Stellung: Maßnahmen zur Resozialisierung kosten nur Geld, das der Staat besser für andere Zwecke ausgeben sollte. Wer eine Straftat begeht, hat sich freiwillig dafür entschieden. Der Staat ist kein Reparaturbetrieb für Versäumnisse des Einzelnen.
19. Betrachte das nebenstehende Bild. Welches Delikt hat der Fahrer des Autos begangen? Was sind die Tatfolgen?

3 Voraussetzungen für die Strafbarkeit einer Handlung

3.1 Tatbestandsmäßigkeit

Nachfolgende Fallbeispiele und ihre Erklärungen geben einen Einblick in die juristische Arbeitstechnik.

Fallbeispiel (Variation 1)
Michael hat von seinen Eltern ein neues 24-Gang-Fahrrad erhalten. Er hat es in der Garageneinfahrt seines Elternhauses abgestellt. Als er es benutzen will, ist es verschwunden.

Vergleiche damit § 110 BGB, den sogenannten „Taschengeldparagrafen“:
1. konkreter Sachverhalt
2. abstrakte Rechtsnorm
3. Schlussfolgerung

Wahrscheinlich denken wir spontan: Das Fahrrad wurde gestohlen.
Damit würden wir jedoch eine Bewertung vornehmen, noch bevor wir den Fall geprüft haben. Nicht jedes Wegnehmen einer Sache ist bereits ein Diebstahl.
Wir müssen deshalb vergleichen:
... den konkreten Fall (Fahrrad ist verschwunden)

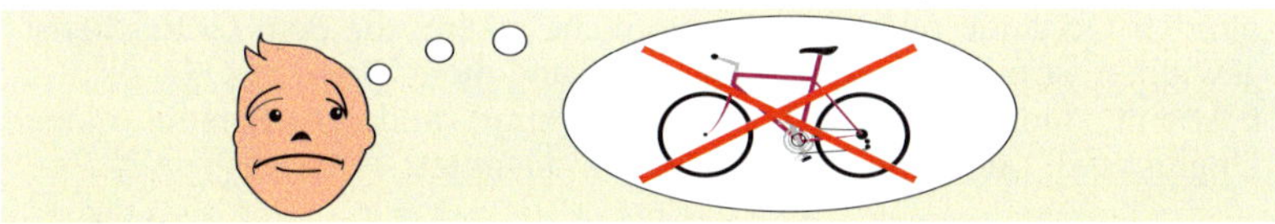

... und die abstrakte Rechtsnorm

§ 242 Diebstahl
(1) Wer eine fremde bewegliche Sache einem anderen in der Absicht wegnimmt, dieselbe sich rechtswidrig zuzueignen, wird mit Freiheitsstrafe bis zu fünf Jahren oder mit Geldstrafe bestraft.
(2) Der Versuch ist strafbar.

Der konkrete Sachverhalt muss mit einer abstrakten Rechtsnorm übereinstimmen.
Wir sprechen in diesem Fall von Subsumierung.
Subsumierung von lat.: subsumere = darunter nehmen, darunter fallen

Eine Tat ist dann als eine Straftat einzustufen, wenn sie all diejenigen Merkmale erfüllt, die in einem Paragrafen des Strafgesetzbuches auf diesen Sachverhalt zutreffen. Wir sprechen in diesem Fall von **Tatbestandsmäßigkeit**.
Sehen wir uns den § 242 StGB etwas genauer an und zerlegen ihn in seine Bestandteile.

Objektive Tatbestandsmerkmale
- Wegnahme einer **fremden** Sache
  (Das Fahrrad gehört Michael. Es ist weg.)
- Wegnahme einer **beweglichen** Sache
  (Denn: Eine Immobilie kann man nicht stehlen.)
  „Beweglich“ bedeutet nicht nur ein Fahrzeug oder ein anderer, leicht zu transportierender Gegenstand, auch eine schwere Maschine ist im Rechtssinn eine bewegliche Sache.
- Wegnahme **aus dem Gewahrsam** eines anderen
  (Der Zugriff auf das Fahrrad ist nur Michael oder seinen Eltern erlaubt. Gewahrsam bedeutet Einwirkungsbereich. Dies kann, wie in unserem Beispiel das eigene Grundstück sein, aber auch der Fahrradständer in der Schule, am Bahnhof oder vor einem Geschäft.)

Neue technische und wirtschaftliche Entwicklungen führen auch zu neuen Formen der Kriminalität.
So wurde z. B. der Straftatbestand des Computerbetrugs 1986 vom Gesetzgeber eingeführt. Er ist in § 263 a des StGB geregelt.

Subjektive Tatbestandsmerkmale
- Wegnahme widerrechtliche Zueignungsabsicht
  (Der Täter will das Fahrrad als sein eigenes ausgeben.)

Variation 2 unseres Fallbeispiels
Michael hat sein Fahrrad im Fahrradständer am Bahnhof abgestellt und mit einem Sicherheitsschloss versperrt. Als er zurückkommt, liegt das Schloss am Boden. Es wurde geknackt. Das Fahrrad ist weg.

1. Warum werden die in § 243 genannten Merkmale als „schwerer Diebstahl" bezeichnet, auch wenn der Wert des Diebesgutes gering zu sein scheint?
2. Arbeite aus den im § 243 StGB angegebenen Tatbestandsmerkmalen das für unseren Fall wesentliche Merkmal heraus.
3. Welche Tatbestandsmerkmale hat Variation 3 mit Variation 1 gemeinsam, welche nicht?
4. Arbeite heraus:
   a) Welche Merkmale hat § 249 gemeinsam mit § 242 StGB, wodurch unterscheidet er sich?
   b) Welches ist für unser Beispiel das entscheidende Merkmal?

§ 243 Besonders schwerer Fall des Diebstahls
(1) In besonders schweren Fällen wird der Diebstahl mit Freiheitsstrafe von drei Monaten bis zu zehn Jahren bestraft. Ein besonders schwerer Fall liegt in der Regel vor, wenn der Täter

1. zur Ausführung der Tat in ein Gebäude, eine Wohnung, einen Dienst- oder Geschäftsraum oder in einen anderen umschlossenen Raum einbricht, einsteigt, mit einem falschen Schlüssel oder einem anderen nicht zur ordnungsgemäßen Öffnung bestimmten Werkzeug eindringt, oder sich in dem Raum verborgen hält.
2. eine Sache stiehlt, die durch ein verschlossenes Behältnis oder eine andere Schutzvorrichtung gegen Wegnahme besonders gesichert ist. [...]
4. aus einer Kirche oder einem anderen der Religionsausübung dienenden Gebäude oder Raum eine Sache stiehlt, die dem Gottesdienst gewidmet ist oder der religiösen Verehrung dient. [...]
6. stiehlt, indem er die Hilflosigkeit einer anderen Person, einen Unglücksfall oder eine gemeine Gefahr ausnutzt.

Variation 3
Wie in Variation 1 ist das Fahrrad aus der Garageneinfahrt verschwunden. Am Abend lehnt das Fahrrad am Gartenzaun von Michaels Elternhaus. Es weist keine Beschädigung auf. Jemand hat es heimlich benutzt und bei Einbruch der Dunkelheit ebenfalls unbemerkt zurückgegeben.

§ 248 b Unbefugter Gebrauch eines Fahrzeugs
(1) Wer ein Kraftfahrzeug oder ein Fahrrad gegen den Willen des Berechtigten in Gebrauch nimmt, wird mit Freiheitsstrafe bis zu drei Jahren oder mit Geldstrafe bestraft [...]
(2) Der Versuch ist strafbar.
(3) Die Tat wird nur auf Antrag verfolgt.

Anders wäre die rechtliche Lage, wenn der Täter mit dem Fahrrad in eine andere Stadt gefahren wäre und es dort auf einem Platz abgestellt hätte, ohne sich weiter darum zu kümmern. In diesem Fall geht man von einem Diebstahl aus.

Variation 4
Michael fährt mit seinem Fahrrad auf einer Landstraße. Ein Passant fragt ihn: „Kannst du mir sagen, wie spät es ist?" Michael steigt ab, doch plötzlich bedroht ihn der Passant mit einem Messer und verlangt die Herausgabe des Fahrrades. Aus Angst gibt Michael nach.

§ 249 Raub
(1) Wer mit Gewalt gegen eine Person oder unter Anwendung von Drohungen mit gegenwärtiger Gefahr für Leib oder Leben eine fremde bewegliche Sache einem anderen in der Absicht wegnimmt, sich dieselbe rechtswidrig zuzueignen, wird wegen Raubes mit Freiheitsstrafe nicht unter einem Jahr bestraft.

Auch den Straftatbestand des Betruges kann man nach objektiven und subjektiven Tatbestandsmerkmalen unterscheiden:

§ 263 Betrug
(1) Wer in der Absicht, sich oder einem Dritten einen rechtswidrigen Vermögensvorteil zu verschaffen, das Vermögen eines anderen dadurch beschädigt, dass er durch Vorspiegelung falscher oder durch Entstellung oder Unterdrückung wahrer Tatsachen einen Irrtum erregt oder unterhält, wird mit Freiheitsstrafe bis zu fünf Jahren oder mit Geldstrafe bestraft.

Arbeite am Beispiel des § 263 StGB (Betrug) die objektiven und subjektiven Tatbestandsmerkmale heraus.

Bei jeder Straftat ist zu prüfen:
- Was ist wirklich geschehen?
- Welchen verbrecherischen Willen hatte der Täter?

Dementsprechend unterscheiden wir objektive und subjektive Tatbestandsmerkmale. Eine Handlung ist also dann eine Straftat, wenn sie die in einem Paragrafen des Strafgesetzbuches festgelegten **objektiven und subjektiven Tatbestandsmerkmale** erfüllt.

Objektive Tatbestandsmerkmale:
Sie beziehen sich auf das genau Beschreibbare an der Tat.

Subjektive Tatbestandsmerkmale:
Sie beziehen sich auf die verbrecherische Absicht des Täters.

Das Wort „Handlung“ darf dabei nicht einseitig als aktives Tun gesehen werden; auch ein Unterlassen, also ein „Nicht-Handeln“ ist eine Tat im Sinne des Strafgesetzbuches (beispielsweise unterlassene Hilfeleistung).

Die Strafbarkeit einer Handlung muss jedoch festgelegt worden sein, bevor die Tat begangen wurde. Dieser wichtige Grundsatz ist sogar in Artikel 103 des Grundgesetzes festgelegt. Wir können daher die erste Voraussetzung einer strafbaren Handlung auf die kurze Formel bringen:

Keine Strafe ohne Gesetz!

3.2 Rechtswidrigkeit

Beispiel:
Drei Bergsteiger kehren von einer Bergtour zurück. Sie geraten beim Abstieg in ein Unwetter. Durch Steinschlag wird einer der Teilnehmer verletzt. Als sie an einem Wochenendhaus vorbeikommen, bitten sie den zufällig anwesenden Eigentümer ihren verletzten Kameraden in seinem Haus versorgen zu dürfen. Der Zutritt wird ihnen jedoch mit der Begründung verweigert, dass es sie bis zum nächsten Dorf ohnehin nicht mehr allzu weit hätten. Sie verschaffen sich daraufhin gewaltsam Zugang und versorgen den Verletzten.

§ 123 Hausfriedensbruch
(1) Wer in die Wohnung, in die Geschäftsräume oder in das befriedete Besitztum eines anderen … widerrechtlich eindringt, oder wer, wenn er ohne Befugnis darin verweilt, auf die Aufforderung des Berechtigten sich nicht entfernt, wird mit Freiheitsstrafe bis zu einem Jahr oder mit Geldstrafe bestraft.

Eine Tat ist dann rechtswidrig, wenn keine Rechtfertigungsgründe vorliegen.

Das Eindringen in das Wochenendhaus ist an sich rechtswidrig und daher strafbar. In diesem Fall liegen jedoch Gründe vor, die das Eindringen rechtfertigen.

Beispiele für berechtigte Notwehr: Ein geübter Karatekämpfer setzt sich gegen einen Räuber zur Wehr und entwendet ihm das Messer.

Beispiel für Notstand:
geringerwertiges Rechtsgut: in unserem Fall das Hausrecht des Hauseigentümers;
höherwertiges Rechtsgut: Gesundheit und Leben

Im Zivilrecht (BGB, Kapitel 5) hast du einen anderen Schuldbegriff kennen gelernt. Schuld bedeutet dort: Verpflichtung zur Leistung. Wer z. B. einen Vertrag abschließt, muss die versprochene Leistung erfüllen.

Wichtige Rechtfertigungsgründe sind:

(nach § 32 StGB) Notwehr
Das ist diejenige Verteidigung, die nötig ist, um einen gegenwärtigen rechtswidrigen Angriff von sich oder einem anderen abzuwenden.

(nach § 34 StGB) Notstand
Ein Notstand liegt dann vor, wenn ein geringerwertiges Rechtsgut geopfert wird, um ein höherwertiges Rechtsgut zu schützen.

3.3 Schuld

Beispiele
1. Um eine anstehende Erbschaft rascher antreten zu können, erschießt ein junger Mann seinen Vater. Er versucht das Verbrechen zu vertuschen, indem er Selbstmord des Vaters vortäuscht.
2. Ein Pkw-Fahrer überholt ein anderes Fahrzeug in einer unübersichtlichen Rechtskurve. Um einem drohenden Frontalzusammenstoß zu entgehen, steuert der Fahrer eines entgegenkommenden Fahrzeugs seinen Wagen auf eine angrenzende Wiese. Das Fahrzeug überschlägt sich und fängt Feuer. Die drei Insassen sind sofort tot.

§ 211 Mord
(1) Der Mörder wird mit lebenslanger Freiheitsstrafe bestraft.
(2) Mörder ist, wer
- aus Mordlust, zur Befriedigung des Geschlechtstriebs, aus Habgier oder sonst aus niedrigen Beweggründen,
- heimtückisch oder grausam oder mit gemeingefährlichen Mitteln oder
- um eine andere Straftat zu ermöglichen oder zu verdecken, einen Menschen tötet.

§ 222 Fahrlässige Tötung
Wer durch Fahrlässigkeit den Tod eines Menschen verursacht, wird mit Freiheitsstrafe bis zu fünf Jahren oder mit Geldstrafe bestraft.

Betrachten wir ausschließlich die Ergebnisse, so stellen wir fest:
Im 1. Beispiel: Ein Mensch ist tot!
Im 2. Beispiel: Drei Menschen sind tot und außerdem entstand erheblicher Sachschaden.

Die Folgen der Tat sind im zweiten Beispiel erheblich größer. Trotzdem ist die Schuld des Autofahrers im strafrechtlichen Sinn geringer. Schuld im strafrechtlichen Sinne bedeutet **Vorwerfbarkeit der Tat**. Sie liegt im Willen und in der Einsichtsfähigkeit des Täters begründet.

Der Umfang der Schuld ist deshalb von zwei Merkmalen abhängig von:
- der inneren Einstellung zur Tat und
- der Einsichtsfähigkeit des Täters.

Auf eine kurze Formel gebracht lautet eine weitere Voraussetzung strafbaren Handelns:

Keine Strafe ohne Schuld!

A

Auch die Religion kennt den Begriff „Schuld“ in einem anderen Sinn. Frage deinen Religionslehrer danach. Vergleiche die drei Schuldbegriffe.

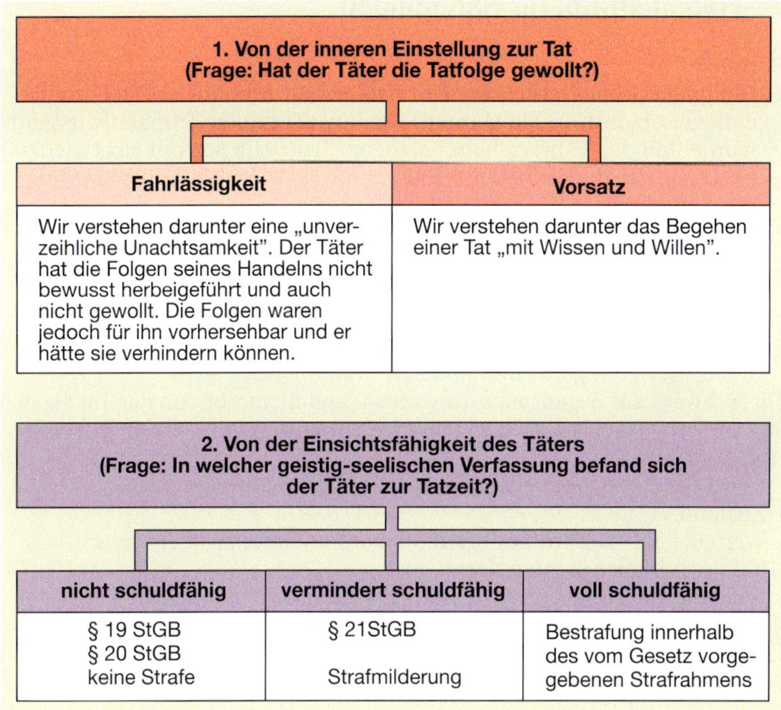

Wir betrachten nun die Voraussetzungen für die Strafbarkeit einer Tat im Zusammenhang:

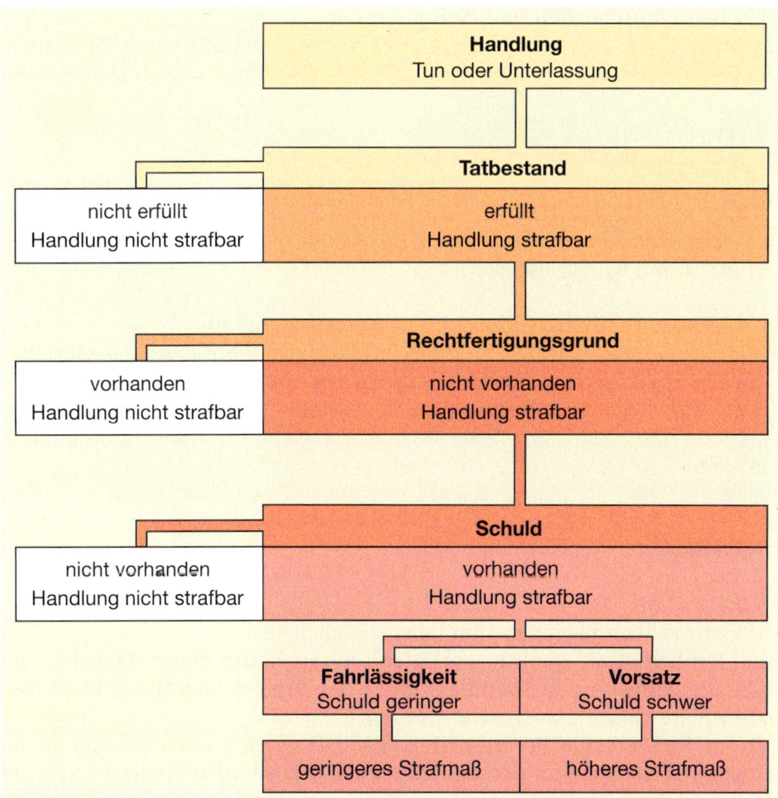

§ 19 Schuldunfähigkeit eines Kindes
Schuldunfähig ist, wer bei Begehung der Tat noch nicht vierzehn Jahre alt ist.

§ 20 Schuldunfähigkeit wegen seelischer Störungen
Ohne Schuld handelt, wer bei Begehung der Tat wegen einer krankhaften seelischen Störung, wegen einer tiefgreifenden Bewusstseinsstörung oder wegen Schwachsinns oder einer anderen seelischen Abartigkeit unfähig ist, das Unrecht der Tat einzusehen oder nach dieser Einsicht zu handeln.

§ 21 Verminderte Schuldfähigkeit
Ist die Fähigkeit des Täters, das Unrecht der Tat einzusehen oder nach dieser Einsicht zu handeln, aus einem der in § 20 bezeichneten Gründe erheblich vermindert, so kann die Strafe [...] gemildert werden.

4 Folgen strafbarer Handlungen

1. Je zwei der nebenstehenden Beispiele sind ähnlich. Stelle die Gemeinsamkeiten fest und arbeite die Unterschiede heraus.
2. Suche Argumente, warum der Gesetzgeber das Höchstmaß der zeitigen Freiheitsstrafe auf 15 Jahre begrenzt hat und z. B. 20 Jahre nicht für sinnvoll hält.

Beispiele:

1. Ein junger Mann ist schon mehrmals wegen Alkohol am Steuer mit dem Gesetz in Konflikt geraten. Nach wiederholter Trunkenheitsfahrt wurde ihm der Führerschein entzogen. Trotzdem setzt er sich wieder angetrunken an das Steuer seines Autos und verursacht einen schweren Verkehrsunfall.
2. Der nicht vorbestrafte Angestellte Huber hat bei der betrieblichen Weihnachtsfeier etwas zu viel getrunken. Bei der Heimfahrt verursacht er einen schweren Verkehrsunfall.
3. Eine geisteskranke Frau begeht einen Mord.
4. Ein Arzt vergiftet auf heimtückische Weise seine Ehefrau, weil sie seiner Beziehung zu einer anderen Frau im Wege steht.

Die Schwere des begangenen Unrechts hängt nicht nur von der Tat an sich ab, sondern entscheidend auch von den Tatumständen und der Persönlichkeit des Täters.

- Mord wiegt schwerer als Diebstahl oder Autofahren in angetrunkenem Zustand.
- Wer eine Tat wiederholt begeht, obwohl er einschlägig vorbestraft ist, hat noch immer nichts gelernt.
- Wer sein Berufswissen dazu missbraucht, um einen anderen zu schädigen oder gar zu töten, handelt besonders heimtückisch.

Das Strafgesetzbuch sieht daher unterschiedliche Maßnahmen vor, mit denen auf eine Tat reagiert werden kann. Wir unterscheiden:

4.1 Strafen

Strafe ist die bewusste Reaktion auf ein begangenes Unrecht. Die Ursache der Strafe liegt also immer in der Vergangenheit. Das Gesetz unterscheidet zwischen **Hauptstrafen** und **Nebenstrafen**.
Die Hauptstrafen werden eingeteilt in Freiheitsstrafe und Geldstrafe. Unter Umständen kann eine Straftat auch Nebenfolgen nach sich ziehen.

§ 38 Dauer der Freiheitsstrafe
(1) Die Freiheitsstrafe ist zeitig, wenn das Gesetz nicht lebenslange Freiheitsstrafe androht.
(2) Das Höchstmaß der zeitigen Freiheitsstrafe ist fünfzehn Jahre, ihr Mindestmaß ein Monat.

§ 47 Kurze Freiheitsstrafen nur in Ausnahmefällen
(1) Eine Freiheitsstrafe unter sechs Monaten verhängt das Gericht nur, wenn besondere Umstände, die in der Tat oder der Persönlichkeit des Täters liegen, die Verhängung einer Freiheitsstrafe zur Einwirkung auf den Täter oder zur Verteidigung der Rechtsordnung unerlässlich machen.

Hauptstrafen

Freiheitsstrafe
Sie kann zeitlich begrenzt oder lebenslänglich sein.
Eine Freiheitsstrafe greift entscheidend in das Leben eines Menschen ein (z. B. Trennung von der Familie, Verlust des Arbeitsplatzes). Sie kann deshalb zur Bewährung ausgesetzt werden.
Ob der Richter eine Freiheitsstrafe zur Bewährung aussetzt oder nicht, hängt einerseits von der Persönlichkeit des Täters und andererseits von der Dauer der Freiheitsstrafe ab.

Freiheitsstrafe			
bis ein Jahr		**bis zwei Jahre**	**über zwei Jahre**
1–5 Monate in der Regel keine Freiheitsstrafe	6–12 Monate in der Regel zur Bewährung ausgesetzt	in besonderen Fällen zur Bewährung ausgesetzt	keine Strafaussetzung zur Bewährung
§ 47 StGB	§ 56 (1) StGB	§ 56 (2) StGB	

Beispiele aus einem Gerichtsurteil:

- „Der Angeklagte ist schuldig eines Vergehens des schweren Diebstahls."
- „Er wird dafür zu einer Freiheitsstrafe von acht Monaten verurteilt."
- „Die Strafe wird für zwei Jahre zur Bewährung ausgesetzt."

§ 40 Verhängung in Tagessätzen
(1) Die Geldstrafe wird in Tagessätzen verhängt. Sie beträgt mindestens fünf und, wenn das Gesetz nichts anderes bestimmt, höchstens dreihundertsechzig volle Tagessätze.
(2) Die Höhe der Tagessätze bestimmt das Gericht unter Berücksichtigung der persönlichen und wirtschaftlichen Verhältnisse des Täters. Dabei geht es in der Regel von dem Nettoeinkommen aus, das der Täter durchschnittlich an einem Tag hat oder haben könnte. Ein Tagessatz wird auf mindestens einen und höchstens 5.000 € festgesetzt.

Suche Argumente für die Behauptung: „Auch eine Geldstrafe ist eine (mildere) Form des Freiheitsentzuges."

Geldstrafe
Beispiel:
Ein Richter verurteilt einen Angeklagten zu 30 Tagessätzen à 50 €. Die Geldstrafe beträgt dann 1.500 €.

Freiheits- und Geldstrafe können auch nebeneinander verhängt werden.

Nebenstrafen

§ 44 Fahrverbot
(1) Wird jemand wegen einer Straftat, die er bei oder im Zusammenhang mit dem Führen eines Kraftfahrzeugs oder unter Verletzung der Pflichten eines Kraftfahrzeugführers begangen hat, zu einer Freiheits- oder Geldstrafe verurteilt, so kann ihm das Gericht für die Dauer von einem Monat bis zu drei Monaten verbieten, im Straßenverkehr Kraftfahrzeuge [...] zu führen.

Wer in angetrunkenem Zustand am Steuer eines Kraftfahrzeugs angetroffen wird, riskiert Geld und Führerschein, auch wenn er keinen Unfall verursacht hat. Häufig wird auch eine Nachschulung angeordnet, die sehr teuer kommen kann.

Das Gesetz kennt als Nebenstrafe nur das Fahrverbot.
Diesen auf den ersten Blick etwas schwierig wirkenden Paragrafen können wir uns durch Beispiele verständlicher machen:

1. beim Führen eines Kraftfahrzeugs
   (z. B. betrunken am Steuer gesessen)
2. im Zusammenhang mit dem Führen eines Fahrzeugs
   (z. B. Auto benutzt, um Diebesgut wegzuschaffen)
3. unter Verletzung der Pflichten eines Kraftfahrzeugführers
   (z. B. bei einem geparkten Fahrzeug Handbremse nicht angezogen und Gang nicht eingelegt; das Auto macht sich auf abschüssiger Straße selbstständig)

Der Führerschein wird bei der für den Wohnsitz des Betreffenden zuständigen Polizeistelle verwahrt und kann nach Ablauf der Sperrfrist wieder abgeholt werden.

Rechtsfolgen bei Trunkenheit am Steuer

Tatbestand	Geldbuße/ Geldstrafe (€)	Punkte	Fahrverbot/ Führerscheinentzug (Monate)
Ab 0.5 Promille Alkoholgehalt im Blut	250,00	4	1
Bei Eintragung von bereits einer Entscheidung	500,00	4	3
Bei Eintragung von bereits mehreren Entscheidungen	750,00	4	3
Ab 1,1 Promille Alkoholgehalt im Blut	ja (+)	7	ja (+)

(+) Die Entscheidung, ob Geld- oder Freiheitsstrafe verhängt werden soll und wie lange der Führerschein entzogen werden soll, trifft der Richter nach den Umständen des Falles.
Auch bei einem Blutalkoholgehalt ab 0,3 Promille können bereits eine Geldbuße, Fahrverbot und die Eintragung von Punkten verhängt werden, wenn der Betreffende Anzeichen von Fahrunsicherheit zeigt oder an einem Unfall beteiligt ist.

4.2 Maßregeln

Maßregeln werden zwar als Folge einer begangenen Tat ausgesprochen, sie sollen jedoch die Gesellschaft in **Zukunft** davor schützen, dass der Täter weiterhin Unrecht begeht. Sie sind daher keine Strafen, sondern **Vorbeugemaßnahmen**.

Beispiele:
1. Maßregeln mit Freiheitsentzug
   - Unterbringung in einem psychiatrischen Krankenhaus (§ 63 StGB)
   - Sicherungsverwahrung (§ 66 StGB)
     Wer schon zweimal wegen des gleichen Verbrechens vorbestraft ist und das dritte Mal straffällig wurde.
2. Maßregeln ohne Freiheitsentzug
   - Berufsverbot (§ 70 StGB)
   - Entziehung der Fahrerlaubnis (§ 69 StGB)
     Sie wird ausgesprochen, wenn sich ergibt, dass jemand zur Führung eines Kraftfahrzeugs ungeeignet ist. Im Gegensatz zum Fahrverbot wird der Führerschein eingezogen und erst nach Ablauf der vom Richter verfügten Sperre kann ein neuer Führerschein erworben werden.

Unterscheide: Fahrverbot – Entziehung der Fahrerlaubnis

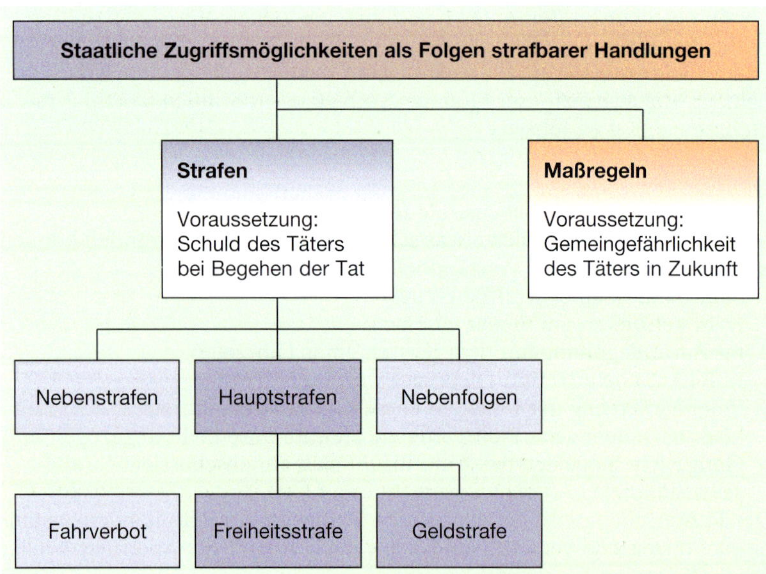

Eine Nebenfolge kann z. B. der Verlust der Wählbarkeit für ein öffentliches Amt (Stadtrat, Gemeinderat, Abgeordneter) für die Dauer von fünf Jahren sein, wenn jemand wegen eines Verbrechens zu mindestens einem Jahr Freiheitsstrafe verurteilt wurde.

1. Nimm das StGB zur Hand. Vergleiche § 242 (Diebstahl) und § 246 (Unterschlagung) miteinander. Welche Tatbestandsmerkmale haben sie gemeinsam, worin liegt der Unterschied?
2. A bedroht B mit einem Klappmesser und fordert ihn auf, seine Geldbörse herauszugeben. Um ihn abzuwehren, schlägt B dem A mit einer schweren Eisenstange auf den Kopf, so dass dieser taumelt und eine gefährliche Gehirnerschütterung davonträgt.
   a) Versuche zunächst das Handeln von A und B ohne Hilfe des StGB zu beurteilen.
   b) Benutze nun das StGB und wende deine Kenntnisse über die Voraussetzungen für die Strafbarkeit einer Tat an. Du brauchst insbesondere die §§ 32, 33, 34, 223, 223a, 244, 249.
3. Welcher Unterschied besteht zwischen Vorsatz und Fahrlässigkeit? Gib dafür Beispiele an.
4. Gibt es Taten, bei denen sich die Frage, ob sie vorsätzlich oder fahrlässig begangen wurden, überhaupt nicht stellt? (Du kannst zur Beantwortung dieser Frage die bereits bekannten Paragrafen des StGB mitbenutzen.)
5. Erkläre die Arten der Schuldfähigkeit.
6. Handelt es sich bei den folgenden Beispielen um Diebstahl? Begründe deine Meinung.
   - Entwenden einer Geldbörse aus der Hosentasche eines Volksfestbesuchers.
   - Jemand findet im Kaufhaus eine Geldbörse. Er steckt sie ein und verbraucht das Geld für sich.
   - Mehrere junge Menschen besetzen ein leer stehendes Haus ohne Zustimmung des Eigentümers, um darin zu wohnen.
   - Benutzen eines Kraftfahrzeuges ohne Einwilligung des Eigentümers. Das Fahrzeug wird eine Woche später in einer 100 km entfernten Stadt auf einem Parkplatz entdeckt, ohne dass sich der Fahrer darum gekümmert hat.
   - Entfernen aus einer Gaststätte, ohne die Zeche zu bezahlen.
   - Mitnahme von brauchbarem Kupferdraht, der auf einer öffentlichen Mülldeponie abgeladen wurde.
7. Lies nebenstehenden Fall „Golfschläger ist ein gefährliches Werkzeug" und beurteile ihn mit Hilfe der beiden angegebenen Paragrafen 223 und 224 des StGB.
   a) Erkläre den Unterschied zwischen einfacher und gefährlicher Körperverletzung.
   b) Bilde zu § 224 (1) Ziff. 1 bis 4 jeweils ein Beispiel.
   c) Der Richter musste bei seiner Entscheidung eine Subsumierung vornehmen. Beschreibe diesen Vorgang an Hand des Falles.
   d) Erkläre den Unterschied zwischen Strafrahmen und Strafmaß.
   e) Der Richter setzte die Strafe zur Bewährung aus. Weshalb konnte er nach deiner Meinung zu dieser Entscheidung kommen?
8. Beurteile folgenden Fall: Jemand montiert, um Geld für eine Reparatur zu sparen, an einem fremden Fahrrad die Bremsbacken heraus und befestigt sie an seinem eigenen. Im Vertrauen auf die Funktionsfähigkeit seines Fahrzeugs fährt der Geschädigte los. Nach wenigen hundert Metern stürzt er in Folge nicht funktionierender Bremsen an einer abschüssigen Stelle und bricht sich den Arm. Entscheide und begründe welcher strafrechtliche Tatbestand in Frage kommt:
   - Diebstahl (§ 242 StGB, siehe Seite 105)
   - gefährlicher Eingriff in den Straßenverkehr
9. Nenne die Arten von Strafen und erkläre sie.
10. Betrachte die vier Beispiele auf Seite 110 noch einmal.
    Welche Strafen würdest du verhängen und wie würdest du sie begründen?
    Ihr könnt diese Aufgabe auch in Gruppenarbeit lösen und anschließend eure Entscheidungen vergleichen.

„Golfschläger ist ein gefährliches Werkzeug"
Ein Golfschläger ist im rechtlichen Sinne als ein gefährliches Werkzeug einzustufen.
Ein entsprechendes Urteil fällte ein Münchner Amtsrichter. Er verhängte gegen eine 28 Jahre alte Frau aus München wegen gefährlicher Körperverletzung eine Bewährungsstrafe von sieben Monaten. Die Frau hatte auf ihren 30 Jahre alten Mann mit einem Golfschläger eingeschlagen und ihn erheblich am Ohr verletzt.

§ 223 Körperverletzung
(1) Wer eine andere Person körperlich misshandelt oder an der Gesundheit schädigt, wird mit Freiheitsstrafe bis zu fünf Jahren oder mit Geldstrafe bestraft.

§ 224 Gefährliche Körperverletzung
(1) Wer die Körperverletzung
1. durch Beibringung von Gift oder anderen gesundheitsschädlichen Stoffen,
2. mittels einer Waffe oder eines anderen gefährlichen Werkzeugs, [...]
4. mit einem anderen Beteiligten gemeinschaftlich oder [...]
begeht, wird mit Freiheitsstrafe von sechs Monaten bis zu zehn Jahren bestraft.

§ 315 b Gefährlicher Eingriff in den Straßenverkehr
(1) Wer die Sicherheit des Straßenverkehrs dadurch beeinträchtigt, dass er
1. Anlagen oder Fahrzeuge zerstört, beschädigt oder beseitigt,
2. Hindernisse bereitet oder
3. [...] dadurch Leib oder Leben eines anderen Menschen oder fremde Sachen von bedeutendem Wert beschädigt, wird mit Freiheitsstrafe bis zu fünf Jahren oder mit Geldstrafe bestraft.

5 Jugendstrafrecht

Das Strafgesetzbuch enthält
1. die strafbaren Tatbestände.
2. die Maßnahmen aufgrund von Straftaten gegen Erwachsene.

Das Jugendgerichtsgesetz enthält die Maßnahmen, die gegen jugendliche Straftäter ergriffen werden können.

Die Basis aller Regelungen des Jugendstrafrechts ist der Erziehungsgedanke.

Nach dem Jugendgerichtsgesetz sollen Vergehen und andere Straftaten von Jugendlichen anders bewertet werden als die von Erwachsenen. Bei der richterlichen Bewertung einer Straftat steht der **erzieherische Gedanke** im Vordergrund. Ziel soll es sein, durch frühe Hilfestellungen und pädagogische Maßnahmen eine Wiederholung der Straftat zu vermeiden. Der Strafgedanke steht im Hintergrund. Das Gericht will, dass der Jugendliche das Unrecht seines Verhaltens einsieht. Es möchte außerdem die Bereitschaft beim jungen Straftäter fördern, zukünftig auf straffälliges Verhalten zu verzichten.
Die Maßnahmen des Jugendstrafrechts sind im **Jugendgerichtsgesetz (JGG)** geregelt.
Das JGG stellt dem Richter eine Vielzahl von Möglichkeiten zur Verfügung, in jedem Einzelfall die angemessenen **Maßnahmen** zu treffen:

5.1 Erziehungsmaßregeln

Sie stellen die mildeste Reaktion auf die Straftat eines Jugendlichen dar. Neben der Anordnung einer Erziehungsbeistandschaft oder des sogenannten betreuten Wohnens gehört dazu insbesondere die Erteilung von Weisungen, d.h. von Geboten und Verboten, die sich auf die Lebensführung des Jugendlichen beziehen und seiner Erziehung dienen sollen.

Weisungen sind Gebote und Verbote, die die Lebensführung des Jugendlichen regeln und dadurch seine Erziehung fördern und sichern sollen.

In Betracht kommen etwa **Weisungen**,
- die sich auf den Aufenthaltsort beziehen (z.B. bestimmte Gaststätten oder Wohnungen zu meiden),
- eine Ausbildungs- oder Arbeitsstelle anzunehmen,
- eine Arbeitsleistung (z.B. in einem Altenheim) zu erbringen,
- einen sogenannten Täter-Opfer-Ausgleich vorzunehmen (z.B. dem Opfer zu helfen, den angerichteten Schaden wiedergutzumachen),
- oder an einem Kurs teilzunehmen, um dem Täter richtiges Sozialverhalten (z.B. Achtung vor dem Eigentum, Abbau von Gewaltbereitschaft) zu vermitteln.

Befolgt der Verurteilte die Weisungen schuldhaft nicht, so kann er mit „Ungehorsamsarrest" bis zu vier Wochen Dauer belegt werden.
Der Jugendliche hat allerdings das Recht, vor Verhängung des Arrests dem Richter zu erklären, warum er die Weisungen nicht befolgt hat bzw. befolgen konnte.

5.2 Zuchtmittel

Zuchtmittel können verhängt werden, wenn Erziehungsmaßregeln nicht ausreichend erscheinen. Sie sind ein eindringlicher tatbezogener Mahn- und Ordnungsruf.

Erziehungsmaßregeln und Zuchtmittel halten dem Jugendlichen sein Tun eindringlich vor.

Zu den Zuchtmitteln zählen neben der richterlichen **Verwarnung** (förmliche Zurechtweisung des Täters) die Erteilung von **Auflagen** und der **Jugendarrest**.
Auflagen zielen – im Gegensatz zu den Weisungen – nicht darauf ab, die Lebensführung des Jugendlichen zu regeln, sondern ihm das begangene Unrecht und die daraus entstandenen Folgen bewusst zu machen. Auflagen können die Schadenswiedergutmachung, eine persönliche Entschuldigung bei dem Geschädigten, die Erbringung einer Arbeitsleistung oder die Zahlung einer Geldbuße umfassen. Der Jugendarrest, der als Freizeit- (z.B. Wochenende), Kurz- (z.B. zwei Tage) oder Dauerarrest (eine bis vier Wochen) verhängt werden kann, ist eine weit einschneidendere, weil bereits freiheitsentziehende Maßnahme. Der Arrest soll dem Jugendlichen als ernste Warnung dienen und zum Nachdenken anregen.

Erziehungsmaßregeln und Zuchtmittel haben nicht die Rechtswirkung einer Strafe, sodass der Verurteilte nicht als vorbestraft gilt.

5.3 Jugendstrafe

Die Jugendstrafe ist ein Freiheitsentzug in einer Jugendstrafanstalt. Sie wird nur dann verhängt, wenn andere vorgesehene Rechtsfolgen nicht ausreichen, weil eine besonders schwere (z.B. brutale) Tat vorliegt oder dem Täter erhebliche kriminelle Anlagen zur Last gelegt werden (z.B. Wiederholungstäter).
Die Dauer der Jugendstrafe reicht von sechs Monaten bis zu einem Höchstmaß von zehn Jahren. Der Richter kann allerdings die Verhängung der Strafe zur Bewährung aussetzen. Er dokumentiert dann zwar die Schuld, setzt aber eine Bewährungszeit fest. Der Schuldspruch wird am Ende der Bewährungszeit getilgt, wenn sich der Jugendliche nichts mehr zu Schulden kommen ließ.

Jugendarrestzelle

Rechtsfolgen einer Jugendstraftat

Erziehungsmaßregeln	Zuchtmittel	Jugendstrafe
• Erteilung von Weisungen • Hilfen zur Erziehung	• Verwarnung • Auflagen • Jugendarrest	• ohne Bewährung • mit Bewährung

5.4 Gewaltprävention

Gewalt wird ausgeübt gegen Personen oder Sachen. Eine Vorstufe zur tätlichen Gewalt ist die verbale Aggression (Gebrauch von Schimpfwörtern), die Verächtlichmachung anderer (Auslachen, Ausnutzen von Schwächen) und die Provokation durch Gesten (Drohung mit Gebärden, z.B. Andeuten eines Faustschlages oder Fußtrittes).
Um Gewalt zu begegnen, d.h. sich präventiv mit ihr auseinanderzusetzen, ist es erforderlich, sich der Ursachen der Gewalt bewusst zu werden. Nachfolgend ein paar Beispiele für gesellschaftliche Faktoren und Thesen (Annahmen), die aggressives und gewalttätiges Verhalten fördern:

> i
> präventiv, lat.: vorbeugend, zuvorkommend

Wertewandel
Die Gewichtung materieller Werte findet immer mehr Verbreitung, z.B.:
- Das schlechte Gewissen mancher Eltern bzw. Erziehungsberechtigter, keine Zeit für das Kind zu haben, wird durch Verwöhnen und ständiges Nachgeben gegenüber Konsumwünschen beruhigt.
- Kinder und Jugendliche sind durch Nebenjobs zur Aufbesserung des Taschengeldes stark belastet.

Medieneinfluss
Viele Kinder und Jugendliche verbringen fast die gleiche Zeit vor dem Fernseher wie in der Schule. Auch durch Computerspiele, Videos und Kinofilme werden tausendfacher Mord, Körperverletzung und andere Gewalttaten konsumiert.

Veränderungen in der Familie
Geborgenheit zu erleben und die Möglichkeit, Konflikte zu diskutieren, fehlen oft, weil durch die Berufstätigkeit beider Partner und durch die hohen Trennungsquoten sich die Erziehungskompetenzen gravierend verändern. Familien schaffen durch den beruflichen Stress oder nervliche Überbelastung eine Atmosphäre, die Gewaltsituationen leicht auslösen können. Kinder erfahren dadurch leider immer mehr Desinteresse, Ablehnung und Vernachlässigung und „gewöhnen" sich an Gewalt.

A

1. Diskutiert den Vorschlag der Einführung eines Fahrverbots als Zuchtmittel im JGG. Für welche Taten sollte es verhängt werden?
2. Diskutiert über ein Zitat aus einer Rede des Bundestagspräsidenten Wolfgang Thierse: „In einer Gesellschaft, die Gewalt zum wichtigsten Bestandteil ihrer abendlichen Fernsehunterhaltung macht, stimmt etwas nicht."
   Bringt hierzu das Fernsehprogramm einer Woche mit und zählt die Action-, Kriminal- und Thrillerfilme.

1. Was bedeuten die Begriffe Kind, Jugendlicher und Heranwachsender nach dem Jugendstrafrecht?
2. Welcher Grundsatz steht beim Jugendstrafrecht im Vordergrund? Wie wird er gerechtfertigt? Betrachte nebenstehendes Bild.
3. Welche Altersregelungen sind dir aus anderen Rechtsgebieten bekannt?
   Wie werden sie dort gerechtfertigt?
4. Nenne Beispiele für Erziehungsmaßnahmen und Zuchtmittel.
5. „Ein Großteil der von Jugendlichen begangenen Straftaten geht auf das Konto der Erwachsenen!" Nimm zu dieser Behauptung Stellung.
6. Wie würdest du in den folgenden Fällen als Jugendrichter urteilen? Benutze für deine Entscheidungen das Strafgesetzbuch (StGB) und das Jugendgerichtsgesetz (JGG). Diese Fälle könnt ihr auch als Rollenspiel in Form einer Gerichtsverhandlung in der Klasse nachspielen. Außerdem könnt ihr eure Entscheidungen („Urteile") nachträglich mit einem Jugendrichter besprechen.
   a) Christian, 16 Jahre, ist zur Ausbildung in Erfurt, seine Eltern wohnen in Jena. Mit mehreren „Freunden" lebt er in einer Wohngemeinschaft. Er will seinen Mitbewohnern imponieren. Bei einem Kunden seines Ausbildungsbetriebes kassiert er einen Geldbetrag in Höhe von 570 €, den er jedoch nicht abliefert. Christian ist nicht vorbestraft.
   b) Der 17-jährige Lehrling Mike hat gestanden, einen Sprengstoffanschlag auf ein Lokal in der Weimarer Straße verübt zu haben. Er war dort mit dem Freund der Wirtin in Streit geraten. Wütend war er nach Hause gerannt, hatte ein Magenbitterfläschchen mit Chemikalien gefüllt und den Sprengsatz vor der Wirtshaustür gezündet. Die Explosion riss ein Loch in die Tür und beschädigte einen vor dem Lokal geparkten Pkw. Verletzt wurde niemand. Mike war bisher einmal wegen Ladendiebstahl aufgefallen.
7. Welche Maßnahmen des Jugendgerichtsgesetzes haben nicht die Rechtswirkung einer Strafe, sodass der Verurteilte nicht als vorbestraft gilt?
8. Findest du es richtig, dass die volle Geschäftsfähigkeit mit Vollendung des 18. Lebensjahres erworben wird, das Erwachsenenstrafrecht aber erst ab 21 Jahren zwingend anzuwenden ist? Begründe deine Meinung.
9. Beschreibe, inwiefern die Förderung von Jugendzentren eine Maßnahme zur Gewaltprävention darstellt.
10. Welche Ziele verfolgt die Kinder- und Jugendhilfe? Nenne Beispiele.
11. Ein erfolgversprechender Weg zur Gewaltprävention ist die Mediation. Beschreibe ein solches Programm im Bereich der Schule.
12. Zeitungen berichteten über die Verurteilung eines 19-Jährigen zu 48 Stunden Sozialarbeit und einem Monat Fahrverbot. Der Angeklagte fuhr in einer thüringischen Kleinstadt eine belebte Straße entlang, als plötzlich ein anderer Autofahrer aus einer Parklücke fuhr, sodass er scharf bremsen musste. Verärgert kurbelte er daraufhin sein Fenster herunter und beschimpfte den Autofahrer mit wüsten Worten. Entsetzt über die Wortwahl schrieb eine Fußgängerin die Schimpftiraden auf einem Zettel mit: „So einen wie dich, schlitz ich auf. Dich bring ich um. Ich schneid´ dir die Kehle durch und schlag´ dir die Zähne ein." Der Beschimpfte fühlte sich bedroht und erstattete Anzeige. In der Urteilsbegründung sagte die Richterin: „Wegen so einer Kleinigkeit jemanden derart übel zu beschimpfen, kann von unserer Rechtsordnung nicht toleriert werden. Sie müssen lernen, sich zu beherrschen, sonst haben Sie auf der Straße nichts verloren."
    a) Prüfe, welcher Straftatbestand vorliegt.
    b) Warum wurde keine Geldstrafe verhängt?
    c) Welche Art von Strafen wurden im Urteil verhängt?
    d) Beschreibe den Unterschied zwischen „Fahrverbot" und der „Entziehung der Fahrerlaubnis".

VIII Planen, bauen, wohnen

1 Pläne im Bauwesen

Familie Mayer kann sich bei der Suche nach einer Wohnung oder eines Baulandes für ein Haus die Arbeit vereinfachen. Hier geben verschiedene Pläne wie z. B. der Flächennutzungsplan, der Bebauungsplan und der Lageplan auf das Wohnumfeld und die evtl. Entwicklung des Wohngebietes Auskunft. Jede Stadt und jede Gemeinde stellt solche Pläne auf und muss sie jedem Bürger zur Einsicht vorlegen.

1.1 Der Flächennutzungsplan

Der Flächennutzungsplan beinhaltet das für das ganze Gemeinde- bzw. Stadtgebiet beabsichtigte Bodennutzungskonzept. Im Flächennutzungsplan werden Straßenführungen, Grünflächen, Gewerbeflächen, Flächen für öffentliche Einrichtungen sichtbar gemacht. An Hand von Planzeichen kann der Leser der Unterlagen genau erkennen, um welche konkreten Einrichtungen es sich handelt. So sind für Sportplätze, Kirchen, Schulen, Gewerbegebiete usw. eindeutige Symbole vorgegeben.
Ebenfalls eindeutig ist zu erkennen, wo und in welchem Umfang sich Wald, landwirtschaftliche Nutzflächen sowie Grün- und Freiflächen befinden. Da viele Menschen aber Wert auf ruhiges Wohnen legen, sollten sie den Zuzug in konkret ausgewiesene Wohnbauflächen oder Wohnbauflächen mit hohem Grünanteil planen. Man kann dann sicher sein, dass sich dort ausschließlich Wohnungen und evtl. kleinere Geschäfte befinden aber keine riesigen Einkaufszentren stehen oder geplant werden.
Sollten neue Gebiete erschlossen und der Flächennutzungsplan zur Veränderung vorgelegt werden, hat jeder Bürger das Recht in die Unterlagen Einsicht zu nehmen sowie mündlich oder schriftlich Einspruch zu erheben. Für Großprojekte wie z. B. die Erschließung der Braunkohlelagerstätten in der Oberlausitz steht allerdings das Gemeinwohl an erster Stelle. In diesem Fall mussten sogar ganze Dörfer der Braunkohle weichen und komplett neu angesiedelt werden.

A

Informiert euch über die Flächennutzungspläne eurer Stadt oder Gemeinde.

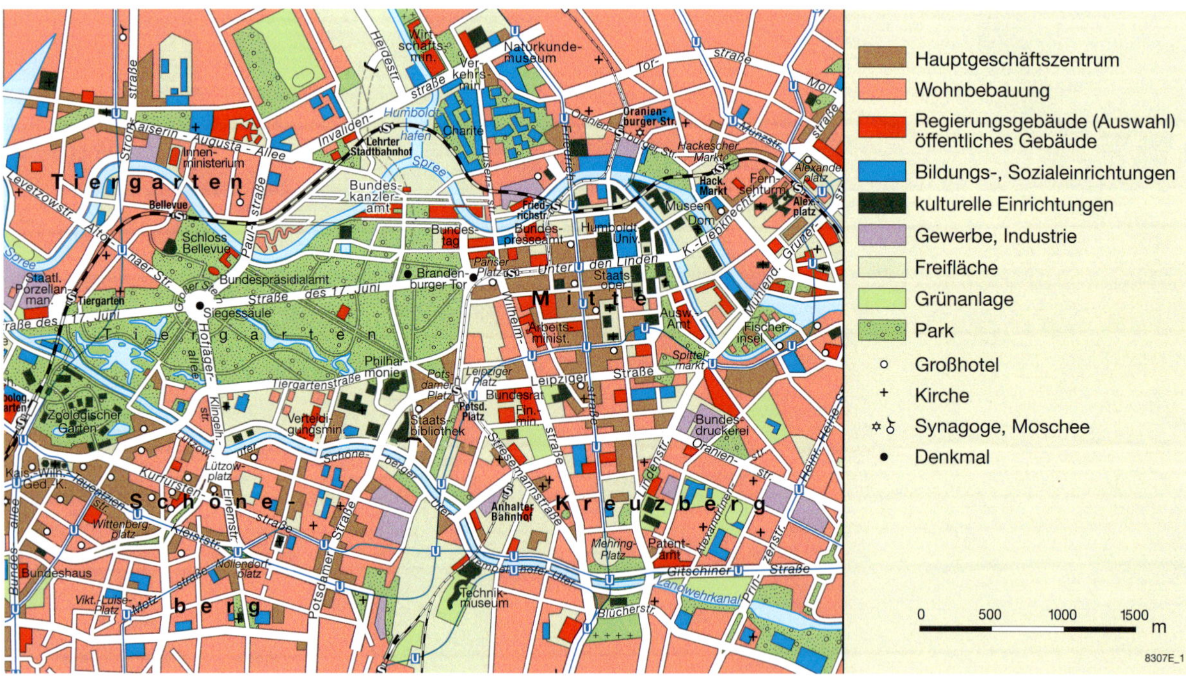

1.2 Der Bebauungsplan

Der Bebauungsplan beinhaltet konkretere, „engmaschigere“ Ausschnitte aus dem Flächennutzungsplan. Hier können genauere Informationen aus Teilgebieten des Flächennutzungsplanes gewonnen werden, wie über die Bebauung an sich, über die Größe, Anzahl, Art und Lage der Gebäude. Alle Gebäude, die sich im gültigen Bebauungsbereich befinden, müssen den Festlegungen des Bebauungsplanes gerecht werden. Veränderungen, wie z. B. Abriss, Um-, Aus- und Neubau müssen genehmigt werden.

Der Bebauungsplan wird ebenfalls, wie der Flächennutzungsplan von der Stadt- bzw. Gemeindevertretern beschlossen. Zur Unterstützung der Sichtbarmachung von baulichen Veränderungen in einem bestimmten Bebauungsgebiet werden sehr häufig Bebauungsmodelle eingesetzt. Sie veranschaulichen den konkreten Ausschnitt des Flächennutzungsplans als Modell. Solche Modelle für Großprojekte z. B. für Naherholungsgebiete werden oft in Rathäusern oder öffentlichen Einrichtungen ausgestellt, um der Bevölkerung das Mitspracherecht einzuräumen oder aber auch um öffentlich ausgeschriebene Wettbewerbe zu dokumentieren.

Erstellt in selbst gegründeten „Architekturbüros“ (zwei – vier Schüler) einen Bebauungsplan mit dem Gebiet um eure Schule als Ausschnitt.

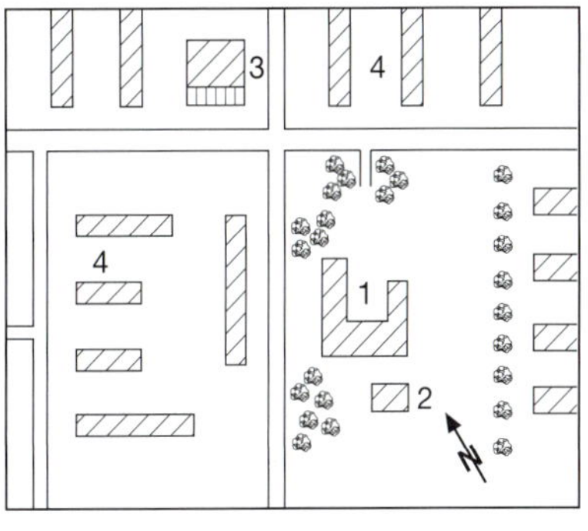

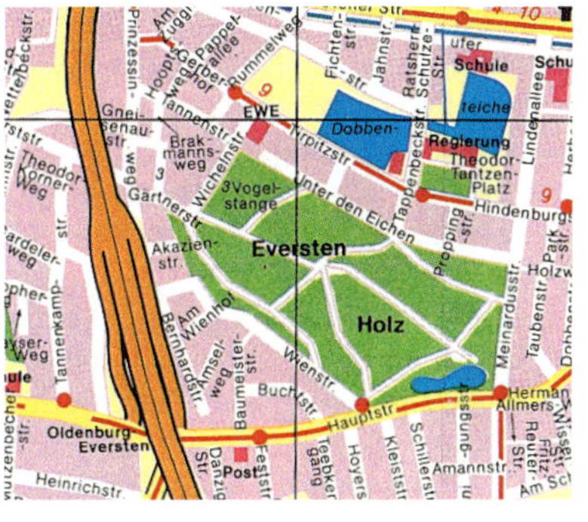

1.3 Der Lageplan

So wie der Bebauungsplan einen Ausschnitt des Flächennutzungsplanes darstellt, macht der Lageplan ein Teilgebiet aus dem Bebauungsplan sichtbar. Es wird die genaue Lage eines Gebäudes und des Grundstückes eingezeichnet. Die Abstände der Grundstücksgrenzen und die Grundfläche des Gebäudes werden mit Maßeintragungen versehen. Für das Beantragen von Bauprojekten ist solch ein konkreter, mit dem Bauvorhaben eingezeichneter Lageplan ein wichtiger Bestandteil.

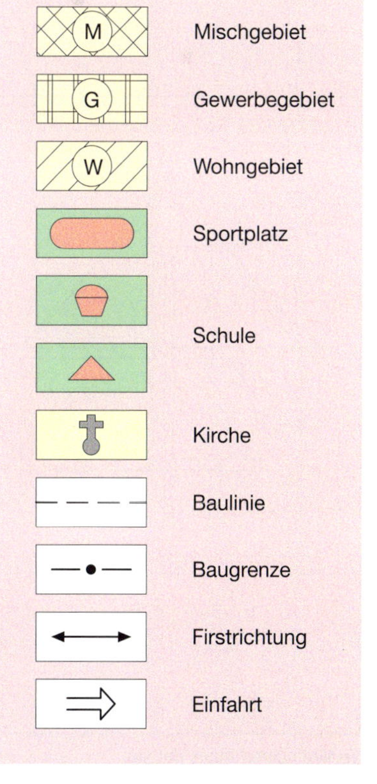

1.4 Bauzeichnungen

Für die Familie Mayer sind die Bauzeichnungen, wie der Grundriss und der Vertikalschnitt des Hauses bzw. der Wohnung von großer Bedeutung. Hieraus können sie nun entnehmen, wie die Raummaße sind, wie der maßstäbliche Grundriss aussieht, wie die Zimmernutzungsart geplant werden kann und welche vorhandenen Einrichtungsgegenstände genutzt werden können.

Bei Bauzeichnungen unterscheidet man zwischen Rohbauzeichnung, Ausbauzeichnung, Vertikalschnitt und Grundriss. Die Roh- und Ausbauzeichnungen werden in Architekturbüros entwickelt und den Bauhandwerkern für die Fertigung zur Verfügung gestellt. **Rohbauzeichnungen** dienen den Handwerkern für den Innenausbau (Maurern, Trockenbauern, Zimmerern, Betonbauern). **Ausbauzeichnungen** unterstützen die Baufacharbeiter für den Innenbereich (Fliesenleger, Maler, Klempner, Fensterbauer, Elektriker, Heizungsbauer).

Für die Darstellung der Bauwerkshöhe, Raumhöhe, des Verlaufs der Treppen und der Anzahl der Etagen verwendet man den **Vertikalschnitt**, das heißt ein senkrechter Schnitt wird sinnbildlich durch den Baukörper gezogen. Die dabei „geschnittenen" Flächen werden mittels einer Schraffur und breiten Umrisslinien dargestellt. Der Schnitt zeigt die Raumhöhe, die Dicke der Geschossdecken, die Fundamenttiefe sowie die Höhen der Fenster und Türen.
Bei einer Darstellung im **Grundriss** (Horizontalschnitt) entsteht der gedankliche Schnitt durch den Baukörper in der Horizontalen (waagerecht) in etwa 1m Höhe über dem Fußboden. Es sind die Breite und die Länge des Bauwerkes, die Größe der einzelnen Räume, die Breite der Türen und Fenster sowie die Dicke der Wände zu erkennen. Sind mehrere Etagen in einem Haus, müssen je nach Anzahl mehrere Grundrisse gezeichnet werden.

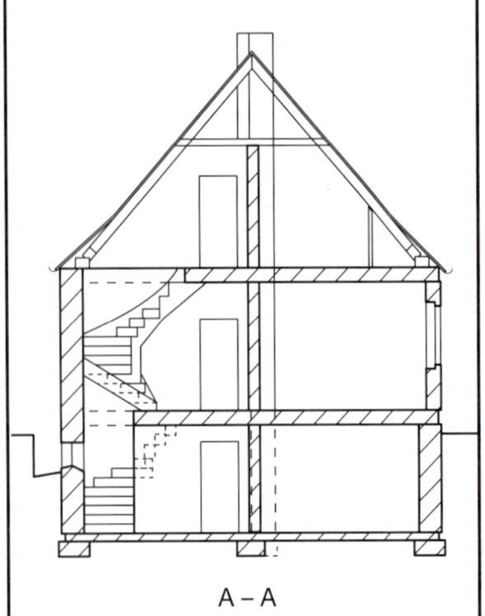

Vertikalschnitt eines Hauses

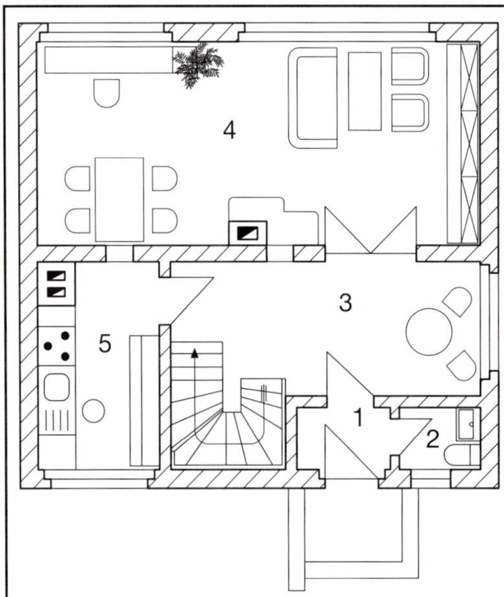

Erdgeschoss

1	Windfang	1,85 m²
2	WC	1,64 m²
3	Diele	14,67 m²
4	Wohnzimmer	25,82 m²
5	Küche	6,70 m²

Grundriss einer Wohnung oder einer Etage

1.5 Maßeintragung im Bauzeichnen

Bei der Planung des Neu- oder Umbaus einer Wohnung spielt die Bauzeichnung eine große Rolle. Wichtige Informationen wie z.B. die Dicke der Wände oder auch die Lage und Größe von Öffnungen wie Fenster oder Türen können aus der Zeichnung entnommen werden. Dazu ist es nötig, solche Zeichnungen lesen zu können und die Maßeintragung zu verstehen. Wie schon bekannt, besteht eine Maßangabe im Wesentlichen aus den Elementen
- Maßlinie,
- Maßhilfslinie,
- Maßlinienbegrenzung,
- Maßzahl.

Im Bauzeichnen gibt es einige Besonderheiten zu beachten.

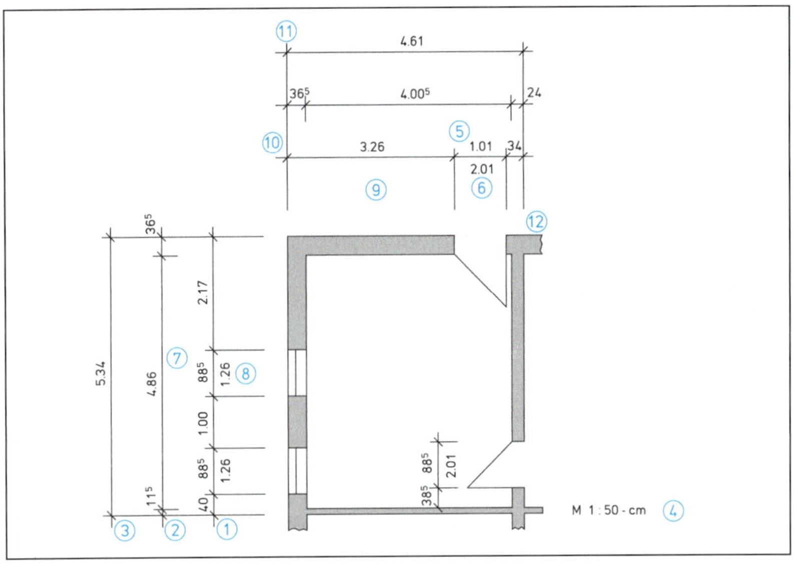

Die Maßeintragung kann mit Maßketten erfolgen, die parallel zueinander verlaufen.

① Öffnungs- und Anschlussmaße werden als erste eingetragen.
② Im Anschluss werden Wand- und lichte Raummaße eingezeichnet.
③ Das Gesamtmaß folgt als letztes Maß.
④ Die Wahl der Maßeinheit richtet sich nach der Bauart. Sie wird im Schriftfeld in Verbindung mit dem Maßstab angegeben.
⑤ Öffnungen wie Türen und Fenster werden mit zwei Maßen bemaßt. Die Türbreite steht auf der Maßlinie.
⑥ Die Türhöhe steht darunter (unter der Maßlinie).
⑦ Die Fensterbreite steht über der Maßlinie.
⑧ Die Fensterhöhe steht darunter (unter der Maßlinie).
⑨ Der Abstand der Maßketten richtet sich nach dem gewählten Zeichnungsmaßstab. Er beträgt zwischen Körperkante und Maßlinie (erste Maßkette) 15 mm bis 25 mm.
⑩ Der Abstand zwischen den Maßlinien (Maßketten) beträgt 10 mm bis 15 mm.
⑪ Die Maßlinienbegrenzung erfolgt mit schrägen Maßstrichen. Die Maßstriche verlaufen unter einem Winkel von 45° von links unten nach rechts oben. Als Maßlinienbegrenzung sind auch Maßpunkte, Kreise oder Kreuze möglich.
⑫ Maßhilfslinien und Körperkante sind durch einen geringen Zwischenraum getrennt.

1.6 Der Einrichtungsplan

Christians Familie ist erleichtert. Nach den großen Entscheidungen zur Wohnungsfindung stehen nun noch solche Dinge wie der Umzug und die Einrichtung der Wohnung an. Christian und seine Schwester dürfen ihre Zimmer selbst einrichten und gestalten, wobei der größte Teil der Möbel aus der alten Wohnung ausreichen muss.

Der Grundriss der Wohnung bietet ideale Möglichkeiten, die Zimmergestaltung zu planen. Wenn die Möbel erst einmal an einer bestimmten Stelle stehen, ist eine Veränderung ohne große Schwierigkeiten kaum machbar. Ebenfalls ist es äußerst teuer, wenn man sich neue Möbel anschafft, die dann von der Größe her gar nicht in die Wohnung passen. Im Vorfeld kann auf der Grundlage des Grundrisses schon abgeklärt werden:
- in welche Richtungen die Türen zu öffnen sind,
- wie die Verteilung bzw. die Nutzung der Zimmer sein soll,
- wo sich Steckdosen, Wasser und Medienanschlüssen befinden und
- wie die Abmessungen der Räume, Türen und Fenster sind.

Ähnlich einem Planspiel kann im Vorfeld die modellhafte Möblierung der Räume vorgenommen werden. Dafür gibt es standardisierte Sinnbilder (Symbole), die auf Wohnungsgrundrissen (siehe Seite 120) gleichen Maßstabes bis zur optimalen Variante hin und her geschoben werden können.

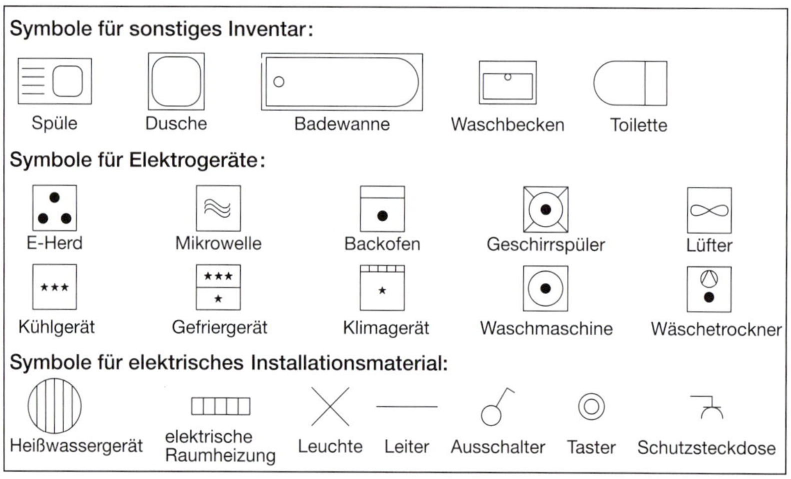

Symbole für Einrichtungsgegenstände

Nachdem nun der Umzug und die Einrichtung der neuen Wohnung erfolgt ist, gibt es noch viele Kleinigkeiten zu erledigen. Nach dem Meldegesetz ist jeder, der sich an einem neuen Wohnort niederlässt, verpflichtet sich bei der zuständigen Behörde zu melden. Das ist meist das Einwohnermeldeamt. Der neue Wohnsitz wird im Personalausweis eingetragen. Des Weiteren ist Christians Familie gut beraten, wenn sie gleich nach dem Einzug eine genaue Inspektion durchführt.

- Zählerstände der anliegenden Medien wie Gas, Wasser, Strom notieren,
- erkennbare Mängel aufschreiben, z. B. Beschädigungen an Fenstern und Türen, Fensterbänken und evtl. Tapete und vom Vermieter gegenzeichnen lassen,
- Abflüsse und Armaturen überprüfen.

A

1. Fertigt einen maßstabgetreuen Grundriss eures Zimmers an.
2. Zeichnet eure Möbel ebenfalls maßstabsgerecht auf ein separates Blatt, schneidet sie aus und findet durch „Hin- und Herschieben" Möglichkeiten das Zimmer neu einzurichten.

2 Elektrotechnik im Wohnbereich

Unser tägliches Leben ist ohne Elektrotechnik kaum noch denkbar. Sie hat wesentlich zur Veränderung der Lebensumstände in den letzten hundert Jahren beigetragen. Wie groß die Abhängigkeit der Gesellschaft von der Elektroenergie ist, zeigten nicht zuletzt die Wirkungen der großflächigen Stromausfälle in der letzten Zeit in den USA und in Luxemburg. Der Verkehr brach zusammen, Unternehmen und Handelseinrichtungen mussten schließen, weil sie ohne Elektroenergie nicht arbeitsfähig sind.

Auch im Wohnbereich hat ein Stromausfall katastrophale Folgen. Da die Haushaltsgeräte nicht mehr funktionieren, kann man weder waschen noch kochen, wenn kein Gasanschluss vorhanden ist. Bei längerem Ausfall verderben die Vorräte in der Tiefkühltruhe, aber auch die Wasserversorgung und die Heizung fallen aus, da die notwendigen Pumpen nicht arbeiten.

Seit Beginn der Nutzung der Elektroenergie im Wohnbereich Anfang des vorigen Jahrhunderts haben sich die Einsatzbereiche vervielfacht.
Zunächst wurde der elektrische Strom fast ausschließlich für Beleuchtungszwecke genutzt. Es folgten dann die ersten Haushaltsgeräte wie Staubsauger, Nähmaschine, Waschmaschine, allerdings wurde bei Letzterer zunächst nur die Handkurbel durch einen Elektromotor ersetzt.

Auch die Entwicklung des Rundfunks in den 30er-Jahren des vorigen Jahrhunderts war erst möglich, als die meisten Wohnungen einen Stromanschluss hatten.

Inzwischen spielt die Kommunikationstechnik bei der Ausstattung der Wohnungen eine wichtige Rolle. Neben Rundfunk- und Fernsehgeräten findet man in den meisten Haushalten Videorekorder, Computer, DVD-Player und Telefonanlagen.
Die Ausstattung der Wohnungen mit elektrischen Haushaltsgeräten hat sich in den letzten Jahrzehnten ebenfalls wesentlich erweitert. Zum Standard gehören heute neben Waschmaschinen auch Geschirrspüler, Kaffeeautomaten und Mikrowellen.

Die Entwicklung der Steuerungstechnik bewirkte einen weiteren Schub bei der Nutzung der Elektrotechnik im Haushalt. So werden zunehmend Sicherungssysteme in die Häuser eingebaut, Garagentore und Sonnenschutzanlagen werden elektrisch betrieben und elektronisch gesteuert, auch Solaranlagen werden verstärkt installiert.

Erste Versuche beim Waschen mechanische Mittel und Strom zu nutzen

Solaranlage auf einem Wohnhaus

Moderner Waschvollautomat

Die stürmische Entwicklung der Elektrotechnik erforderte spezifische Verfahren und Arbeitsweisen zur Darstellung elektrotechnischer Vorgänge und Zusammenhänge.
Wie auch in anderen Bereichen der Technik reicht eine formale Beschreibung eines elektrotechnischen Sachverhalts (z.B. das Zusammenwirken elektrotechnischer Bauteile) nicht aus. Es musste eine Form der grafischen Darstellung gefunden werden, die schnell und eindeutig die Zusammenhänge erkennen lässt. Im Maschinenbau werden in technischen Zeichnungen die geometrischen Formen des technischen Objektes maßgerecht abgebildet.

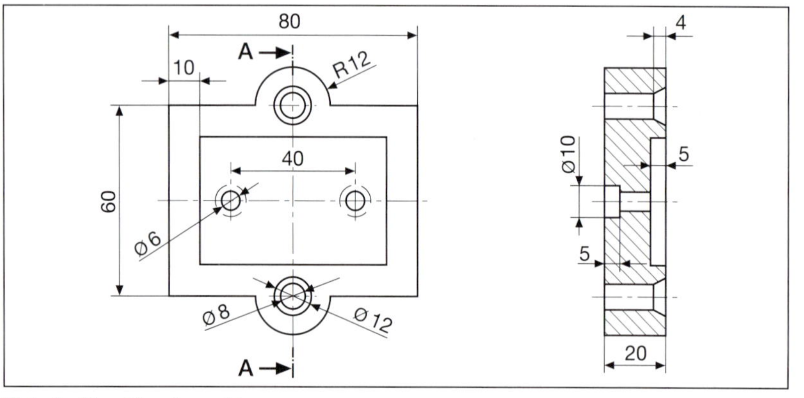

Einfache Maschinenbauzeichnung

In der Elektrotechnik arbeitet man vor allem mit sinnbildlichen Darstellungen. Das ergibt sich aus dem besonderen Aufgabenbereich der Elektrotechnik. Es ist entscheidend, die elektrischen Objekte in ihren Beziehungen und ihrem Zusammenwirken zu zeigen. Genaue Formen und Abmessungen der Bauelemente und Geräte der Elektrotechnik bleiben unberücksichtigt. Dazu genügt es Sinnbilder bzw. Symbole anzuwenden.

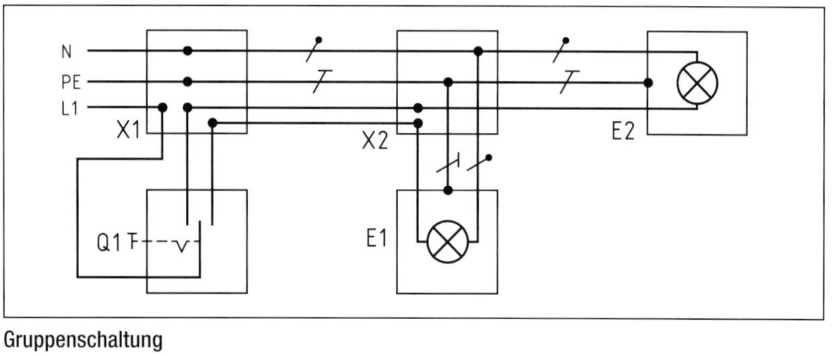

Gruppenschaltung

Die Symbole werden für unterschiedliche Zwecke verwendet z.B.:
- das Darstellen von Stromrichtungen in elektrischen Leitern,
- das Darstellen von elektrotechnischen Objekten,
- das Darstellen von Spannungsarten.

Diese technischen Zeichnungen in der Elektrotechnik bezeichnet man als **Schaltpläne**. Sie können in der Elektrotechnik unterschiedliche Funktionen haben.
So dienen sie als Grundlage für den Aufbau elektrotechnischer Anlagen, lassen den Stromfluss und seine Wirkungen erkennen und erleichtern die Suche nach Störungen. Sie sind also ein wichtiges Verständigungsmittel in der Elektrotechnik.

A

1. Warum werden in der Elektrotechnik die technischen Gegenstände anders dargestellt als im Maschinenbau?
2. Analysiert Schaltpläne in Betriebsanleitungen von Haushaltsgeräten. Welche Informationen enthalten sie?

Eng mit der Entwicklung der Elektrotechnik verbunden ist die Entstehung der Schaltzeichen. So erfolgte die Gestaltung der Symbole für elektrische Bauteile zunächst in starker Anlehnung an die konkreten Objekte (z.B. Schalter, Widerstände). Mit der fortschreitenden Entwicklung der Elektrotechnik wurden die Bauteile immer komplizierter und vielfältiger. Es mussten Vereinfachungen und eine Vereinheitlichung geschaffen werden. Deshalb wurden in den dreißiger Jahren des vorigen Jahrhunderts vom Deutschen Normenausschuss die ersten DIN-Blätter über elektrische Schaltzeichen herausgegeben. Sie werden ständig weiterentwickelt und vervollständigt.

Schaltzeichen sind Symbole für elektrische Bauelemente, Maschinen, Geräte und Vorrichtungen. Sie werden in Schaltplänen genutzt um die Bauteile und die Funktion einer elektrotechnischen Anlage darzustellen. Aus den Schaltplänen müssen der mögliche Stromverlauf und die Wirkungen des Stromes ersichtlich sein.
Das Schaltzeichen muss nichts über den mechanischen Aufbau des Gerätes aussagen, es muss nur die elektrische Arbeitsweise erkennbar sein.
In der folgenden Tabelle werden einige grundlegende Schaltzeichen dargestellt (Auszug aus DIN EN 60617-11:97-08):

Elektroinstallation – *Auszug*

DIN EN 60 617-11: 97-08

Schaltzeichen	Benennung
Kennzeichen für Leiter	
11-11-01	Neutralleiter (N) Mittelleiter (M)
11-11-02	Schutzleiter (PE)
11-11-03	Neutralleiter mit Schutzfunktion (PEN)
11-11-04	Drei Leiter, ein Neutralleiter, ein Schutzleiter
Leuchten	
11-15-03	Leuchte, allgemein
11-15-01	Leuchtenauslass, dargestellt mit
11-15-02	Leuchtenauslass auf Putz
11-15-04	Leuchte für Leuchtstofflampe,
11-15-05	Leuchte mit drei Leuchtstofflampen,
5 11-15-06	Leuchte mit fünf
111-07-05	Leuchte mit Schalter

Schaltzeichen	Benennung
Geräte für Installation	
11-12-04	Dose, allgemein Leerdose, allgemein
11-12-05	Anschlussdose Verbindungsdose
11-12-06	Hausanschlusskasten, allgemein dargestellt mit Leitung
Elektro-Haushaltsgeräte	
	Heißwasserspeicher
	Waschmaschine
	Wäschetrockner
	Geschirrspülmaschine
***	Kühlgerät Tiefkühlgerät
* ***	Gefriergerät
E	Elektrogerät, allgemein
	Küchenmaschine
	Elektroherd, allgemein

Schaltzeichen	Benennung
Schalter	
11-14-01	Schalter, allgemein
11-14-02	Schalter mit Kontrollleuchte
	Ausschalter, einpolig, Schalter 1/1
11-14-03	Zeitschalter, einpolig
11-14-04	Ausschalter, zweipolig, Schalter 1/2
11-14-05	Serienschalter, einpolig, Schalter 5/1
11-14-06	Wechselschalter, einpolig, Schalter 6/1
Steckdosen	
3 11-13-02	Mehrfachsteckdose, dargestellt als Dreifachsteckdose Form 1
11-13-03	Form 2
11-13-04	Schutzkontaktsteckdose
11-13-05	Steckdose mit Abdeckung

Zur genaueren Kennzeichnung der Funktion der Bauteile in elektrischen Anlagen werden Kennbuchstaben genutzt. So werden stromführende Leiter mit **L1**, **L2**, **L3**, Neutralleiter mit **N** und geerdete Schutzleiter mit **PE** gekennzeichnet.

2.1 Schaltpläne

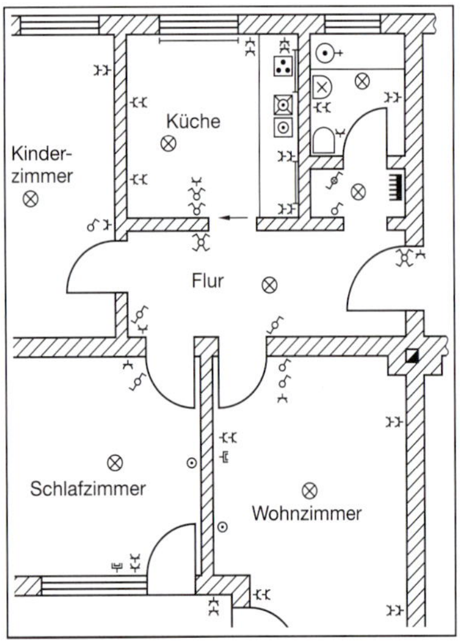

Installationsplan

Je nach Verwendungszweck werden Schaltpläne unterschiedlich ausgeführt. So wird zum Erkennen der Funktion einer elektrischen Anlage der **Stromlaufplan** gezeichnet. Es werden die Stromwege in einer Schaltung dargestellt. Die Stromwege sollen möglichst gradlinig und kreuzungsfrei gezeichnet werden. Die räumliche Lage und die mechanische Wirkung der einzelnen Teile bleiben unberücksichtigt.

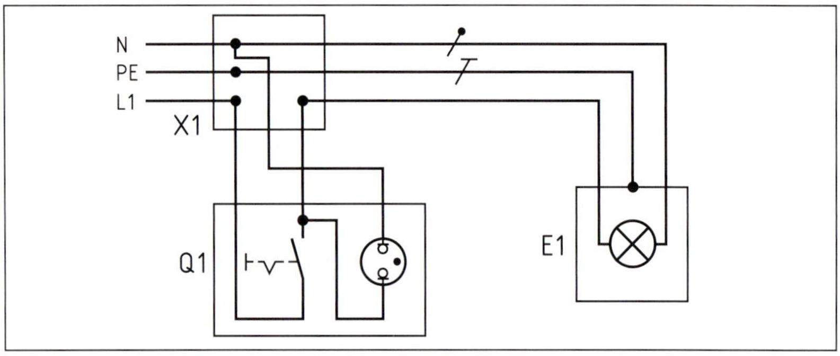

Stromlaufplan: Ausschaltung mit Kontrolllampe

In einem **Übersichtsschaltplan** erfolgt die vereinfachte, meist einpolige Darstellung einer Schaltung ohne Hilfsleitungen. Dafür werden nur wesentliche Teile der elektromechanischen Anlage berücksichtigt. Es geht um die Kennzeichnung der wichtigsten Verbindungen zwischen Betriebsmitteln in einer Installation. Die räumliche Lage der Bauteile spielt keine Rolle.

Werden in einer Bauzeichnung elektrische Betriebsmittel (Schalter, Lampen, elektrische Haushaltsgeräte) lagegerecht eingezeichnet, so bezeichnet man diese als **Installationsplan**. Die maßstabgerechte Darstellung der Räume erleichtert die Ermittlung des erforderlichen Leitungsmaterials.

Werden die Verbindungsleitungen mit eingezeichnet, so spricht man von **Installationsschaltplan**.

Wodurch unterscheidet sich ein Stromlaufplan von einem Installationsschaltplan?

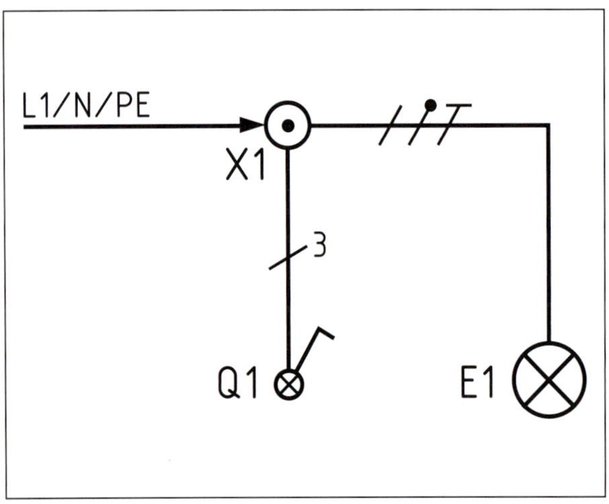

Übersichtsschaltplan

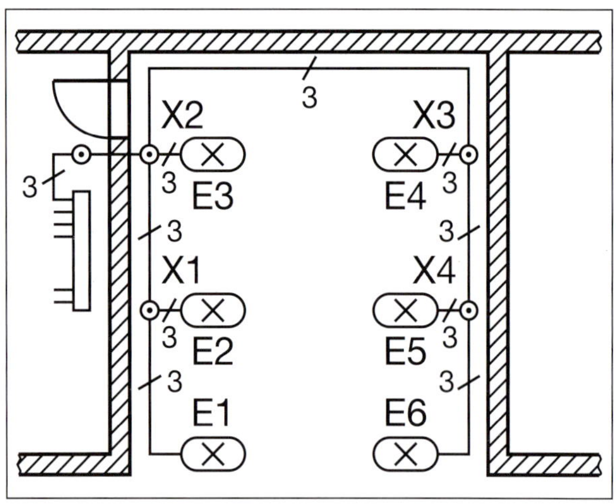

Installationsschaltplan

2.2 Installationsschaltungen

Eine Wohnung ohne Anschluss an das Stromnetz ist heute kaum noch denkbar. Dabei spielt die Beleuchtung der Wohnung nach wie vor eine entscheidende Rolle. Sie ist ein Bestandteil unserer Wohnkultur. Schöne Lampen tragen wesentlich zur Ausgestaltung der Wohnung bei. Möbelhäuser, Baumärkte und spezielle Fachgeschäfte bieten eine Vielzahl von Lampen für jeden Geschmack und Geldbeutel an. So wird die Glühlampe immer mehr von Gasentladungslampen, Sparlampen bzw. Halogenlampen ersetzt. Diese neuen Leuchtmittel erzeugen bei pro Watt Leistung mehr Licht und leisten damit einen Beitrag zum sparsamen Umgang mit Elektroenergie.
Trotz der großen Vielfalt der Leuchten gibt es nur eine geringe Zahl von Beleuchtungsschaltungen für Wohnungen. Die einfachste Schaltung ist die **Ausschaltung**. Sie dient dem Ein- und Ausschalten von Lampen und anderen elektrischen Geräten.

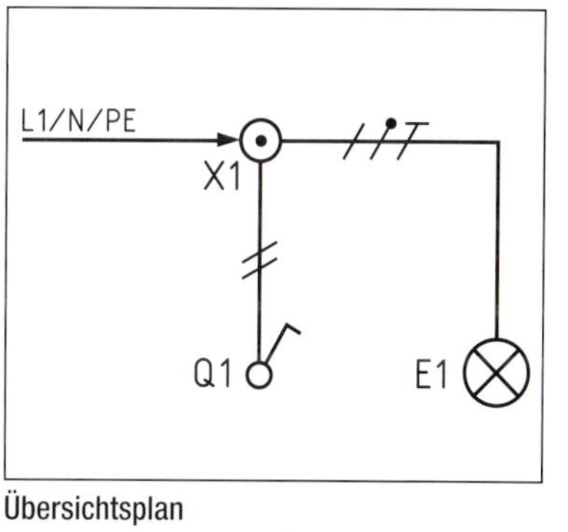

Übersichtsplan

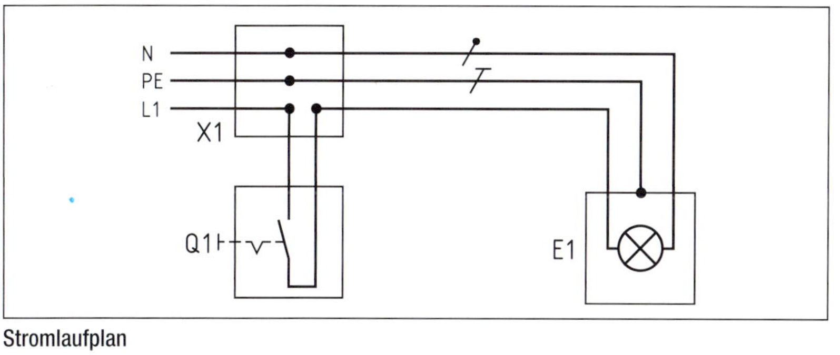

Stromlaufplan

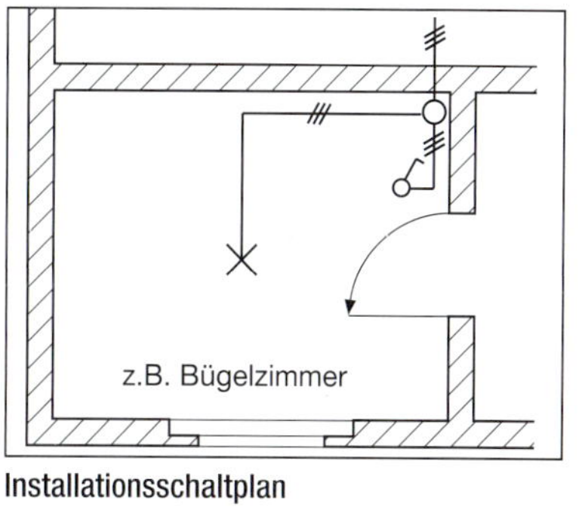

Installationsschaltplan

Funktionsbeschreibung: L1 wird über den Schalter Q1 zur Lampe geschaltet. Der Ausschalter hat eine Wippe und zwei Anschlüsse.

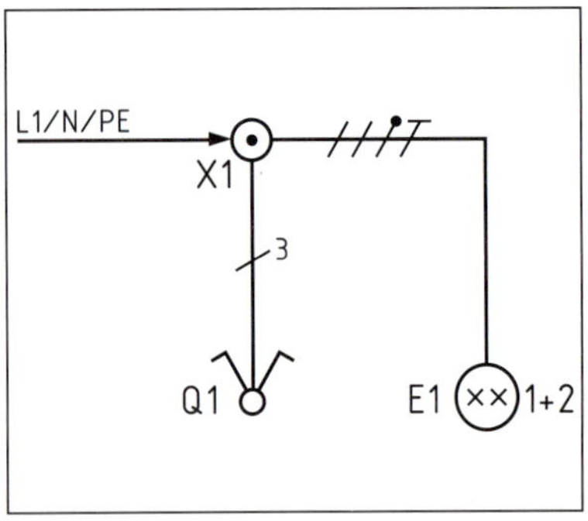

Übersichtsplan

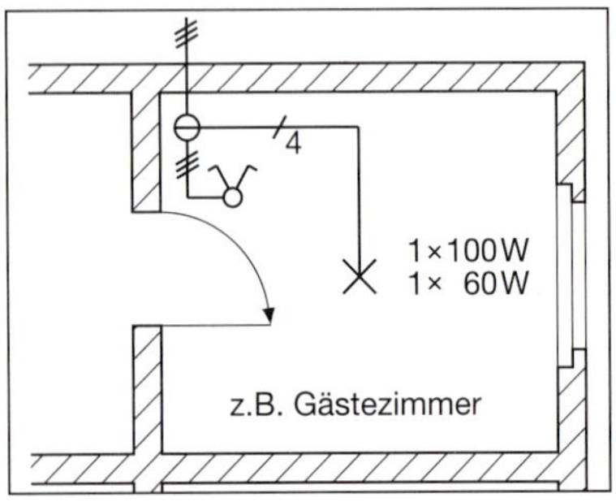

Installationsschaltplan

Wenn in einem Wohnraum (z.B. Wohnzimmer) je nach Lichtbedarf ein oder zwei Lampen bzw. Lampengruppen eingeschaltet werden sollen, nutzt man eine **Serienschaltung**.

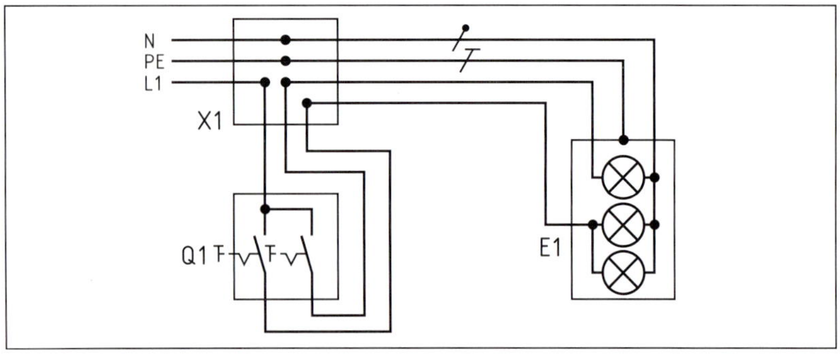

Stromlaufplan

Funktionsbeschreibung: L1 wird über den Schalter Q1.1 zur Lampe E1.1 und über Q1.2 zur Lampengruppe E1.2 geschaltet. Der Serienschalter hat zwei Wippen und drei Anschlüsse.

Für die Beleuchtungsschaltung von Fluren oder Dielen sind in der Regel nur eine Lampe, aber zwei Schalter an verschiedenen Orten notwendig. Auf diese Weise ist es möglich, die Beleuchtung sowohl am Wohnungseingang als auch z.B. an der Wohnzimmertür ein- und auszuschalten. Dazu nutzt man eine **Wechselschaltung**.

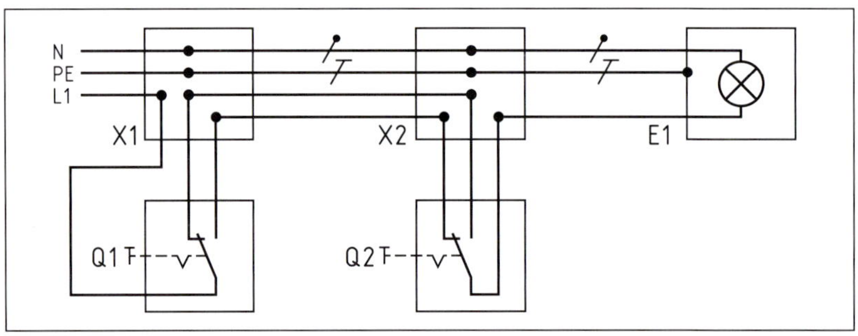

Stromlaufplan

Funktionsbeschreibung: L1 wird über Q1 und den korrespondierenden Leiter zu Q2 geschaltet. Wird Q1 oder Q2 betätigt, ändert sich der Betriebszustand des Verbrauchers E1, das bedeutet: Die Lampe wird ein- bzw. ausgeschaltet.

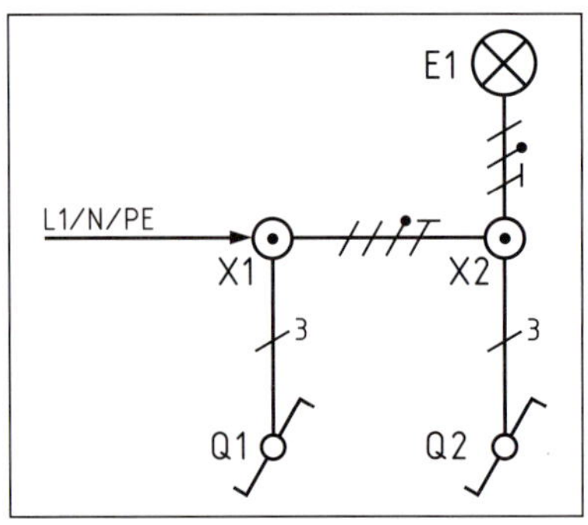

Übersichtsplan

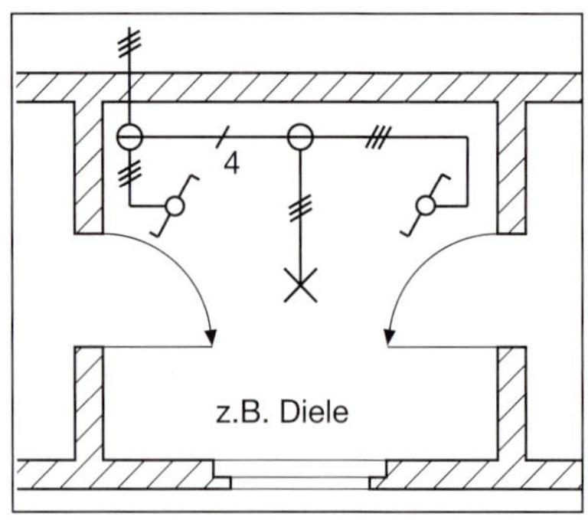

Installationsschaltplan

A

Entwickelt den Stromlaufplan für eine Serienschaltung, bei der jeweils zwei Lampen eingeschaltet werden.

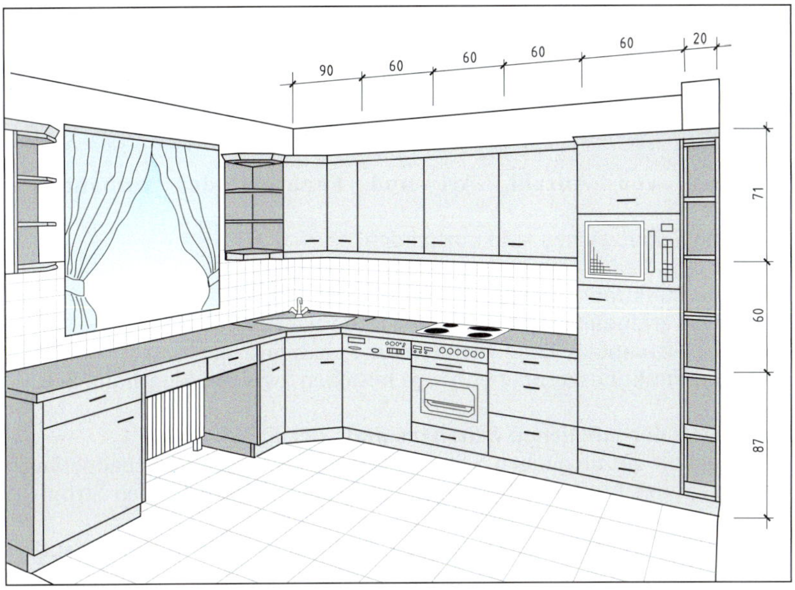

Moderne Küche

Nicht alle Schaltpläne für eine Wohnung sind so einfach und übersichtlich. Besonders für moderne Küchen mit ihren vielen elektrischen Geräten sind die Installationspläne recht umfangreich. Das folgende Beispiel für die Installation einer Küche in einer Neubauwohnung macht das deutlich.

Der Übersichtsschaltplan zeigt, dass das Lesen und Umsetzen dieses Planes ein gutes Raumvorstellungsvermögen sowie eine genaue Kenntnis der Schaltzeichen und sonstigen Symbole voraussetzt. Er gibt einen genauen Einblick in die zu verlegenden Anschlüsse und Leitungen.

Leistungen:	Elektroherd	14 kW;	400 V
	Kühlschrank	200 W;	230 V
	Geschirrspüler	4 kW;	230 V
	Mikrowellengerät	1,8 kW;	230 V
	Dunstabzugshaube	200 W;	230 V
	Beleuchtung	60 W;	230 V

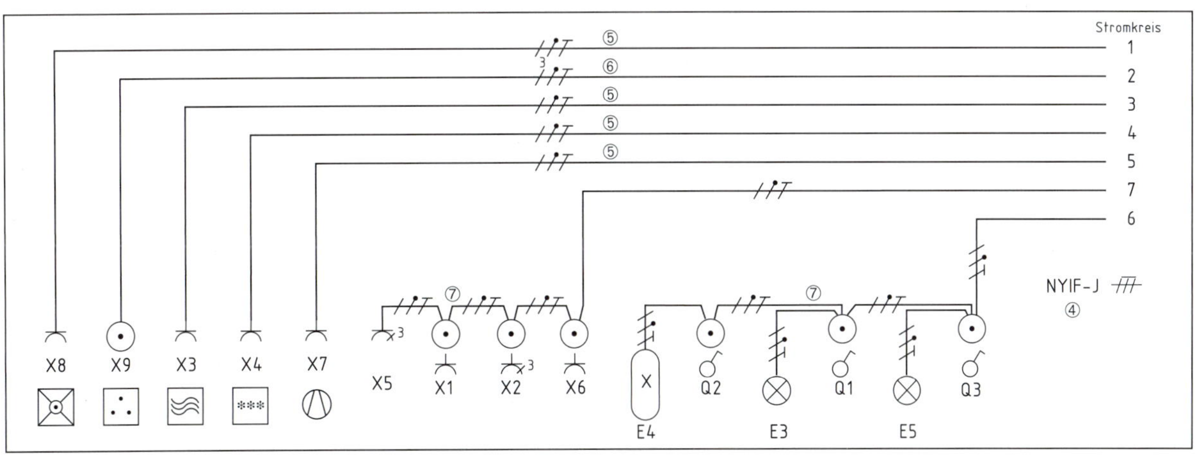

Übersichtsschaltplan der Küche

Schrittfolge für das Lesen von Schaltplänen

Schaltplanart

Bestimmen der Schaltplanart
- Hat er die Merkmale eines Stromlaufplanes?
- Ist es ein Übersichtsschaltplan?
- Handelt es sich um einen Installationsplan?

Bauteile

Ermitteln von Anzahl, Art und Funktion der vorhandenen Bauteile
- Welche Schaltzeichen sind vorhanden?
- Welche Bauteile symbolisieren die Schaltzeichen?
- Welche Funktion haben die Bauteile?
- Welche Verbindungen bestehen zwischen den Bauteilen?
- Welche Strompfade kennzeichnen die Schaltung?
- Welche Funktionszusammenhänge bestehen zwischen den Bauteilen?

Schaltzustände

Feststellen der möglichen Schaltzustände der Schaltgeräte
- Bestimmen der möglichen Schaltvarianten der einzelnen Schaltgeräte,
- ermitteln des Einflusses der einzelnen Schaltzustände auf den Stromverlauf,
- analysieren der Wechselwirkungen der einzelnen Schaltzustände auf die übrigen Bauteile und die gesamte Schaltung,
- festhalten der möglichen Schaltzustände der gesamten Schaltung.

Stromwirkung

Untersuchen der Wirkungen des elektrischen Stromes bei den möglichen Schaltzuständen
- Gedankliches Realisieren aller möglichen Schaltzustände,
- verfolgen des Stromlaufes bei den einzelnen Schaltzuständen,
- bestimmen der Wirkungen des Stromlaufes bei den einzelnen Schaltzuständen.

Zweckbestimmung

Erkennen des Zwecks der Schaltung
- Analysieren der Einsatzmöglichkeiten einer solchen Schaltung,
- beschreiben des praktischen Zwecks der Schaltung.

2.3 Schutzmaßnahmen

Gefahren des elektrischen Stromes

Tod auf Gartenparty
... Auf einer Gartenparty stellte ein Jugendlicher eine Stehleuchte neben den Gartentisch. Über eine Verlängerungsleitung wurde die Lampe an das Netz angeschlossen. Als er die Lampe näher an den Tisch stellte und einschaltete, fiel er tot zu Boden ...

Hinweis: Die Buchstaben PE sind Abkürzungen für den englischen Begriff „protection earth" (Bezugserde).

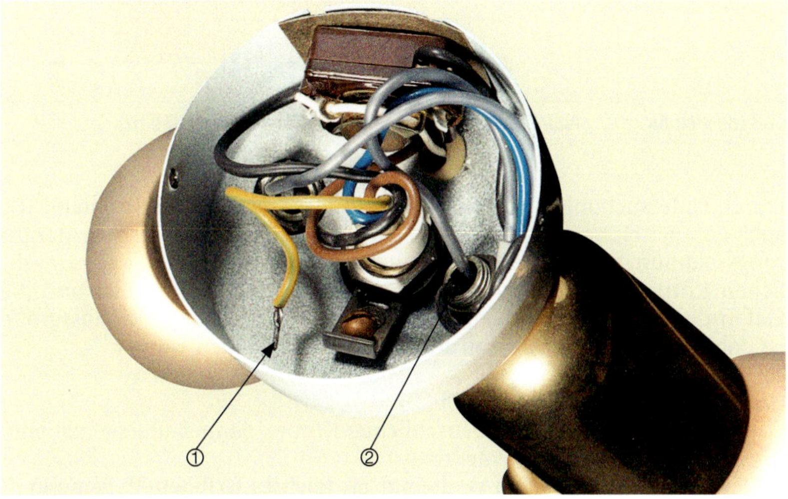

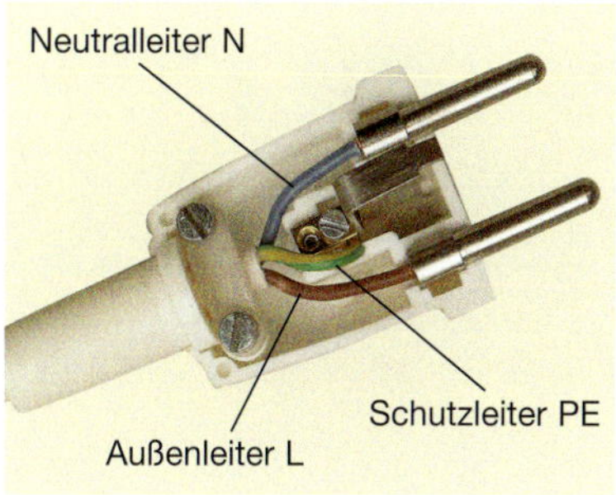

1. Fehler:
Der Schutzleiter, der mit dem Metallgehäuse verbunden sein sollte, hatte sich beim Bewegen der Leuchte aus der Verschraubung gelöst ①.

2. Fehler:
Die scharfe Innenkante des Gewindenippels, der in die Fassung eingeschraubt war, hatte die Isolierung der Leitung beschädigt ②. Der Spannung führende Leiter kam mit dem Metallgehäuse in Berührung.

Schutzleiter sind Leiter, die Körper von Betriebsmitteln (z.B. Gehäuse von Maschinen und Anlagen), leitfähige Teile und Erdungsklemmen mit der Erde verbinden. Sie verhindern Stromschläge, wenn z.B. Spannung führende Leiter durch Beschädigung der Isolation mit Gehäuseteilen aus Metall in Berührung kommen. Diese Leiter tragen in allen Schaltplänen die Bezeichnung **PE** und sind in allen Kabeln durch die gelb-grüne Farbe der Schutzisolierung gekennzeichnet.

Wie kommt es zu einem Stromschlag?
Zur Erklärung verwenden wir den Stromlaufplan der fehlerhaften Leuchte in nebenstehender Abbildung. Dort ist eine Person dargestellt, die das Metallgehäuse berührt. Infolge eines Isolationsfehlers ③ steht das Gehäuse unter Spannung. Im entstehenden Fehlerstromkreis liegen jetzt einige Widerstände, die die Größe des Fehlerstromes (Körperstrom I_K) beeinflussen.
Eine weitere Einflussgröße auf den Körperstrom ist die Berührungsspannung U_B. Sowohl in der Stehleuchte als auch bei der Glühlampe beträgt die Berührungsspannung 230 V. Der zu hohe Körperstrom löste den tödlichen Stromschlag aus.

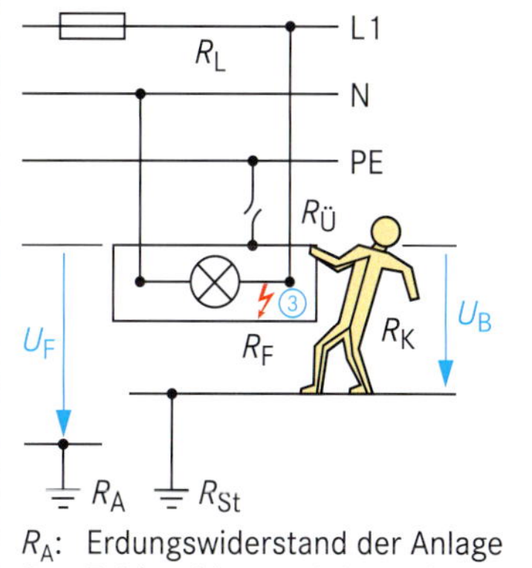

R_A: Erdungswiderstand der Anlage
R_F: Fehlerwiderstand der Isolation
R_K: Körperwiderstand
R_L: Leiterwiderstand
$R_Ü$: Übergangswiderstand Metallgehäuse-Hand
R_{St}: Übergangswiderstand Mensch-Standort

Ersatzschaltbilder im Fehlerfall

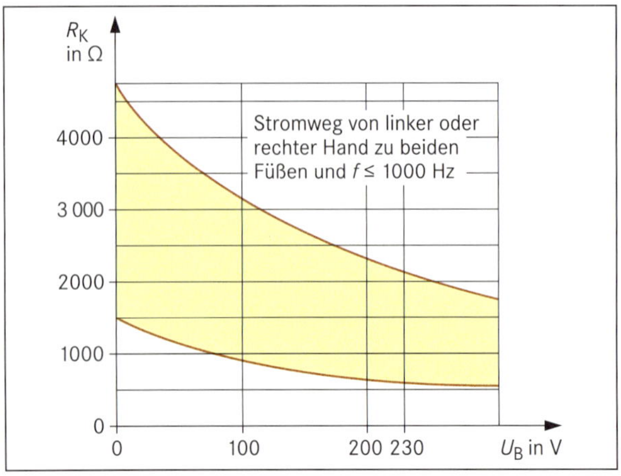

Abb. 1: Körperwiderstand RK in Abhängigkeit von UB (Bereich für mögliche Körperwiderstände)

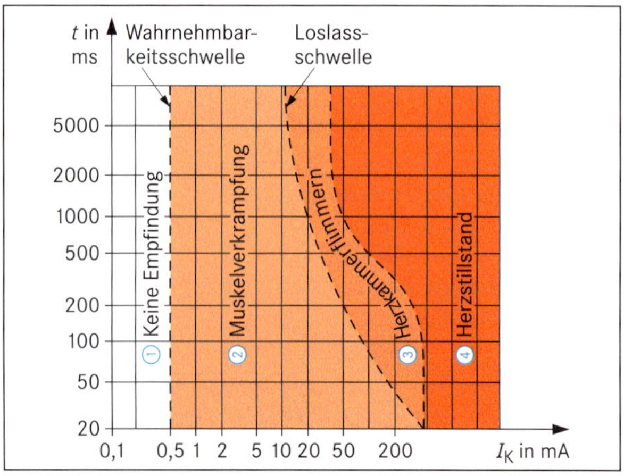

Abb. 2: Stromstärkebereiche bei Wechselstrom (50 Hz)

Durch Untersuchungen wurde festgestellt, dass der Körperwiderstand RK auch von der Höhe der Berührungsspannung U_B abhängt. Wird die Berührungsspannung größer, dann verkleinert sich der Widerstand des menschlichen Körpers (Abb. 1). Der Körperstrom IK wird dann größer und die Gefährdung des Menschen nimmt damit zu. Eine wichtige Einflussgröße ist dabei der Weg des Stromes durch den menschlichen Körper.

Physiologische Wirkungen (Abb. 2)
Fließt ein Strom durch den menschlichen Körper, dann sind folgende physiologischen Wirkungen bemerkbar:
- Kleinere Ströme (< 0,5 mA), die nur als **leichtes Kribbeln** ① bemerkt werden, wirken sich bereits gesundheitsschädlich aus.
- Größere Ströme (> 1 mA) lösen **Muskelverkrampfungen** ② aus. Das fehlerhafte Gerät kann nicht mehr losgelassen werden.
- Ströme ab etwa 50 mA können zu **Herzkammerflimmern** ③ und zum **Herzstillstand** ④ führen. An den Berührungsstellen treten Verbrennungen auf.
- Auch kurze Stromeinwirkungen („Wischer“) können zu **Folgeschäden** (z.B. Sturz) führen.

Neben den oben genannten Wirkungen gibt es noch weitere Wirkungen.
Die **Wärmewirkung** führt zu
- Strommarken an den Eintrittsstellen,
- Gerinnung des Bluteiweiß und Platzen der roten Blutkörperchen.

Die **chemische Wirkung** bewirkt
- Zersetzung der Zellflüssigkeit und
- eventuellen späteren Tod durch Vergiftung.

> *i* Ein Körperstrom von 50 mA führt bei einer Einwirkungszeit von 1 s zum Tod durch Herzstillstand.

Einwirkungszeit und Körperstrom
In Abb. 2 sind die unterschiedlichen Wirkungen des elektrischen Stromes in Abhängigkeit von den einzelnen Stromstärken dargestellt. Daran kann man je nach Größe der Stromstärke und Einwirkungszeit die Art der Gefährdung ablesen. Bei längerer Einwirkungszeit kann bereits ein kleinerer Körperstrom für Menschen und Tiere gefährlich sein, weil er zu Herzkammerflimmern bzw. Herztod führt.
Die aufgezählten Wirkungen werden weiterhin durch
- **Körperbau** wie Größe und Gewicht,
- **Hautbeschaffenheit** (feucht oder trocken) und
- **körperliche Verfassung** beeinflusst.

Auch die Kleidung, besonders die Qualität des Schuhwerks, spielt eine wichtige Rolle. Sie beeinflusst den Übergangswiderstand $R_Ü$.

A

1. Welche Funktion hat ein Schutzleiter?
2. Wie kann man sich vor einem Stromschlag schützen?

Sicherheitsvorschriften
Für den Umgang mit elektrotechnischen Bauteilen und Geräten sowie für Arbeiten an den Anlagen und Geräten gibt es eine Vielzahl von Vorschriften, die der Fachmann kennen und beachten muss.
Daraus lassen sich folgende allgemeine Grundsätze für den Umgang mit elektrotechnischen Anlagen ableiten:

- Das Arbeiten an Anlagen und Geräten, die unter Spannung stehen, ist nur Fachkräften unter Einhalten besonderer Sicherheitsvorschriften erlaubt.
- Bei jeder Arbeit an einer Elektroanlage ist immer der Strom abzuschalten.
- Defekte Geräte sind sofort außer Betrieb zu nehmen.
- Arbeiten an Steckern, Steckdosen und Anschlussleitungen dürfen nur von Fachkräften vorgenommen werden.

Erste Hilfe bei Unfällen durch elektrischen Strom

1. Abschalten der elektrotechnischen Anlage, in der sich der Verunglückte befindet durch:
   - Betätigung des Schalters,
   - Abschalten des Stromkreises an der Sicherung,
   - Trennen der Steckverbindungen.
2. Kann eine elektrotechnische Anlage nicht abgeschaltet werden, muss der Verunglückte so vom Strom getrennt werden:
   - Helfer auf isolierende Unterlage stellen,
   - Verunglückten nur an trockener Kleidung anfassen!
3. Arzt verständigen, den Verunglückten ruhig lagern.
4. Bei Atemstillstand sofort mit künstlicher Atmung beginnen.

Erläutert das Verhalten bei Unfällen durch elektrischen Strom.

Unfallverhütung – *Auszug* DIN 4844-1: 02-11

Verbotszeichen

P02 Feuer, offenes Licht und Rauchen verboten · P04 Mit Wasser löschen verboten · P05 Kein Trinkwasser · P06 Zutritt für Unbefugte verboten · P08 Berühren verboten · P18 Mobilfunk verboten

Warnzeichen

W01 Warnung vor feuergefährlichen Stoffen · W02 Warnung vor explosionsgefährlichen Stoffen · W21 Warnung vor explosionsfähiger Atmosphäre · W25 Warnung vor automatischem Anlauf · W06 Warnung vor schwebender Last · W07 Warnung vor Flurförderzeugen

W00 Warnung vor einer Gefahrenstelle · W15 Warnung vor Absturzgefahr · W04 Warnung vor ätzenden Stoffen · W03 Warnung vor giftigen Stoffen · W26 Warnung vor heißer Oberfläche · W27 Warnung vor Handverletzungen

Rettungszeichen

E13 Rettungsweg nach links · E03Erste Hilfe · E04 Krankentrage · E05 Notdusche · E01 Richtungspfeil für Rettung · E08 Arzt

Um Stromschläge durch direktes Berühren spannungsführender Teile zu verhindern, wurde eine Reihe von Schutzmöglichkeiten entwickelt. Die folgende Übersicht zeigt die wichtigsten Möglichkeiten:

Schutz gegen direktes Berühren

- **Vollständiger Schutz**
  - Schutz durch Isolierung aktiver Teile
  - Schutz durch Abdeckung oder Umhüllung
- **Teilweiser Schutz**
  - Schutz durch Hindernisse
  - Schutz durch Abstand
- **Zusätzlicher Schutz bei direktem Berühren**
  - Schutz durch Fehlerstrom-Schutzschalter (RCD)

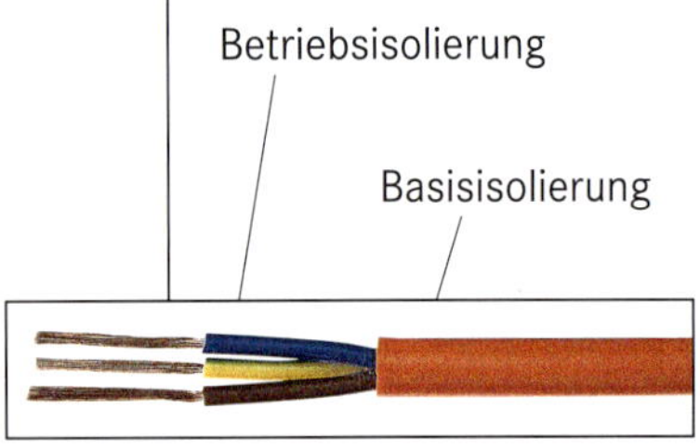

Mittlere Kunststoffschlauchleitung
H 05 VV-F

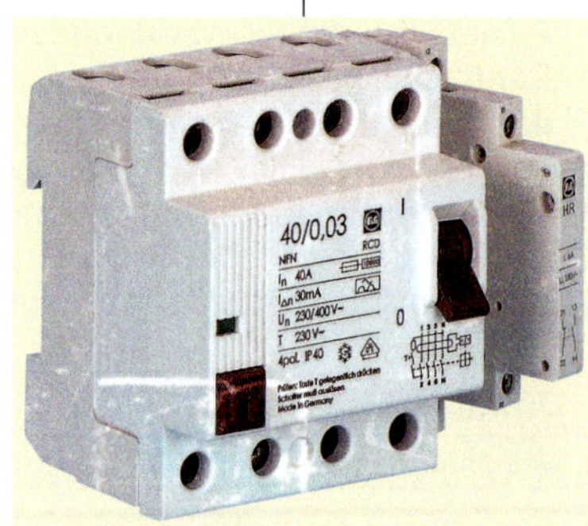

Der RCD (Residual current protective device) (Fehlerstrom-Schutzschalter, früher FI-Schalter) bietet einen zusätzlichen Schutz bei direktem Berühren, wenn andere Schutzmaßnahmen versagen, wie z.B. die automatische Abschaltung durch Sicherungen. Sie dürfen jedoch nicht als einziger Schutz bei direktem Berühren eingesetzt werden, sondern nur als zusätzlicher Schutz.
Funktionsweise eines RCD:
Jemand arbeitet mit einem elektrischen Rasenmäher im Garten. Bei der Arbeit wird das Stromkabel beschädigt. Bei Körperschluss und unterbrochenem Schutzleiter würde ohne RCD ein tödlicher Stromschlag erfolgen, weil der Fehlerstrom über den Menschen fließt.
Das RCD schaltet innerhalb von 40 bis 50 ms den Strom ab. Der hohe Fehlerstrom fließt daher nur kurzzeitig durch den menschlichen Körper und verursacht dadurch keine bleibenden Schäden.

Die höchste Sicherheit gegen eine lebensbedrohlichen elektrischen Schlag auch bei direktem Berühren spannungsführender Teile bietet die Schutzkleinspannung. Mit **Schutzkleinspannung** werden u.a. betrieben:
- Elektrische Handleuchten in feuchten Räumen, im Kesselbau und bei Stahlkonstruktionen,
- ortsveränderliche Kleinwerkzeuge, z.B. Akku-Bohrmaschinen,
- elektrische Leuchten und Pumpen in Wasserbecken.

Für Geräte, die wegen ihrer Bauart nicht gegen zufällige direkte oder indirekte Berührung Spannung führender Teile gesichert sind, ist die Betriebsspannung bis auf 25 V begrenzt.

A

Wofür werden Schutzkleinspannungen genutzt?

3 Informations- und Kommunikationstechnologien im Wohnbereich

Schon in den frühen Jahren der Menschheitsgeschichte bestand das Bedürfnis, Informationen d.h. Mitteilungen oder Nachrichten über größere Entfernungen auszutauschen. Dazu benutzte man zunächst natürliche Mittel wie Feuer oder Rauchzeichen. Im 18. Jahrhundert entstanden in Frankreich die ersten Telegrafenlinien. Durch einen handbetätigten optischen Zeigertelegraf konnte eine beliebige Nachricht in wenigen Minuten durch ganz Frankreich übertragen werden. Dabei wurden die einzelnen Buchstaben durch unterschiedliche Stellungen der Arme und des Flügels dargestellt.

Rauchzeichen

Der von Morse 1837 vorgestellte elektrische Telegraf ermöglichte erstmalig die Übermittlung von Informationen bei jedem Wetter und jeder Tageszeit. Die Darstellung der Buchstaben erfolgte durch eine bestimmte Kombination von Strichen und Punkten. Sie wurden in unterschiedlich lange Stromimpulse übersetzt.

Telegraf von Morse

Nur kurze Zeit später stellte Philipp Reis das erste Telefon vor. Damit war es erstmalig möglich, die menschliche Sprache über weite Strecken zu übertragen.

3.1 Geräte der Informations- und Kommunikationstechnik im Wohnumfeld

In den letzten 50 Jahren nahm die Informations- und Kommunikationstechnologie auch im Wohnbereich eine gewaltige Entwicklung. So gibt es praktisch in jedem Haushalt ein Telefon. Mit Hilfe von Fax-Geräten ist über das Telefon auch ein Austausch von schriftlichen Informationen möglich. Darüber hinaus hat inzwischen das Handy die Haushalte erobert. Mit ihm kann man nicht nur von vielen Teilen der Erde direkt telefonieren, sondern auch über SMS schnell und billig Informationen austauschen.

Telefon von 1905

In jüngster Zeit haben sich die Handys durch die Integration von Digitalkameras immer mehr zu Multifunktionsgeräten entwickelt, die sogar das Versenden und Empfangen von Bildern und Videos ermöglichen.

Diese große Vielfalt der Möglichkeiten des Informationsaustausches birgt aber auch eine Reihe von Gefahren in sich. So versuchen immer wieder unseriöse Firmen mit teuren Service-Telefonnummern (z.B. 0190er Nummer) die Telefonkunden abzuzocken. Die ständige Nutzung des Handys birgt die Gefahr, dass viele die Übersicht über ihre Telefonkosten verlieren und sich auf diese Weise verschulden.

Die verbreitete Nutzung von Computern auch im Wohnbereich hat völlig neue Möglichkeiten der Information und Kommunikation geschaffen. So können Informationen schnell und preiswert über E-Mail ausgetauscht werden. Mit dem Internet gibt es heute auch zu Hause eine solche Fülle von Informationsmöglichkeiten, die vor wenigen Jahren noch undenkbar waren. Viele Dienstleistungen wie der Zahlungsverkehr mit der Bank, Kaufen von Tickets für die Bahn oder Veranstaltungen, Buchen von Reisen und Einkaufen von Waren aller Art lassen sich über den Computer erledigen.

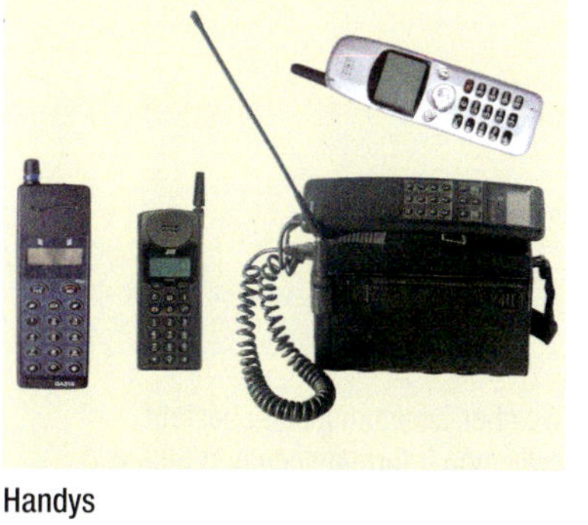
Handys

Auch andere Informationssysteme halten Einzug in den Wohnbereich. So werden zunehmend Wechselsprechanlagen, Einbruchsicherungssysteme und Brandwarnanlagen installiert.

3.2 Informationen und Signale

Trotz der sehr unterschiedlichen Gestaltung ist allen Informations- und Kommunikationssystemen gemeinsam, dass sie Informationen übertragen. Dazu müssen sie durch technische Einrichtungen in Signale umgewandelt werden (z. B. elektrische Impulse, die durch Leitungen übertragen werden).

Informationen sind Mitteilungen, Nachrichten oder Daten, die von Menschen verstanden werden.

Signale sind physikalische Größen (z. B. optisch, akustisch oder elektrische Signale), sie sind die Träger der Information.

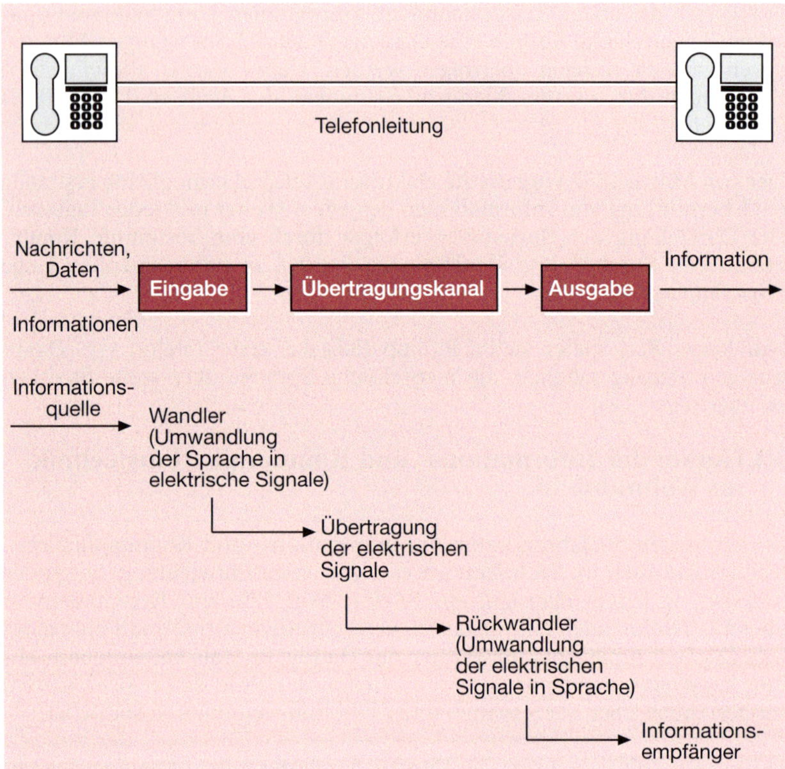

Bei der Signalübertragung gibt es zwei unterschiedliche Signalarten. Ein **analoges Signal** kann innerhalb eines bestimmten Bereiches jeden beliebigen Wert annehmen (jede beliebige Spannung zwischen 0 und 5 V).
Ein **digitales Signal** kann nur endlich viele Werte annehmen. Die Veränderung der Werte erfolgt sprunghaft (z. B. es sind nur 0 V oder 5 V Spannung möglich, aber keine Zwischenwerte). Da EDV-Anlagen nur digitale Signale verarbeiten können, müssen analoge Signale meist in digitale Signale umgewandelt werden.

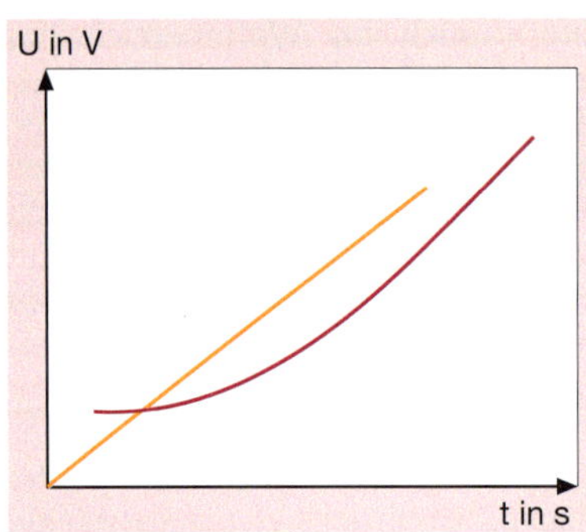

Analoges Signal

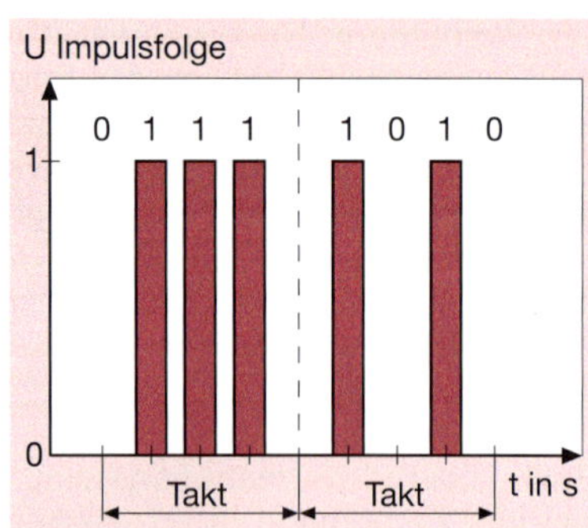

Digitales Signal

Welcher Zusammenhang besteht zwischen Informationen und Signalen in elektronischen Geräten?

Auch im Wohnbereich werden immer mehr elektronische Bauelemente genutzt, um Schaltungen für unterschiedliche Zwecke einzusetzen.
Als Beispiel soll ein Bewegungsmelder dienen, der vielfach an Hauseingängen, Garagen oder Terrassen angebracht ist.
Er ist in Reihe mit der Lampe E1 zwischen L1 und N geschaltet (siehe Übersichtsschaltplan).
Der Bewegungsmelder soll erst ab einer bestimmten Mindesthelligkeit die Lampe einschalten können. Im Melder befindet sich dafür ein Dämmerungsschalter.
Die Helligkeit wird durch einen Sensor erfasst. Er wandelt die Beleuchtungsstärke E in eine elektrische Spannung U um. Mit dieser Größe wird der elektronische Schalter S1 im Stromkreis für die Lampe E1 betätigt. Da das Ausgangssignal des Wandlers gering ist, muss es in einer elektronischen Schaltung verstärkt werden.
Elektronische Verstärker benötigen als Betriebsspannung eine niedrige Gleichspannung. Die Wechselspannung von 230 V wird deshalb in eine Gleichspannung von 6 V umgewandelt. Sie wird also herabgesetzt, gleichgerichtet und stabilisiert.
Mit dem verstärkten Ausgangssignal wird ein elektronischer Schalter S1 angesteuert. Je nach Steuersignal wird der Energiefluss zur Lampe geschaltet.
Der Bewegungsmelder soll erst dann die Lampe E1 einschalten, wenn sich die Infrarotstrahlung durch Wärmequellen (Mensch, Auto usw.) in seinem Erfassungsbereich ändert. Erreicht wird dieses durch einen Infrarotschalter.
Die Änderung der Infrarotstrahlung wird zunächst von einem Sensor in eine Spannung umgewandelt und anschließend verstärkt.
Da auch bei kurzzeitigen Änderungen der Infrarotstrahlung die Lampe E1 eine gewisse Zeit lang eingeschaltet bleiben soll, muss das Ausgangssignal gespeichert werden. Erst dann gelangt das Signal zum zweiten elektronischen Schalter S2.
Die beiden elektronischen Schalter S1 und S2 liegen in Reihe. Ein Stromfluss durch die Lampe E1 ist erst dann möglich, wenn beide Schalter geschlossen sind.
Diese Reihenschaltung wird als logische UND-Verknüpfung bezeichnet (siehe Seite 143).
Die Lampe E1 leuchtet nur dann, wenn die elektronischen Schalter des Dämmerungsschalters und des Infrarotschalters geschlossen sind.
Am Beispiel des Bewegungsmelders wird deutlich, welche Funktionen elektronische Bauelemente in Schaltungen erfüllen. Sie können:
- physikalische Größen (z.B. Wärme, Licht) in elektrische Größen **umwandeln**,
- elektrische Größen (z.B. Ströme) **schalten**,
- Wechselspannungen **gleichrichten**,
- elektrische Größen (z.B. Spannungen) **stabilisieren**,
- elektrische Signale **verstärken**,
- elektrische Informationen **speichern**,
- elektrische Informationen logisch **verknüpfen**.

Signalerzeugung
In Wohngebäuden werden elektronische Schaltungen meist benutzt um bestimmte Vorgänge zu überwachen, zu steuern oder konstant zu halten (z.B. Schutz vor Bränden bzw. Einbrüchen, konstant halten der Raumtemperatur). Dazu ist es notwendig, physikalische Größen wie Temperatur, Helligkeit oder Druck zu messen.
Diese physikalischen Größen lassen sich in der Regel nicht direkt zum Steuern und Schalten nutzen. Sie müssen deshalb durch **Sensoren** in elektrische Größen umgewandelt werden. Diese werden dann als Signale weitergeleitet.

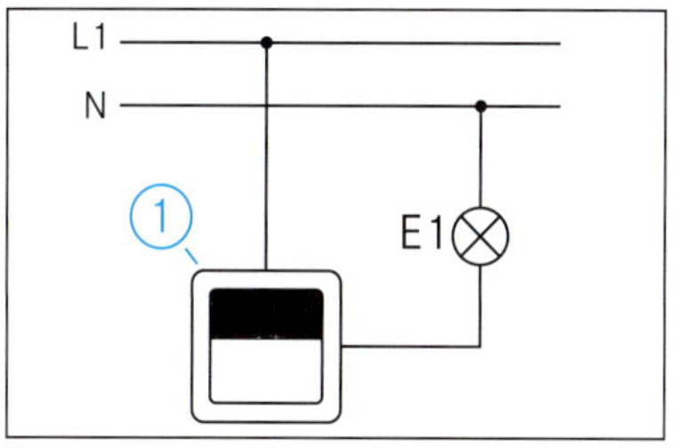

Übersichtsplan Bewegungsmelder

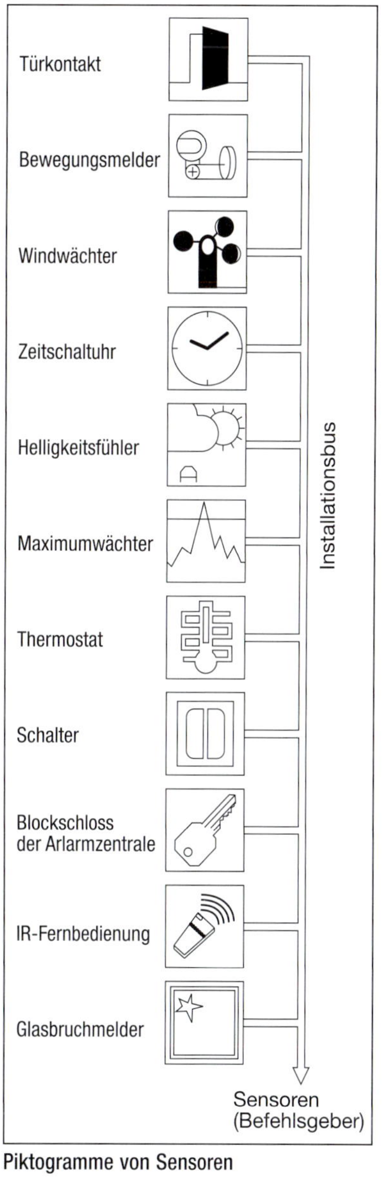

Piktogramme von Sensoren

Welche Aufgaben haben Sensoren in elektronischen Schaltungen?

Zur Umwandlung physikalischer Größen in elektrische Größen lassen sich **Halbleiterwiderstände** einsetzen. Sie wandeln die jeweilige physikalische Größe in einen elektrischen Widerstand um. Ändert sich die physikalische Größe, ändert sich auch der Widerstand.

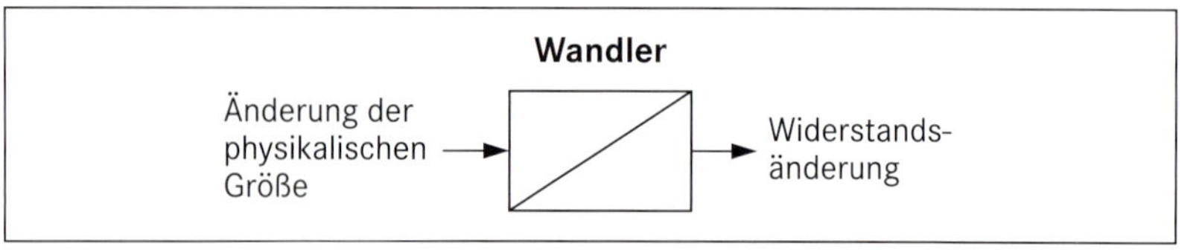

Je nach Einsatzbereich gibt es unterschiedliche Widerstände. So nutzt man spannungsabhängige Widerstände zur Stabilisierung von Spannungen. Bei ihnen verringert sich mit zunehmender Spannung der Widerstand.
Temperaturabhängige Widerstände werden zur Temperaturmessung, -überwachung bzw. -regelung eingesetzt. Man unterscheidet Kaltleiter und Heißleiter. Kaltleiter besitzen bei tiefen Temperaturen einen kleinen und bei hohen Temperaturen einen großen Widerstand. Bei Heißleitern ist es genau umgekehrt. Bei lichtabhängigen Widerständen verringert sich der Widerstand mit steigender Beleuchtungsstärke. Solche Widerstände setzt man u.a. bei der Steuerung von Beleuchtungsanlagen ein.

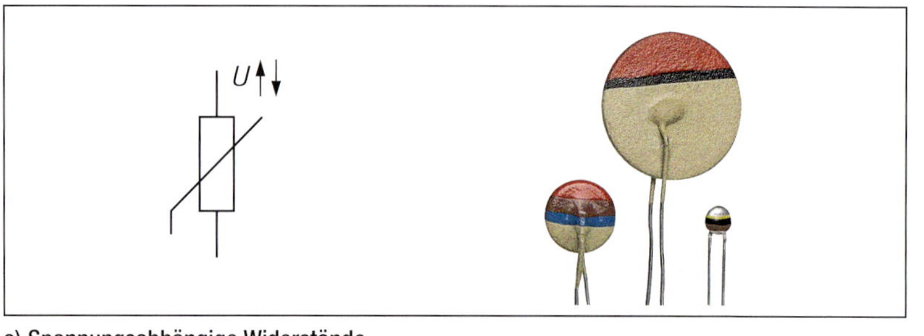

a) Spannungsabhängige Widerstände

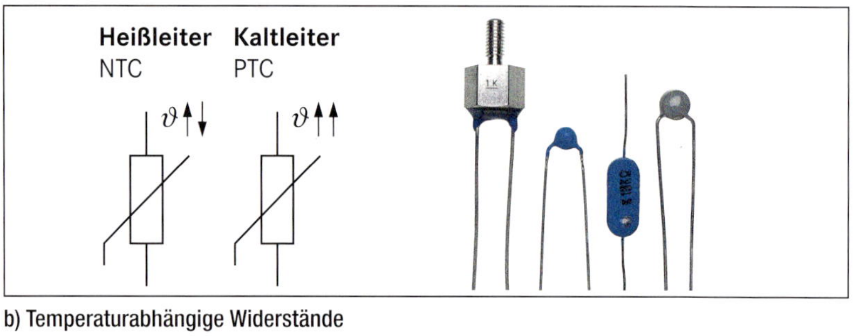

b) Temperaturabhängige Widerstände

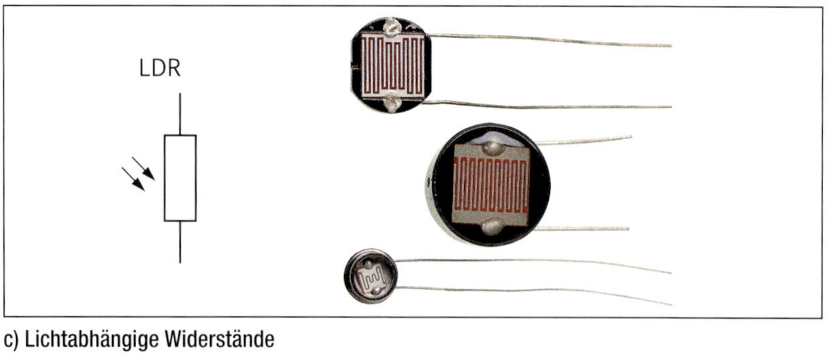

c) Lichtabhängige Widerstände

Welche Funktion haben Halbleiterwiderstände in elektronischen Schaltungen?

Signalverarbeitung
Im Prozess der Signalverarbeitung ist es oft notwendig, Wechselspannung in Gleichspannung umzuwandeln. Dazu werden **Dioden** eingesetzt. Sie lassen den Strom ab einer geringen Spannung (etwa 0,7 V) nur in einer Richtung zu. Sie besitzen daher einen Durchlass und einen Sperrbereich und haben damit eine Ventilwirkung.

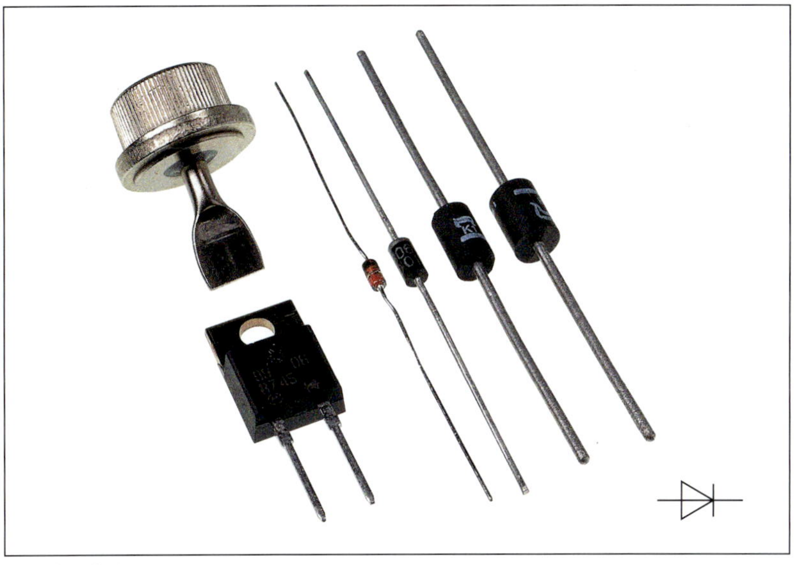

Halbleiterdioden

In vielen elektrischen Geräten wie Stereoanlagen, Computern usw. werden zur Anzeige Leuchtdioden (LED: Light Emitting Diode) genutzt. Eine Leuchtdiode ist im Prinzip wie eine Gleichrichterdiode aufgebaut. Sie besitzt einen Durchlass- und einen Sperrbereich. Wenn sie in Durchlassrichtung betrieben wird, sendet die Sperrschicht Licht aus. Je nach Aufbau der Diode hat das Licht eine bestimmte Farbe.

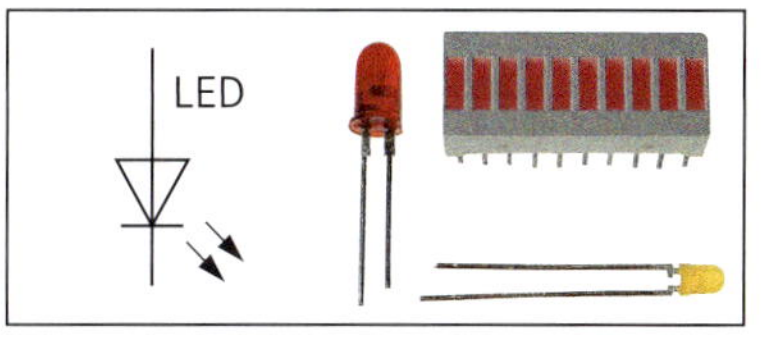

Für die Verarbeitung von Signalen sind oft Schaltvorgänge notwendig. Das betrifft Beleuchtungsanlagen genau so wie Haushaltsgeräte, Werkzeuge, Dämmerungsschalter bzw. Bewegungsmelder.

Es werden grundsätzlich zwei Arten des Schaltens unterschieden:

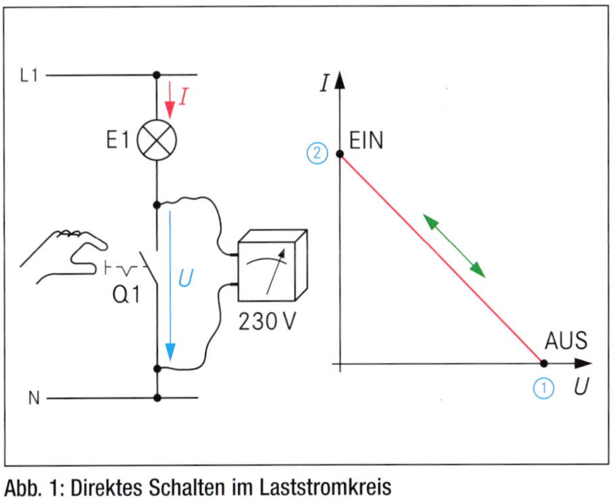

Abb. 1: Direktes Schalten im Laststromkreis

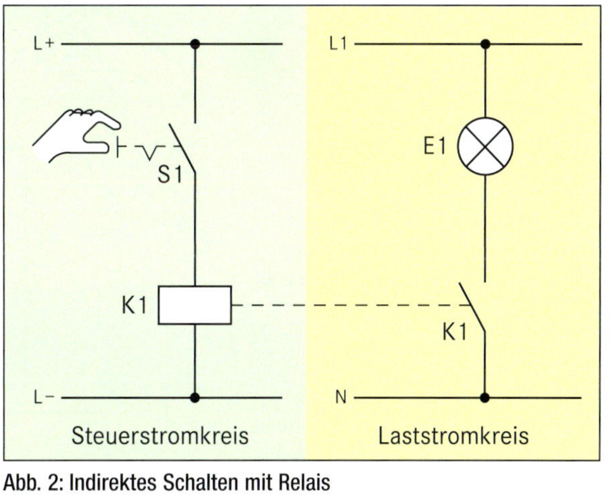

Abb. 2: Indirektes Schalten mit Relais

Der Strom für die Lampe in Abb. 1, Seite 139 wird direkt durch den Schalter Q1 im Stromkreis geschaltet. Es werden zwei Zustände unterschieden, Zustand EIN und Zustand AUS.

- AUS: Die Betriebsspannung liegt zwischen den Klemmen des Schalters. Es fließt kein Strom ①.
- EIN: Die Stromstärke ist maximal und die Spannung am Schalter ist 0 V ② (Verluste vernachlässigt).

Nachteile des direkten Schaltens

- Bei großen Stromstärken muss ein großer Schalter installiert werden. → große Abmessungen, große Kosten.
- Wenn Schalter und Lampe weit auseinander liegen, sind große Leitungslängen erforderlich. → größerer Spannungsfall, evtl. größeren Leiterquerschnitt wählen.

Die genannten Nachteile lassen sich vermeiden, wenn mit zwei Stromkreisen gearbeitet wird (Abb. 2, Seite 139).

Steuerstromkreis

Mit einer kleinen Spannung (z.B. 6 V) wird mit S1 ein Relais geschaltet. Der Schalter S1 kann an einer beliebigen Stelle angebracht sein. Die Steuerleitung kann einen kleineren Querschnitt haben und unauffällig verlegt werden.

Laststromkreis

Der Stromkreis für die Lampe wird über den Relaiskontakt K1 geschlossen.

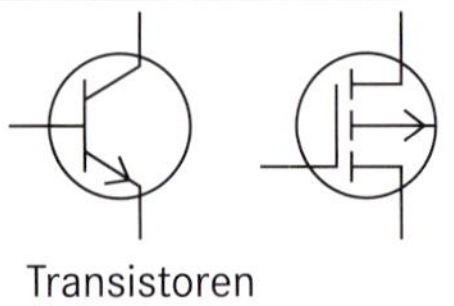

Transistoren

Elektronische Schalter arbeiten dagegen völlig verschleißfrei. Die Zustände EIN und AUS werden mit den PN-Übergängen in verschiedenen Bauteilen (Transistor) erzeugt. Die Steuerung erfolgt mit Kleinspannung und demzufolge auch mit kleinen Stromstärken.

In der unteren Abbildung ist als Beispiel ein elektronischer Schalter zu sehen. Der Steuerstromkreis besteht aus einer LED mit einem Vorwiderstand. Für ihre Funktion ist lediglich eine Stromstärke von 20 mA erforderlich. Das Licht der LED fällt auf den lichtempfindlichen Sensor des Schalters und schließt diesen berührungslos.

Bei elektronischen Schaltern ist die Steuerleistung wesentlich kleiner als die Schaltleistung für den Energiefluss. Sie sind klein und verschleißfrei.
Elektronische Schalter können berührungslos betätigt werden.
Für elektronische Schalter ist ein Steuerstromkreis und ein Laststromkreis erforderlich.

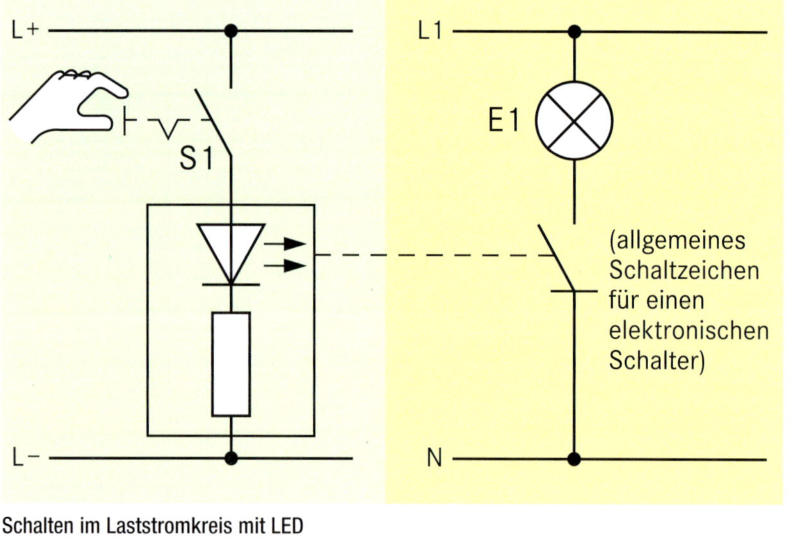

Schalten im Laststromkreis mit LED

Als elektronische Schalter setzt man **Transistoren** ein. Sie sind wie Dioden ein Halbleiterelement. Die Gehäuseformen können je nach Einsatzbereich unterschiedlich sein.

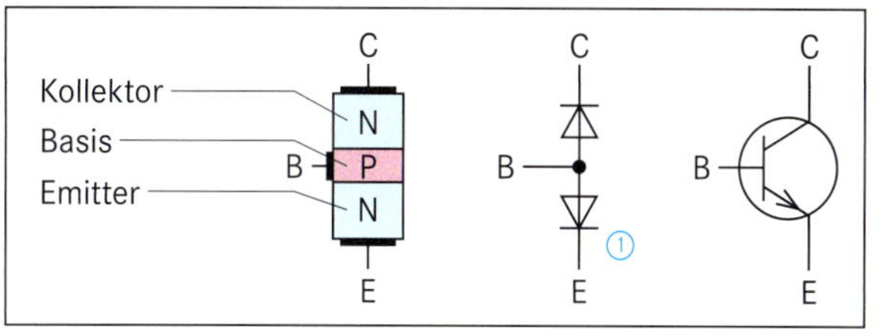

Bipolarer NPN-Transistor

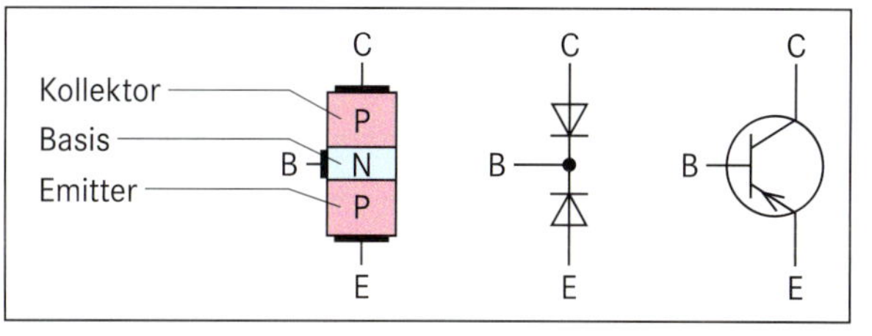

Bipolarer PNP-Transistor

Allen gemeinsam sind drei Anschlüsse mit folgenden Bezeichnungen:
- Basis B,
- Emitter E,
- Kollektor C.

Jeder Anschluss führt an eine Halbleiterschicht. Einen Transistor kann man sich deshalb im Prinzip wie eine Reihenschaltung von Dioden vorstellen.

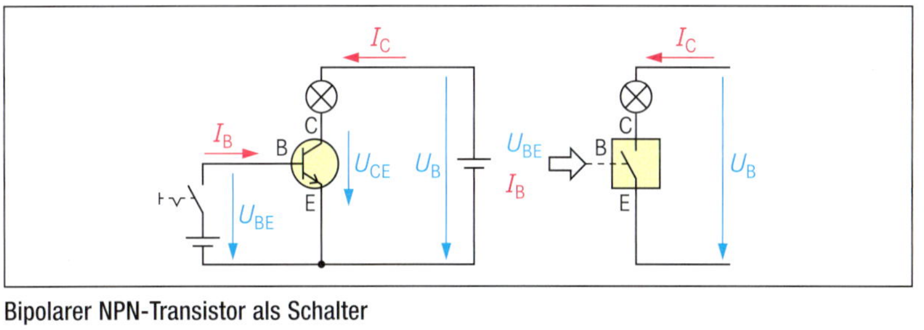

Bipolarer NPN-Transistor als Schalter

Man unterscheidet zwischen NPN-Transistoren und PNP-Transistoren. Die Buchstaben kennzeichnen unterschiedliche Leitungseigenschaften:
- N-leitend bedeutet Elektronenüberschuss,
- P-leitend bedeutet Elektronenmangel.

Im Betrieb hat der Transistor zwei Stromkreise, den Steuerstromkreis (z. B. BE) und den Arbeitsstromkreis (z. B. CE), wobei der Strom nur in Pfeilrichtung im Transistor fließen kann.

Die Abbildung zeigt die Wirkung eines Transistors als Schalter. Ist der Steuerstromkreis offen, so wird durch den Transistor der Stromfluss im Arbeitsstromkreis gesperrt, über CE kann kein Strom fließen. Wird der Steuerstromkreis geschlossen, erhält B eine Spannung, so wird der Transistor leitend und der Arbeitsstromkreis geschlossen.
Vorteil gegenüber anderen Bauelementen ist die geringe Masse, der geringe Eigenenergiebedarf und die geringe Störanfälligkeit.

Beschreibt die prinzipielle Funktionsweise eines Transistors als Schalter.

In vielen elektrotechnischen Anlagen reichen die von Sensoren erfassten Signale (z.B. Signale von Temperaturfühlern, lichtabhängigen Widerständen) nicht aus um bestimmte Steuerungsvorgänge auszulösen. Die Signale müssen verstärkt werden. Als **Verstärker** können unterschiedliche elektronische Bauteile genutzt werden, oder sie sind in Schaltungen integriert (z.B. bei Computern).
Trotz unterschiedlicher Bauweisen sind Verstärker durch folgende Gemeinsamkeiten gekennzeichnet:

- sie benötigen immer eine elektrische Energieversorgung,
- sie haben Ein- und Ausgangsgrößen,
- sie besitzen einen Eingangs- und einen Ausgangswiderstand,
- die Ausgangsgrößen sind größer als die Eingangsgrößen
- für den Verstärker kann ein allgemeines Schaltzeichen angegeben werden.
- die Größen Spannung, Stromstärke, Leistung können verstärkt werden,
- die Verstärkung ist das Verhältnis von Ausgangsgröße zu Eingangsgröße,
- die Größen können wechselnd (z.B. Wechselspannung) oder gleich bleibend (z.B. Gleichspannung) sein.

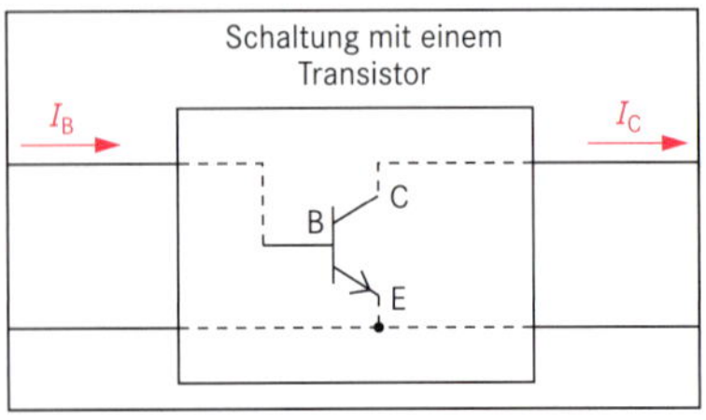

Häufig werden Transistoren als Verstärker eingesetzt. Meist wird dabei die Basis als Eingangs- und der Kollektor als Ausgangselektrode benutzt. Der Emitter ist dann die gemeinsame Elektrode. Die Schaltung wird deshalb als Emitterschaltung bezeichnet.

Aus Platz- und Kostengründen werden in elektronischen Schaltungen sehr oft integrierte Verstärkerschaltungen (**ICs**) eingesetzt. Auf einem einzigen Halbleiterchip sind alle wesentlichen Bauteile untergebracht. Zur vollständigen Funktion müssen nur noch wenige Bauteile hinzu geschaltet werden.
Solche integrierten Verstärkerschaltungen werden vielfach in der Steuerungs- und Regelungstechnik genutzt. Sie werden als Operationsverstärker bezeichnet und machen große Verstärkungen möglich.

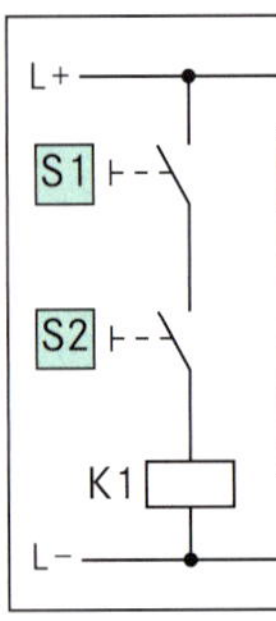

S1	S2	K1
0	0	0
0	1	0
1	0	0
1	1	1

UND-Verknüpfung mit Schaltern

Logische Grundfunktionen

Mit elektronischen Schaltungen können elektrische Signale nicht nur von einem Stromkreis auf einen anderen Stromkreis übertragen, sondern auch miteinander verknüpft werden.
Am Beispiel einer Fußgängerampel soll die grundlegende Funktion einer Verknüpfungsschaltung deutlich gemacht werden:
Die grüne Lampe der Fußgängerampel darf nur dann leuchten, wenn der Taster betätigt wird **und** die rote Lampe der KFZ-Ampel eingeschaltet ist.
Es muss also eine logische **UND**-Verknüpfung zwischen den beiden

- **Eingangsgrößen** (gespeichertes Tastersignal und rote Lampe der KFZ-Ampel) sowie der
- **Ausgangsgröße** (grüne Lampe der Fußgängerampel) bestehen.

Das Beispiel für eine logische Verknüpfung lässt sich verallgemeinern.

- Für die Ausgangsgröße (Kennzeichnung x) gibt es zwei mögliche Zustände: 0 und 1
- Für die zwei Eingangsgrößen (Kennzeichnung a, b) gibt es dagegen folgende möglichen Zustände (Kombinationen):
  a = 0   b = 0
  a = 1   b = 0
  a = 0   b = 1
  a = 1   b = 1

Wenn also ein Logik-Baustein zwei Eingänge besitzt, gibt es vier mögliche Eingangskombinationen.

A

Weshalb werden in den meisten elektronischen Schaltungen Verstärker eingesetzt?

Aus dem Beispiel können für die UND-Verknüpfung folgende verallgemeinernde Aussagen getroffen werden:
- Die Ausgangsgröße befindet sich im 1-Zustand, wenn sich die eine Eingangsgröße **und** die andere Eingangsgröße im 1-Zustand befinden.
- Die Ausgangsgröße befindet sich im 0-Zustand, wenn sich eine oder beide Eingangsgrößen im 0-Zustand befinden.

In der Praxis wird die Verknüpfungsschaltung in Tabellenform dargestellt und das Verhalten des Logik-Bausteins durch das &-Zeichen gekennzeichnet. Außerdem kann die logische Verknüpfung in Form einer Gleichung geschrieben werden. Die Eingangsgrößen a und b werden durch das logische UND-Zeichen & miteinander verknüpft.
$x = a \wedge b$ (sprich: x ist gleich a und b)

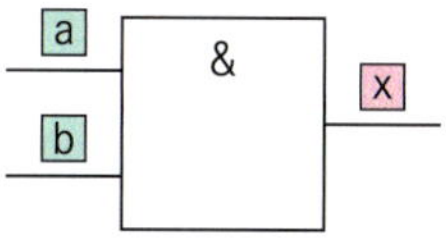

$x = a \wedge b$

Eingänge		Ausgang
a	b	x
0	0	0
0	1	0
1	0	0
1	1	1

UND-Glied

ODER-Verknüpfung
Ein elektrischer Türöffner B1 soll die Verriegelung einer Tür nur dann freigeben, wenn durch die beiden Bewohner des Hauses die Taster S1 **oder** S2 einzeln oder gleichzeitig betätigt werden. Die ODER-Verknüpfung kann also durch eine Parallelschaltung aus zwei Tastern hergestellt werden.

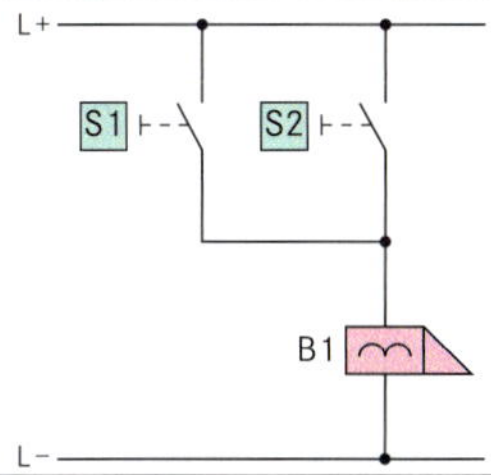

S1	S2	B1
0	0	0
0	1	1
1	0	1
1	1	1

ODER-Verknüpfung mit zwei Tastern bei einem Türöffner

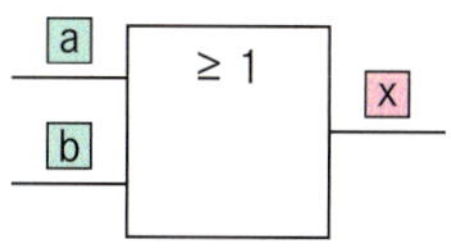

$x = a \vee b$

Eingänge		Ausgang
a	b	x
0	0	0
0	1	1
1	0	1
1	1	1

ODER-Glied

Diese Abbildung zeigt das Schaltzeichen für einen ODER-Baustein und der Zusammenhang zwischen den Eingangsgrößen und der Ausgangsgröße. Am Ausgang eines ODER-Gliedes entsteht immer dann ein 1-Signal, wenn sich ein oder mehrere Eingänge im 1-Zustand befinden.

NICHT-Verknüpfung
Beispiel: Die Außenbeleuchtung eines Hauses soll nicht eingeschaltet sein, wenn es draußen noch hell ist. Die folgende Abbildung verdeutlicht die NICHT-Verknüpfung:
Die Lampe H1 leuchtet **nicht**, wenn der Schalter S1 geschlossen ist.

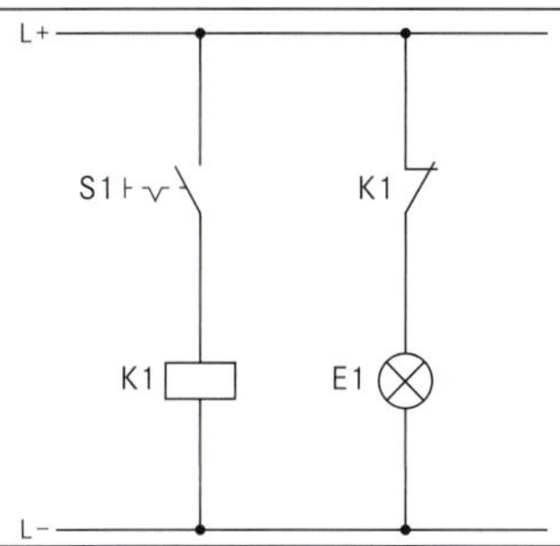

S1	H1
0	1
1	0

NICHT-Verknüpfung mit einem Relais

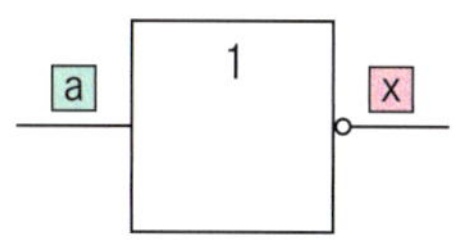

$x = \bar{a}$

Eingang	Ausgang
a	x
0	1
1	0

NICHT-Glied

Das Ausgangssignal befindet sich im 1-Zustand, wenn sich das Eingangssignal im 0-Zustand, also nicht im 1-Zustand befindet.
In Schaltzeichen wird die Negation durch einen Kreis am Ausgang gekennzeichnet. Am Ausgang eines NICHT-Gliedes liegt stets der entgegengesetzte Zustand wie am Eingang.

NAND- und NOR-Verknüpfungen
Mit den drei beschriebenen Grundbausteinen lassen sich viele Steuerungsaufgaben lösen, wenn sie zusammengeschaltet werden.

So entstehen z.B. UND-NICHT-Glieder bzw. ODER-NICHT-Glieder. Diese umständliche Ausdrucksweise hat man vereinfacht durch:
- **NAND** (engl.: NOT-AND) bzw.
- **NOR** (engl.: NOT-OR)

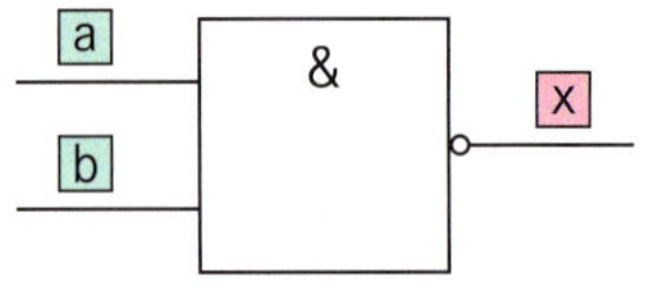

$x = \overline{a \wedge b}$

a	b	x
0	0	1
0	1	1
1	0	1
1	1	0

NAND-Glied

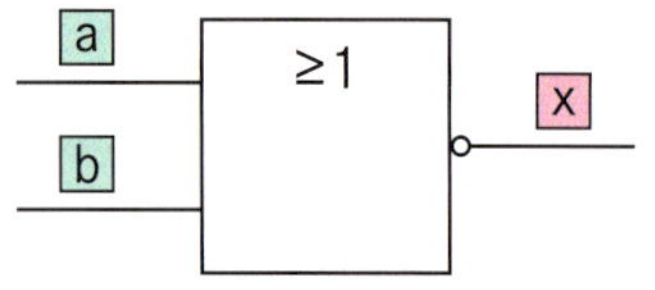

$x = \overline{a \vee b}$

a	b	x
0	0	1
0	1	0
1	0	0
1	1	0

NOR-Glied

Meist wird das NICHT-Glied am Ausgang nicht getrennt gezeichnet, sondern nur durch einen Kreis dargestellt.
Am Ausgang eines NAND-Gliedes entsteht nur dann ein 0-Signal, wenn an allen Eingängen 1-Signale liegen.
Am Ausgang eines NOR-Gliedes entsteht nur dann ein 1-Signal, wenn an allen Eingängen 0-Signale anliegen.

Signalausgabe
In einer Steuerung werden durch Sensoren Signale erzeugt, die in der Steuerungsanlage verarbeitet und schließlich am zu steuernden Gerät ausgegeben werden.

So wandelt z.B. der Sensor im Dämmerungsschalter den Grad der Helligkeit in ein elektrisches Signal um. Dieses Signal wird verstärkt und am Lichtschalter als ein Schaltbefehl ausgegeben.
Die Bauteile, die Signale empfangen und sie am Betriebsmittel in Schaltbefehle umwandeln, nennt man **Aktoren**.

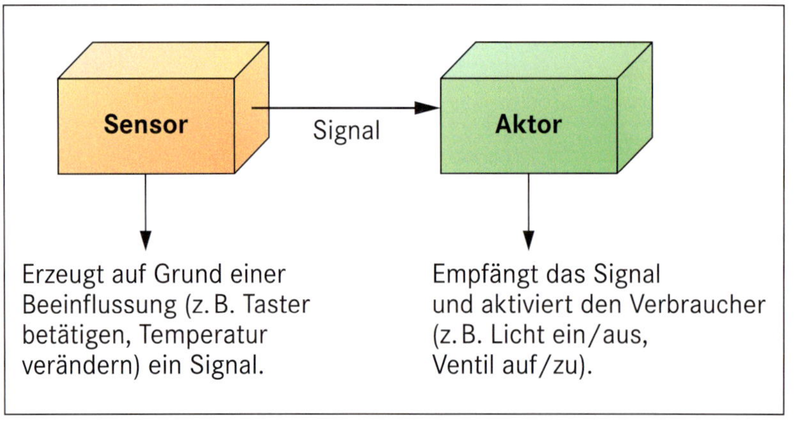

Welche Vorteile haben Verknüpfungsschaltungen?

3.3 Entwicklung und Realisierung von Verknüpfungsschaltungen im Wohnbereich

Um die Wirkungsweise einer Verknüpfungsschaltung auch praktisch kennenzulernen, entwickeln wir selbst eine Schaltung.

Aufgabe:
In einem Einfamilienhaus soll der Türöffner sowohl vom Erdgeschoss als auch von der 1. Etage bedient werden können.

Zunächst analysieren wir, welche Verknüpfungsschaltung dafür geeignet erscheint. Die Schaltung soll es ermöglichen, die Haustür vom Erdgeschoss **oder** von der 1. Etage zu öffnen. Die Aufgabe scheint also mit einer ODER-Schaltung lösbar. Wir betrachten den grundlegenden Schaltungsaufbau auf Seite 143. Auf dieser Grundlage entwickeln wir eine Schaltung, die mit den in der Schule vorhandenen Bauteilen herstellbar ist.

Beispiel:

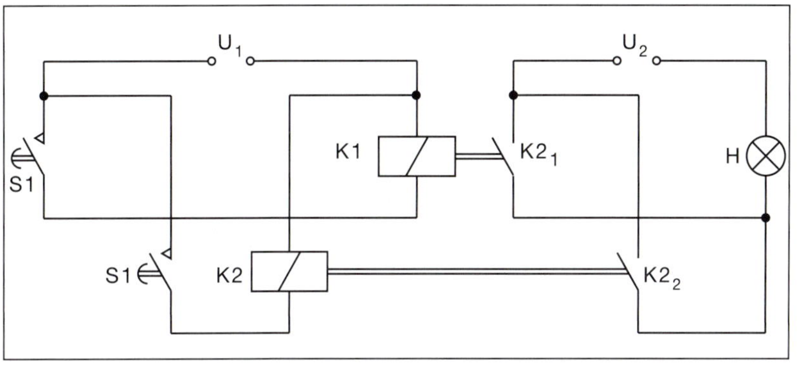

Die Schaltung wird aufgebaut und eine Funktionsprüfung durchgeführt. Es werden alle Schaltmöglichkeiten ermittelt und in eine Schaltbelegungstabelle eingetragen.

	S1	S2	K1	K2	H
1	O	O	O	O	O
2	L	O	L	O	L
3	O	L	O	L	L
4	L	L	L	L	L

Die Schaltbelegungstabelle zeigt, dass die Schaltung die geforderte Funktion erfüllt und die Merkmale einer ODER-Schaltung hat.

Mögliche Kriterien für die Bewertung der selbst entwickelten und gefertigten Schaltung:
- Erfüllt die Schaltung die geforderte Funktion?
- Ist die Schaltung übersichtlich?
- Wurden nur unbedingt notwendige Bauteile eingesetzt?
- Ist die Schaltung kostengünstig?
- Gewährleistet die Schaltung den notwendigen Schutz gegen Stromschläge?
- Wie ist die Störanfälligkeit?
- Sind Störungen schnell zu beseitigen?

Aufbau und Erprobung von elektrischen Schaltungen

Experimente im Bereich der Elektrotechnik haben das Ziel, für einen bestimmten Zweck (z.B. Bau einer Alarmanlage für ein Wohnhaus) eine geeignete Schaltung zu entwickeln, dafür entsprechende elektrische Bauteile auszuwählen, sie zweckgerichtet zu einer elektrischen Anlage zusammen zu bauen und auf ihre Funktionsfähigkeit zu überprüfen.

Trotz unterschiedlicher Zielstellungen ist die Vorgehensweise bei allen Experimenten ähnlich und es treten ähnliche Fragestellungen auf.

Es kann daher folgende Schrittfolge für den Aufbau und die Erprobung elektrischer Schaltungen vorgeschlagen werden:

Zielsetzung

Zielsetzung
In dem vorangegangenen Abschnitt haben wir erkannt, dass es eine Vielzahl elektrischer und elektronischer Bauteile gibt, mit denen für vielfältige Zwecke Schaltungen aufgebaut werden können. Die Funktionsweise der Schaltungen, der Strom- und Signalverlauf kann im Schaltplan verfolgt werden. Ob die Schaltung ihren Zweck allseitig und zuverlässig erfüllt, kann nur in einem Experiment festgestellt werden.

Um die Zielsetzung des Experiments genauer zu bestimmen, ist es zweckmäßig, vorher einige Leitfragen zu formulieren.

Leitfragen:
- Welche Aufgabe soll die Schaltung erfüllen?
- Welche Eigenschaften der Schaltung interessieren uns besonders?
- Welche elektrischen und elektronischen Bauteile sind in der Schulwerkstatt vorhanden?
- Welche Bauteile sind kostengünstig zu erwerben?
- Welche Werkzeuge und Hilfsmittel sind notwendig?
- Wie soll der Ablauf des Experiments organisiert werden, baut jeder Schüler seine eigene Schaltung auf oder wird in Gruppen gearbeitet?
- Welche Sicherheitsbestimmungen sind zu beachten, damit Stromschläge ausgeschlossen werden?

Vermutung

Vermutung zum Ergebnis
Es ist sinnvoll, zunächst einmal zu diskutieren, welches Ergebnis mit den vorhandenen bzw. beschaffbaren Bauteilen erreichbar erscheint. Es sind auch Überlegungen anzustellen, welche Vorgehensweise sinnvoll erscheint. Dazu sollten bereits vorhandene Erfahrungen aus anderen Experimenten aktiviert werden.

Entwicklung

Entwicklung eines Schaltplanes
Zunächst muss klar formuliert werden, welche Funktion die Schaltung erfüllen soll.

- Was sind die Eingangs- und Ausgangsgrößen?
- Welche Stromläufe sind notwendig?
- Wie ist der Signalverlauf?
- Welche physikalische Größen (Wärme, Licht, Bewegung usw.) müssen in Signale umgewandelt werden?
- Reicht das Eingangssignal aus, um das Ausgangssignal zu steuern oder muss es verstärkt werden?
- Haben wir bereits Schaltpläne kennengelernt, die wir mit geringen Veränderungen nutzen können?
- Welche Bauteile sind notwendig? Sind sie vorhanden oder beschaffbar?

Je nach Schwierigkeitsgrad kann sie individuell oder gemeinsam entwickelt werden. Besonderes Augenmerk ist den Strom- und Signalverläufen zu widmen. Die Entwürfe der Schaltpläne sollten in der Klasse diskutiert und Varianten für die Lage der Bauteile und die rationelle Verlegung der Verbindungsleitungen aufgezeigt werden.

Es wird schließlich ein optimal erscheinender Schaltplan ermittelt und gezeichnet.

Vorbereitung

Vorbereitung
Auf der Grundlage des Schaltplanes werden die Bauteile und das Leitungsmaterial zurechtgelegt.

Das erforderliche Werkzeug muss bereitgestellt werden (z. B. Lötkolben).

Je nach vorhandenem Experimentiermaterial wird die Montageplatte bzw. Leiterplatte vorbereitet.

Die einzelnen Bauteile werden so auf der Platte angeordnet, dass die Verbindungsleitungen möglichst kurz gehalten werden können und eine gute Übersicht über die Strom- und Signalverläufe gewährleistet ist. Es muss die Kontrolle darüber erfolgen, ob alle Bauteile für die vorgesehene Betriebsspannung geeignet sind.

Durchführung

Durchführung
- Aufbau der Schaltung auf der Grundlage des Schaltplanes,
- Anschluss der Verbindungsleitungen bzw. Verlöten mit der Leiterplatte,
- Kontrolle, ob alle elektrischen bzw. elektronischen Bauteile exakt nach den Vorgaben des Schaltplanes geschaltet sind,
- Kontrolle des Stromverlaufs,
- Kontrolle, ob alle elektrischen Verbindungen betriebsicher sind,
- Abnahme der Schaltung durch den Lehrer,
- Überprüfung der Spannungsquelle, ob die notwendige Betriebsspannung gewährleistet ist,
- Anschluss der Spannungsquelle,
- Überprüfung, ob die Schaltung die geforderte Funktion erfüllt,
- mehrfache Wiederholung der Schaltvorgänge, um die Zuverlässigkeit der Schaltung zu überprüfen,
- Übertragen der beobachteten Ergebnisse der Schaltvorgänge in ein Protokoll (z. B. Schaltbelegungstabelle).

Auswertung

Auswertung
Im Rahmen der Auswertung des Experiments sollte die gesamte Vorgehenswiese noch einmal kritisch überprüft werden.

Dabei könnten Fragen erörtert werden, wie:
- War die Schaltung im Hinblick auf die zu erfüllende Funktion optimal?
- Waren die eingesetzten Bauteile geeignet?
- Könnte die Schaltung vereinfacht und kostengünstiger gestaltet werden?
- Könnte die geforderte Funktion auch mit einer anderen Schaltung erfüllt werden?
- War die Vorgehensweise bei der Erarbeitung des Schaltplanes und dem Aufbau der Schaltung optimal?
- Welche Unterschiede gibt es zwischen dem experimentellen Aufbau und einer industriell gefertigten Schaltung mit gleicher Funktion?

Die wichtigsten Ergebnisse der Auswertung sollten ebenfalls im Protokoll zum Experiment festgehalten werden.

4 Steuerung und Regelung – Grundlage jeder Automatisierung

Heron von Alexandria (1. Jhd. n. Chr.), Mathematiker und Ingenieur

Geschichte der Automatisierung

Automatisierung begegnet uns an vielen Stellen, ohne dass wir sie bewusst wahrnehmen. Wir schalten unseren Fernseher ein, sind mit dem Auto oder der U-Bahn unterwegs, stellen schmutziges Geschirr in die Spülmaschine und holen sauberes wieder heraus. Doch nicht nur in Konsumgütern sondern auch in modernen Dienstleistungsbetrieben und Produktionsanlagen wie Autofabriken oder in der Teilefertigung ist sie unerlässlich. Automatisierung ist auch ein fester Bestandteil unserer Energieversorgung, z. B. in der Steuerung und Regelung von Kraftwerken, Infrastrukturnetzen (Strom-, Wasser-, Gasversorgung, Telefon- und Datennetze), in Gebäuden und Verkehrssystemen.

Die Automatisierung ist keine Erfindung unserer Zeit. Schon vor 2000 Jahren wurden einfache Tätigkeiten durch mechanische Gerätschaften ersetzt oder erleichtert. Erste bekannte Anwendungen stammen aus dem Jahr 230 v. Chr. Zu dieser Zeit entwickelte der Grieche Philon eine Öllampe mit Niveauregulierung. Etwas später kam der Weihwasserautomat zum Einsatz, der Gläubigen nach Einwurf einer Münze eine bestimmte Menge Wasser ausgab (für die vorgeschriebene Waschung vor Betreten des Tempels). Mitte des 18. Jahrhunderts konstruierte Jacques de Vaucanson eine „automatische Ente", die Körner aufnehmen, sie mit Wasser „verdauen" und wieder ausscheiden, mit den Flügeln schlagen und schwimmen konnte. Ebenso wie heute war aber die Freude über Automatisierungstechniken geteilt, wie folgende Geschichte zeigt:

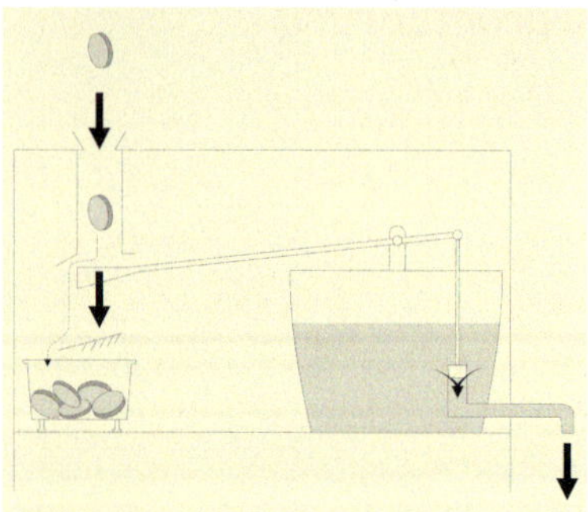

Weihwasserautomat des HERON von Alexandria

Auf Befehl des Zunftmeisters der Weber findet in Lyon 1806 eine öffentliche Hinrichtung statt. Der Jacquard-Webstuhl wird zerschlagen und verbrannt. Das neue Verfahren zur mechanisierten Herstellung von Stoffen bedroht die Arbeitsplätze im Tuchgewerbe ähnlich dramatisch wie z. B. der mechanische Webstuhl von Edmond Cartwright (1785). Nur sechs Jahre später stehen in Frankreich bereits 18.000 Jacquard-Webstühle. Mit dem Jacquard-Webstuhl war das letzte Hindernis auf dem Weg einer vollständigen Mechanisierung des Tuchgewerbes beseitigt. Napoleon ist von Jacquards Steuerungssystem begeistert und gewährt ihm eine lebenslange Rente. 1806 versucht Napoleon sich gegen den enormen Widerstand im Tuchgewerbe durchzusetzen. Jacquard wird tätlich angegriffen und mit Prozessen zermürbt. Erst als die englische Konkurrenz die Maschine einzusetzen beginnt, setzt sie sich auch in Frankreich rasch durch. 1810 erhält Jacquard das Kreuz der Ehrenlegion.

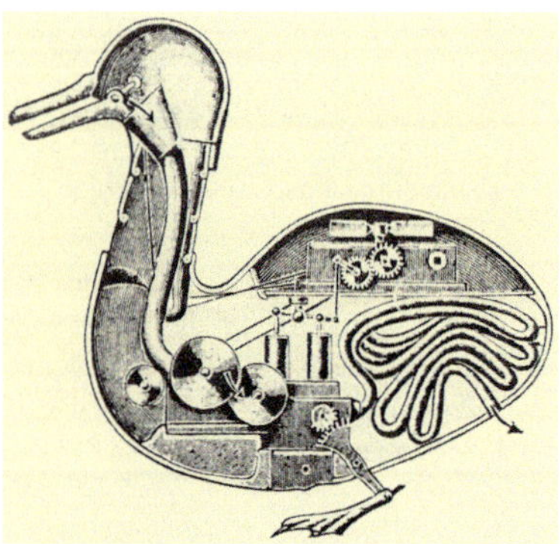

Automatische Ente, Jacques de Vaucanson (1709–1782)

Die Jacquardmaschine veränderte nicht nur die Arbeit im Textilgewerbe, wo mit weniger Arbeitsaufwand mehr und billiger produziert werden konnte. Auch die Produkte selbst veränderten sich. Individuelle kunsthandwerkliche Gestaltung wurde durch technisch perfekte Muster, aber oft auch durch künstlerisch nicht sehr anspruchsvolle Massenware ersetzt. Aus exklusiven Luxusartikeln wurden bezahlbare Konsumgüter.

Bis Anfang des letzten Jahrhunderts stand in der ersten Phase der Automatisierung die Mechanisierung im Mittelpunkt. Danach, in der zweiten Phase, erfolgte eine stürmische Entwicklung der Automatisierung durch den Einsatz von Elektrizität, Elektrotechnik und Elektronik. Aktuell befindet sich die Automatisierung durch den verstärkten Einsatz der Computertechnik oder Informationstechnologie bereits in der dritten Phase.

4.1 Prinzip von Steuerung und Regelung

Automatisierung begegnet uns in vielfältigen Formen. Grundlage jeder Automatisierung sind jedoch Steuerungs- und Regelabläufe, auch Prozesse genannt. Den Unterschied zeigt die nachfolgende Abbildung:

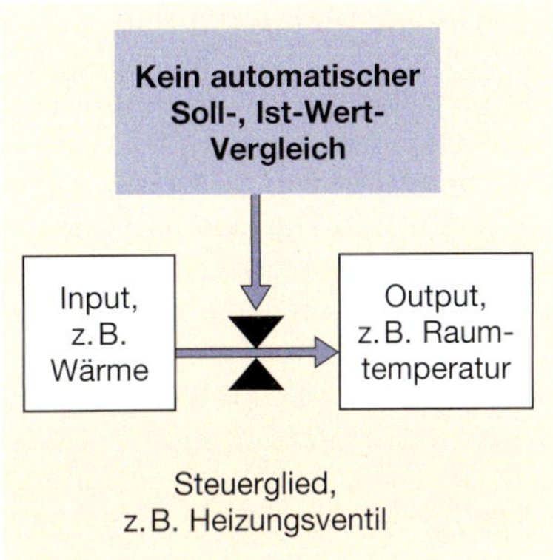

Prinzip einer Steuerung

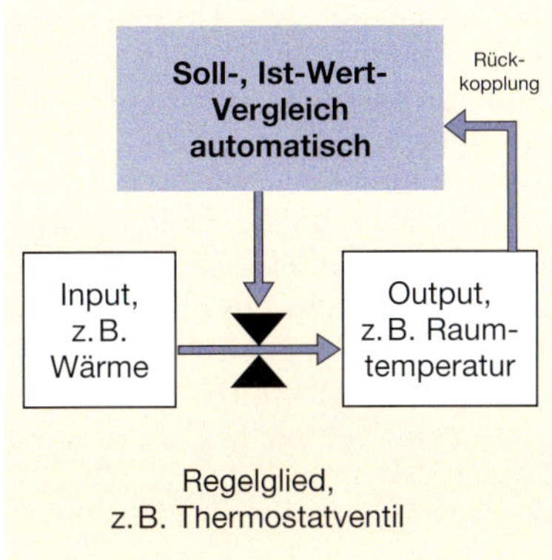

Prinzip einer Regelung

Zum besseren Verständnis vergleichen wir eine Raumheizung um 1950 mit der von heute. In beiden Fällen wird Wasser in einem Kessel mit Kohle, Gas oder Öl erwärmt. Es strömt durch die Heizungsrohre durch Heizkörper und diese geben die Wärme an die Raumluft ab. Abgekühltes Wasser strömt zurück in den Kessel usw. Wenn es den Personen 1950 im Raum zu kalt war, mussten sie das Heizungsventil per Hand weiter aufdrehen, damit mehr Warmwasser durch den Heizkörper fließen konnte und umgekehrt. Der Soll-Ist-Abgleich und die **Steuerung** wurde durch den Menschen erledigt. Ein modernes Heizungsventil misst ständig die Raumtemperatur und verändert den Zufluss des Warmwassers automatisch - je nach dem voreingestellten Wert. Hier haben wir es mit einer **Rückkopplung** zu tun, d.h., die Ausgangsgröße (Output in Form von Raumwärme) steuert selbsttätig die Eingangsgröße (Input in Form von Warmwasser). Je wärmer es im Raum wird, desto weniger warmes Wasser strömt nach und umgekehrt. Die zu steuernde Größe (Raumtemperatur) bildet über die Rückkopplung eine **Regelung**. Das beschriebene Prinzip der Steuerung und Regelung ist universell, d.h., egal ob es sich um eine moderne Heizungs-Klimaanlage handelt, die die Luftfeuchtigkeit reguliert, die Jalousien bei Sonneneinstrahlung oder Sturm automatisch herunterfährt, die Temperatur nachts automatisch absenkt usw. Moderne Steuer- und Regelprozesse beruhen meist auf Computern und elektronischen Bauteilen. **Sensoren** registrieren beispielsweise Temperatur oder Lichtstärke, wandeln sie in elektrische Größen um und sog. **Aktoren** verändern eine gewünschte Größe und schalten beispielsweise automatisch die Straßenbeleuchtung ein.

Sensoren
- Erfassung von Informationen über den Verlauf von Prozessgrößen
- Messwertgeber, Fühler
- Umformung in elektrische bzw. optische Signale
- Beispiele: Temperatur, Druck, Geschwindigkeit

Aktoren
- Umsetzung von Steuerungsinformationen zur Beeinflussung von Prozessgrößen
- Stellglieder
- Beispiele: Relais, Magnete, Stellmotoren

Steuer- und Regelprozesse sind allgegenwärtig

A

1. Welche weiteren Geräte fallen dir ein? Unterscheide zwischen Steuerung und Regelung. Welche Größen werden gesteuert/geregelt?
2. Eine moderne Heizungsanlage regelt über Thermostatventile die Raumtemperatur. Sie misst über geeignete Messfühler aber auch die Außentemperatur. Je kälter es ist, desto stärker heizt sie das Wasser im Kessel auf. Ist das eine Regelung oder eine Steuerung? Tipp: Häufig kommen beide Formen gemischt vor. Eine Verkehrsampel an einer Kreuzung **steuert** automatisch den Verkehrsfluss. Sobald aber über sog. Induktionsschleifen in der Fahrbahn die Ampelanlage „merkt“, dass sich auf einer Straße der Kreuzung ein Stau bildet, verlängert der Computer in der Ampelanlage die Grünphasen. Eine solche Ampel regelt den Verkehr.

Steuerung
Beim Steuern werden zwangsläufig und schrittweise aufeinanderfolgende Befehle (Schaltbefehle) gegeben. Es ist ein Vorgang in einem System, bei dem mindestens eine Eingangsgröße (geführte Größe) die Ausgangsgröße (gesteuerte Größe) beeinflusst. Solche Größen können z.B. die Temperatur in Räumen, Helligkeit bei Beleuchtungsanlagen, Füllstandshöhe in einem Behälter oder Drehzahl bzw. Drehrichtung in Motoren sein.
Steuervorgänge lassen sich vereinfacht in Signalflussbildern darstellen.
Steuergeräte gewinnen dabei Informationen, wandeln diese um und verarbeiten sie. Steuergeräte können aus Messeinrichtungen und Steuergliedern bestehen. Die darin gesammelten Informationen werden in Form von Signalen an die **Stelleinrichtung** weitergeleitet. Das **Stellglied** greift dabei zielgerichtet in den Stoff-, Energie- und Informationsfluss ein und beeinflusst direkt die Steuerstrecke. Steuergerät und Stelleinrichtung mit Stellglied bilden die **Steuereinrichtung**. Die Gesamtheit aller Bauteile, die zielgerichtet beeinflusst werden sollen, bezeichnet man als **Steuerstrecke**.

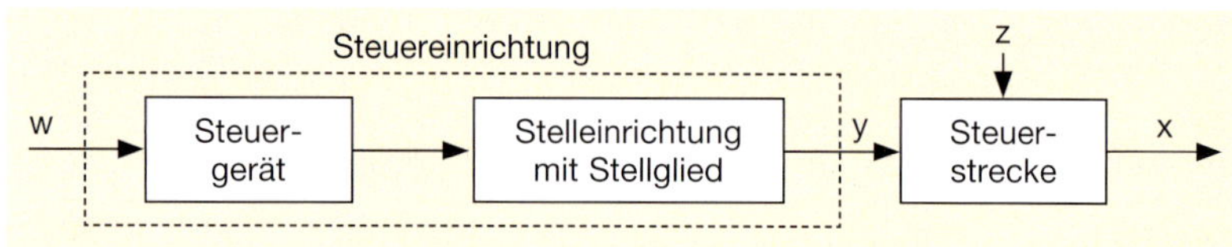

Abb. 1 Signalflussbild Steuerkette

Führungsgröße w
- Eingangsgröße/Steuersignal/Soll-Wert
- Größe, der sich die gesteuerte Größe annähern soll

gesteuerte Größe x
- Ausgangsgröße/Ist-Wert
- Größe, die durch die automatische Steuerung zielgerichtet beeinflusst werden soll

Stellgröße y
- Ausgangsgröße der Stelleinrichtung
- Größe, die über das Stellglied die Bauteile der Steuerstrecke gezielt beeinflusst

Störgröße z
- Größe, die ungewollt von außen auf die Steuerstrecke einwirkt

Das Signalflussbild einer Steuerung entspricht einer Steuerkette, deren Wirkungsablauf offen ist. Deshalb kann das System nicht auf Störungen (Störgrößen) reagieren. Es findet kein Vergleich von Soll- und Ist- Wert statt. Im Gegensatz dazu kann bei einer Regelung auf Störgrößen reagiert werden, da der Wirkungskreis geschlossen ist.
Auch der Mensch kann Bestandteil einer Steuerkette sein. Dann findet ein Informationsaustausch direkt zwischen Mensch und Maschine statt und wir sprechen vom Steuern per Hand (Mensch gibt den Impuls). Werden Informationen von Maschine zu Maschine übertragen, so sprechen wir von automatischer Steuerung (Steuerung wird selbsttätig erfüllt).

Steuern von Hand
Jeder hat schon Vorgänge von Hand gesteuert. Sei es das Einschalten der Beleuchtung bei einbrechender Dunkelheit oder das spätere Ausschalten, das Aufdrehen des Wasserhahnes für ein Bad oder das Schließen des Hahnes bei Erreichen des entsprechenden Wasserstandes in der Wanne.

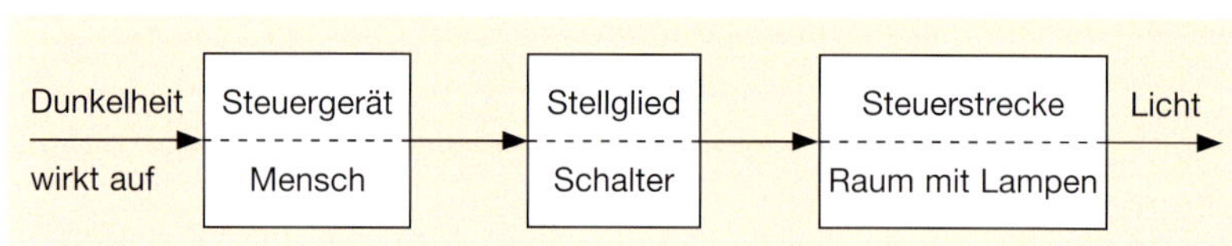

Abb. 2 Steuerung von Hand

Automatische Steuerung
Im Gegensatz zum Steuern von Hand können Steuerungen auch automatisch ablaufen.

Vorrichtungen wie Briefmarkenautomaten, Getränkeautomaten in der Schule oder für die Ausgabe von Chips für den Eintritt in Badehäuser werden durch den Einwurf von entsprechenden Münzen gesteuert.

Eine weitere Möglichkeit, Vorgänge automatisch zu steuern, ist die durch Lichteinwirkung. Beispielsweise öffnen oder schließen sich die Türen von Kaufhäusern, Fahrstühlen oder U-Bahnen erst dann, wenn keine Personen gefährdet werden.

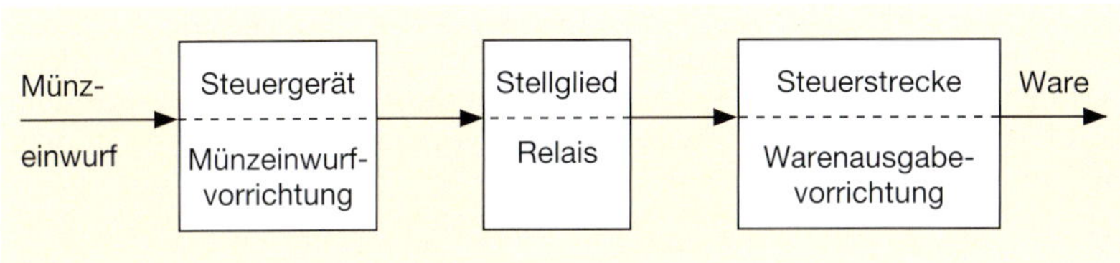

Abb. 1 Signalflussbild für eine Münzsteuereinrichtung

Steuerung mit Rückkopplung - Regelung
In der Technik ist es oft erforderlich, dass Größen im Rahmen bestimmter Grenzen konstant bleiben müssen, z.B. die Raumtemperatur in einem Wohnhaus oder die Temperatur der Bügelsohle am Bügeleisen.

In beiden Beispielen kommt die Temperatur als die zu regelnde Größe vor (**Regelgröße**). Es gibt einen bestimmten Temperaturwert, der konstant gehalten werden soll (**Soll-Wert**). Zusätzlich muss gewährleistet sein, dass Störungen (**Störgrößen**) den Soll-Wert nicht verändern. Dieses ist nur möglich, wenn der Prozess ständig überwacht und bei Änderungen eingegriffen wird. Man nennt diesen Vorgang Regelung.

Regelungen werden bei der Bewältigung von komplexen technischen Prozessen angewandt, bei denen eine Reaktion auf Störgrößen erforderlich ist. Dazu muss die Regelgröße x ständig mit Hilfe einer **Messeinrichtung** gemessen werden. Zur Weiterverarbeitung wird das Signal in die Rückführgröße r im **Signalwandler** umgewandelt. Der **Regler** übernimmt die Verarbeitung der Informationen. Diese Informationen werden an die **Stelleinrichtung** weitergeleitet. Das **Stellglied** greift wiederum zielgerichtet in den Stoff-, Energie- und Informationsfluss ein und führt der Regelstrecke ein Signal in Form der Stellgröße y zu.

Die Gesamtheit der Bauteile von Messeinrichtung mit Signalwandler, Regler und Stelleinrichtung mit Stellglied bilden die **Regeleinrichtung**. Die Gesamtheit aller Bauteile, die zielgerichtet beeinflusst werden sollen, bezeichnet man als **Regelstrecke**.

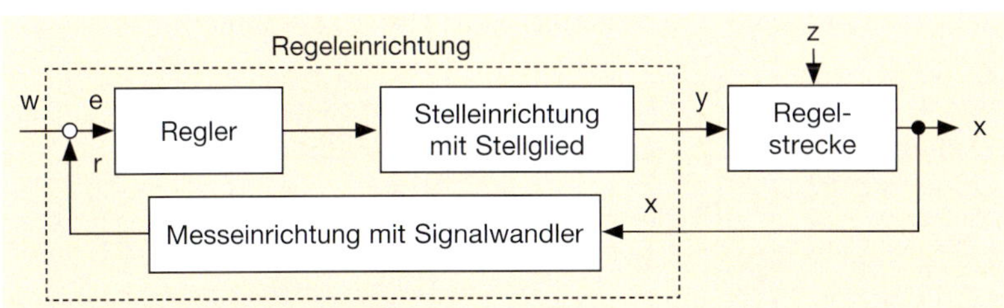

Abb. 2 Signalflussbild Regelung/Regelkreis

- Regeln bedeutet immer Messen, Vergleichen und Stellen.
- Bei einer Regelung wird die Regelgröße x auf einem geschlossenen Wirkungsweg ständig erfasst und mit einer Führungsgröße w im Regler verglichen.
- Mit Hilfe der Regeldifferenz e eines Reglers erfolgt die Angleichung an die vorgegebene Führungsgröße.

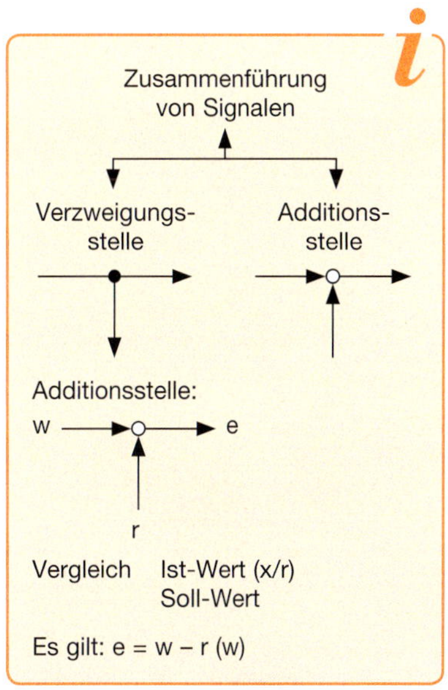

Führungsgröße w	• Soll-Wert der Regelung • Größe, an die die Regelung angeglichen werden soll
Regelgröße x	• Ist-Wert der Regelung • durch die Regelung beeinflusste Ausgangsgröße
Regeldifferenz e	• Differenz zwischen Führungsgröße und Rückführgröße r
Stellgröße y	• Signal, dass über das Stellglied die Regelstrecke ständig beeinflusst
Störgröße z	• Störung, die die Regelgröße beeinflusst
Rückführgröße r	• durch die Messeinrichtung umgewandelte Regelgröße

Temperaturregelung beim Bügeleisen
Der Regelknopf des Bügeleisens ist auf eine bestimmte Bügeltemperatur (Soll-Wert) eingestellt; kühlt das Gerät beim Bügeln ab (Ist-Wert), so schließt der ebenfalls abgekühlte Bimetallstreifen über einen Schaltkontakt den Stromkreis wieder, das Gerät wird aufgeheizt, bis der eingestellte Soll-Wert wieder erreicht wird. Dieser Vorgang wiederholt sich beim Bügeln fortwährend.

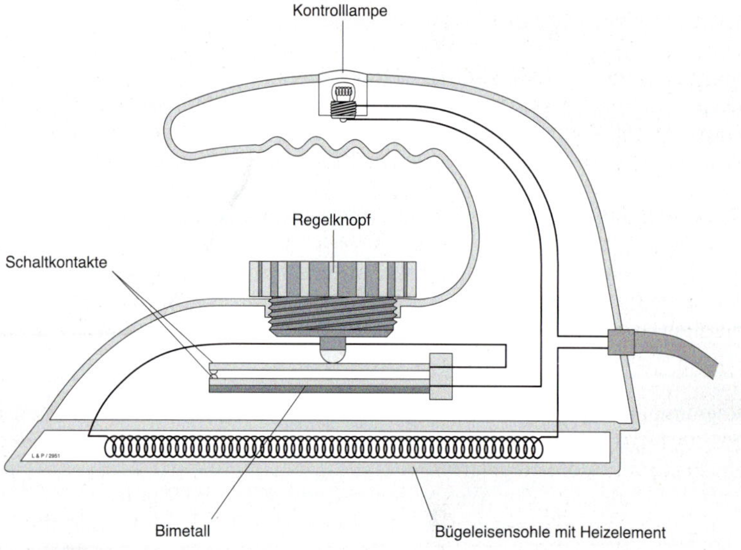

Abb.1 Regelkreis Bügeleisen

Der kreisförmige Wirkungsverlauf einer solchen Regelung wird durch das Signalflussbild (Abb. 2) besonders deutlich:
Im Gegensatz zur Steuerung wirkt die Größe, die beeinflusst wird, in einem Rückkoppelungsprozess wieder auf die Regeleinrichtung ein.

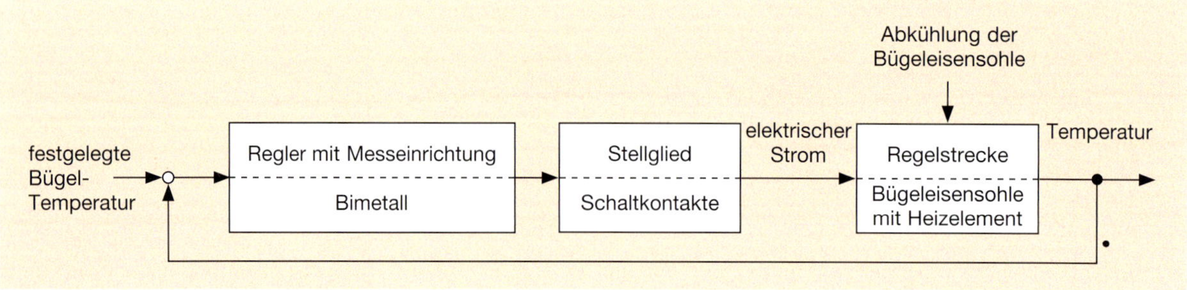

Abb. 2 Signalflussbild Regelkreis Bügeleisen

IX Wirtschaftsordnungen

> Wirtschaftsordnungen:
> Wir bezeichnen alle für den Ablauf einer Volkswirtschaft geltenden Regeln und Einrichtungen als Wirtschaftsordnungen.

1 Grundfragen der Wirtschaft

In jedem Staat steht die Güterproduktion vor den drei entscheidenden Fragen:

- Was soll produziert werden? Straßen für den Individualverkehr oder Ausbau der Massenverkehrsmittel? Schulen oder Sportstätten, Kleider oder Uniformen? Weizen oder Fleisch?
- Wie soll produziert werden? Mit der Hand oder mit Maschinen? Selbstversorgung oder Austausch mit anderen Staaten? Stromversorgung aus Atomstrom oder aus Sonnenenergie? Konsumgüter oder Schwerindustrie? Flexible oder starre Arbeitszeit?
- Für wen soll produziert werden? Für die junge oder für die alte Generation? Kinderkrippen oder Pflegeheime? Mehr Konsumgüter für den Einzelnen oder mehr Kollektivgüter? Rüstungsgüter oder Nahrungsmittel?

Antworten auf die gestellten Fragen begegnen Euch bei politisch umstrittenen Themen, wie z. B. Solarenergie oder Atomstrom. Sucht weitere Beispiele aus der aktuellen politischen Diskussion.

Zum Teil hängt die Antwort auf diese Fragen von der natürlichen Ausstattung des Landes ab, von der geschichtlichen Tradition, von der Größe der Bevölkerungszahl, von der Zahl der Erwerbstätigen oder dem Entwicklungsstand eines Staates. Wir können sie deshalb als die Grundfragen der Güterproduktion bezeichnen.

Diese Grundfragen sind in jedem Staat gleich. Entscheidender für die Lösung der aufgeworfenen Teilfragen ist jedoch die Steuerung des Wirtschaftsprozesses.

2 Grundsätzliche Ordnungsmodelle und ihre Beurteilung

Grundsätzlich sind zwei Steuerungs- oder Lenkungsmodelle denkbar:

2.1 Zentralverwaltungswirtschaft

Steuerung durch den Staat
Der Staat legt in einem einheitlichen und für alle verbindlichen Plan fest, was, wie und für wen produziert werden soll, und überwacht die Einhaltung des Wirtschaftsplanes. Er legt fest, wie viele Tonnen Ziegel gebrannt, wie viel Paar Schuhe hergestellt werden, welches Einkommen die Beschäftigten erhalten. Alle Wirtschaftseinheiten, also alle Produktionswirtschaften und alle Haushaltungen haben sich diesem Plan unterzuordnen.

Eine Zentralverwaltungswirtschaft kann man sich zumindest im Modell ohne Geld vorstellen, weil das System der Produktionsanweisungen und Bezugsberechtigungen der Zentralbehörde das Geld ersetzen. In allen realisierten Wirtschaftsordnungen, die sich an das Modell der Zentralverwaltungswirtschaft anlehnten, gab es zwar Geld und ein System von Preisen. Die Preise waren jedoch keine Knappheitsanzeiger, wie in der Marktwirtschaft, sondern hatten eine reine Verrechnungsfunktion.

Erfolgt die Regelung durch den Staat, so sprechen wir von einer Zentralverwaltungswirtschaft (Planwirtschaft, Befehlswirtschaft).

2.2 Die freie Marktwirtschaft

Steuerung durch die Wirtschaftseinheiten
Die Träger der wirtschaftlichen Entscheidungen sind die Unternehmen und die privaten Haushalte. Sie legen ihren individuellen Wirtschaftsplan fest. Die Unternehmen, was sie produzieren wollen, die Arbeitnehmer verhandeln mithilfe ihrer Gewerkschaften über die Höhe des Lohnes und kaufen jene Güter, von denen sie glauben, den größten Nutzen zu haben. Die Abstimmung der zahlreichen Einzelpläne der Unternehmen und der Haushalte erfolgt über den Markt.

Die Rolle des Staates beschränkt sich im Modell der freien Marktwirtschaft auf die Einhaltung der Gesetze. Er greift jedoch nicht steuernd in das Wirtschaftsgeschehen ein. Seine Aufgabe wird daher oft als „Nachtwächterstaat“ bezeichnet.

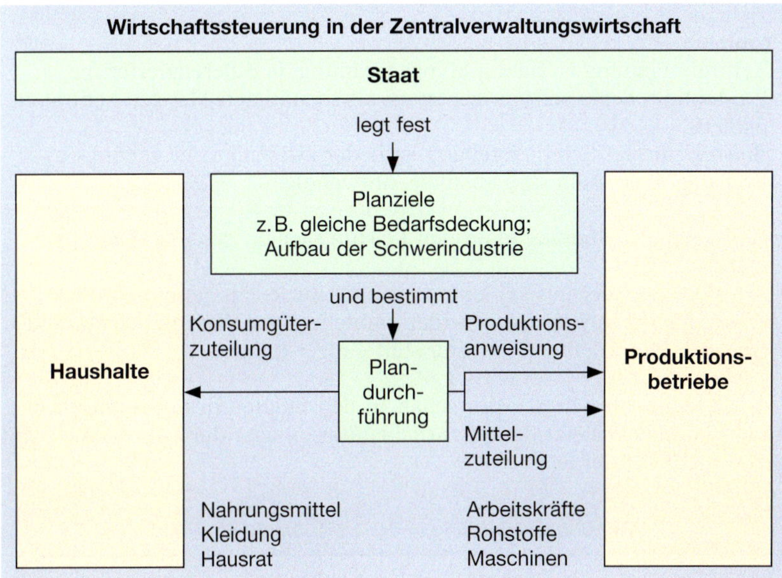

Beurteilung der freien Marktwirtschaft
Zweifellos hat die freie Marktwirtschaft durch die freie wirtschaftliche Betätigung des Einzelnen und durch den Wettbewerb um die Gunst des Kunden bedeutende wirtschaftliche Aktivitäten ausgelöst und zur Vermehrung des Wohlstandes beigetragen.

Wirtschaftliche Freiheit kann jedoch dazu führen, dass bestehende Ungleichheiten verstärkt oder neue geschaffen werden, sodass ein regulierender Eingriff des Staates notwendig wird.

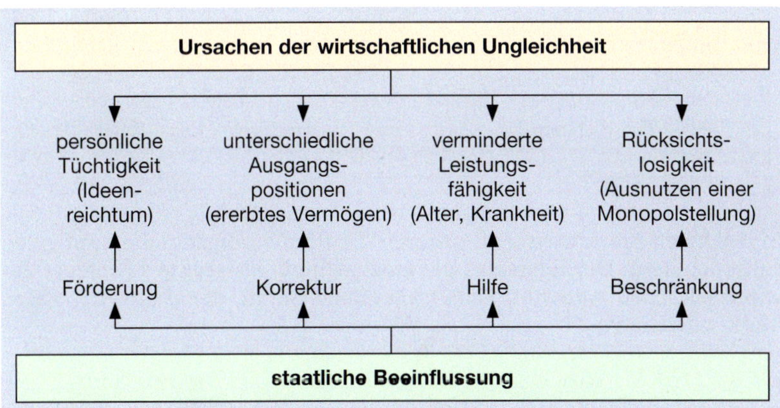

Beurteilung der Zentralverwaltungswirtschaft
Geht die freie Marktwirtschaft von der freien wirtschaftlichen Betätigung des einzelnen aus, so stellt die Zentralverwaltungswirtschaft mehr die Gleichheit und Solidarität in den Vordergrund. Durch staatliche Eingriffe sollen Benachteiligungen ausgeglichen und Produktionszweige, die nach Meinung der Staatsführung zurückgeblieben sind, gefördert werden.

Als freie Wirtschaft bezeichnen wir ein Ordnungsmodell, bei dem jeder Beteiligte am Wirtschaftsprozess, Haushalte und Unternehmen, seinen Wirtschaftsplan selbst festlegt und danach handelt.

1. Welche Entscheidungen hat nach dieser Darstellung die Zentralbehörde zu treffen?
2. Mit welchen Mitteln kann nach deiner Meinung die Zentralinstanz ihre Entscheidungen durchsetzen?
3. Bei welchem Entwicklungsstand einer Volkswirtschaft könnte nach deiner Meinung ein Überwiegen planwirtschaftlicher Elemente von Vorteil sein?

Durch konzentrierten Einsatz der volkswirtschaftlichen Reserven mithilfe der staatlichen Macht kann in verhältnismäßig kurzer Zeit oft viel erreicht werden. Als Beispiele können dienen: Die Beseitigung des Analphabetentums und die Durchführung technischer Großprojekte in den früheren Ostblockländern.

Probleme

- Zentrale Planung ist häufig Mengenplanung. Je differenzierter die Produktion, desto schwieriger ist es, alle benötigten Mengen zentral zu planen.
  Beispiel: In der Schuherstellung ist Leder zweifellos der wichtigste Rohstoff, aber Ösen sind ebenfalls notwendig.

- Bürokratische Planung kann den Leistungswillen des Einzelnen hemmen.
- Auf Verbraucherwünsche kann zu wenig Rücksicht genommen werden; es werden oft nur wenige Standardmodelle einer Warenart hergestellt.
  Beispiel: Nur 10 Tapetenmuster statt einiger hundert.

Der Zusammenbruch der Wirtschaft in den Staaten des ehemaligen Ostblocks ist nicht zuletzt darauf zurückzuführen, dass diese Probleme nicht gelöst werden konnten.

A

1. Wer sind nach dieser Darstellung die Entscheidungsträger?
2. Welche Entscheidungen treffen sie?
3. Auf welche Weise erfolgt die Abstimmung der Einzelpläne?
4. Nenne Beispiele für die vom Staat gesetzten Rahmenbedingungen.

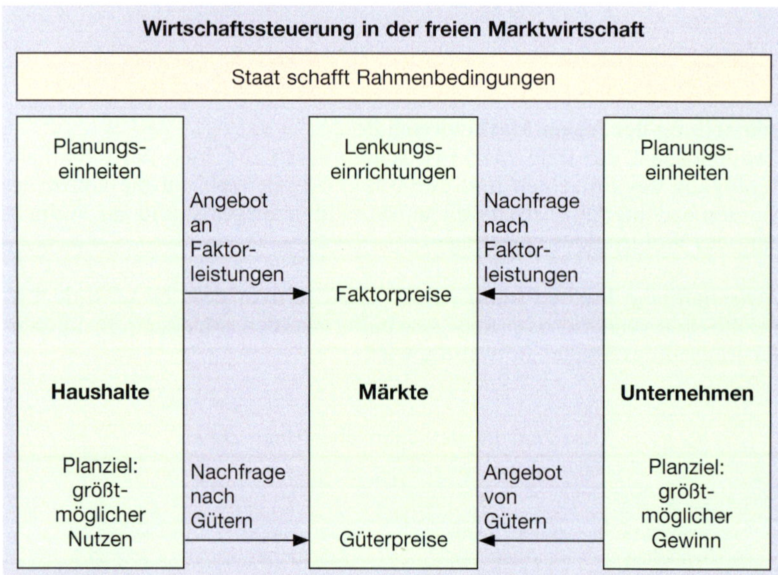

In der freien Marktwirtschaft gehören die Produktionsmittel den privaten Unternehmern. Der Egoismus des einzelnen gilt als größte Triebfeder der wirtschaftlichen Aktivität. Dazu sagt Adam Smith, der „Vater der freien Marktwirtschaft“:

> „Das natürliche Bestreben jedes Menschen, seine Lage zu verbessern, ist … ein so mächtiges Prinzip, dass es nicht nur allein und ohne alle Hilfe die Gesellschaft zu Wohlstand und Reichtum führt, sondern auch hundert unverschämte Hindernisse überwindet, mit denen die Torheit menschlicher Gesetze es nur allzuoft zu hemmen suchte.“
> (Adam Smith: „Eine Untersuchung über die Natur und Ursachen des Volkswohlstandes“ 1776)

Planwirtschaft in der ehemaligen DDR: Ein Schaufenster in Leipzig

Da für die Befriedigung der vielfältigen Wünsche eine ebenso differenzierte Güterproduktion notwendig ist, ist eine freie Marktwirtschaft ohne Geld nicht denkbar.
Der Stoff, aus dem das Geld gemacht ist, ist dabei nicht entscheidend. Bedeutsam ist allein das Vertrauen, das dem jeweils existierenden Geld entgegengebracht wird.
Die freie Marktwirtschaft war ein Versuch, das Ordnungsproblem rein verkehrswirtschaftlich, das heißt, nur zwischen Hauswirtschaften und Unternehmen durch Angebot und Nachfrage zu lösen. Dazu schreibt Walter Eucken, einer der geistigen Väter der sozialen Marktwirtschaft:

„… und zugleich sollte dieser alltägliche Wirtschaftsprozess durch Koordination der frei planenden Einzelwirtschaften, also der Haushalte und Betriebe, mittels des Preisautomatismus gelenkt werden … Die Preise aber, die sich auf freien Märkten bilden, sollen Konkurrenzpreise sein und werden es ermöglichen, dass die Direktion (Anmerkung: die Lenkung) der Produktion bis in alle Teile hinein exakt geführt wird, dass Bedürfnisse optimal gedeckt werden und dass gleichzeitig allen Menschen eine ausreichende Freiheitssphäre gewährt wird."

Beurteilung der Grundtypen
Die Beurteilung der beiden Modelle kann nach zwei Gesichtspunkten vorgenommen werden:
- Welches Bild vom Menschen als dem Ursprung und Ziel des Wirtschaftens liegt Ihnen zugrunde?
- Welches Modell löst das Problem der Steuerung des Wirtschaftsgeschehens besser?
- Welches Modell ist besser geeignet, die Konzentration von Macht zu verhindern und der Gefahr eines Machtmissbrauchs vorzubeugen?

A

1. Vergleiche die Funktion der Preise in den beiden Grundmodellen.
2. Lest im Grundgesetz für die Bundesrepublik Deutschland insbesondere die Artikel 1, 2, 3, 11 und 22. Beachtet dabei auch die in den Artikeln selbst enthaltenen Einschränkungen.

Menschenbild
Nach unserem Verständnis gehören zur Würde des Menschen folgende Gesichtspunkte:
- persönliche Freiheit
  Dazu gehört auch die freie wirtschaftliche Betätigung des Einzelnen.
  Sie kann sich äußern in:
  - freier Berufswahl,
  - Gewerbefreiheit,
  - Vertragsfreiheit,
  - Freizügigkeit.

- Gleichheit vor dem Gesetz
  Niemand darf wegen seines Geschlechts, seiner Rasse, seiner Herkunft usw. benachteiligt oder bevorzugt werden.

- Solidarität
  Jeder hat Anspruch auf Schutz und Fürsorge durch die Gesellschaft. Der Staat hat die Aufgabe, ungleiche Ausgangschancen dadurch weitgehend auszugleichen, dass er z.B. durch verbesserte Ausbildung möglichst gerechte Startbedingungen schafft.

Optimale Steuerung
Von einer optimalen Steuerung können wir dann sprechen, wenn
- die Produktionsfaktoren so sparsam wie möglich eingesetzt werden;
- nicht an den Wünschen der Abnehmer vorbeiproduziert wird;
- die Aufteilung des Ertrags der Arbeit als gerecht empfunden werden kann.

3 Die soziale Marktwirtschaft, eine realisierte Wirtschaftsordnung

In keinem Land der Welt sind die Zentralverwaltungswirtschaft oder die völlig freie Marktwirtschaft verwirklicht. Es entstanden gemischte Wirtschaftsordnungen, die sich mehr oder weniger an einen Grundtypus anlehnen, jedoch Elemente des anderen mit enthalten.

3.1 Grundprinzipien der sozialen Marktwirtschaft

A

1. Überlege selbst, auf welche Weise der Staat mit marktgerechten Mitteln Einfluss nehmen kann auf:
   a) mehr Wettbewerb,
   b) eine sozial ausgewogene Eigentumsverteilung,
   c) die Berufswahlentscheidung junger und die Beschäftigung älterer Menschen,
   d) auf den Schutz der Verbraucher und auf freie Konsumwahl?
2. Verfolge aktuelle politische Diskussionen in der Presse.

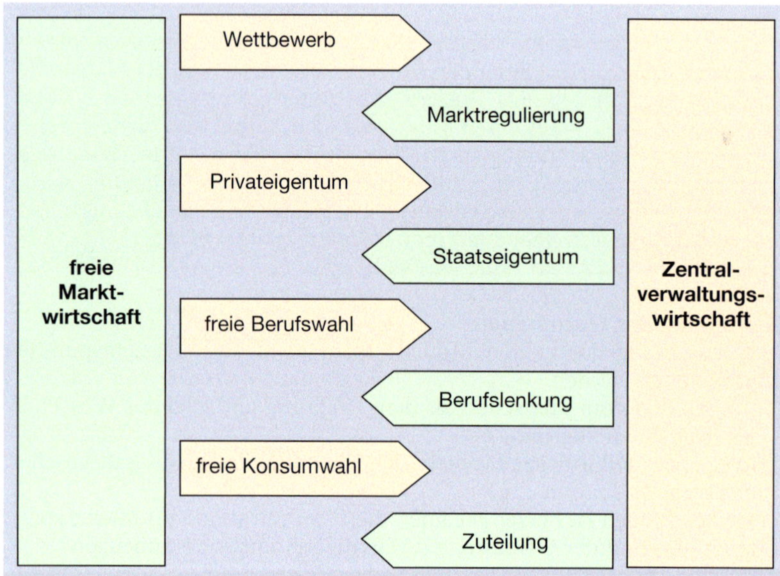

Entscheidung für die Marktwirtschaft
In der Bundesrepublik fiel im Jahre 1949 die Entscheidung zu Gunsten einer **Marktwirtschaft** mit freier Preisbildung und Wettbewerb an Stelle einer Zentralverwaltungs- oder Planwirtschaft mit staatlich vorgegebenen Preisen und Produktionsvorschriften.

Wettbewerb allein schafft jedoch noch keine Gerechtigkeit. Er drängt diejenigen ins Abseits der Gesellschaft, denen wegen Alter, Behinderung, Kinderreichtum oder schlechteren Startvoraussetzungen eine faire Teilnahme nicht möglich ist. Deshalb wurde die Marktwirtschaft durch eine **soziale Komponente** erweitert.

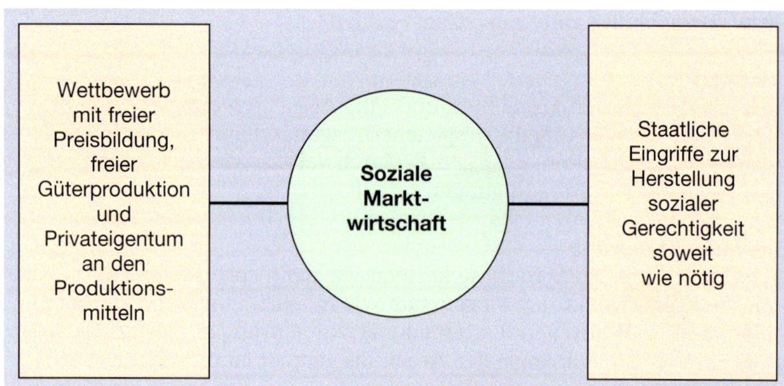

Den Ausdruck „Soziale Marktwirtschaft" prägte Prof. Dr. Alfred Müller-Armack. Er war nach der Gründung der Bundesrepublik Deutschland im Jahre 1949 Staatssekretär im Bundesministerium für Wirtschaft.

Alfred Müller-Armack

Im „Handwörterbuch der Sozialwissenschaften", erschienen 1956, beschreibt er „soziale Marktwirtschaft" folgendermaßen: „Der Begriff der sozialen Marktwirtschaft kann somit als eine ordnungspolitische Idee definiert werden, deren Ziel es ist, auf der Basis der Wettbewerbswirtschaft die freie Initiative mit einem gerade durch die marktwirtschaftliche Leistung gesicherten sozialen Fortschritt zu verbinden."

Dem damaligen Bundeswirtschaftsminister Prof. Dr. Ludwig Erhard gebührt der Verdienst, die soziale Marktwirtschaft politisch durchgesetzt zu haben. Er war Wirtschaftsminister von 1949 bis 1963, dann Bundeskanzler von 1963 bis 1966.

Ludwig Erhard

3.2 Von der sozialen zur ökologisch-sozialen Marktwirtschaft

Ziel der sozialen Marktwirtschaft ist es, auf der Basis der freien wirtschaftlichen Betätigung des Einzelnen ein Höchstmaß von sozialer Sicherheit und Gerechtigkeit für alle aufzubauen. In der Europäischen Union bekennen sich im Grunde alle Staaten zu einer Wirtschaftsordnung, die mit kleinen Unterschieden im Einzelnen dieses Leitbild verfolgt.

Seit den siebziger Jahren des vorigen Jahrhunderts wird jedoch der Schutz der natürlichen Lebensgrundlagen zunehmend als Problem erkannt.

- Die Temperatur auf der Erde steigt. Durch die Verbrennung von fossiler Energie, z. B. Steinkohle, Braunkohle, Erdöl, wird mehr CO_2 in die Atmosphäre abgegeben, als die Pflanzen in Sauerstoff umwandeln können. Die Anreicherung von CO_2 lässt die Wärme nicht abstrahlen und wirkt deshalb wie ein Treibhaus. Dadurch schmilzt das Eis an den Polarkappen und in den Hochgebirgen ab. Überschwemmungen und Murenabgänge nehmen zu. Die nebenstehenden Bilder zeigen den Gletscher „Mer de Glace" an der französischen Seite des Montblanc-Massivs im Jahre 1916 und 2001.
- Die Verschmutzung von Wasser und Luft macht nicht an staatlichen Grenzen Halt.
- Die Erwärmung führt dazu, dass sich die Wüsten ausbreiten. Dieser Vorgang wird dadurch gefördert, dass die Bewohner von Trockengebieten aus Mangel an anderen Energiequellen die spärliche Vegetation zu Brennzwecken verwenden.
- Das moderne Konsumverhalten führt zu einem steigenden Verbrauch an Energie.
- Durch Auto und Flugzeug werden die Menschen zunehmend mobiler. Dies erfordert jedoch einen hohen Aufwand an Nutzenergie.

Gletscher früher

Alle Beispiele laufen darauf hinaus, dass die Menschheit von heute mehr an Rohstoffen und Energie verbraucht, als sie selbst zur Regeneration beiträgt. Andererseits überlässt sie ihren Wohlstandsmüll der nachfolgenden Generation.

Wirtschaftliches Handeln ist damit eine zutiefst ethische Frage. Zu den aus der sozialen Marktwirtschaft bekannten Grundsätzen, andere nicht auszubeuten oder zu übervorteilen, kommt unter ökologischen Gesichtspunkten noch die Verantwortung für die nächste Generation.
Die Grundpfeiler der sozialen Marktwirtschaft, Freiheit, soziale Gerechtigkeit und Wohlfahrt müssen um die Bestandteile Nachhaltigkeit und Generationengerechtigkeit erweitert werden.

Gletscher heute

Aufgaben

1. Erkläre den Begriff Wirtschaftsordnung.
2. Beschreibe die Grundtypen der Wirtschaftsordnungen.
3. Nenne Vorzüge und Nachteile der beiden Grundtypen.
4. Finde Argumente für oder gegen die Auffassung von Adam Smith, dass die Freiheit zur Erfüllung der Einzelinteressen auch dem Gesamtinteresse am besten entspricht.
5. In der Wirtschaft der früheren Ostblockstaaten war häufig von „Reibungsverlusten" die Rede. Was stellst du dir darunter vor? Versuche, diese Aussage zu erklären.
6. Beschreibe den Begriff „soziale Marktwirtschaft".
7. Welche der in den Artikeln 1 bis 19 unseres Grundgesetzes enthaltenen Grundrechte sind für unsere Wirtschaftsordnung besonders wichtig?
8. Erkläre die Behauptung: Marktwirtschaft ist Geldwirtschaft.
9. „Ist in einem Staate das Geldwesen zerstört, so tritt an seine Stelle die Kompensationswirtschaft." Erkläre auch diesen Satz und finde Beispiele aus der jüngsten deutschen Geschichte.
10. Von der sozialen zur ökologisch-sozialen Marktwirtschaft! Erkläre dieses Schlagwort mithilfe von Beispielen.
11. Verfolge das politische Tagesgeschehen. Welche Themen bzw. Entscheidungen sind nach deiner Meinung für die Wirtschaftsordnung der Bundesrepublik Deutschland besonders wichtig?
12. Analysiere die beiden folgenden Texte mithilfe der Leitfragen.
    a) Begründe oder widerlege die Aussage: Der Text von David Ricardo ist nichts weiter als die Forderung nach einer völlig freien Marktwirtschaft.
    b) Was versteht Ricardo unter dem natürlichen Preis und dem Marktpreis der Arbeit?
    c) Warum lässt sich die Aussage aus dem Buch: „Politische Ökonomie des Sozialismus ..." weder für die Zeit der DDR noch überhaupt aufrechterhalten?

David Ricardo

1. Der folgende Text stammt von dem berühmten englischen Volkswirtschaftler David Ricardo (1772–1823):
   Arbeit hat, wie alle übrigen Dinge, die man kauft oder verkauft, und die an Menge vermehrt und vermindert werden können, ihren natürlichen und ihren Marktpreis. Der natürliche Preis der Arbeit ist jener Preis, welcher nötig ist, Arbeiter in den Stand zu setzen, einen wie den anderen, sich zu erhalten und ihr Geschlecht fortzupflanzen ohne Vermehrung oder Verminderung ...
   Der Marktpreis der Arbeit ist derjenige Preis, der wirklich für die Arbeit auf Grund des natürlichen Verhältnisses von Angebot und Nachfrage bezahlt wird. Die Arbeit ist teuer, wenn sie selten ist, und billig, wenn sie reichlich ist. Wie weit auch immer der Marktpreis der Arbeit von ihrem natürlichen Preise abweichen mag, so hat er, wie die Güter, eine Tendenz, sich ihm anzupassen.

2. Der folgende Text stammt aus dem Buch: Politische Ökonomie des Sozialismus und ihre Anwendung in der DDR; Berlin (Ost) 1969; (S. 178)
   „Sieg der sozialistischen Produktionsverhältnisse bedeutet, dass mit der Aufhebung des Privateigentums an den Produktionsmitteln sich die Klassen grundlegend geändert haben. In den sozialistischen Betrieben ist das System der Ausbeutung des Menschen durch den Menschen beseitigt. Das freundschaftliche Zusammenwirken zwischen allen Klassen und Schichten, kameradschaftliche Zusammenarbeit und gegenseitige Hilfe wurden zum bestimmenden Prinzip der gesellschaftlichen Entwicklung."

KÜCHENSTUDIO BERGNER

1 Sozialprodukt und Bruttoinlandsprodukt als Maßstab für die volkswirtschaftliche Gesamtleistung

Bruttoinlandsprodukt: Wert aller Waren (Sachgüter) und Dienstleistungen, die in einem Jahr in einem Land wie z.B. Deutschland hergestellt worden sind. (Wertschöpfung).

Um die allgemeine wirtschaftliche Situation ihres Landes beurteilen zu können, braucht jede Regierung eine Reihe von Informationen. Die grundlegendste dieser Informationen ist, wie viel Güter und Dienstleistungen innerhalb eines Jahres in den Unternehmen der einzelnen Wirtschaftsbereiche insgesamt erstellt worden sind. Daran wird der Wohlstand eines Landes und damit auch der seiner Bürger gemessen.

In der Bundesrepublik Deutschland ist im Wesentlichen das Statistische Bundesamt in Wiesbaden damit beauftragt, alle Güter und Dienstleistungen, die produziert worden sind, quartalsweise zu erfassen. Diese Summe stellt einen wichtigen Gradmesser für die Leistungsfähigkeit einer Volkswirtschaft dar und man nennt sie Bruttosozialprodukt bzw. Bruttoinlandsprodukt (BIP).

1.1 Die Unterscheidung von Bruttosozialprodukt, Bruttonationalprodukt und Bruttoinlandsprodukt

früher: **Bruttosozialprodukt** heute: **Bruttonationalprodukt**	**Bruttoinlandsprodukt**
Wert aller Güter, die in einem Jahr durch Inländer, d.h. durch Erwerbstätige, die innerhalb der Bundesrepublik Deutschland leben, hergestellt wurden.	Wert aller Güter, die in einem Jahr im Inland, d.h. innerhalb der Bundesrepublik Deutschland, hergestellt wurden.
Personenbezogen/Inländerprinzip	Gebietsbezogen/Inlandsprinzip

Beispiele:
- Eine Kiefersfeldener Skilehrerin arbeitet in einer Kufsteiner Skischule. Sie trägt zum deutschen Bruttonationalprodukt, aber nicht zum deutschen Bruttoinlandsprodukt bei.
- Ein Kufsteiner (Österreicher) arbeitet in einem Kiefersfeldener (Deutschland) Zementwerk. Er trägt zum deutschen Bruttoinlandsprodukt bei, aber nicht zum deutschen Bruttonationalprodukt. In kleineren Ländern jedoch kann der Unterschied beträchtlich sein, wenn viele Staatsangehörige in einem anderen Land arbeiten.

Die Höhe des deutschen Bruttoinlandsprodukts unterscheidet sich unwesentlich von der Höhe des Bruttosozialprodukts. Wir werden deshalb überwiegend den häufiger gebrauchten Begriff Bruttoinlandsprodukt verwenden.

1.2 Die Entstehung des Bruttoinlandsprodukts

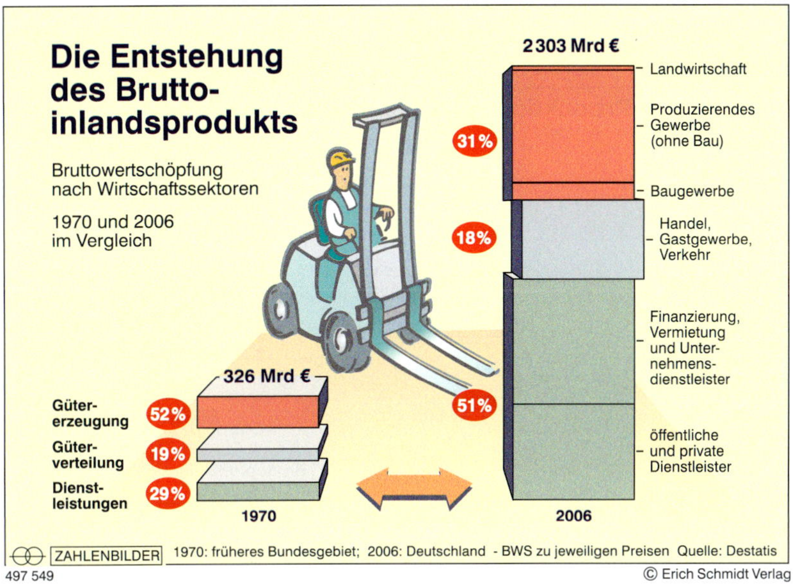

Wirtschaftsbereiche (Wirtschaftssektoren):
Primärer Sektor:
z.B. Land- u. Forstwirtschaft
Sekundärer Sektor:
Verarbeitung in Handwerk und Industrie
Tertiärer Sektor:
Dienstleistungen z.B. Handel, Verkehr

Zur Ermittlung des Bruttoinlandsprodukts, werden zunächst alle Leistungen oder Umsätze der einzelnen Wirtschaftsbereiche (Wirtschaftssektoren) zusammengefasst.

Um Mehrfachzählungen zu vermeiden, die auf Grund der Weiterverarbeitung von Gütern eines Unternehmens durch ein anderes entstehen würden, zählt man zum Bruttoinlandsprodukt nur den Wert der Endprodukte. Da die Zwischenprodukte (Vorleistungen) schon im Preis des Endprodukts enthalten sind, müssen sie von der Summe aller Leistungen (Bruttoproduktionswert) abgezogen werden.

A

1. **Nenne jeweils zwei Unternehmensbeispiele für jeden oben in der Grafik aufgeführten Wirtschaftsbereich.**
2. **Finde Ursachen für die Vergrößerung des Bruttoinlandsprodukts seit 1970.**
3. **Wie haben sich die Anteile der Wirtschaftssektoren seit 1970 verschoben?**

   Bruttoproduktionswert
– Vorleistungen
= Bruttoinlandsproduktion (Wertschöpfung)

Beispiel:
Eine Druckerei kauft zur Herstellung ihrer Bücher (= Endprodukte) Papier (= Zwischenprodukt). Diese Einkäufe müssen als Vorleistungen vom Produktionsergebnis abgezogen werden, um den wirklichen Beitrag zum Bruttoinlandsprodukt ermitteln zu können. Den Wertzuwachs, den die Druckerei dem Papier durch seinen Kapital- und Arbeitseinsatz hinzufügt, bezeichnen wir auch als Wertschöpfung oder aber auch den von dieser Druckerei geleisteten Beitrag zum Bruttoinlandsprodukt.

Verfolgen wir nun den Wertschöpfungsprozess am Beispiel des vom Verlag hergestellten Buches: Der Forstwirt verkauft sein Holz für 10 GE (Geldeinheiten) an die Papierfabrik und diese das Papier für 30 GE an die Druckerei. Das Holz stellt für die Papierfabrik eine Vorleistung dar, ebenso das Papier für die Druckerei. Der Preis des neu erzeugten Buches beträgt 60 GE. In die volkswirtschaftliche Gesamtrechnung geht die Produktion dieses Buches nicht mit dem Bruttoproduktionswert von 100 GE, sondern mit der erzielten Wertschöpfung der einzelnen Produktionsstufen in Höhe von 60,00 € (= Preis des Endprodukts).

Produktionsstufen und Wertschöpfung
Die Volkswirtschaft eines Landes fasst alle in ihm angesiedelten Unternehmen zusammen. Somit kann man die Summe aller Beiträge als Bruttoinlandsprodukt eines Landes bezeichnen.

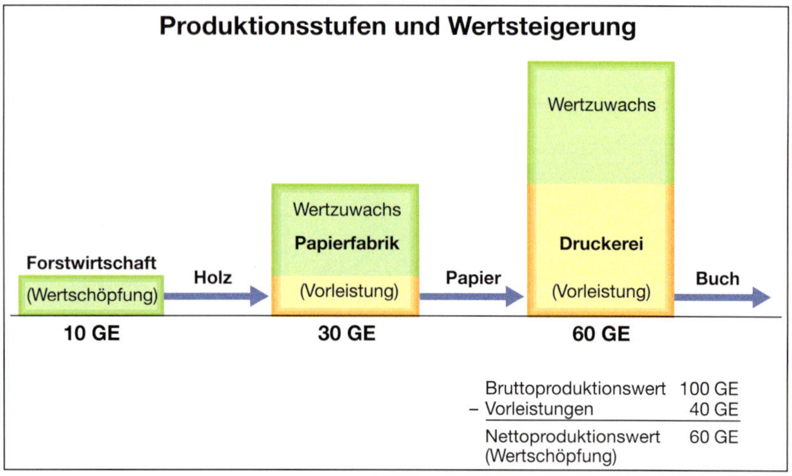

1.3 Das Bruttoinlandsprodukt als Maßstab

Man betrachtet die Zahl Bruttoinlandsprodukt jedoch nie isoliert, sondern setzt sie mit anderen Größen in Beziehung. Dies kann in folgender Weise geschehen:

Die Bedeutung des BIP:
- Maßstab für die wirtschaftliche Leistungsfähigkeit eines Landes im internationalen Vergleich
- Instrument zur Wirtschaftsbeobachtung
- Instrument zur Erstellung von Wirtschaftsprognosen

Der Maßstab als Ländervergleich
Dabei ist es wenig sinnvoll, die absolute Höhe des BIP zu vergleichen, weil sowohl die Zahl der Bevölkerung als auch die Zahl der Erwerbstätigen, die das BIP erwirtschaftet haben, sehr unterschiedlich ist. Man vergleicht daher das Bruttoinlandsprodukt pro Kopf oder pro Erwerbstätigen.

In dem folgenden Schaubild wird das Bruttoinlandsprodukt innerhalb der EU pro Kopf für das Jahr 2005 dargestellt.

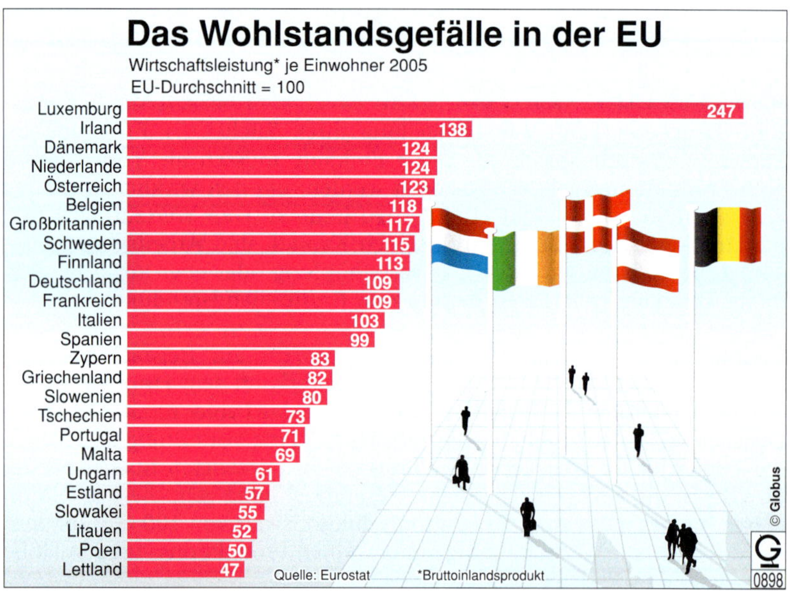

A

1. Beurteile mit Hilfe des nebenstehenden Schaubildes die wirtschaftliche Stellung der BRD in der EU.
2. Um wie viel Prozent übersteigt das wirtschaftlich stärkste Land den Mittelwert?

Der Maßstab als Zeitvergleich –
Die Unterscheidung von nominalem und realem Bruttoinlandsprodukt

Das Bruttoinlandsprodukt besteht aus Gütern, wie z.B. Semmeln, Bücher, Autos, Maschinen, Urlaubsreisen, Telefongebühren usw., d.h. aus **realen Werten**. Um diese Sachgüter oder Dienstleistungen messen zu können, werden sie mit ihren augenblicklichen Marktpreisen bewertet. Nur durch eine solche Messgröße (z.B. Währungseinheit Euro) können die verschiedenen Güter zum Inlandsprodukt zusammengefasst werden.
Es wäre allerdings irreführend, einfach den in Euro ausgedrückten Geldwert der Produktion zweier Jahre miteinander zu vergleichen und daraus Schlüsse über die Veränderung der verfügbaren Güter zu ziehen. Der Wert kann sich nämlich allein durch allgemeine Preissteigerungen nominal (dem Nennwert nach) erhöht haben, ohne dass tatsächlich mehr Güter produziert worden sind. Um nun echte Aussagen über die Güterversorgung und die wirtschaftliche Leistungsfähigkeit einer Volkswirtschaft machen zu können, sind daher nicht nominale, sondern nur reale Veränderungen des Inlandsprodukts von Interesse.
Dazu bewertet man alle Güter mit konstanten Preisen (z.B. Preise des Jahres 1996, das in diesem Fall das sogenannte Basisjahr darstellt).

Beispiel:
Wir untersuchen nun eine Volkswirtschaft, die der Einfachheit halber nur Hamburger produziert.
Im Jahr 2002 wurden 50 Stück produziert und für jeweils 2,00 € verkauft (Beitrag zum Bruttoinlandsprodukt: 100 €).
Die Hamburger gehen mit 100 € in das Bruttoinlandsprodukt ein. Im Jahr 2003 steigt der Preis eines Hamburgers auf 3,00 € und es werden 100 Stück verkauft (Beitrag zum Bruttoinlandsprodukt: 300 €). Im Jahr 2004 steigen der Umsatz noch einmal auf 150 Stück und der Preis auf 4,00 € (Beitrag zum Bruttoinlandsprodukt: 600 €).

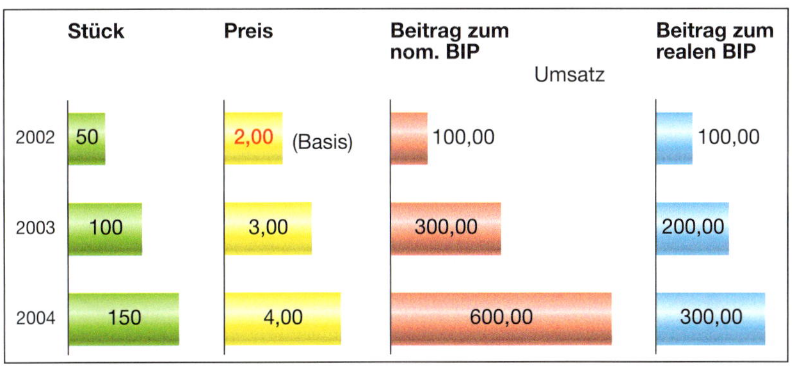

nominal: dem Nennwert nach; rein zahlenmäßige Betrachtung einer Entwicklung
real: wirklich; Betrachtung unter Berücksichtigung anderer einwirkenderer Faktoren (hier z.B. Preissteigerungen)

Das nominale Bruttoinlandsprodukt verwendet die laufenden (aktuellen) Preise. Es stellt keinen geeigneten Maßstab für die tatsächliche Entwicklung einer Volkswirtschaft dar. **Das reale Bruttoinlandsprodukt** wird mit konstanten Preisen eines Basisjahres errechnet. Es ist ein Maßstab für die wirtschaftliche Entwicklung einer Volkswirtschaft unter Ausschaltung von Preissteigerungen.

A

Errechne aus der oben stehenden Grafik die Steigerung des Bruttoinlandsprodukts von 2002 bis 2003
a) nominal,
b) real.
Kontrolliere dein Rechenergebnis mit Hilfe der unteren Infografik.

2 Konjunktur und Konjunkturphasen

2.1 Konjunktur

Konjunktur:
Allgemeines Auf und Ab der wirtschaftlichen Entwicklung.

Wir wissen, dass das Bruttoinlandsprodukt und sein Wachstum ein wichtiger Anzeiger für den Zustand einer Volkswirtschaft sind. Diese periodisch wiederkehrenden Schwankungen bezeichnet man auch als Konjunktur. Aus der oberen Grafik kann man ersehen, dass nicht nur das Bruttoinlandsprodukt für die gesamtwirtschaftliche Entwicklung ausschlaggebend ist.

Katastrophe 11. September

Der 11. September 2001 hat eine weltweite schlechte Konjunkturlage zu einer richtigen Konjunkturkrise verstärkt.

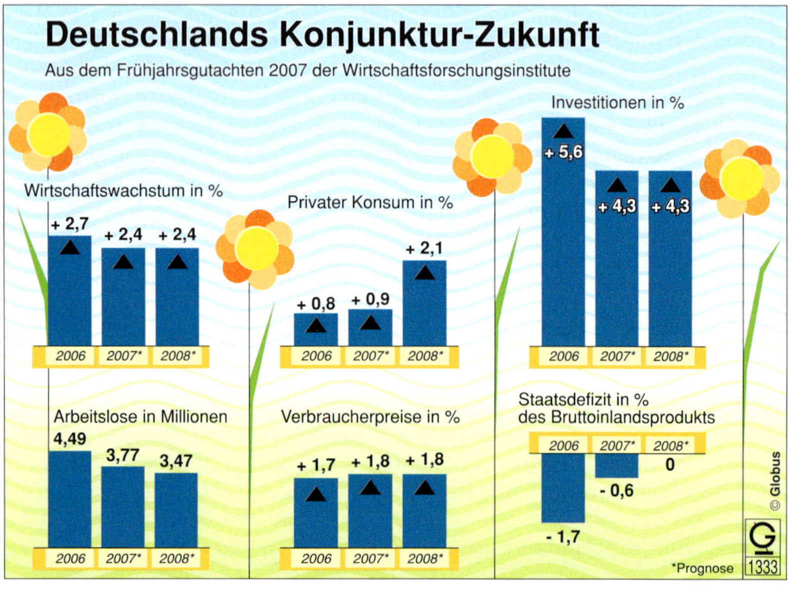

Veränderungen der konjunkturellen Lage einer Volkswirtschaft hat es schon immer gegeben. So sind uns z. B. aus der Bibel die so genannten „sieben fetten und sieben mageren Jahre" überliefert.
Will man den Verlauf der Konjunktur grafisch darstellen, nimmt man i. d. R. die Wachstumszahlen des Bruttoinlandsprodukts zu Hilfe.

Pharao sagte zu Joseph: Mir träumte, ich stände am Ufer bei dem Wasser und sähe aus dem Wasser steigen sieben schöne fette Kühe, und gingen an der Weide im Grase. Und nach ihnen sähe ich andere sieben dürre, sehr hässliche und magere Kühe heraus steigen.

Das ist nun, was ich gesagt habe zu Pharao, Siehe, sieben reiche Jahre werden kommen in ganz Ägyptenland. Und nach denselben werden sieben Jahre teure Zeit kommen, dass man vergessen wird aller solcher Fülle in Ägyptenlande; und die teure Zeit wird das Land verzehren.
Quelle: Genesis

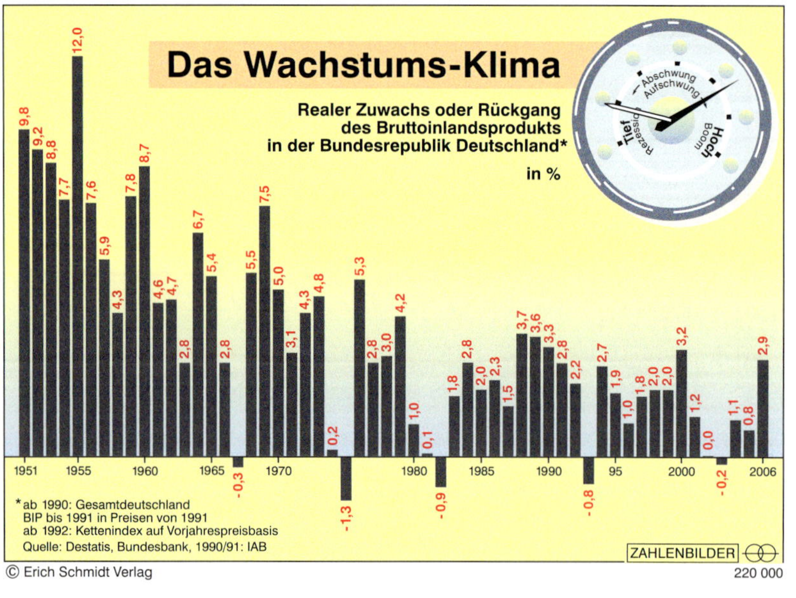

2.2 Konjunkturphasen

Nach diesem Gesamtüberblick über nahezu 60 Jahre Bundesrepublik können wir gewisse Regelmäßigkeiten erkennen. So sehen wir z. B. die regelmäßige „zyklische“ Abfolge von „Wellenbergen“ auf „Wellentälern“. Diese bezeichnen wir als Konjunkturzyklen. Sie dauern normalerweise 4–6 Jahre. Betrachten wir nun einen einzelnen Zyklus etwas genauer. Wir stellen fest, dass er in mehrere Phasen zerfällt.
Obwohl der Rhythmus des wirtschaftlichen Auf und Ab nicht ganz gleichmäßig verläuft, lässt sich ein typisches allgemeines Grundmuster feststellen:

> Unter **Konjunkturzyklus** versteht man den Zeitabschnitt von der ersten bis zur letzten Konjunkturphase.

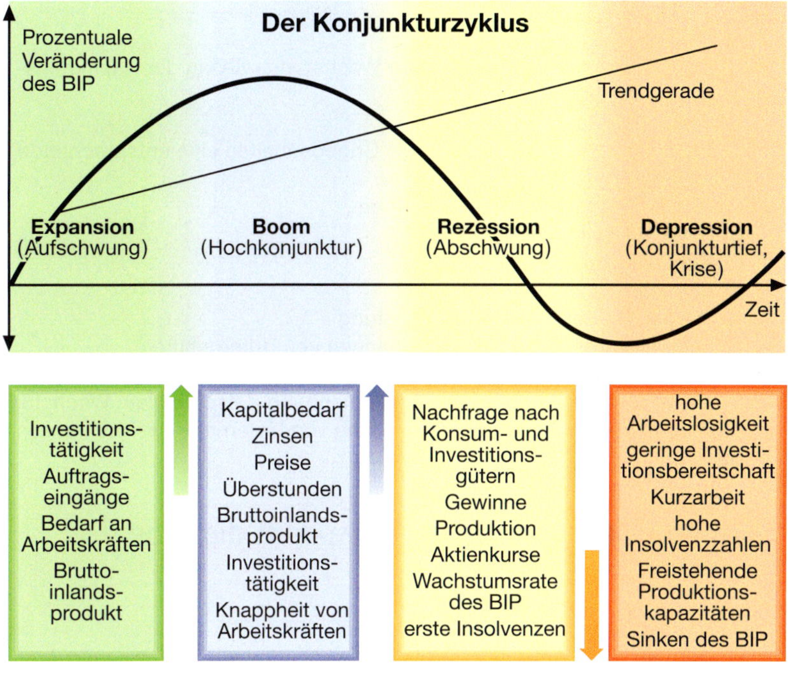

1. Prüfe kritisch folgende Behauptung: In der Talsohle ist die Zuwachsrate des realen Bruttoinlandsprodukts gleich null (Nullwachstum).
2. Erkläre anhand der nebenstehenden Grafik den Begriff „Negatives Wachstum“.

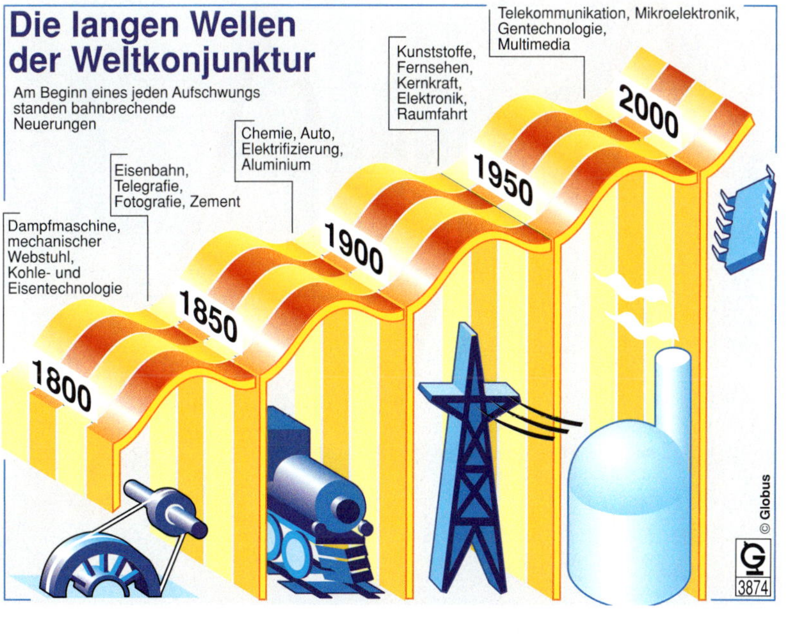

> **Langfristige Schwankungen** ergeben sich aus neuen Erfindungen wie z. B. der Dampfmaschine oder der Mikroelektronik, die daher häufig als „Motoren“ der Weltkonjunktur bezeichnet werden.

Mechanische Webstühle

www.destatis.de
(Statistisches Bundesamt)

1. Unterscheide folgende Begriffe:
   - Bruttosozialprodukt und Bruttonationalprodukt
   - Bruttoinlandsprodukt, Nettoinlandsprodukt
2. Was versteht man unter Volkseinkommen?
3. Erkläre den Begriff Wertschöpfung.
4. Welcher Wirtschaftssektor hat heute den größten Anteil an der Entstehung des deutschen Bruttoinlandsprodukts?
5. Was trägt in höherem Maße zum Bruttoinlandsprodukt bei?
   - die Herstellung von einem Kilo Hamburger oder die Produktion eines Kilos Kaviar. Begründe.
6. a) Definiere das reale und das nominale Wachstum.
   b) Welches ist ein besserer Maßstab für ökonomischen Wohlstand? Begründe.
7. Erläutere den Begriff Konjunktur.
8. a) Beschreibe die Veränderung der Wachstumsraten in der Nachkriegszeit (s. Grafik S. 167).
   b) Finde eine Begründung dafür.
9. Ordne den unteren wirtschaftlichen Gegebenheiten eine entsprechende Konjunkturphase zu:
   a) eine hohe Anzahl von Überstunden
   b) hohe Arbeitslosenquote
   c) Kurzarbeit
   d) Vermehrte Investitionstätigkeit
   e) Steigerung der Kapazitätsauslastung
   f) Verschlechterung der Gewinnchancen von Unternehmen
10. Grenze die beiden Begriffe Konjunkturphase und Konjunkturzyklus ab.
11. Stelle mithilfe der Grafik einen Zusammenhang zwischen dem Wachstum (Zunahme des BIP) und der Entwicklung von Unternehmensinsolvenzen dar.

Insolvenz:
Zahlungsunfähigkeit
(Schuldner können ihre Geldschulden nicht mehr zurückzahlen.)

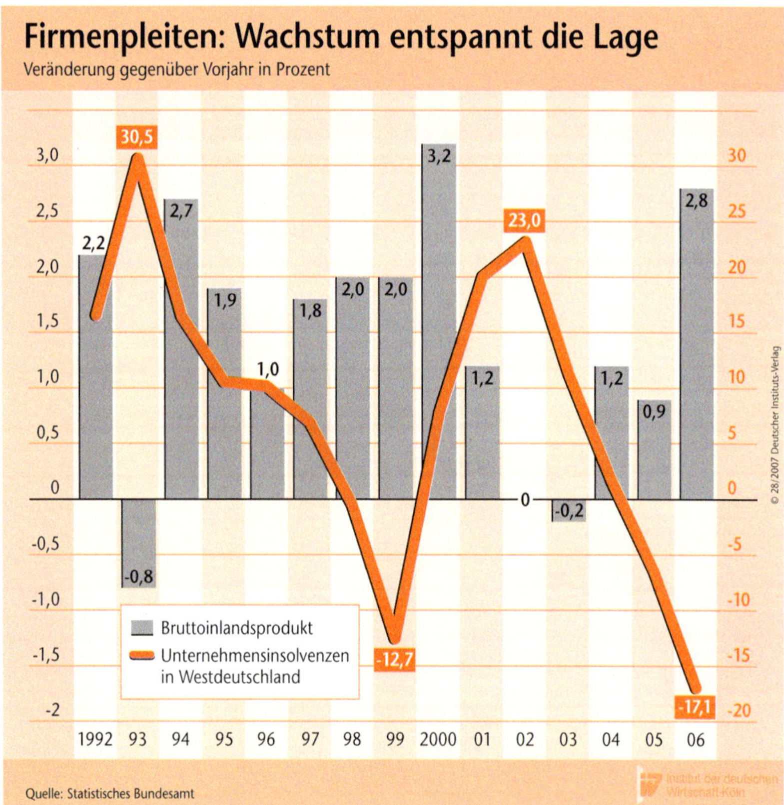

3 Ziele der Wirtschaftspolitik in der sozialen Marktwirtschaft

3.1 Wirtschaftspolitische Handlungsziele des Staates

Viele Menschen setzen sich in ihrem Leben bestimmte Ziele. Ein Leichtathlet möchte die Strecke von 100 Metern in einer bestimmten Zeit schaffen. Ein Schüler will in der Abschlussprüfung ein gutes Ergebnis erzielen. Ein Unternehmer strebt in einem Jahr die Steigerung seines Gewinns um einen bestimmten Prozentsatz an. Wer sein Ziel erreichen will, muss dazu bestimmte Maßnahmen treffen.
Neben derartigen individuellen Zielen gibt es auch andere, die alle Menschen gemeinsam haben. Dazu gehören:

- Sicherheit,
  z. B. des Einkommens, des Arbeitsplatzes, der Ersparnisse.
- Schutz
  von Leben und Gesundheit, des eigenen Vermögens, vor Gefahren am Arbeitsplatz.
- Wohlfahrt.
  Dieses Ziel schließt die Verbesserung der materiellen Lage mit ein, geht jedoch weit darüber hinaus. Beispiele: Teilhabe an den Kulturgütern durch Hören von Musik, Besuch von Museen, Reisen, Entfaltung der eigenen Kreativität durch Hobbys. „Der Mensch lebt nicht nur vom Brot allein." Man könnte es auch als persönliches Glücksgefühl bezeichnen.

Nur in eingeschränktem Maße kann der Einzelne diese Ziele selbst verwirklichen. Er braucht dazu die Hilfe des Staates. Um das Gefühl von Zufriedenheit und Gerechtigkeit herzustellen, muss der Staat diese Lebensziele seiner Bürger zu Zielen seiner Politik machen. Soweit diese über das wirtschaftliche Wohlergehen angestrebt werden, sprechen wir von **Zielen der Wirtschaftspolitik**.

> *i* Die Unabhängigkeitserklärung der Vereinigten Staaten von Amerika vom 4. Juli 1776 leitet diese Ziele aus der Würde des Menschen ab:
> „Wir erachten diese Wahrheiten als unzweifelhaft: Dass alle Menschen gleich geschaffen sind, dass sie vom Schöpfer mit gewissen unveräußerlichen Rechten begabt sind, so mit Leben, Freiheit und dem Streben nach Glück."

Gleichgewicht als Hauptziel staatlicher Wirtschaftspolitik
Finden beispielsweise Arbeitswillige keine Beschäftigung oder verlieren unsere Ersparnisse an Wert, so ist dies ein Zeichen für ein Ungleichgewicht in der wirtschaftlichen Entwicklung. Es muss daher durch den Staat angestrebt werden, diese „Schlingerbewegung" zu vermeiden und die wirtschaftliche Entwicklung im Gleichgewicht zu halten. Dies ist das wichtigste Ziel der Wirtschaftspolitik.

Dieses Hauptziel der Wirtschaftspolitik können wir in einige Teilziele aufgliedern, die im **Gesetz zur Förderung der Stabilität und des Wachstums der Wirtschaft** vom 8. Juni 1967 formuliert sind.
Paragraf 1 lautet:

> A: Wirtschaftspolitik ist nur ein Teilbereich der staatlichen Politik. Kennst du weitere?

> Bund und Länder haben bei ihren wirtschafts- und finanzpolitischen Maßnahmen die Erfordernisse des gesamtwirtschaftlichen Gleichgewichts zu beachten. Die Maßnahmen sind so zu treffen, dass sie im Rahmen der marktwirtschaftlichen Ordnung gleichzeitig zur Stabilität des Preisniveaus, zu einem hohen Beschäftigungsstand und außenwirtschaftlichem Gleichgewicht bei stetigem und angemessenem Wirtschaftswachstum beitragen.

> *i* Im Jahre 1967 nahm das BIP erstmals leicht ab. Dies war der Grund für die Schaffung des Stabilitätsgesetzes.

Die Erfahrung lehrt, dass zu keiner Zeit alle im Stabilitätsgesetz genannten Ziele gleichzeitig verwirklicht werden konnten. Sie werden daher häufig als **„magisches Viereck" der Wirtschaftspolitik** bezeichnet.

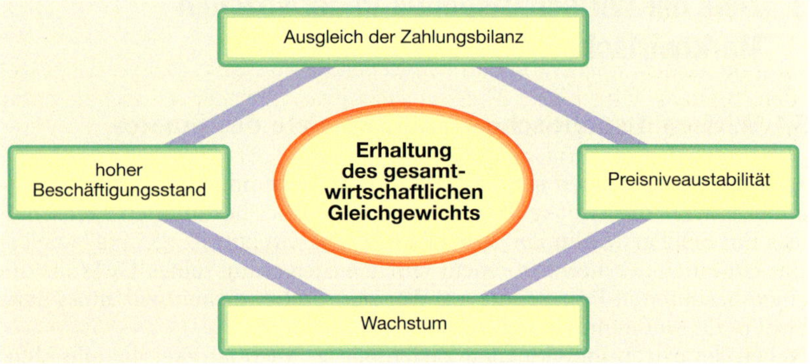

Die Ziele dieses magischen Vierecks sind zwar die bekanntesten, keineswegs aber die einzigen Ziele der Wirtschaftspolitik. Wichtig sind außerdem:

- Eine sozial gerechte Einkommens- und Vermögensverteilung, z. B. Steuerfreiheit für niedrige Einkommen, höhere Steuersätze für höhere Einkommen.
- Eine möglichst gute Ausstattung mit Gemeinschaftsgütern, z. B. ein leistungsfähiges Schienen- und Straßennetz, gut ausgebaute und ausgestattete Schulen und Hochschulen, Freizeiteinrichtungen.
- Erhaltung des Wettbewerbs, insbesondere Schutz des Verbrauchers, z. B. Verbot irreführender Werbung, Kontrolle von Lebensmitteln, um gesundheitliche Schäden zu vermeiden.
  Schutz und Erhaltung einer gesunden Umwelt, z. B. Verbot von „wilden“ Mülldeponien, der Einleitung von Schadstoffen in Gewässer.

A

1. Welche der genannten Ziele werden nach deiner Meinung derzeit weitgehend erreicht? Welche nicht?
2. Erkläre das Wort „magisch“ in diesem Zusammenhang. Schlage dazu die Bedeutung des Wortes „Magie“ im Lexikon nach.
3. Nenne Gründe dafür, weshalb die nebenstehenden Ziele ebenfalls wichtig sind.

Statt von einem magischen Viereck spricht man daher besser von einem **„magischen Vieleck“**. Mit der Zunahme der Ziele wachsen jedoch auch die Zielkonflikte.

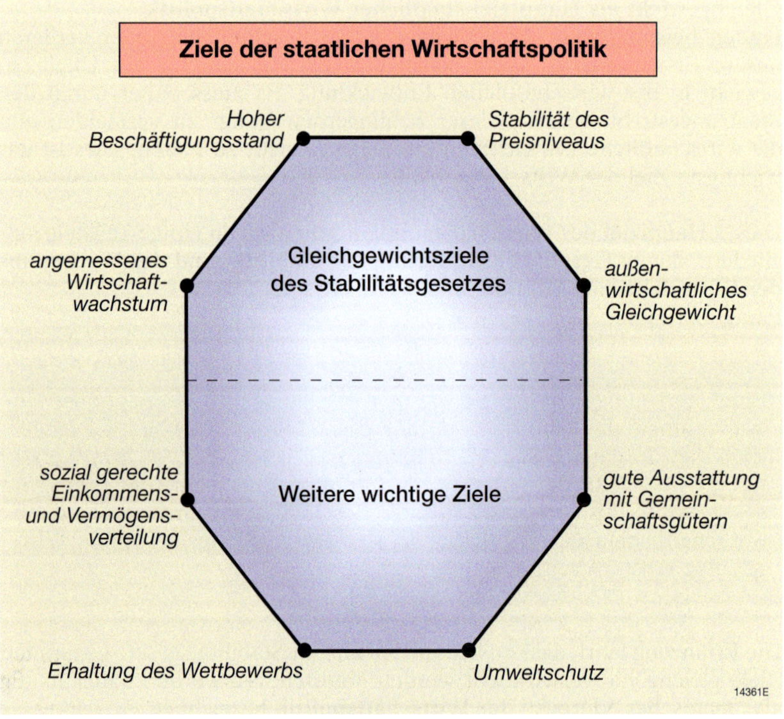

3.2 Maßstäbe für die Erreichung der Ziele

Wer beurteilen möchte, ob und in welchem Umfang die Ziele erreicht wurden, braucht dafür einen Maßstab. Für jedes Ziel der Wirtschaftspolitik gibt es einen eigenen Maßstab.
Die **Stabilität des Preisniveaus** messen wir an der Veränderung der Verbraucherpreise. Dabei ist nicht jeder Einzelpreis wichtig. Das Statistische Bundesamt stellt einen Warenkorb mit etwa 750 Gütern zusammen, deren Preise laufend beobachtet werden. Vergleicht man die Preise der im Warenkorb enthaltenen Güter in zwei aufeinander folgenden Jahren, so kann man ihre prozentuale Veränderung errechnen.

Die Bedeutung von Maßstäben habt ihr bereits in Kapitel X.1 erfahren.
Andere Maßstäbe kennt ihr aus den Fächern Chemie und Physik (Thermometer zur Messung der Temperatur, Barometer zur Messung des Luftdrucks).

Die **Höhe des Beschäftigungsstands** kommt in der Arbeitslosenquote zum Ausdruck.

$$\text{Arbeitslosenquote} = \frac{\text{Anzahl der Arbeitslosen} \times 100}{\text{Erwerbstätige} + \text{Arbeitslose}}$$

Das **außenwirtschaftliche Gleichgewicht** ist dann gegeben, wenn die Einnahmen und Ausgaben aus dem Warenverkehr, aus dem Reiseverkehr und aus den Übertragungen (z.B. Renten, Zahlungen an überstaatliche Organisationen) ausgeglichen sind (Ausgleich der Leistungsbilanz).
Das **außenwirtschaftliche Gleichgewicht** ist dann gegeben, wenn die vom Ausland empfangenen Zahlungen mit den an das Ausland geleisteten Zahlungen übereinstimmen (Ausgleich der Zahlungsbilanz).

Suche in der Tagespresse oder im Internet aktuelle Daten, die zeigen, ob und in welchem Umfang die genannten Ziele erreicht wurden.

Als Maßstab für das **Wachstum der Wirtschaft** gilt die reale Zunahme des Bruttoinlandsprodukts. Sie wird ebenfalls in Prozent angegeben.
Die folgende Grafik zeigt die Entwicklung der vier wirtschaftspolitischen Ziele des magischen Vierecks im Laufe von sechs Jahren.

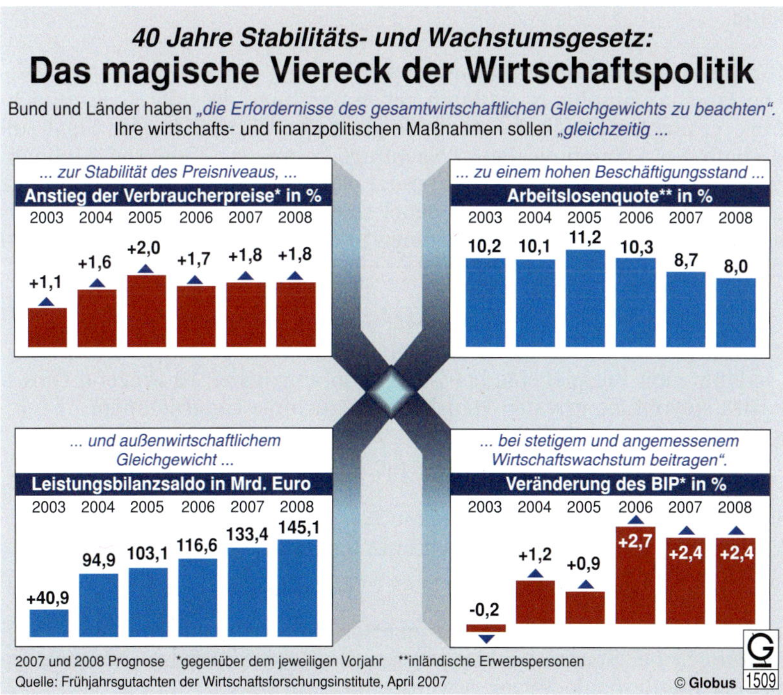

> **i**
> Die Einnahmen von Bund, Ländern und Gemeinden betrugen im Jahre 2002 rund 920 Mrd. €.
> Ihnen standen Ausgaben von 987 Mrd. € gegenüber.
> Die Differenz wurde mit Krediten finanziert.
> Im Jahre 2007 nahm der Bund „nur“ 19,6 Mrd. € Kredit auf. Bis 2012 soll der Bundeshaushalt ausgeglichen sein.

3.3 Maßnahmen der Wirtschaftspolitik in der sozialen Marktwirtschaft

In Kapitel IV.3.3 haben wir kennen gelernt, woher der Staat die Mittel für seine Maßnahmen bezieht (Staatseinnahmen wie z. B. Steuern, Gebühren etc.).

Das vielleicht wichtigste Ziel der Wirtschaftspolitik ist die Erhaltung des gesamtwirtschaftlichen Gleichgewichts. Aus der Fülle möglicher Maßnahmen zur Erreichung dieses Zieles wollen wir einige betrachten.

Antizyklische Haushaltspolitik
Würde sich der Staat wie jeder Privathaushalt verhalten, so müsste er bei einem Rückgang der Steuereinnahmen auch seine Ausgaben drosseln, während er in guten Jahren seine Ausgaben erhöhen könnte. Ein derartiges Verhalten wäre prozyklisch.

In einer entwickelten Volkswirtschaft kommt jedoch dem Staat neben der allgemeinen Ordnungsfunktion noch eine weitere Aufgabe zu: Er muss gestaltend in den Wirtschaftsablauf eingreifen. Dazu kann er seine Einnahmen und Ausgaben so festlegen, dass er dem Verhalten der übrigen Wirtschaftssektoren - private Haushalte und Unternehmen - entgegenwirkt.

Diese dem allgemeinen Konjunkturverlauf entgegengesetzte Gestaltung der Staatsausgaben bezeichnet man als antizyklische Haushaltspolitik.

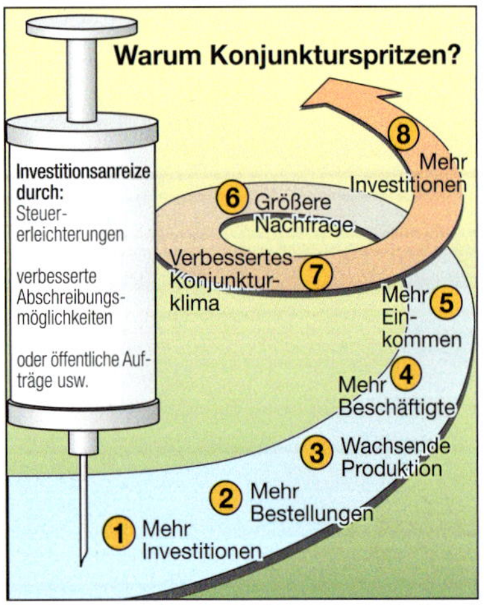

Konjunkturfördernde Maßnahmen
In der Rezession, also in der Phase eines konjunkturellen Rückgangs, ist die gesamtwirtschaftliche Nachfrage niedriger als die mögliche Leistungsfähigkeit der Volkswirtschaft. Es sind freie Kapazitäten vorhanden und Arbeitswillige finden keinen Arbeitsplatz.
Das Schema auf Seite 174 zeigt, auf welche Weise der Staat durch seine Steuer- und Geldpolitik ausgleichend in den Wirtschaftsablauf eingreifen kann.

Konjunkturdämpfende Maßnahmen
Die Hochkonjunktur ist dadurch gekennzeichnet, dass die Gesamtnachfrage größer ist als die Leistungsfähigkeit der Wirtschaft. Der Staat soll deshalb zur Dämpfung dieser Nachfrage beitragen. Ziele und Maßnahmen verlaufen deshalb entgegengesetzt wie in der Rezession. Durch seine gesetzgebende Gewalt kann er dabei sowohl seine eigene Nachfrage als auch die Nachfrage der Unternehmen und der privaten Haushalte beeinflussen.

Unter anderem können folgende Maßnahmen ergriffen werden:
- Erhöhung der Lohn- und Einkommensteuer. Das Stabilitätsgesetz erlaubt zum Beispiel eine befristete Erhöhung bis zu 10 Prozent. Dies trifft sowohl die privaten Haushalte als auch die Unternehmen.
- Kürzung der staatlichen Ausgaben, z. B. Zurückstellung geplanter Baumaßnahmen. Dadurch erhält die Privatwirtschaft weniger Staatsaufträge.
- Beschränkung der Kreditaufnahme von Bund, Ländern und Gemeinden. Auch diese Maßnahme schränkt die Ausgabemöglichkeit der drei Gebietskörperschaften ein.

Die durch diese Maßnahmen vermehrten Steuereinnahmen und die Einsparungen bei Staatsausgaben müssen als Konjunkturausgleichsrücklage bei der Bundesbank stillgelegt werden.

A

1. Welche der im magischen Viereck aufgeführten Ziele werden mit den dargestellten Auswirkungen staatlicher Konjunkturspritzen in erster Linie angestrebt?
2. Überlege: Ob die Ziele auch erreicht werden können, wenn z. B. die Bevölkerung mehr spart? Begründe deine Aussage.
3. Begründe, warum die vermehrten Steuereinnahmen bei der Bundesbank stillgelegt werden müssen.

1. a) Nenne die im Stabilitätsgesetz von 1967 formulierten Ziele der Wirtschaftspolitik.
   b) Warum werden diese Ziele als „magisches Viereck der Wirtschaftspolitik" bezeichnet?
   c) Welche Maßstäbe kennst du, die angeben, ob und in welchem Umfang ein wirtschaftspolitisches Ziel erreicht wurde? Beschreibe diese Maßstäbe.
2. Unter den weiteren Zielen werden auch eine sozial gerechte Einkommens- und Vermögensverteilung sowie eine gute Ausstattung mit Gemeinschaftsgütern genannt. Warum ist es in beiden Fällen nicht möglich konkrete Maßstäbe für das Erreichen der Ziele anzugeben?
3. a) Was verstehen wir unter „Zielkonflikt"?
   b) Nenne zwei wirtschaftspolitische Zielkonflikte.
   c) Nenne ein Beispiel für einen Zielkonflikt aus deinem persönlichen Umfeld.
4. Nimm kritisch Stellung zu folgender Behauptung: „Ein wichtiges Ziel der deutschen Wirtschaftspolitik sollte es sein, möglichst viel zu exportieren und möglichst wenig zu importieren. Dadurch käme Geld ins Land, das unseren Reichtum erhöht."
5. Deute die nebenstehende Karikatur.

6. Verfolge im Internet, ob und in welchem Umfang die im Stabilitätsgesetz formulierten Ziele im vergangenen Jahr erreicht wurden.
7. Zum 01. Januar 2007 hat der Deutsche Bundestag den allgemeinen Mehrwertsteuersatz von 16 auf 19 Prozent erhöht. Angenommen, ein T-Shirt habe vor der Erhöhung 12,00 €, ein PKW 20.000 € gekostet.
   a) Berechne den neuen Preis dieser Güter, wenn angenommen werden soll, dass die Erhöhung der Mehrwertsteuer voll auf den Verbraucher abgewälzt wird.
   b) Kannst du dir eine Situation vorstellen, in der trotz Erhöhung der Mehrwertsteuer sich die Preise für den Endverbraucher nicht ändern? Begründe deine Meinung.
   c) Stimmst du der Auffassung zu, dass der Staat, der ein Interesse an stabilen Preisen haben sollte, bei einer Erhöhung der Mehrwertsteuer selbst zum Preistreiber wird? Begründe deine Meinung! Bedenke dabei, dass sich auch für den Staat ein Zielkonflikt ergeben kann.
8. Nimm Stellung: „Eine freie Preisbildung ist unsozial, weil sie gerade die wirtschaftlich Schwachen benachteiligt."
9. Stimmt die Aussage: „Der öffentliche Haushalt ist der Haushalt des Bundes"? Begründe deine Aussage.
10. Wer legt den Haushalt des Bundes, eines Bundeslandes, einer Gemeinde fest?
11. a) Was verstehen wir unter Steuern?
    b) Wie können sie gegliedert werden?
    c) Welche anderen Pflichtabgaben außer Steuern gibt es noch?
12. Ordne die folgenden Beispiele den jeweiligen Staatsaufgaben zu:
    - Die Schule bezahlt ihre Telefonrechnung.
    - Die Stadt Erfurt lässt eine Ampelanlage reparieren.
    - Eine Autobahn wird von vier auf sechs Spuren erweitert.
    - Eine Stadt baut ein neues Heizkraftwerk.
    - Betreiber von Windkraftanlagen erhalten Zuschüsse.
    - Der Schneepflug räumt die Straßen.
    - Familie Huber erhält Kindergeld.
    - Bauherren von Einfamilienhäusern erhalten einen Zuschuss für den Einbau einer Solaranlage.
    - Studenten erhalten Ausbildungsbeihilfe.
    - Die Gemeinde Falkenhausen baut ein neues Feuerwehrhaus.

13. Wie ist nach deiner Meinung zu erklären, dass Tabak, Kaffee und Bier eigens besteuert werden, Fleisch, Honig und Küchenmöbel dagegen nicht.

14. Was bedeutet antizyklische Finanzpolitik?
15. In einer Rezession möchte der Staat die Lohn- und Einkommensteuer generell um zehn Prozent senken.
    a) Welches Ziel verfolgt er damit?
    b) Angenommen, der Staat erwägt zur Gegenfinanzierung folgende Möglichkeiten:
       - Aufnahme von Krediten in Höhe der beabsichtigten Steuersenkung,
       - Streichung anderer Staatsausgaben.

    Beurteile, ob die Maßnahmen zielgerichtet sind.
16. Zur Anregung der Konjunktur hat der Staat die Lohn- und Einkommensteuer gesenkt. Die Verbraucher sparen jedoch die Beträge und geben sie nicht aus.
    Beurteile dieses Verhalten.
17. „Staatliche Maßnahmen im Rahmen der antizyklischen Finanzpolitik sind Angebote an Unternehmen und Verbraucher."
    Belege die Richtigkeit dieses Satzes.
18. Belege oder widerlege die beiden folgenden Sätze:
    - „Staatsschulden von heute sind die Steuererhöhungen von morgen."
    - „Staatsschulden von heute belasten die künftige Generation."
19. Nimm zur folgenden Aussage Stellung: „Ein hoher Schuldenstand nimmt dem Staat seine Handlungsfähigkeit."
20. Überlege mit Hilfe des unten stehenden Schemas:
    - In welcher Konjunkturphase werden konjunkturdämpfende Maßnahmen ergriffen?
    - Welche Maßnahmen kommen infrage?

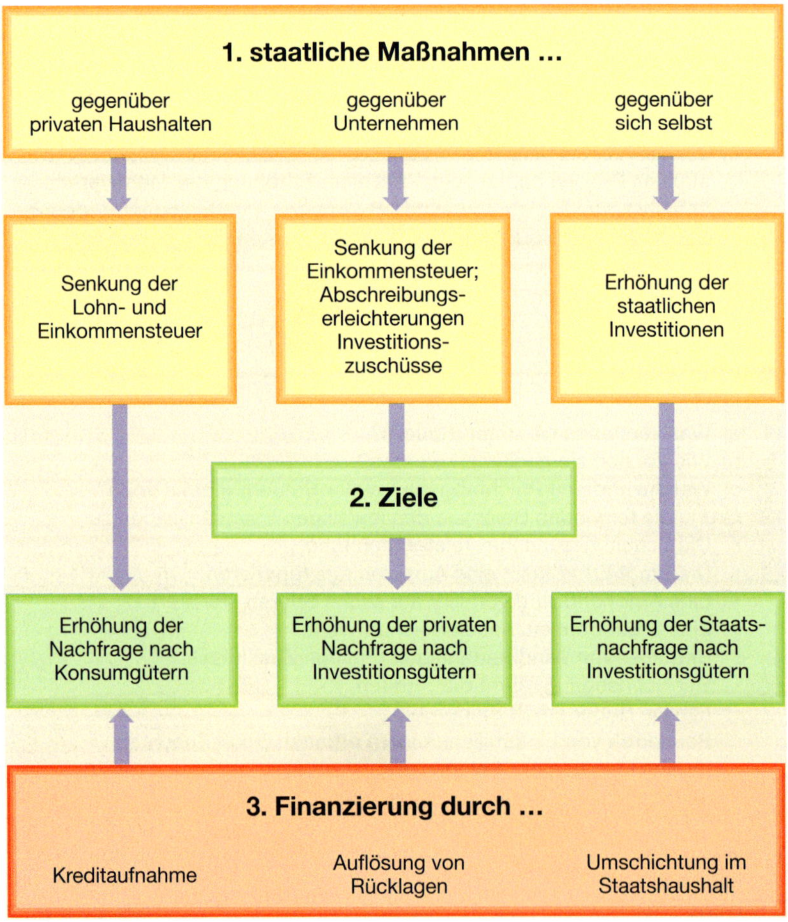

XI Berufswahlvorbereitung

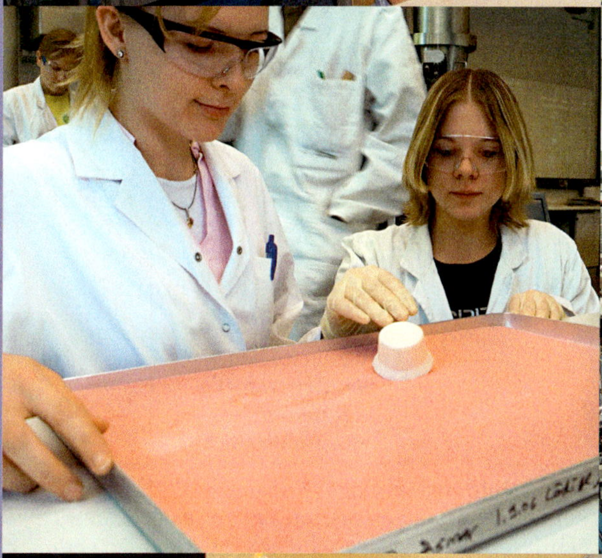

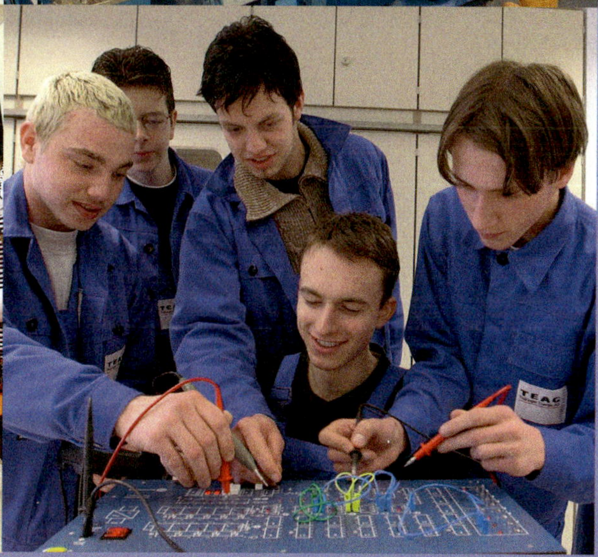

1 Die Verwirklichung

Viele von euch haben sich bereits im letzten Schuljahr für einen Ausbildungsplatz beworben. Für kleinere und mittlere Betriebe gibt es aber auch in diesem Schuljahr noch durchaus Bewerbungsmöglichkeiten. Die untere Tabelle zeigt dir einen Überblick, was in diesem Schuljahr auf dich zukommen kann.

Letztes Schuljahr				
	1. Schulhalbjahr		**2. Schulhalbjahr**	
September		**Februar**		**Juli**
Bewerbungsbeginn	**Bewerbung** (siehe Jahrgangsstufe 9)	**Anmeldung** an weiterführenden Schulen	Abschlusszeugnis an weiterführenden Schulen abgeben	Beginn der Ausbildung oder weiterführende Schulen
ENTSCHEIDEN ⟶	**BEWERBEN** (verwirklichen) ⟶			
Auf Tests und Vorstellungsgespräche vorbereiten	**Informationsabend** weiterführender Schulen: Anmeldetermine erfragen!	Ausweichmöglichkeiten überlegen?	Ausbildungsvertrag (unterschreiben, informieren über Rechte und Pflichten)	Papiere besorgen: Lohnsteuerkarte, Krankenversicherung …
Schon im BIZ gewesen?		**An weiterführenden Schulen sofort anmelden – Fristen einhalten**		

Zwei Ausbildungsverträge??? Sei fair!!!
Wenn du dich nachträglich für einen anderen Betrieb entscheidest, solltest du der ersten Firma eine Absage schicken. So kann dort ein anderer Bewerber/eine andere Bewerberin zum Zuge kommen. Informiere auch die Berufsberatung über deine Entscheidung. Halte weiterhin Kontakt, wenn deine Bewerbungen noch nicht erfolgreich waren.
Quelle: Bundesagentur für Arbeit

Beispiele für Internetseiten mit Berufswahlinformationen aus Thüringen:

www.zukunftschancen.de
www.berufsstart-thueringen.de
www.studienwahl.de
www.thueringen.de
www.meinestadt.de
www.schule-wirtschaft-thueringen.de
www.stellungen.eu
www.jobscout24.de

Ämter
sind Stellen, bei denen du wichtige Papiere wie Urkunden oder Formulare erhälst.

Welches Amt ist zuständig?	Dies sind wichtige Papiere für dich:	Was kannst du unternehmen?
Die für dich zunächst wichtigen Ämter befinden sich meistens im Rathaus oder der Gemeindeverwaltung		Informiere dich an deinem Wohnort, wo die für dich zuständigen Ämter sind. Häufig kostet das Ausstellen von Urkunden oder Beglaubigungen Gebühren: • Erkundige dich nach der Höhe der Kosten.
Standesamt	Abstammungsurkunde, Geburtsurkunde	Diese Urkunden sind wichtig, um deine Herkunft nach zu weisen. Du brauchst sie beispielsweise, wenn du heiratest. • Du kannst dir auf dem Standesamt Kopien anfertigen und beglaubigen lassen. Eine Beglaubigung • besteht aus einem Stempel und einer Unterschrift, mit der ein Amt feststellt, dass eine Kopie genauso aussieht wie das Original.
Einwohnermeldeamt	Anmeldung des Wohnortes	Wenn du eine eigene Wohnung beziehst oder umziehst, musst du dies möglichst schnell dem Einwohnermeldeamt melden. • Du benötigst hierfür die Unterschrift deines Vermieters.
Einwohnermeldeamt	Personalausweis Lohnsteuerkarte	Im Einwohnermeldeamt bekommst du auch deinen Personalausweis. Du benötigst ihn, um dich ausweisen zu können. Dies ist gesetzlich vorgeschrieben. • Besorge dir die Antragsformulare und ein aktuelles Passfoto. • Auch die Lohnsteuerkarte wird hier ausgestellt.
Sozialamt	Antrag auf Wohngeld	Wenn du wenig verdienst, kannst du eventuell einen Mietzuschuss bekommen. Lass dich im Sozialamt beraten. Fülle das Antragsformular sorgfältig aus und reiche es ein.

nach: Berufswahlpass Lebensordner

Lebensordner

Persönliche Akten	(grau)
Schule	(grau)
Arbeit	(grün)
Agentur für Arbeit	(grün)
Sozialversicherung	(blau)
Krankenversicherung	(blau)
Sonstige Versicherung	(blau)
Lohn	(orange)
Steuern	(orange)
Jugend-/ Sozialamt	(grau)
Recht	(grau)
Fahrzeug	(gelb)
Bundeswehr/Zivildienst	(grau)
Wohnung	(gelb)
Mitglied	(grau)
Garantie	(grau)
Finanzplan	(rot)
Geld	(orange)
Kinder	(grau)
Verschiedenes	(grau)

Falls deine Bewerbung erfolgreich war, wirst du mit einer sog. Übergangsplanung beginnen.

Der Berufswahlpass schließt mit einem ersten „Lebensordner“ ab. Dort werden dir Tipps gegeben wie z. B.
- für die Wohnungssuche,
- für den Umgang mit Geld und dem Girokonto,
- für die Wahl einer Versicherung (du musst eine gesetzliche Krankenversicherung abschließen),
- für den Umgang mit Ämtern,
- Informationen über vermögenswirksame Leistungen,
- Abschluss einer Haftpflichtversicherung (empfehlenswert),
- Abschluss einer privaten Unfallversicherung (empfehlenswert).

Dein Lebensordner
In deinem „Lebensordner“ werden dir auch Tipps gegeben, wie du Formulare und Urkunden am besten ordnen kannst, sodass du jederzeit einen Überblick über deine wichtigsten Papiere behältst.

Praktische Hilfen im Umgang mit persönlichen Akten
Bisher haben deine Eltern alle wichtigen Papiere gesammelt: Geburtsurkunde, Impfbücher, Zeugnisse, Lebenslauf, Mietvertrag, Kaufverträge, Bonusheft (Zahnarzt)…

Bald machst du das selber und das geht so:
Besorg dir einen Aktenordner erhälst. Das ist dein „Lebensordner“.

Du brauchst dazu:
- 1 Aktenordner
- 20 Trennblätter mit Register
  (9 grau/3 orange/3 blau/2 gelb/2 grün/1 rot)
- 20 Klarsichthüllen

Du machst damit:
1. Trennblätter von oben nach unten ordnen:
   2 grau/2 grün/3 blau/2 orange/2 grau/1 gelb/1 grau/1 gelb/2 grau/ 1 rot/1 orange/2 grau

2. Register schneiden,
   alle 20 Blätter in den Ordner hängen. Du arbeitest vom letzten Blatt nach vorn. Das letzte Blatt wird nicht abgeschnitten. Bei Blatt 19 das untere Kästchen abschneiden, bei Blatt 18 zwei untere Kästchen abschneiden, bei Blatt 17 drei und so weiter.

3. Register beschriften,
   an der Seite (rechts) kannst du sehen, was auf den Registern steht. (Die Farben ordnen die Bereiche: grau ist alles, was privat ist, grün ist das Thema Arbeit, blau ist für Versicherungen, orange für Geld, gelb für Fahrzeug und Wohnung, rot für Planung.)

4. Das Inhaltsverzeichnis schreibst du auf die vordere Innenseite des Ordners.

Unterlagen, die nicht gelocht werden dürfen (z. B. die Geburtsurkunde oder die Zeugnisse) oder gelocht werden können, kommen in die Klarsichthüllen und werden an der passenden Stelle eingeordnet.

nach: Berufswahlpass Lebensordner

XII Rechtsbeziehungen in der Familie

1 Das Familienrecht

Die Lebensweise der Familie hat sich im Laufe der Jahrhunderte, vor allem in den letzten Jahrzehnten gewandelt. Nur in bäuerlichen und in Handwerkerfamilien bilden Arbeit und Wohnen oft noch eine Einheit. In der Regel sind Arbeitsplatz und Familie räumlich getrennt. Frauen sind meistens berufstätig. Die Familie war in früheren Zeiten (heute noch manchmal in ländlichen Gebieten oder in südlichen Ländern) eine Großfamilie. Mehrere Generationen lebten unter einem Dach.
Das Statistische Bundesamt prognostiziert (lat.: prognoscere = vorhersagen) jedoch für das Jahr 2015 zwei Drittel Single-Haushalte.

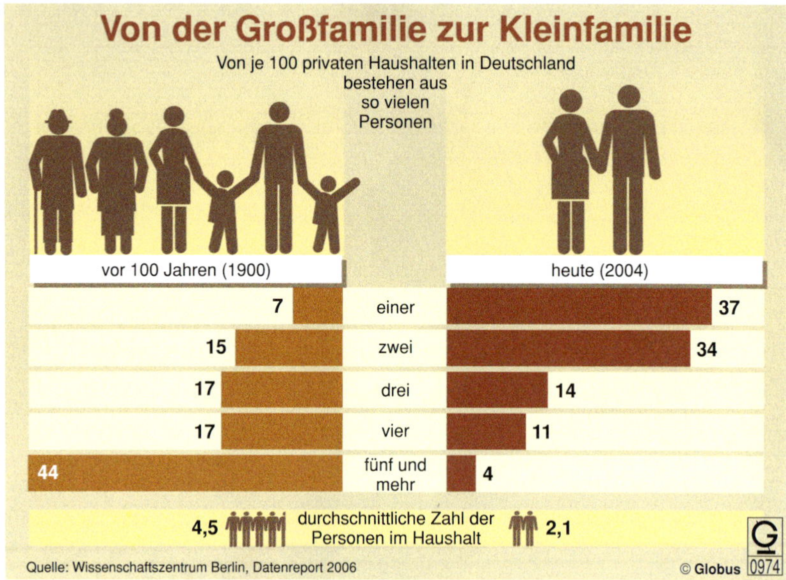

Erledigt in Gruppenarbeit folgende Aufgaben:
1. Beschreibt mit Hilfe des nebenstehenden Schaubildes die Entwicklung von der Großfamilie zum Single in den letzten 100 Jahren.
2. Findet Gründe für diese Entwicklung.

Grundgesetz Art. 6 und Thüringer Verfassung Art. 17
(1) Ehe und Familie stehen unter dem besonderen Schutz der staatlichen Ordnung.

Das **Grundgesetz** der Bundesrepublik Deutschland (GG) und die **Thüringer Verfassung** stellen Ehe und Familie unter den besonderen Schutz des Staates.
Das Familienrecht umfasst alle Rechtsregeln in Bezug auf Ehe und Verwandtschaft. Sie finden sich im **Bürgerlichen Gesetzbuch** (BGB).
Das Gesetz schafft allerdings nur die äußeren Bedingungen der Familienmitglieder zueinander und zu dritten Personen. Das Zusammenleben der Familie sollte im Wesentlichen von Zuneigung und Liebe, gegenseitiger Rücksichtnahme, Verantwortung und Achtung geprägt sein.

1.1 Die Verlobung

Die Verlobung spielte früher eine weitaus größere Rolle als heute. Die Zeit des Verlöbnisses stellt eine Zeit des „Drum prüfe, wer sich ewig bindet dar". Meist wird sie mehr oder weniger aufwändig gefeiert, wenngleich dies alle Paare so handhaben können wie sie wollen.
Durch die Verlobung bekennen sich zwei Menschen das erste Mal ganz offiziell zueinander. Sie ist ein ernsthaftes Eheversprechen. Wenn es sich jedoch einer der Partner anders überlegt, kann die Ehe nicht eingeklagt werden. Allerdings können sich bei Lösung des Verlöbnisses ohne einen triftigen Grund (z.B. Untreue eines Partners) finanzielle Folgen ergeben: Unter Umständen kann ein Partner auf Schadenersatz bestehen, wenn z.B. Ausgaben in Erwartung der Eingehung der Ehe getätigt worden sind, wie der Kauf eines Brautkleids oder die Anschaffung von Möbeln für die neue gemeinsame Wohnung. Auch sind alle Geschenke zurückzugeben.

1.2 Die eheliche Lebensgemeinschaft

Der Begriff Ehe

In Europa haben sich im Verlauf des Mittelalters durch den Einfluss des Christentums besondere Strukturen der Ehe herausgebildet, die bis heute gelten:

- Die Ehe kann nur zwischen einem Mann und einer Frau (Monogamie) geschlossen werden.
- Die Ehe kommt durch den bekundeten Ehewillen von Mann und Frau zustande (nicht durch die Bestimmung der Eltern).
- Die Ehe wird auf Lebenszeit geschlossen und kann nur durch ein Scheidungsverfahren gelöst werden.

Diese historische Entwicklung hat ihren Niederschlag im Familienrecht des BGB gefunden, das u. a. die Ehefähigkeit, die Eheverbote und die Form der Eheschließung beschreibt.

A

1. Welche Kulturen kennst du, in denen andere Formen der Ehe erlaubt sind?
2. Kennst du ein Land, in dem die Eltern die Ehe ihrer Kinder bestimmen?

Die standesamtliche und kirchliche Trauung

Gesetzlich vorgeschrieben ist die Trauung vor dem Standesamt. Üblicherweise findet sie vor dem Standesamt statt, in dessen Bezirk einer der beiden Verlobten seinen Wohnsitz oder seinen gewöhnlichen Aufenthalt hat.

Erst nach der Eheschließung vor einem Standesbeamten darf das Brautpaar kirchlich heiraten. Vor der Eheschließung müssen die erforderlichen Papiere wie Abstammungsurkunde, Personalausweis, bei ausländischen Partnern auch die Aufenthaltsgenehmigung usw. beim Standesamt vorgelegt werden. Vorab muss sich das Brautpaar auch für den Familiennamen entscheiden. Danach wird der Termin der Eheschließung festgelegt.

Die Vorstellungen von Staat und Kirche über das Bestehen einer Ehe können unterschiedlich sein. Eine Ehe kann nach staatlichem Recht gültig, nach kirchlichem Recht ungültig sein und umgekehrt.

Beispiel: Ein Katholik heiratet nach der Scheidung seiner ersten Ehe wieder. Die zweite Ehe ist nach staatlichem Recht gültig, nicht aber nach dem kirchlichen.

Problematisch sind noch die Fälle, in denen Ehen nur zum Schein geschlossen werden. Dies kann vorkommen, um z. B. für einen Ausländer durch die Ehe eine Aufenthaltsgenehmigung zu erwirken. Wenn es für den Standesbeamten deutlich erkennbar ist, dass die Begründung einer Lebensgemeinschaft nicht beabsichtigt ist, muss er die Eheschließung verweigern. Auf der anderen Seite hat er nicht die Befugnis, den Ehewillen auszuforschen.

Eine Scheinehe ist nichtig. Erinnere dich an andere nichtige Rechtsgeschäfte.

Ehefähigkeit

Mit der Volljährigkeit ist auch die Ehefähigkeit erreicht. Seit 1. Januar 1975 gilt man mit 18 Jahren in der Bundesrepublik Deutschland als volljährig und damit auch als heiratsfähig. Geheiratet werden kann auch dann, wenn ein Partner das 16. Lebensjahr vollendet hat und der andere volljährig ist. Der noch nicht Volljährige benötigt zur Eheschließung die Einwilligung seines gesetzlichen Vertreters, z. B. seiner Eltern.

A

Wie alt sollte deiner Meinung nach ein Junge/Mädchen unbedingt sein, um eine Ehe einzugehen?
Begründe deine Entscheidung.

Eheverbote

Um etwaige Eheverbote feststellen zu können, müssen zuerst die Verwandtschaftsverhältnisse zwischen den beiden Partnern geklärt werden.

Geschäftsunfähig sind nat. Personen ab 7 Jahren und beschränkt geschäftsfähig sind Personen von 7 bis 18 Jahren.

Insgesamt gibt es drei wesentliche Eheverbote:
- Eine Ehe zwischen Blutsverwandten in gerader Linie und zwischen Geschwistern ist nicht möglich (§ 1307 BGB).
- Wer bereits verheiratet ist, darf keine zweite Ehe eingehen (§ 1306 BGB).
- Wer geschäftsunfähig ist, kann keine Ehe eingehen (§ 1304 BGB).

Verwandtschaft		
Blutsverwandtschaft		Schwägerschaft
gerade Linie	Seitenlinie	
Kinder	Neffen, Nichten	Schwiegerkind
	Geschwister	Schwager, Schägerin
	Cousin, Cousine	
Eltern	Onkel, Tante	Schwiegereltern
Großeltern	Großonkel, Großtante	
Urgroßeltern	Urgroßonkel, Urgroßtante	

Der Grad der Verwandtschaft hat auch noch außer der aufgeführten Tatsache eines Ehehindernisses weitere Bedeutung:
- Verwandte haben vor Gericht ein Zeugnisverweigerungsrecht, d.h., sie können in einem Prozess die Aussage verweigern.
- Der Verwandtschaftsgrad beeinflusst die Erbfolge.

Rechte und Pflichten der Ehe

Die Ehe ist kein Gebilde, das von Natur aus nur auf den Zweck der Zeugung und Erziehung der Nachkommenschaft ausgerichtet ist. Durch die Eheschließung werden Ehegatten zu einer „ehelichen Gemeinschaft" verbunden. Sie übernehmen damit Rechte und Pflichten. Die Eheleute entscheiden über gemeinschaftliche Angelegenheiten. Keinem der Partner steht die alleinige oder letzte Entscheidung zu.

Rechtsfolgen der Ehe

Wirkung nach innen (Ehepartner untereinander)	**Wirkung nach außen** (gegenüber Dritten)
- eheliche Lebensgemeinschaft § 1353 BGB - Haushaltsführung und Familienunterhalt § 1356 BGB	- Familienname § 1355 BGB - Geschäfte zur angemessenen Deckung des Lebensbedarfs § 1357 BGB

Leitgedanke:
Gleichberechtigung der Partner

Das Namensrecht

Bisher war die eheliche Lebensgemeinschaft auch nach außen hin besonders durch den gemeinsamen Ehenamen erkennbar. Von dem Erlass des Bürgerlichen Gesetzbuches zu Beginn des 20. Jahrhunderts bis 1976 galt, dass als gemeinsamer Ehename immer der Name des Mannes angenommen wurde. Seit dem 1. April 1994 gilt ein neues Namensrecht, das die Ehepartner nicht mehr zwingt, ihre Einheit nach außen hin durch einen gemeinsamen Namen zu dokumentieren.

Beispiel: Es gibt verschiedene Möglichkeiten des Namensrechts. Gerda Hinz und Sigi Kunz und ihre gemeinsamen Kinder können nach der Eheschließung folgende Nachnamen tragen (siehe nächste Seite).

A

Überprüfe, ob eine Eheschließung möglich ist und und begründe deine Entscheidung mit der Angabe des jeweiligen Verwandtschaftsgrades.
1. Ein Mann möchte die Witwe seines verstorbenen Sohnes heiraten.
2. Eine Frau möchte ihren Cousin heiraten.
3. Eine Frau möchte den Vater ihres geschiedenen Mannes heiraten.

Die Ehepartner „sollen" einen gemeinsamen Ehenamen wählen. Sie können in diesem Fall ihren Geburtsnamen voran- oder hintanstellen. (max. zweiteiliger Name)

	Gerda Hinz	Sigi Kunz	Sohn Maxi
1a. Ehename Kunz:	G. Kunz oder G. Hinz-Kunz oder G. Kunz-Hinz	S. Kunz	Maxi Kunz
1b. Ehename Hinz:	G. Hinz	S. Hinz oder S. Hinz-Kunz oder S. Kunz-Hinz	Maxi Hinz
2. kein Ehename:	G. Hinz	S. Kunz	Maxi Hinz oder Maxi Kunz (Eltern entscheiden)

Die Ehepartner können ihren Geburtsnamen behalten.

Falls sich die Eltern nicht einigen, überträgt das Vormundschaftsgericht Mutter oder Vater das Wahlrecht.

GG Art. 3
(1) Alle Menschen sind vor dem Gesetz gleich.
(2) Männer und Frauen sind gleichberechtigt.

Die eheliche Unterhaltspflicht
Mann und Frau sind auch bezüglich des Unterhalts **gleichberechtigt**. Gemäß § 1360 BGB und § 1356 BGB sind die Eheleute **einander verpflichtet**, durch ihre Arbeit oder mit ihrem Vermögen für den Unterhalt der Familie zu sorgen. Der Beitrag zum Unterhalt kann jedoch auch durch die Führung des Haushalts erfolgen.
Während früher im Wesentlichen die Frau die Kindererziehung und die Haushaltsführung übernahm, zeigt sich in den letzten Jahrzehnten ein Wandel dieser traditionellen Rollenverteilung innerhalb der Familie. Immer mehr Frauen tragen durch ihre eigene Berufstätigkeit zum finanziellen Unterhalt der Familie bei. Dadurch bedingt sind die anderen Familienmitglieder gefordert, auch ihren Beitrag zur Hausarbeit und zur Betreuung der Kleinkinder zu leisten.
Beispiel: Das Ehepaar Korn führt eine Bäckerei mit einem Ladengeschäft. Herr Korn ist gelernter Bäcker- und Konditormeister und kümmert sich mit seinen beiden Mitarbeitern um die Herstellung von Brot, Semmeln und Kuchen. Seine Frau verkauft im Laden mit einer Teilzeitkraft diese Produkte und andere Waren (wie Kaffee, Pralinen, Schokolade usw.). Die Korns haben zwei Kinder, die die 8. und 10. Jahrgangsstufe der Realschule besuchen.

A

1. Finde Argumente, den eigenen Namen nach der Eheschließung zu behalten und nicht den Namen des Partners bzw. der Partnerin anzunehmen.
2. Überlege, wie die Aufgaben in der Familie Korn verteilt werden könnten.
   a) Auf welche Weise tragen die Eheleute Korn zum Familienunterhalt bei?
   b) Wie könnte die Haushaltsführung organisiert sein?
   c) Sollen, dürfen oder müssen die Kinder im Haushalt helfen?

Das eheliche Güterrecht
Das eheliche Güterrecht regelt die vermögensrechtlichen Beziehungen der Ehegatten untereinander. Es beschreibt, wem das in die Ehe eingebrachte Vermögen sowie das während der Ehe erworbene Vermögen gehört und von wem es verwaltet wird.
Die Güterrechtsordnung ist auch Teil der staatlichen Vermögenspolitik, die sich um Bildung und Erhaltung von Familienvermögen bemüht.
Folgende Güterrechtsregelungen sind möglich:

Vertraglicher Güterstand
Gütertrennung wird vereinbart, wenn die Ehepartner der Meinung sind, dass ihr Vermögen mit der Eingehung der Ehe grundsätzlich nichts zu tun hat, z.B. bei Geschäftsleuten. Jeder Ehegatte verwaltet sein Vermögen selbstständig, jeder haftet deshalb auch nur für seine eigenen Schulden.

Der Sinn der **Gütergemeinschaft** ist die Verschmelzung des Vermögens der einzelnen Ehepartner zu einem Gesamtvermögen. Häufig wird diese Form gewählt, wenn z.B. ein Bauernhof gemeinsam bewirtschaftet wird. Sinnvoll kann es auch sein, im Ehevertrag zu vereinbaren, die Gütergemeinschaft im Falle des Todes eines Ehegatten mit den gemeinsamen Kindern fortzusetzen. Ziel ist die Erhaltung des Familienvermögens.

Gesetzlicher Güterstand

Die Mehrzahl aller Ehepaare in der Bundesrepublik Deutschland lebt im gesetzlichen Güterstand der Zugewinngemeinschaft (siehe § 1373 BGB). Ihre Grundzüge sind:

- Bei der Eheschließung behalten Frau und Mann ihr Vermögen (es wird kein gemeinschaftliches Vermögen der Ehegatten). Auch das Vermögen, das ein Ehegatte während der Ehe erwirbt, wird nicht in den gemeinschaftlichen Topf geworfen. Es bleibt also jeder Ehegatte alleiniger Eigentümer seines Vermögens, und zwar auch desjenigen, das er nach der Eheschließung hinzuerwirbt. Der Zugewinn, den die Ehegatten während der Ehe erzielen, wird jedoch nach Beendigung der Zugewinngemeinschaft ausgeglichen.
- Jeder Ehegatte kann sein Vermögen selbstständig verwalten, er ist aber in der Verwaltung seines Vermögens an folgende Vorschriften gebunden:
  - Über sein Vermögen im Ganzen kann er nur mit Einwilligung des anderen Ehegatten verfügt werden. Dies ist eine Schutzbestimmung zur Bewahrung der wirtschaftlichen Grundlage der Familie.
  - Über Gegenstände des ehelichen Haushaltes kann ein Ehegatte (auch wenn ihm diese Gegenstände gehören!) nur verfügen, wenn der andere Ehegatte einwilligt.
- Rechtsgeschäfte der Ehegatten untereinander sind möglich (z.B. Schenkungen).
- Hat ein Ehepartner Haushaltsgegenstände in die Ehe eingebracht, so bleiben diese sein Eigentum, auch dann, wenn sie durch neue Gegenstände der gleichen Art ersetzt werden. Zweck dieser Vorschrift ist, dass die Eigentumslage erhalten bleiben soll, damit ein Ehegatte nicht den Verlust durch die gemeinsame Abnutzung allein zu tragen hat.

Bei der Zugewinngemeinschaft haben beide Ehegatten im Falle der Auflösung der Ehe Anspruch auf Ausgleich des in der Ehe erwirtschafteten Vermögens, wobei natürlich nur Vermögensmehrungen berücksichtigt werden.

Beispiel: Der Ehemann brachte ein Bankguthaben im Werte von 20.000 € in die Ehe; die Ehefrau hatte keinerlei Anfangsvermögen. Zum Zeitpunkt der Scheidung besaßen sie zusammen ein Bankkonto über 200.000 €. Sie haben also nach Abzug des Anfangsvermögens 180.000 € gemeinsamen Zugewinn erzielt. Dieser muss geteilt werden, sodass der Ehemann seiner Ehefrau 90.000 € Zugewinn auszahlen muss.

i

Bei Beendigung der Zugewinngemeinschaft durch
- den Tod eines Ehegatten,
- die Ehescheidung,
- den Abschluss eines Ehevertrages

muss der Zugewinn geteilt werden.

Gütertrennung (§ 1414 BGB) Jeder behält sein Vermögen für sich. Kein gemeinschaftliches Vermögen der Ehepartner.	bedeutet →	Persönlicher Bereich jedes Ehegatten wird besonders betont.
Zugewinngemeinschaft (§ 1363 f. BGB) Solange die Ehe besteht, bleiben die Vermögen der Ehepartner getrennt. Danach wird ein Zugewinn ausgeglichen.	bedeutet →	Das gemeinsam in der Ehe Ersparte und Erarbeitete wird der Gerechtigkeit wegen beim Ende der Ehe geteilt.
Gütergemeinschaft § 1415 f. BGB) Gemeinschaftliches Gut der Ehepartner und gemeinschaftliche Verwaltung des Gemeinschaftsgutes.	bedeutet →	Gemeinschaft der Ehepartner wird zum Leitgedanken erhoben.

1.3 Die Ehescheidung

Da die Ehe vom deutschen Recht her als lebenslange Institution betrachtet wird, wird sie unter den besonderen Schutz des Gesetzes gestellt. Nur drei Situationen können eine Ehe beenden:

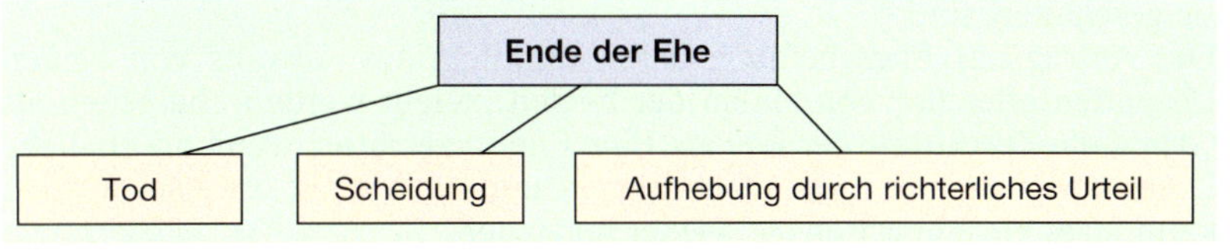

Unter Scheidung versteht man die Auflösung der Ehe durch ein gerichtliches Urteil. Momentan werden etwa 35 % aller Ehen geschieden.

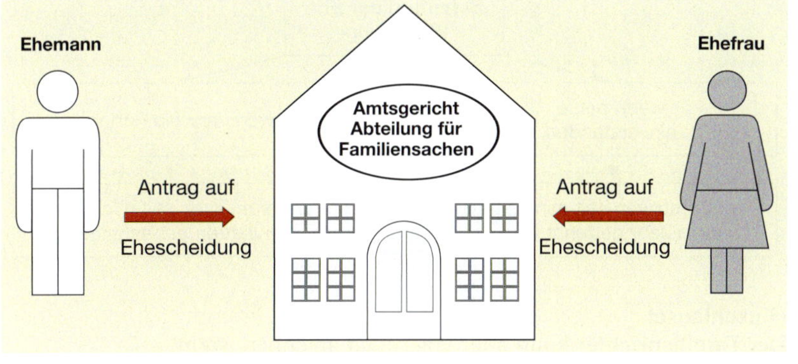

Es gibt viele Gründe, die Ehepartner dazu veranlassen können, sich zu trennen:

- fehlende Reife bei der Eheschließung
- falsche Partnerwahl
- Treulosigkeit
- Überlastung mit Problemen (z. B. Probleme mit den Kindern, finanzielle Probleme)

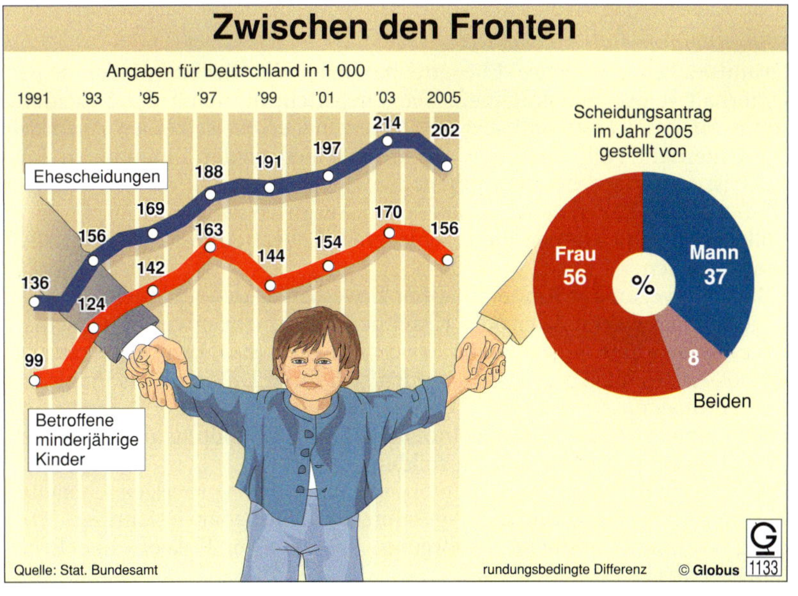

Art. 6 (1) GG
Ehe und Familie stehen unter dem besonderen Schutze der staatlichen Ordnung.

1. Beschreibe die Entwicklung der Scheidungszahlen in den letzten 15 Jahren.
2. Aus der Grafik ist ersichtlich, dass mehr Frauen als Männer den Scheidungsantrag stellen. Diskutiert in der Klasse über die möglichen Gründe hierfür.
3. Welche Folgen ergeben sich für die Kinder geschiedener Ehepartner?

A

Was mag den Gesetzgeber veranlasst haben, vom Verschuldensprinzip abzuweichen?

§ 1565 BGB
Scheitern der Ehe

(1) Eine Ehe kann geschieden werden, wenn sie gescheitert ist. Die Ehe ist gescheitert, wenn die Lebensgemeinschaft der Ehegatten nicht mehr besteht und nicht erwartet werden kann, dass die Ehegatten sie wiederherstellen. [...]

§ 1566 BGB
Vermutung für das Scheitern

(1) Es wird unwiderlegbar vermutet, dass die Ehe gescheitert ist, wenn die Ehegatten seit einem Jahr getrennt leben und beide Ehegatten die Scheidung beantragen oder der Antragsgegner der Scheidung zustimmt.
(2) Es wird unwiderlegbar vermutet, dass die Ehe gescheitert ist, wenn die Ehegatten seit drei Jahren getrennt leben.

§ 1567 BGB
Getrenntleben

(1) Die Ehegatten leben getrennt, wenn zwischen ihnen keine häusliche Gemeinschaft besteht und ein Ehegatte sie erkennbar nicht herstellen will, weil er die eheliche Lebensgemeinschaft ablehnt. Die häusliche Gemeinschaft besteht auch dann nicht mehr, wenn die Ehegatten innerhalb der ehelichen Wohnung getrennt leben. [...]

i

Ehegattenunterhalt
Ein Ehegatte muss unter bestimmten Bedingungen fast die Hälfte seines Einkommens an den anderen Ehegatten auszahlen.

Voraussetzungen der Scheidung

Das Scheidungsrecht wurde 1977 reformiert. Bis dahin galt das sog. „Verschuldensprinzip". Dies hatte zur Folge, dass die Scheidung nur eingereicht werden konnte, wenn schwere Pflichtverletzungen wie z.B. Untreue eines Ehegatten vorlagen. Heute gilt dagegen das sog. „Zerrüttungsprinzip". Dieses besagt, dass Ehen geschieden werden können, wenn sie gescheitert sind.
Der Antrag auf Ehescheidung kann mithilfe eines Anwalts von beiden Ehegatten oder nur von einem der beiden gestellt werden. Sie geben als Grund die Zerrüttung der Ehe an. Eine Ehe ist zerrüttet, wenn die eheliche Lebensgemeinschaft nicht mehr besteht und auch nicht erwartet werden kann, dass die Ehegatten sie wieder herstellen.
Die Zerrüttung einer Ehe lässt sich an folgenden objektiven Merkmalen feststellen:

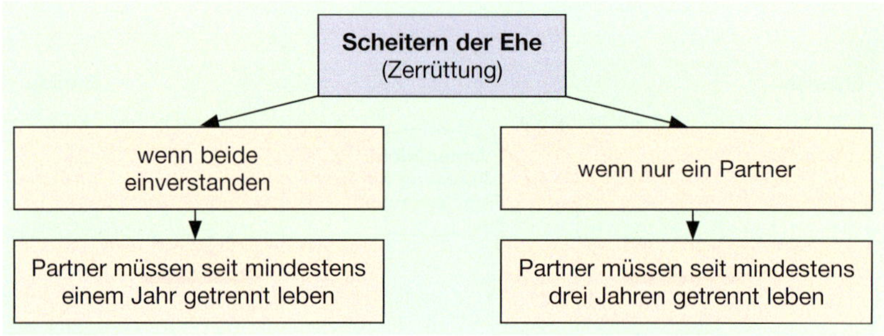

Härteklausel

Der Familienrichter kann allerdings auch ablehnen, wenn
- dies im Interesse der gemeinsamen minderjährigen Kinder aus besonderen Gründen notwendig ist oder
- die Scheidung für einen Ehepartner eine unzumutbare Härte darstellen würde.

Ist der Richter der Meinung, dass doch noch Aussicht auf Fortsetzung der ehelichen Lebensgemeinschaft besteht, kann er das Scheidungsverfahren auch ein Jahr aussetzen und dann nochmals aufrollen.

Folgen der Scheidung

Ehegattenunterhalt

Grundsätzlich gilt: Jeder Ehegatte hat nach der Scheidung für seinen Unterhalt selbst aufzukommen. Die Ehegatten, die nach der Scheidung selbst für ihren Unterhalt sorgen können, haben meist keinen Anspruch auf Unterhalt. Falls allerdings der Unterschied beider Einkommen sehr groß ist, muss der besser verdienende Ehepartner evtl. an den weniger verdienenden Partner einen finanziellen Ausgleich zahlen.
Vollen Unterhalt können die geschiedenen Ehegatten in folgenden Fällen beanspruchen:
- Sie sind wegen der Kinder an einer Erwerbstätigkeit gehindert.
- Sie können wegen Alter oder Krankheit nicht mehr erwerbstätig sein.
- Sie finden keine angemessene Erwerbstätigkeit (z.B. kann der Frau eines Arztes nicht zugemutet werden sich ihren Unterhalt als Putzfrau zu verdienen).
- Sie nehmen wieder eine abgebrochene Berufsausbildung auf. Unterhalt steht ihnen zu, solange die Ausbildung dauert.

Die Unterhaltsberechtigung richtet sich nach den vorherigen ehelichen Lebensverhältnissen und dem gesamten Lebensbedarf (Nahrung, Kleidung, Wohnung, ärztliche Versorgung, Ausgaben für Freizeit- und Erholungsbedarf).

Versorgungsausgleich
Dabei werden die Ansprüche auf Renten oder Pensionen, die beide Ehegatten währen der Ehe erworben haben, einander gegenübergestellt.

Vermögensausgleich
Das Vermögen (Geld, Wert- und Haushaltsgegenstände) wird entsprechend der bestehenden Güterrechtsregelung aufgeteilt.

Unterhalt der Kinder
Finanzielle Regelung: Bis zum 18. Lebensjahr hat der zum Unterhalt verpflichtete Elternteil den Regelunterhalt zu zahlen. Dieser im Regelfall erforderliche Betrag (Regelbedarf) wird von der Bundesregierung jährlich neu festgesetzt. Die Unterhaltssätze sind in den alten Bundesländern in der sog. „Düsseldorfer Tabelle“ veröffentlicht. Für die neuen Bundesländer gilt die „Berliner Tabelle“. Es gelten (2005) folgende Sätze:

§ 1578 BGB
Maß des Unterhalts
(1) Das Maß des Unterhalts bestimmt sich nach den ehelichen Lebensverhältnissen. Der Unterhalt umfasst den gesamten Lebensbedarf.

Altersstufen in Jahren (Der Regelbetrag einer höheren Altersstufe ist ab dem Beginn des Monats maßgebend, in den der 6. bzw. 12. Geburtstag fällt.)		**0–5** (Geburt bis 6. Geburtstag)	**6–11** (6. bis 12. Geburtstag)	**12–17 [-20*]** (12. bis 18. Geb.) *[18.–21. Geburtstag, wenn noch in der allg. Schulbildung und im Elternhaushalt lebend]	**Vomhundertsatz Ost**	**Vomhundertsatz West**
Nettoeinkommen des Barunterhaltspflichtigen		**Alle Beträge in Euro**				
Gruppe						
a)	bis 1000	188	228	269	**100**	
b)	1000–1150	196	238	280		
	ab 1150	wie Düsseldorfer Tabelle (aber ohne 4. Altersstufe und ohne Bedarfskontrollbetrag)				
Gruppe						
1	bis 1300	204	247	291		**100**
2	1300–1500	219	265	312		107
3	1500–1700	233	282	332		114

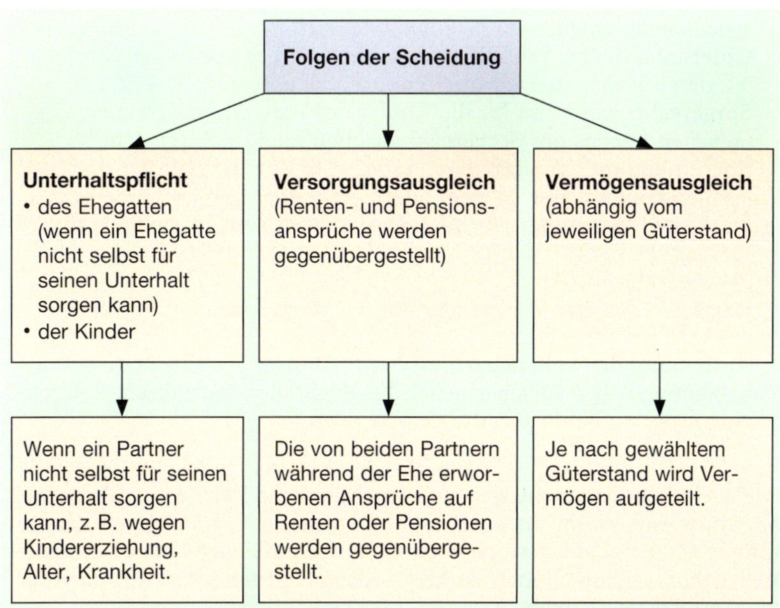

Das **Lebenspartnerschaftsgesetz** gibt es seit 2001. Es hat bis heute eine Reihe von rechtlichen Änderungen zugunsten der Lebenspartner erfahren.

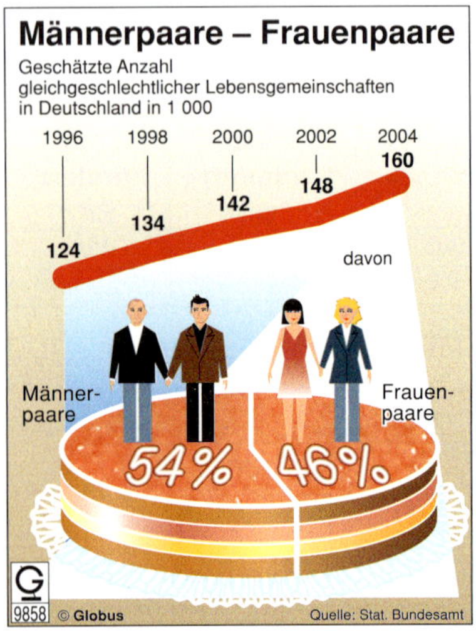

2 Andere Lebensgemeinschaften

2.1 Eingetragene Lebenspartnerschaften gleichgeschlechtlicher Partner

Bis vor wenigen Jahrzehnten waren gleichgeschlechtliche (homosexuelle) Beziehungen gesellschaftlich diskriminiert bzw. sogar strafbar. Allerdings wurden im Laufe der Zeit diese Partnerschaften heute der Ehe fast rechtlich gleichgestellt. Dazu wurde 2001 das sog. Lebenspartnerschaftsgesetz erlassen und seitdem ständig verbessert.

Homosexuelle Paare (Schwule und Lesben) können ähnlich wie Ehepaare den Bund fürs Leben schließen. So erklären sie (in Thüringen z.B. vor dem Kreis- bzw. Landesverwaltungsamt), dass sie miteinander eine Partnerschaft auf Lebenszeit eingehen wollen und diese auch registrieren lassen wollen.

Bundestag beschließt Gesetz
„Mehr Rechte für homosexuelle Paare"
Neuregelung erlaubt Stiefkindadoption/Weitgehende Gleichstellung beim Güter- und Unterhaltsrecht.
(SZ-Überschrift v. 31.10.2004)

§ 2 LPartG
„Die Lebenspartner sind einander zu Fürsorge und Unterstützung sowie zur gemeinsamen Lebensgestaltung verpflichtet. Sie tragen füreinander Verantwortung".

Eingetragene Lebenspartnerschaft

Rechte in einer Lebenspartnerschaft

- **Namensrecht:** Auf Wunsch ist ein gemeinsamer Lebenspartnerschaftsname möglich.
- **Unterhaltspflicht:** Wie Ehepartner sind die Lebenspartner verpflichtet, den schwächeren Partner finanziell zu unterstützen.
- **Sorgerecht:** Jeder darf für die Kinder des Partners in Bereichen des täglichen Lebens das Sorgerecht ausüben (kleines Sorgerecht).
- **Stiefkindadoptionsrecht:** Stiefkinder, d.h. Kinder eines der Partner, können vom anderen Partner adoptiert werden (volles Sorgerecht).
- **Güterrechtsregelung:** Für die Lebenspartner sind ähnlich wie für Ehepartner verschiedene Güterrechtsregelungen wie z.B. Zugewinngemeinschaft möglich.
- **Erbrecht:** Der überlebende Partner hat genauso wie in der Ehe ein gesetzliches Erbrecht.
- **Aufhebung der Lebenspartnerschaft:** Ähnlich wie Ehepaare bei der Scheidung haben Lebenspartner das Recht, ihre Partnerschaft durch einen sog. Aufhebungsvertrag zu beenden usw.

Wie wir sehen, haben die Lebenspartner ähnliche Rechte wie Ehepartner. Allerdings sind sie in manchen Bereichen, wie z.B. im Bereich des Einkommensteuerrechts, der Ehe noch nicht völlig gleichgestellt. Hier werden die Partner manchmal noch als Alleinstehende behandelt und so steuerlich stärker zur Kasse gebeten.

2.2 Die nichteheliche Lebensgemeinschaft – die eheähnliche Lebensgemeinschaft

„Zusammenleben ohne Trauschein"

Das Heiratsverhalten der jungen Menschen hat sich bei uns sehr stark verändert und das überkommene Familienleitbild wurde immer mehr in Frage gestellt. Viele betrachten das Zusammenleben von Mann und Frau als reine Privatangelegenheit und leben ohne Trauschein in sog. „nichtehelichen Lebensgemeinschaften". In dieser sehr beliebten Form des Zusammenlebens können die Partner ihre Unabhängigkeit und Selbstständigkeit besser leben und bewahren. Auch wird eine solche „Ehe auf Probe" sehr leicht gemacht, da die Gesellschaft heute keinerlei Anstoß mehr daran nimmt, wenn zwei Menschen ohne Trauschein zusammenleben. Dazu kommt, dass viele junge Menschen die steigenden Scheidungszahlen beobachten und vielleicht auch aus diesem Grunde Bedenken gegenüber einer Eheschließung haben.

Allerdings müssen sich die beiden Partner darüber im Klaren sind, dass ein solches rein auf eine private Übereinkunft basierendes Zusammenleben rechtlich nicht mit einer Ehe bzw. einer eingetragenen gleichgeschlechtlichen Partnerschaft zu vergleichen ist.

- So behandelt der Staat die Partner weitgehend **steuerlich wie Alleinstehende**. Dies hat unter Umständen große finanzielle Nachteile. Z.B. zahlen Ehepaare grundsätzlich weniger Steuern als Alleinstehende.
- Im Falle einer Trennung oder wenn ein Partner stirbt kann es sogar zu großen existenziellen Problemen kommen. So haben die Partner z.B. **keinen gesetzlichen Erbanspruch** wie die Ehepartner.
- Obwohl während des Zusammenlebens gegenseitige Unterhaltsansprüche bestehen, entfallen diese bei einer Trennung. Ein nicht mehr arbeitsfähiger Partner hat **keinerlei Unterhaltsanspruch vom Partner** zu erwarten und kann dadurch rasch in große finanzielle Not geraten.
- Wenn aus der Ehe gemeinsame Kinder hervorgehen und sich das Paar trennt, bleiben tiefgreifende Probleme nicht aus, da ein **gemeinsames Sorgerecht unsicher** ist.

Wie man sieht, hat ein lockeres Zusammenleben ohne Trauschein zwar einige Vorteile, aber vor allem bei einer Trennung viele Nachteile. So ist es auch verständlich, dass heutzutage immer noch die Mehrheit der Menschen eine Ehe eingehen und so den staatlichen Schutz von Ehe und Familie schätzen und genießen.

Finde Argumente für und gegen eine rechtliche Gleichstellung

1. der nichtehelichen Partnerschaften von Mann und Frau mit der Ehe.
2. der gleichgeschlechtlichen eingetragenen Partnerschaften mit der Ehe.

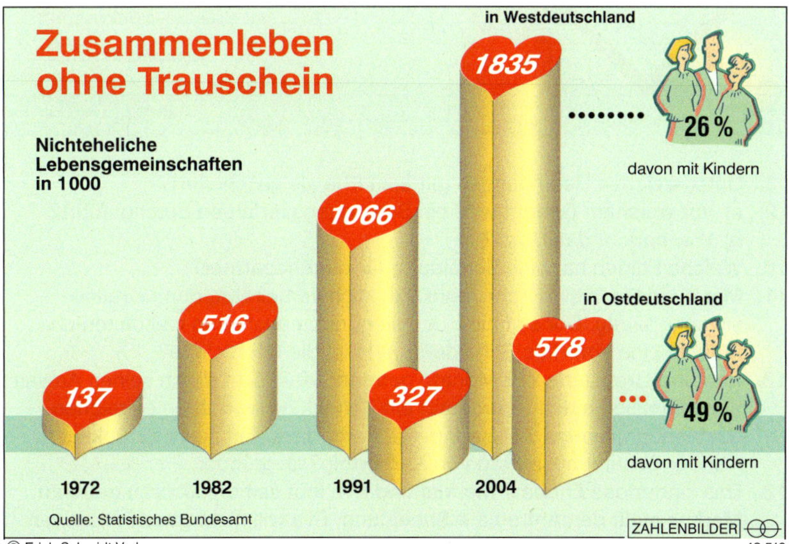

42 510

1. Gabi ist mit Andreas verheiratet. Gabi hat aus der ersten Ehe ihres Vaters einen Halbbruder namens Martin. Entscheide:
   Dürfte Martin die Schwester von Andreas
   a) Gabi Martin (nach dem Tod von Andreas)
   b) Gabi den Vater von Andreas (nach dem Ableben von Andreas)
   c) Andreas die Schwester von Gabi (nach dem Tod von Gabi)
   heiraten?
2. Nenne neben den verwandtschaftlichen noch andere Eheverbote.
3. Judith und Michael, beide 22 Jahre alt, haben ihre Verlobung groß gefeiert. Der Hochzeitstermin wird immer wieder verschoben, weil Michael jedes Mal eine andere Ausrede hat. Nach drei Jahren reißt der Braut die Geduld. Sie will Michael auf Eingehung der Ehe verklagen. Hat ihre Klage Erfolg? Begründe.
4. Auf welche Weise wird in der Bundesrepublik Deutschland die Ehe geschlossen?
5. Wann ist nach dem Gesetz die Ehefähigkeit gegeben?
6. a) Beschreibe die Entwicklung der Eheschließungen in Deutschland seit 1991.
   b) Finde eine Begründung für die Entwicklung.
   c) Welche Motive veranlassen die meisten zu heiraten?
7. Arbeite aus der untenstehenden Grafik die häufigsten Gründe der Menschen zur Eheschließung heraus.

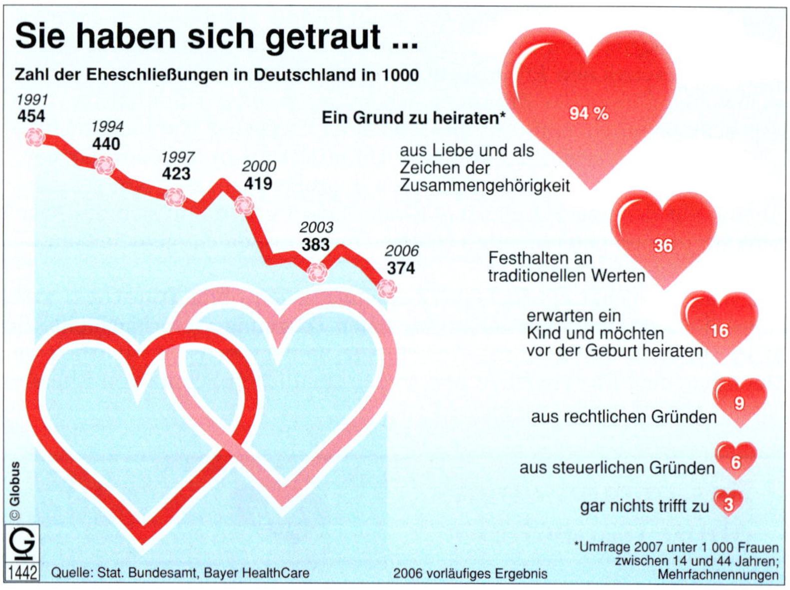

8. Unter welchen Bedingungen gilt eine Ehe als gescheitert?
9. a) Vor welchem Gericht wird ein Scheidungsverfahren durchgeführt?
   b) Wer spricht das Urteil?
10. Welche Folgen hat eine Scheidung für die Ehepartner?
11. Marc und Doris sind acht Jahre glücklich verheiratet, dann streiten sie sehr häufig. Doris glaubt, das nicht mehr aushalten zu können und möchte eine sofortige Scheidung. Wie ist die Rechtslage?
12. Karl und Greta leben 13 Monate getrennt. Karl lässt durch seinen Anwalt beim Familiengericht Antrag auf ein Scheidungsverfahren einreichen. Greta möchte keine Scheidung. Sie hofft, dass Karl zu ihr zurückkehrt. Hat der Scheidungsantrag von Karl Erfolg? Begründe.
13. Das kinderlose Ehepaar Markus und Eva lebt seit drei Jahren getrennt. Markus stellt den Antrag auf Scheidung. Eva will nicht geschieden werden. Kann sie eine Scheidung verhindern? Begründe.

XIII Grundzüge des Erbrechts

In Liebe und Dankbarkeit nehmen wir Abschied von meinem lieben Mann, Vater, Schwiegervater, Opa, Uropa, Bruder, Schwager und Onkel

Herrn Josef Gruber
Oberlehrer a. D.

Am 20. September 2007 hat ihn Gott versehen mit den hl. Sterbesakramenten im 88. Lebensjahr zu sich geholt.

Eisenberg, 21. September 2007

In stiller Trauer: **Josepha Gruber, Ehegattin**
Johann Gruber, Sohn, mit Familie
Anna Mayer, Tochter, mit Familie
Hubert Mayer, Enkel, mit Familie
Franz Gruber, Bruder, mit Familie
Im Namen aller Angehörigen.

Sterberosenkranz Mittwoch, 22. September, um 19.00 Uhr in der Pfarrkirche Eisenberg; hl. Messe am Donnerstag, 23. September, um 10.00 Uhr in der Pfarrkirche Eisenberg, anschließend Beerdigung auf dem Alten Friedhof

1 Die Erbschaft

Herr Gruber ist verstorben. Dadurch ist der Erbfall eingetreten. Die Vermögenswerte, die er hinterlässt, nennt man Erbschaft bzw. Nachlass (siehe Seite 191).

Was kann z.B. vererbt werden?
Zum **Nachlass** gehören allerdings auch die Schulden. Zudem ist der Erbe nach § 1968 BGB verpflichtet, für eine standesgemäße Beerdigung zu sorgen.

Das Erbe kann auch ausgeschlagen (abgelehnt) werden. Allerdings muss dies innerhalb von sechs Wochen geschehen.

Zum Nachweis des Erbrechts dient der **Erbschein**. Er wird beim zuständigen **Nachlassgericht** beantragt. Erst mit Hilfe des Erbscheins können die Erben z.B. über die Konten (Giro- und Sparkonten und Wertpapierdepots) des Erblassers verfügen.

Keine Erbfolge nach dem Faustrecht! Das Gesetz regelt die Erbfolge im 5. Buch des BGB, dem „Erbrecht“ (§§ 1922–2385)
z.B. Erbfolge
- rechtliche Stellung des Erben
- Testament
- Erbvertrag

Ausfertigung
AMTSGERICHT EISENBERG

Geschäfts-Nr.: 95 VI 39122/94 Eisenberg, 20. Oktober 2007
Bitte bei allen Schreiben angeben!

- Erbschein -

Josef Gruber

geboren am 27. April 1920

gestorben am 20. September 2007

zuletzt wohnhaft: Berliner Str. 4, 07607 Eisenberg

ist beerbt worden von:

1. Josepha Gruber, geb. Meierhofer,
geb. am 17. November 1923, Berliner Str. 4, 07607 Eisenberg

zu 1/2 - ein Halb -

2. a. Johann Gruber,
geb. am 4. März 1952,
Erfurter Str. 5, 07607 Eisenberg

2. b. Anna Mayer, geb. Gruber,
geb. am 22. Februar 1954,
Berliner Str. 6, 07607 Eisenberg

zu je 1/4 - ein Viertel -

gez.: Hartl
Rechtspflegerin am Amtsgericht Dienstsiegel

A

1. Sucht Gründe dafür, ein Erbe auszuschlagen. In diesem Fall wird der Staat erben.
2. Im Erbschein kannst du erkennen, dass drei Personen als Erben eingesetzt sind. In welchem Verwandtschaftsgrad stehen sie zum Erblasser?

2 Die gesetzliche Erbfolge

Die gesetzliche Erbfolge ist nach § 1924 ff. BGB in Ordnungen eingeteilt. Sie gilt, wenn der Erblasser keine Verfügung darüber hinterlassen hat, was mit seinem Vermögen nach dem Tode geschehen soll.

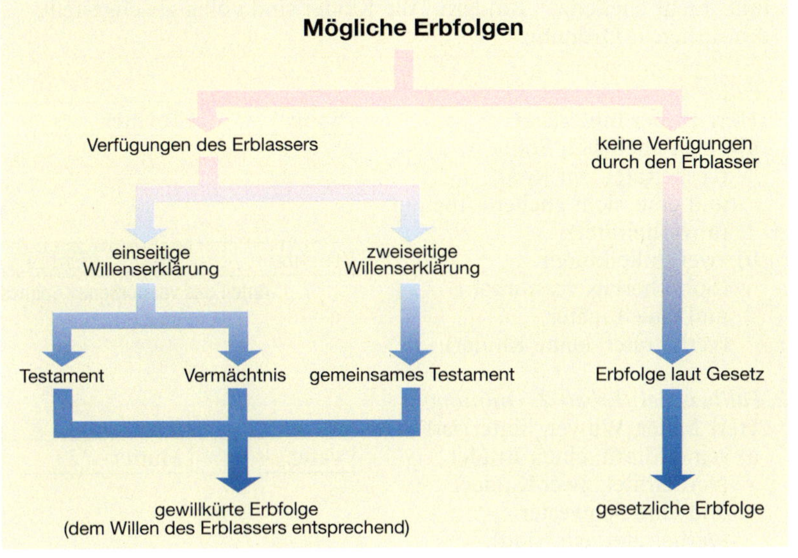

2.1 Die gesetzliche Erbfolge der Familie

Die gesetzliche Erbfolge ist nach dem Verwandtschaftsgrad zum Erblasser geordnet.

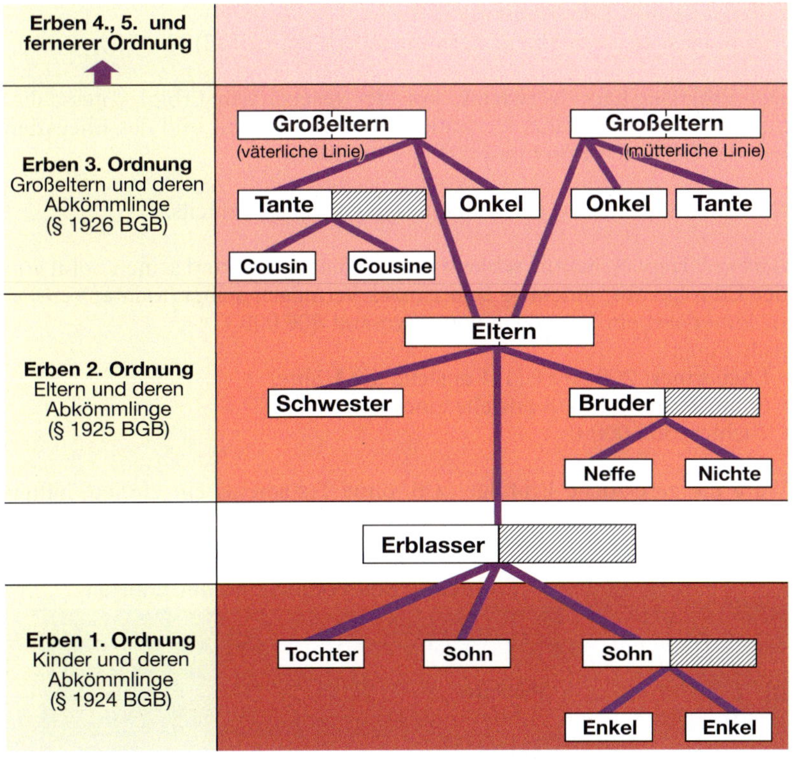

§ 1930 BGB
Rangfolge der Ordnungen
Ein Verwandter ist nicht zur Erbfolge berufen, solange ein Verwandter einer vorhergehenden Ordnung vorhanden ist.

A

1. Was bedeutet die kurz gefasste Aussage zum Erbrecht: „Gut zu Blut!"?
2. Die so ▨ markierten Personen sind nicht mit dem Erblasser blutsverwandt. Finde jeweils eine Verwandtschaftsbezeichnung.

Wie ist jeweils das Erbe zu verteilen? (In keinem der Fälle ist ein Testament vorhanden.)

1. Die Eltern und die zwei Geschwister des unverheirateten Herrn Thomas Renner sind über seinen Unfalltod tief bestürzt. Das Vermögen, das er hinterlässt, beträgt 80.000 €.
2. Ein Jahr nach seinem Vater stirbt der noch nicht verheiratete Sohn Ludwig. Seine Freundin, seine Mutter und zwei Geschwister trauern um ihn. Von seinem Vermögen über 50.000 € beanspruchen die beiden Schwestern je 20.000 €. Kläre die rechtliche Lage.
3. Der in die USA ausgewanderte K. Hut stirbt. Außer seiner Mutter, seiner Großmutter väterlicherseits und seinem Großvater mütterlicherseits leben keine Verwandten mehr. Sein Vermögen beträgt 60.000 €.
4. Eine Witwe mit drei Kindern hinterlässt ein Vermögen von 600.000 €. Weil Sohn Martin und Tochter Elke keine Kinder haben, möchte sie ihr ganzes Vermögen ihrer Tochter Karin vererben.
   a) Begründe, warum Martin und Elke nicht leer ausgehen.
   b) Wie viel erhält jedes der drei Kinder?

Wir lösen Fallbeispiele zur gesetzlichen Erbfolge. Dabei ist Folgendes zu berücksichtigen:

- Nach § 1930 BGB (siehe Seite 193) schließt jeder noch lebende Verwandte die infrage kommenden Erben der nachfolgenden Generation aus.
- Das neue Familienrecht unterscheidet nicht mehr zwischen „ehelichen" und „nicht ehelichen" Kindern. Alle Kinder sind völlig gleichgestellt, d.h. Erben 1. Ordnung.

1. Fallbeispiel (Erben 1. Ordnung):
Herr Huber hinterlässt
a) einen ehelichen Sohn (verheiratet, ein Kind) und eine nicht eheliche Tochter (unverheiratet).

b) zwei Enkelkinder (Sohn bereits verstorben) und eine Tochter (verheiratet, keine Kinder).

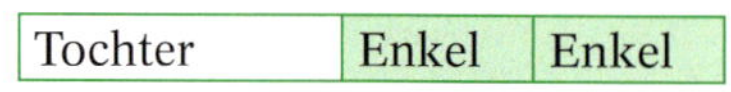

Anteil des verstorbenen Sohnes

2. Fallbeispiel (Erben 2. Ordnung)
Herr Meier, Witwer, hinterlässt
a) seine Eltern, einen Bruder (verheiratet, zwei Kinder) und eine Schwester (verheiratet, ein Kind).

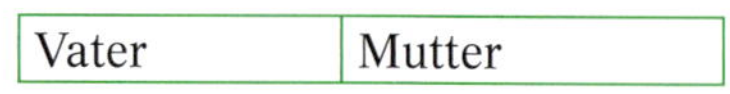

b) seine Mutter (Vater verstorben) und eine Schwester (verheiratet, ein Kind).

c) einen Bruder und zwei Mädchen seiner verstorbenen Schwester.

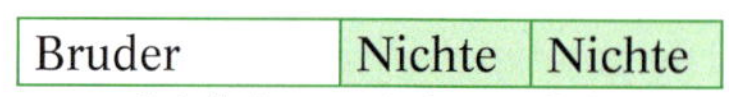

Anteil der verstorbenen Schwester

Enterbung und Pflichtteilanspruch

Das BGB sieht auch eine **Enterbung** vor (§ 1938 BGB).

Der Erblasser kann Verwandte von der gesetzlichen Erbfolge ausschließen. Zum Schutze naher Verwandter (Kinder, Eltern) und des Ehegatten legt das BGB den **Pflichtteil** fest (§ 2303 BGB).

Der **Pflichtteil** beträgt die Hälfte des gesetzlichen Erbteils.

Beispiel: Herr N. Schulz schließt seine Ehepartnerin und seinen Sohn von der Erbfolge aus, indem er sein ganzes Vermögen seiner Tochter vererbt. Er hinterlässt ein Vermögen von insgesamt 800.000 €.
Aufteilung:

- Ehepartner: 200.000 € (1/4 anstelle der Hälfte)
- Sohn: 100.000 € (1/8 anstelle eines Viertels)
- Tochter: 500.000 €

Wäre die gesetzliche Erbfolge (z.B. ohne Testament) eingetreten, hätten die beiden Kinder je ein Viertel (200.000 €) bekommen.

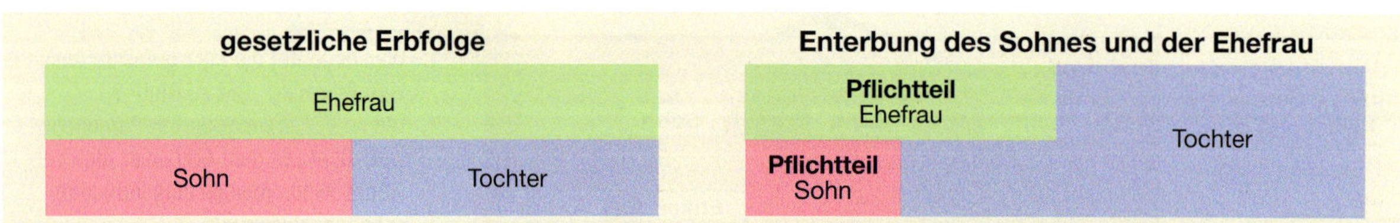

2.2 Das gesetzliche Erbrecht des Ehegatten

Güterstand	Das gesetzliche Erbrecht des Ehegatten neben Erben 1. Ordnung (Kinder, Enkel)	neben Erben 2. Ordnung (Eltern, Geschwister)	neben Erben 3. Ordnung (Großeltern)	neben Erben weiterer Ordnungen
Zugewinn-gemeinschaft	1/2	3/4	3/4	1
Gütertrennung	1/2 bei einem Kind 1/3 bei zwei Kindern 1/4 bei drei und mehr Kindern	1/2	1/2	1
Gütergemeinschaft	1/4	1/2	1/2	1

Wie die obere Tabelle zeigt, ist für die Erbfolge zwischen den Eheleuten der Güterstand der Eheleute von großer Bedeutung.

Das gesetzliche Erbrecht des Ehegatten in der gesetzlichen Zugewinngemeinschaft

Die Aufteilung des Erbes zwischen dem Ehegatten und Erben 1. Ordnung (z. B. Kinder)

- Neben den Verwandten der 1. Ordnung erbt der überlebende Ehegatte ein Viertel des Erbteils.
- Wenn die Ehegatten im gesetzlichen Güterstand der Zugewinngemeinschaft lebten, erhöht sich der Anteil des überlebenden Ehegatten um ein Viertel der Erbschaft.

Dies bedeutet, dass der überlebende Ehegatte im gesetzlichen Güterstand der Zugewinngemeinschaft insgesamt die Hälfte des Erbteils (1/4 + 1/4) erhält.

Beispiel: Herr Herr Pohl hinterlässt seiner Frau und seinen drei Kindern zusammen 300.000 €.

Ehefrau (150.000 €)	Kind	Kind	Kind

je 50.000 €

Die Aufteilung des Erbes zwischen dem Ehegatten und Erben weiterer Ordnungen

Wenn keine Kinder und Enkel (Erben 1. Ordnung) da sind, erhöht sich der Anteil des Ehegatten.

Aus der oberen Tabelle kannst du entnehmen, dass sich der Erbanteil des Ehegatten von $1/2$ auf $3/4$ erhöht. Falls keine näheren Verwandten mehr als die Großeltern leben, bleiben dem Ehegatten sogar 100 %.

Das gesetzliche Erbrecht des Ehegatten bei Gütertrennung und Gütergemeinschaft

Aus der oberen Tabelle kannst du die genauen Erbanteile entnehmen. Du wirst dabei feststellen, dass die Ehegatten im Vergleich zum gesetzlichen Güterstand der Zugewinngemeinschaft weniger erben.

Nach der Scheidung erlischt der Erbanspruch des Ehepartners, da bei der Scheidung das Vermögen bereits aufgeteilt wurde.

A

Wie ist jeweils das Erbe zu verteilen?

1. Der verstorbene Herr N. Klein hatte Vermögen in Form von 300.000 € Sparguthaben und 60.000 € Wertpapiere. Er hinterlässt Frau und zwei Kinder. Es besteht kein Testament und das Ehepaar hatte keine besonderen Vereinbarungen über den Güterstand getroffen.
2. Herr Freude hinterlässt 200.000 €. Seine Schwester Monika ist die noch einzig lebende Verwandte. Wie ist das Erbe zwischen seiner Schwester und seiner Ehefrau aufzuteilen, wenn das Ehepaar vertraglich Gütertrennung vereinbart hatte?

§ 1937 BGB
Erbeinsetzung durch letztwillige Verfügung
Der Erblasser kann durch einseitige Verfügung von Todes wegen (Testament, letztwillige Verfügung) den Erben bestimmen.

3 Das Testament

In der Jahrgangsstufe 8 habt ihr bereits das Testament kennen gelernt. Wir greifen im Folgenden darauf zurück. Als Testament (§ 1937 BGB) wird die schriftliche Niederlegung des letzten Willens bezeichnet, durch den jemand einen oder mehrere Erben bestimmt. Durch das Testament kann der Erblasser, abweichend vom gesetzlichen Erbrecht, bestimmen, wem er den Nachlass zukommen lassen will. Es kann ein Alleinerbe eingesetzt oder eine bestimmte Teilungsordnung getroffen werden (Angabe des Bruchteils usw.). Dieses kann beispielsweise sinnvoll sein, wenn ein Unternehmen oder ein landwirtschaftlicher Betrieb erhalten bleiben soll und es unwirtschaftlich wäre, den Nachlass aufzuteilen.

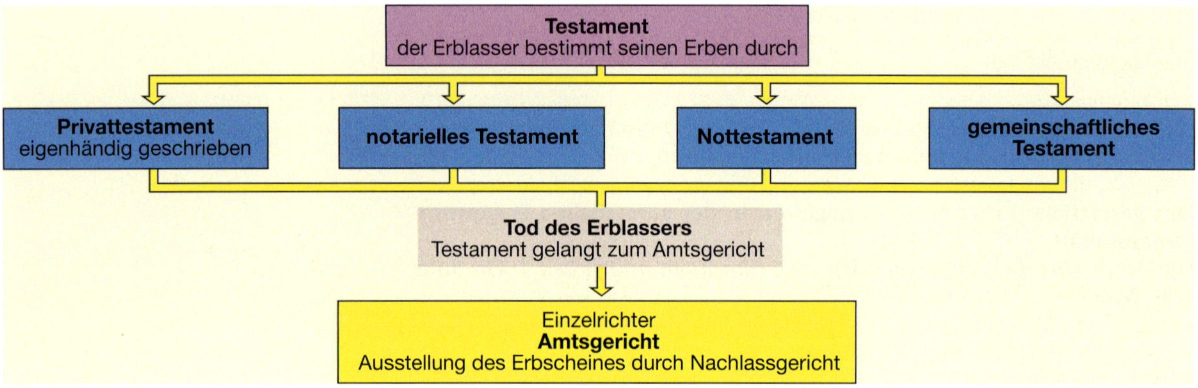

Die Fähigkeit zur Abfassung eines Testaments nennt man Testierfähigkeit. Dabei gelten folgende Altersbeschränkungen:

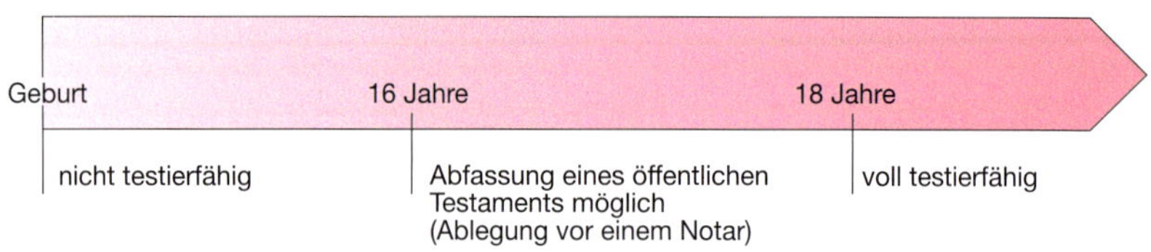

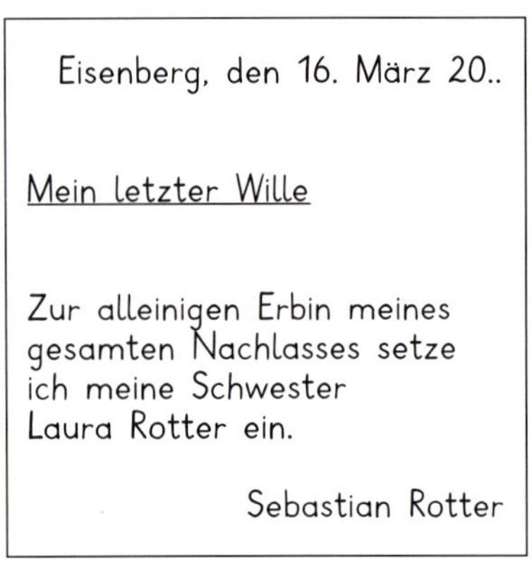
Eisenberg, den 16. März 20..

Mein letzter Wille

Zur alleinigen Erbin meines gesamten Nachlasses setze ich meine Schwester Laura Rotter ein.

Sebastian Rotter

Das Privattestament (eigenhändiges Testament)
Sofern der Erblasser das Testament eigenhändig verfasst, muss er zur Gültigkeit und Durchsetzung seines letzten Willens folgende Formvorschriften unbedingt beachten:

Es muss **handschriftlich** verfasst und unterschrieben sein. Ein Computerausdruck, der zwar vom Erblasser unterschrieben wurde, ist ungültig. Eine Orts- und Datumsangabe ist ratsam, aber nicht gesetzlich vorgeschrieben (§ 2247 BGB).

Das eigenhändige Testament (Privattestament) sollte nach seiner Errichtung beim Amtsgericht hinterlegt werden. Im Falle des Todes wird dann das Nachlassgericht benachrichtigt und das Testament den Erben eröffnet. Dadurch soll sichergestellt werden, dass der „letzte Wille" auch wirklich erfüllt wird.

Das öffentliche (notarielle) Testament
Sicherheitshalber kann der Erblasser ein öffentliches oder notarielles Testament machen. Dabei wird die letztwillige Verfügung vor einem Notar abgegeben. Dieser beurkundet und gibt das Testament beim Amtsgericht in Verwahrung.

Das Nottestament
Beim Nottestament handelt es sich um eine außerordentliche Form eines Testaments. Diese Form ist nur unter außergewöhnlichen Umständen gültig:
- Der Erblasser befindet sich in Todesgefahr.
- Der Erblasser befindet sich an einem Ort, von dem aus kein notarielles Testament zu errichten ist (z.B. Aufenthalt in einem Katastrophengebiet).

Dieses Nottestament kennt u.a. folgende Formen:
- Nottestament vor dem Bürgermeister (zusätzlich zwei Zeugen). Hier tritt der zuständige Bürgermeister für den fehlenden Notar ein.
- Nottestament vor drei Zeugen.

Falls sich der Erblasser an einem Ort befindet, wo weder ein Bürgermeister noch ein Notar zu erreichen ist oder der Erblasser in Todesgefahr schwebt (z.B. nach einem schweren Unfall), kann er sein Testament vor drei Zeugen machen. In allen Fällen ist es notwendig, dass über den Testamentsinhalt eine Niederschrift erstellt wird und die Zeugen diese unterschreiben. Falls der Erblasser drei Monate nach Verfassen eines Nottestaments noch lebt, wird dieses nach drei Monaten ungültig.

Berliner Testament:
Gemeinsames Testament von Ehepartnern, die sich dort gegenseitig als Erben einsetzen.

Das gemeinschaftliche Testament
Ehegatten und gleichgeschlechtliche Partner können ein gemeinschaftliches Testament errichten. Einer der Partner muss das Testament handschriftlich verfassen und beide müssen das Testament unterschreiben. Ist das Testament mit der Maschine geschrieben, ist eine notarielle Beurkundung notwendig.
Das bekannteste gemeinschaftliche Testament ist das sog. **Berliner Testament**. Hier können sich z.B. die beiden Partner wechselseitig als Erben einsetzen und die Kinder zunächst von der Erbfolge ausschließen. Sie verfügen, dass beim Tode des überlebenden Partners der Nachlass an die gemeinsamen Kinder fallen soll.
Nach dem Tod eines der Partner kann dieses Testament von dem noch lebenden Partner nicht mehr widerrufen zu werden.

Warum werden Ehe- bzw. Lebenspartner ein Berliner Testament verfassen?

ECHTES BERLINER TESTAMENT (Gegenseitige Einsetzung)

Unser gemeinschaftliches Testament (Einheitslösung)

Hiermit setzen wir, die Eheleute

1. Frau Susanne Schneider, geborene Markwart am 02.04.1942

und

2. Herr Georg Schneider, geborener / am 07.03.1940

uns gegenseitig als (Voll-) Erben ein.

Erbe des Letztverstorbenen soll unser(e) ~~Sohn/~~Tochter Nicole Schneider sein.

Erfurt, 13.12.07
Ort, Datum

Susanne Schneider
Vorname / Nachname

Georg Schneider
Vorname / Nachname

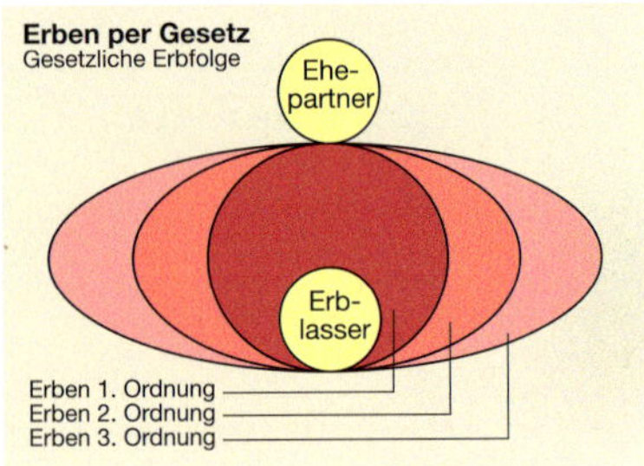

1. Was versteht man unter Testierfähigkeit? Gehe dabei auch auf die Altersstufen ein.
2. Betrachte das nebenstehende Schaubild.
   Finde Beispiele für Erben 1., 2. und 3. Ordnung.
3. Herr Maier stirbt. Wann tritt die gesetzliche Erbfolge ein, wann nicht?
4. Welchen Anteil bekommt ein Ehegatte mit zwei Kindern (kein Testament, Zugewinngemeinschaft)?
5. Beschreibe die Formvorschriften für ein Testament.
   a) Worin besteht der Unterschied zwischen einem Privattestament und einem öffentlichen Testament?
   b) Nenne die Vor- und Nachteile eines Privattestaments gegenüber einem öffentlichen Testament.
6. Moni Fink hat ihre Mutter bis zum Tode gepflegt. Monis Schwester Laura hat sich nie (außer am Geburtstag und an Weihnachten) um die Mutter gekümmert. Das vererbte Vermögen beträgt nur 7.000 €. Laura will die Hälfte. Moni sagt aber, es sei nichts mehr übrig, weil sich schon allein die Beerdigungskosten auf 8.000 € beliefen.
   Nimm dazu Stellung.
7. Die verwitwete B. Koch hinterlässt zwei Söhne. Der ältere Sohn hat sich nie um sie gekümmert, sie schließt ihn per Testament von der Erbschaft aus. Der jüngere Sohn möchte sich vom gesamten Sparguthaben in Höhe von 40.000 € ein neues Auto kaufen.
   Nimm dazu Stellung.
8. a) Nenne Gründe, warum im Gesetz eine Bestimmung über den Pflichtteil enthalten ist.
   b) Berechne den gesetzlichen Erbanspruch der drei Kinder. Herr Reich hinterlässt ein Vermögen von 600.000 €.
   c) Verteile das Vermögen, wenn Herr Reich in einem Testament seinen Sohn Max als Alleinerben eingesetzt hat.
9. Wozu dient der Erbschein?
10. Die Erben von Herrn Hunzinger finden zwei handgeschriebene und unterschriebene Testamente im Wäscheschrank seines Hauses. Eines ist mit 12. März 2003, das andere mit 31. Januar 2007 datiert.
    Welches gilt? Begründe deine Antwort.
11. Sieh dir nebenstehendes Testament und die letztwillige Verfügung an.
    a) Sind diese beiden Testamente gültig?
    b) Worin liegen die Mängel?
12. Bauer Moser bewirtschaftet einen großen landwirtschaftlichen Betrieb, der schon seit vielen Generationen in der Familie ist. Er möchte, dass sein Sohn Florian als ältestes seiner vier Kinder den Hof erbt und weiterführt.
    a) Was muss Herr Moser in seinem Testament verfügen?
    b) Gehen seine Frau und die drei anderen Kinder leer aus?
13. Wer erbt, wenn kein Testament vorhanden ist?
14. Der Erbanteil des Ehepartners richtet sich nach dem Güterrecht. Welche Arten gibt es?
15. Marion Fink, Vollwaise und bei den Großeltern aufgewachsen, stirbt mit 40 Jahren. Sie hinterlässt neben ihrem Großvater noch einem Bruder. Wer erbt, wenn kein Testament vorhanden ist?
16. Kerstin Funke, verheiratet, 2 Kinder, kommt bei einem Brand ums Leben. Die Eheleute Funke lebten im Güterstand der Gütertrennung und es gibt kein Testament. Wer ist erbberechtigt und welchen Anteil erben diese jeweils?
17. Oma Margarethe vermacht in ihrem Testament ihrem Pudel Fridolin ihr Haus und ihr Sparbuch, damit es ihm bis zu seinem Tod an nichts fehlen soll. Sie hinterlässt neben ihrem Hund noch einen Bruder Konstantin, ihren Sohn Fritz und die beiden Kinder ihrer verstorbenen Tochter, ihre Enkelkinder Martin und Alexander. Wer ist hier erbberechtigt und mit welchem Anteil?

Testament

Ich, Severin Eschbaum, vererbe im Falle meines Ablebens meiner Ehefrau 80 % meines Vermögens.

Meine Tochter Sofie soll 10.000 Euro in bar erhalten.

Die Münzsammlung erhält mein Sohn Max.

Mindelheim, 27. April 20..

Severin Eschbaum

Letztwillige Verfügung

Meine Tochter Mira ist Alleinerbin.

H. Meier

Stichwortverzeichnis

Bildquellenverzeichnis

action press, Hamburg: 115 M1 (NIBOR)
akg-images, Berlin: 102 M1, 135 M1–M3, 148 M1, 160 M1
AndersARTig, Braunschweig/ B. Funke: 21.1 li. + re., 149 M2
Auer, H., Seligenstadt: 104 M1
Avanti, Oberstenfeld: 68.2 (R. Poller)
axelhess.com, Frankfurt/M.: 10.2

Baaske Cartoons, Müllheim: 25 M1 (B. Mohr)
Bildarchiv Preußischer Kulturbesitz, Berlin: 159 M1
BilderBox, A-Thening: 66 M1
Bundesagentur für Arbeit, Nürnberg: 41.1

Caro Fotoagentur, Berlin: 15.1 (Scheffbuch), 162.1 (A. Bastian)
CORBIS, Düsseldorf: 36.1 + 2, 63 M2 (T. Palmer), 181 M1

Das Fotoarchiv, Essen: 15 M1 (M. Vollmer)
Das Luftbild-Archiv, I. Dunse, Wennigsen: 7.1, 79.2 + 3
Deutsche Arbeitsschutzausstellung DASA, Dortmund: 95.1
die bildstelle, Hamburg: 12 M2 (PICTURDESK.COM)

Gesellschaft für ökologische Forschung, München: 159 M4 (W. Zängl)
Getty images, München: 9.3
Globus Infografik GmbH, Hamburg: 11.2, 38 M1, 39.1+2, 63.1, 69.1, 71.1 + M1, 72.1, 73.1, 74.1, 76 M1, 164.2, 166.1, 167.2, 171.2, 180.1, 185.3, 188 M1, 190.1; nach Globus: 73.2, 165.2, 172 M1
Gmöhling Transportgeräte GmbH, Fürth 12 M1 + M3

Haun, F., Borken: 9.2
Heise Adressbuch Verlag GmbH & Co.KG, Erfurt: 28 M1

IFA Bilderteam, Ottobrunn: 30.4 (Walsh)
Image und Design, Braunschweig/ Bettina Kumpe: 9 M1, 23 M2, 42 M1, 44 M1, 45 M1, 52.1–3, 56.1, 75.1, 98 M1+ M2, 130.1–4 + M1, 173 M1, 180 M2, 184 M1 + 2, 191.1 + 4–5
InGestalt, Leipzig: 31.1 (M. Ehritt), 104 M2 (M. Ehritt), 149 M1, 150 M1, 151 M1, 176. 1 + 2, 191.3
iwd – Informationsdienst des Instituts der deutschen Wirtschaft Köln, Nr. 28/2007 © Deutscher Instituts-Verlag, Köln: 168.1

JOKER, Bonn: 36.4 (C. Ruehmekorf), 68 M4 (R. Gerard)

Keystone Pressedienst, Hamburg: 10.3 (J. Zick), 179.1 (V. Schulz)
Krückeberg, H., Hannover: 117.1

Langner + Partner, Hemmingen: 121.1, 152.1

MAN, München: 30.2
mauritius images, Mittenwald: 10.4, 26 M1 (J.-C. Dewolf), 74 M1, 169 M1 (Arthur), 180 M1 (age)
Miele & Cie. GmbH, Hamburg: 123 M1 + M2

OSTKREUZ, Berlin: 36.3 (M. Trippel)

Pepsch Gottscheber, München: 76.1
Photostudio Druwe & Polastri, Weddel: Umschlag Mitte, 30.3, 36.5, 41.2 + 3, 46 M1, 49 M1, 50.1, 53.1, 63 M1, 65 M2, 67.1 li., 77.1, 80.1, 89.1, 90 M1, 95 M1, 96 M1, 97 M1, 99.1, 100 M1 + M2, 101 M1, 103.1, 116 M1, 127.1 + 2, 131.1 + M1, 134.1 li., 135 M4, 138.2–4, 139.1 + M1, 141.1, 142 M2, 183 M1
Picture Alliance, Frankfurt/M.: Umschlag li. (CHROMORANGE), 9.1 (dpa/Göttert), 10.1 (dpa/F. Rumpenhorst), 14 M1 (dpa/F. Rumpenhorst), 57.1 (CHROMORANGE), 68.1 (ZB/H. Link), 89.3 (dpa/F. Rumpenhorst), 153.1 (akg-images), 153.2 (ZB). 153.3 (akg-images/G. Rubitzsch), 153.4 (ZB), 153.5 (dpa/A. Weigel), 156 M1 (dpa/W. Weihs), 159 M2 (dpa), 161.1 (Bildagentur Huber/Szyszka), 166 M1 (dpa/Getty/Platt), 173 M2 (dpa/M. Bein), 175.1 (dpa/R. Weihrauch), 175.2 (dpa/S. Kiefer), 175.3 (ZB/P. Grimm), 175.4 (ZB/Schaar), 175.5 + 6 (ZB/M. Schutt)

Sammlung Gesellschaft für ökologische Forschung, München: 159 M3
Stollfuß Verlag, Bonn: 34.1

Trebels, R., Düsseldorf: 22.1–4

vario images, Bonn: 65 M1
VISUM, Hamburg: 15 M2 (R. Hackenberg)
Volkswagen AG, Wolfsburg: 9.4, 89.2

Werbefotografie Weiß, Gersthofen: 21 M1, 23 M1, 29 M1 + M2, 30.1, 58 M1, 67.1 re., 79.1, 80 M1, 88 M1
Westermann Archiv, Braunschweig: 22 M1, 86 M1

© ZAHLENBILDER, Erich Schmidt Verlag, Berlin: 11.1, 14.1, 19.1, 20.2, 163.1, 166.2, 189.1

alle übrigen Grafiken und Zeichnungen: Westermann Technisch Graphische Abteilung, Braunschweig